ŒUVRES

DE

GEORGE SAND

NOUVELLE ÉDITION

REVUE PAR L'AUTEUR

ET ACCOMPAGNÉE DE MORCEAUX INÉDITS

LETTRES D'UN VOYAGEUR

PARIS

PERROTIN, ÉDITEUR

GARNIER FRÈRES, LIBRAIRES

Palais-Royal, péristyle Montpensier, 215

1844

OEUVRES

DE GEORGE SAND

TOME IX

PRÉFACE.

Jamais ouvrage, si ouvrage il y a, n'a été moins raisonné et moins travaillé que ces deux volumes de lettres écrites à des époques assez éloignées les unes des autres, presque toujours à la suite d'émotions graves dont elles ne sont pas le récit, mais le reflet. Elles n'ont été pour moi qu'un soulagement instinctif et irréfléchi à des préoccupations, à des fatigues ou à des accablements qui ne me permettaient pas d'entreprendre ou de continuer un roman. Quelques-unes furent même écrites à la course, finies en hâte à l'heure du courrier et jetées à la poste, sans arrière-pensée de publicité. L'idée d'en faire collection et de remplir quelques lacunes m'engagea, par la suite, à les redemander à ceux de mes amis que je supposais les avoir conservées; et celles-là sont probablement les moins mauvaises, comme on le comprendra facilement, l'expression des émotions personnelles étant toujours plus libre et plus sincère dans le tête-à-tête qu'elle ne peut l'être avec un inconnu en tiers. Cet inconnu, c'est le lecteur, c'est le public; et s'il n'y avait pas, dans l'exercice d'écrire, un certain charme souvent douloureux, parfois enivrant, presque toujours irrésistible, qui fait qu'on oublie le *témoin inconnu* et qu'on s'abandonne à son sujet, je pense qu'on n'aurait jamais le courage d'écrire sur soi-même, à moins qu'on n'eût beaucoup de bien à en dire. Or, l'on conviendra, en lisant ces lettres, que je ne me votre semblable, hommes de mauvaise foi! Je ne diffère de vous que parce que je ne nie pas mon mal et ne cherche point à farder des couleurs de la jeunesse et de la santé mes traits flétris par l'épouvante. Vous avez bu le même calice, vous avez souffert les mêmes tourments. Comme moi vous avez douté, comme moi vous avez nié et blasphémé, comme moi vous avez erré dans les ténèbres, maudissant la Divinité et l'humanité faute de comprendre! Au siècle dernier, Voltaire écrivait au-dessous de la statue de Cupidon ces vers fameux :

> Qui que tu sois, voici ton maître;
> Il l'est, le fut ou le doit être.

Aujourd'hui Voltaire inscrirait cet arrêt solennel sur le socle d'une autre allégorie : ce serait le Doute, et non plus l'Amour, que sa vieille main tremblante illustrerait de ce distique. Oui, le doute, le scepticisme modeste ou pédant, audacieux ou timide, triomphant ou désolé, criminel ou repentant, oppresseur ou opprimé, tyran ou victime; homme de nos jours,

> Qui que tu sois, c'est là ton maître;
> Il l'est, le fut ou le doit être.

Ne rougissons donc pas tant les uns des autres, et ne portons pas hypocritement le fardeau de notre misère. Tous tant que nous sommes nous traversons une grande maladie, où nous allons devenir sa proie si nous ne l'avons déjà été. Il n'y a que les athées qui font du doute un crime et une honte, comme il n'y a que les faux braves qui prétendent n'avoir jamais manqué de force et de cœur. Le doute est le mal de notre âge, comme le choléra. Mais salutaire comme toutes les crises où Dieu pousse l'intelligence humaine, il est le précurseur de la santé morale, de la foi. Le doute est né de l'examen. Il est le fils malade et fiévreux d'une puissante mère, la liberté. Mais ce ne sont pas les oppresseurs qui le guériront. Les oppresseurs sont athées ; l'oppression et l'athéisme ne savent que tuer. La liberté prendra elle-même son enfant rachitique dans ses bras ; elle l'élèvera vers le ciel, vers la lumière, et il deviendra robuste et croyant comme elle. Il se transformera, il deviendra l'espérance, et, à son tour, il engendrera une fille d'origine et de nature divine, la connaissance, qui engendrera aussi, et ce dernier-né sera la foi.

Quant à moi, pauvre convalescent, qui frappais hier aux portes de la mort, et qui sais bien la cause et les effets de mon mal, je vous les ai dits, je vous les dirai encore. Mon mal est le vôtre, c'est l'examen accompagné d'ignorance. Un peu plus de connaissance nous sauvera. Examinons donc encore, apprenons toujours, arrivons à la connaissance. Quand nous avons nié la vérité (moi tout le premier), nous n'avons fait que proclamer notre aveuglement, et les générations qui nous survivront tireront de notre âge de cécité d'utiles enseignements. Elles diront que nous avons bien fait de nous plaindre, de nous agiter, de remplir l'air de nos cris, d'importuner le ciel de nos questions, et de nous dérober par l'impatience et la colère à ce mal qui tue ceux qui dorment. Au retour de la campagne de Russie, on voyait courir sur les neiges des spectres effarés qui s'efforçaient, en gémissant et en blasphémant, de retrouver le chemin de la patrie. D'autres, qui semblaient calmes et résignés, se couchaient sur la glace et restaient là engourdis par la mort. Malheur aux résignés d'aujourd'hui ! Malheur à ceux qui acceptent l'injustice, l'erreur, l'ignorance, le sophisme et le doute avec un visage serein ! Ceux-là mourront, ceux-là sont morts déjà, ensevelis dans la glace et dans la neige. Mais ceux qui errent avec des pieds sanglants et qui appellent avec des plaintes amères, retrouveront le chemin de la terre promise, et ils verront luire le soleil.

L'ignorance, le doute, le sophisme, l'injustice, ai-je dit : oui, voilà les écueils au milieu desquels nous tâchons de nous diriger ; voilà les malheurs et les dangers dont notre vie est semée. En relisant les *Lettres d'un voyageur*, que je n'avais pas eu le courage de revoir et de juger depuis plusieurs années, je ne me suis guère étonné de m'y trouver ignorant, sceptique, sophiste, inconséquent, injuste à chaque ligne. Je n'ai pourtant rien changé à cette œuvre informe, si ce n'est quelques mots impropres et une ou deux pages de lieux communs sans intérêt. Le second volume, en général, a fort peu de valeur, sous quelque point de vue qu'on l'envisage. Le premier, quoique rempli d'erreurs de tout genre encore plus naïves, a une valeur certaine : celle d'avoir été écrit avec une étourderie spontanée pleine de jeunesse et de franchise. S'il tombait entre les mains de gens graves, il les ferait sourire ; mais si ces gens graves avaient quelque bonté et quelque sincérité, ils y trouveraient matière à plaindre, à consoler, à encourager et à instruire la jeunesse rêveuse, ardente et aveugle de notre époque. Connaissant davantage, par ma confession, les causes et la nature de nos souffrances, ils y deviendraient plus compatissants, et sauraient que ce n'est ni avec des railleries amères ni avec des anathèmes pédants qu'on peut la guérir, mais avec des enseignements vrais et le sentiment profond de la charité humaine.

LETTRES

D'UN

VOYAGEUR.

I

Venise, 1er mai 1834.

J'étais arrivé à Bassano à neuf heures du soir, par un temps froid et humide. Je m'étais couché, triste et fatigué, après avoir donné silencieusement une poignée de main à mon compagnon de voyage. Je m'éveillai au lever du soleil, et je vis de ma fenêtre s'élever, dans le bleu vif de l'air, les créneaux enveloppés de lierre de l'antique forteresse qui domine la vallée. Je sortis aussitôt pour en faire le tour et pour m'assurer de la beauté du temps.

Je n'eus pas fait cent pas que je trouvai le docteur assis sur une pierre, et fumant une pipe de caroubier de sept pieds de long qu'il venait de payer huit sous à un paysan. Il était si joyeux de son emplette, et tellement perdu dans les nuées de son tabac, qu'il eut bien de la peine à m'apercevoir. Quand il eut chassé de sa bouche le dernier tourbillon de fumée qu'il put arracher à ce qu'il appelait sa *pipetta*, il me proposa d'aller déjeuner à une *boutique de café* sur les fossés de la citadelle, en attendant que le voiturin qui devait nous ramener à Venise eût fini de se préparer au voyage. J'y consentis.

Je te recommande, si tu dois revenir par ici, le café des Fossés, à Bassano, comme une des meilleures fortunes qui puissent tomber à un voyageur ennuyé des chefs-d'œuvre classiques de l'Italie. Tu te souviens que, quand nous partîmes de France, tu n'étais avide, disais-tu, que de *marbres taillés*. Tu m'appelais sauvage quand je te répondais que je laisserais tous les palais du monde pour aller voir une belle montagne de marbre brut dans les Apennins ou dans les Alpes. Tu te souviens aussi qu'au bout de peu de jours tu fus rassasié de statues, de fresques, d'églises et de galeries. Le plus doux souvenir qui te resta dans la mémoire fut celui d'une eau limpide et froide où tu lavas ton front chaud et fatigué dans un jardin de Gênes. C'est que les créations de l'art parlent à l'esprit seul, et que le spectacle de la nature parle à toutes les facultés. Il nous pénètre par tous les pores comme par toutes les idées. Au sentiment tout intellectuel de l'admiration, l'aspect des campagnes ajoute le plaisir sensuel. La fraîcheur des eaux, les parfums des plantes, les harmonies du vent, circulent dans le sang et dans les nerfs, en même temps que l'éclat des couleurs et la beauté des formes s'insinuent dans l'imagination. Ce sentiment de plaisir et de bien-être est appréciable à toutes les organisations, même aux plus grossières : les animaux l'éprouvent jusqu'à un certain point. Mais il ne procure aux organisations élevées qu'un plaisir de transition, un repos agréable après des fonctions plus énergiques de la pensée. Aux esprits vastes il faut le monde entier, l'œuvre de Dieu et les œuvres de l'homme. La fontaine d'eau pure t'invite et te charme;

mais tu n'y peux dormir qu'un instant. Il faudra que tu épuises Michel-Ange et Raphaël avant de t'arrêter de nouveau sur le bord du chemin ; et quand tu auras lavé la poussière du voyage dans l'eau de la source, tu repartiras en disant : « Voyons ce qu'il y a encore sous le soleil. »

Aux esprits médiocres et paresseux comme le mien, le revers d'un fossé suffirait pour dormir toute une vie, s'il était permis de faire en dormant ou en rêvant ce dur et aride voyage. Mais encore faudrait-il que ce fossé fût dans le genre de celui de Bassano, c'est-à-dire qu'il fût élevé de cent pieds au-dessus d'une vallée délicieuse, et qu'on pût y déjeuner tous les matins sur un tapis de gazon semé de primevères, avec du café excellent, du beurre des montagnes et du pain anisé.

C'est à un pareil déjeuner que je t'invite quand tu auras le temps d'aimer le repos. Dans ce temps-là tu sauras tout ; la vie n'aura plus de secrets pour toi. Tes cheveux commenceront à grisonner, les miens auront achevé de blanchir ; mais la vallée de Bassano sera toujours aussi belle, la neige des Alpes aussi pure ; et notre amitié ?... — J'espère en ton cœur, et je réponds du mien.

La campagne n'était pas encore dans toute sa splendeur, les prés étaient d'un vert languissant tirant sur le jaune, et les feuilles ne faisaient encore que bourgeonner aux arbres. Mais les amandiers et les pêchers en fleur entremêlaient çà et là leurs guirlandes roses et blanches aux sombres masses des cyprès. Au milieu de ce jardin immense, la Brenta coulait rapide et silencieuse sur un lit de sable, entre ces deux larges rives de cailloux et de débris de roches qu'elle arrache du sein des Alpes, et dont elle sillonne les plaines dans ses jours de colère. Un demi-cercle de collines fertiles, couvertes de ces longs rameaux de vigne noueuse qui se suspendent à tous les arbres de la Vénétie, faisait un premier cadre au tableau; et les monts neigeux, étincelants aux premiers rayons du soleil, formaient au delà une seconde bordure immense, qui se détachait comme une découpure d'argent sur le bleu solide de l'air.

— Je vous ferai observer, me dit le docteur, que votre café refroidit et que le voiturin nous attend.

— Ah çà, docteur, lui répondis-je, est-ce que vous croyez que je veux retourner maintenant à Venise?

— Diable! reprit-il d'un air soucieux.

— Qu'avez-vous à dire? ajoutai-je. Vous m'avez amené ici pour voir les Alpes, apparemment; et quand j'en touche le pied, vous vous imaginez que je veux retourner à votre ville marécageuse?

— Bah! j'ai gravi les Alpes plus de vingt fois! dit le docteur.

— Ce n'est pas absolument le même plaisir pour moi de savoir que vous l'avez fait ou de le faire moi-même, répondis-je.

— Oui-dà! continua-t-il sans m'écouter; savez-vous que dans mon temps j'ai été un célèbre chasseur de chamois? Tenez, voyez-vous cette brèche là-haut, et ce pic là-bas? Figurez-vous qu'un jour...

— *Basta, basta!* docteur, vous me raconterez cela à Venise, un soir d'été que nous fumerons quelque pipe gigantesque sous les tentes de la place Saint-Marc avec vos amis les Turcs. Ce sont des gens trop graves pour interrompre un narrateur, quelque sublime impertinence qu'il débite, et il n'y a pas de danger qu'ils donnent le moindre signe d'impatience ou d'incrédulité avant la fin de son récit, durât-il trois jours et trois nuits. Pour aujourd'hui, je veux suivre votre exemple en montant à ce pic là-haut, et en descendant par cette brèche là-bas...

— Vous ? dit le docteur en jetant un regard de mépris sur mon chétif individu.

Puis, il reporta complaisamment son regard sur une de ses mains qui couvrait la moitié de la table, sourit, et se dandina d'un air magnifique.

— Les voltigeurs font campagne tout aussi bien que les cuirassiers, lui dis-je avec un peu de dépit; et pour gravir les rochers, le moindre chevreau est plus agile que le plus robuste cheval.

— Je vous ferai observer, reprit mon compagnon, que vous êtes malade, et que j'ai répondu de vous ramener à Venise mort ou vif.

— Je sais qu'en qualité de médecin vous vous arrogez droit de vie et de mort sur moi; mais voyez mon caprice, docteur! il me prend envie de vivre encore cinq ou six jours.

— Vous n'avez pas le sens commun, répondit-il. J'ai donné d'un côté ma parole d'honneur de ne pas vous quitter; de l'autre, j'ai fait le serment d'être à Venise demain matin. Voulez-vous donc me mettre dans la nécessité de violer un de mes deux engagements?

— Certainement, je le veux, docteur.

Il fit un profond soupir, et après un instant de rêverie : — J'ai observé, dit-il, que les petits hommes sont généralement doués d'une grande force morale, ou au moins pourvus d'un immense entêtement.

— Et c'est en raison de cette observation savante, m'écriai-je en sautant du balcon sur l'esplanade, que vous allez me laisser ma liberté, docteur aimable!

— Vous me forcez de transiger avec ma conscience, dit-il en se penchant sur le balcon. J'ai juré de vous ramener à Venise ; mais je ne me suis pas engagé à vous y ramener un jour plutôt que l'autre...

— Certainement, cher docteur. Je pourrais ne retourner à Venise que l'année prochaine, et pourvu que nous fissions notre entrée ensemble par la Giudecca...

— Vous moquez-vous de moi ? s'écria-t-il.

— Certainement, docteur, répondis-je. Et nous eûmes ensemble une dispute épouvantable, laquelle se termina par de mutuelles concessions. Il consentit à me laisser seul, et je m'engageai à être de retour à Venise avant la fin de la semaine.

— Soyez à Mestre samedi soir, dit le docteur ; j'irai au-devant de vous avec Catullo et la gondole.

— J'y serai, docteur, je vous le jure.

— Jurez-le par notre meilleur ami, par celui qui était encore là ces jours passés pour vous faire entendre raison.

— Je jure par lui, répondis-je, et vous pouvez croire que c'est une parole sacrée. Adieu, docteur.

Il serra ma main dans sa grosse main rouge, et faillit la briser comme un roseau. Deux larmes coulèrent silencieusement sur ses joues. Puis il leva les épaules et rejeta ma main en disant : — Allez au diable ! Quand il eut fait dix pas en courant, il se retourna pour me crier : — Faites couper vos talons de bottes avant de vous risquer dans les neiges. Ne vous endormez pas trop près des rochers ; songez qu'il y a par ici beaucoup de vipères. Ne buvez pas indistinctement à toutes les sources sans vous assurer de la limpidité de l'eau ; sachez que la montagne a des veines malfaisantes. Fiez-vous à tout montagnard qui parlera le vrai dialecte ; mais si quelque traînard vous demande l'aumône en langue étrangère ou avec un accent suspect, ne mettez pas la main à votre poche, n'échangez pas une parole avec lui. Passez votre chemin ; mais ayez l'œil sur son bâton.

— Est-ce tout, docteur ?

— Soyez sûr que je n'omets jamais rien d'utile, répondit-il d'un air fâché, et que personne ne connaît mieux que moi ce qu'il convient de faire et ce qu'il convient d'éviter en voyage.

— *Ciaò, egregio dottore*, lui dis-je en souriant.

— *Schiavo suo*, répondit-il d'une voix brève et en enfonçant son chapeau sur sa tête. . . . .
. . . .

Je conviens que je suis de ceux qui se casseraient volontiers le cou par bravade, et qu'il n'est pas d'écolier plus vain que moi de son courage et de son agilité. Cela tient à l'exiguïté de ma stature et à l'envie qu'éprouvent tous les petits hommes de faire ce que font les hommes forts. — Cependant tu me croiras si je te dis que jamais je n'avais moins songé à faire ce que nous appelons une *expédition*. Dans mes jours de gaieté, dans ces jours devenus bien rares où je sortirais volontiers, comme Kreissler, avec deux chapeaux l'un sur l'autre, je pourrais *hasarder* comme lui *les pas les plus gracieux sur les bords de l'Achéron*; mais dans mes jours de *spleen* je marche tranquillement au beau milieu du chemin le plus uni, et je ne plaisante pas avec les abîmes. Je sais trop bien que dans ces jours-là le sifflement importun d'un insecte à mon oreille ou le chatouillement insolent d'un cheveu sur ma joue suffirait pour me transporter de colère et de désespoir, et pour me faire sauter au fond des lacs. — Je marchai donc toute cette matinée sur la route de Trente, en remontant le cours de la Brenta. Cette gorge est semée de hameaux assis sur l'une et l'autre rive du torrent, et de maisonnettes éparses sur le flanc des montagnes. Toute la partie inférieure du vallon est soigneusement cultivée. Plus haut s'étendent d'immenses pâturages dont la nature prend soin elle-même. Puis une rampe de rochers arides s'élève jusqu'aux nuages, et la neige s'étale au faîte comme un manteau.

La fonte de ces neiges ne s'étant pas encore opérée, la Brenta était paisible et coulait dans un lit étroit. Son eau, troublée et empoisonnée pendant quatre ans par la dissolution d'une roche, a recouvré toute sa limpidité. Des troupeaux d'enfants et d'agneaux jouaient pêle-mêle sur ses bords, à l'ombre des cerisiers en fleur. Cette saison est délicieuse pour voyager par ici. La campagne est un verger continuel ; et si la végétation n'a pas encore tout son luxe, si le vert manque aux tableaux, en revanche la neige les couronne d'une auréole éclatante, et l'on peut marcher tout un jour entre deux haies d'aubépine et de pruniers sauvages sans rencontrer un seul Anglais.

J'aurais voulu aller jusqu'aux Alpes du Tyrol. Je ne sais guère pourquoi je me les imagine si belles ; mais il est certain qu'elles existent dans mon cerveau comme un des points du globe vers lequel me porte une sympathie indéfinissable. Dois-je croire, comme toi, que la destinée nous appelle impérieusement vers les lieux où nous devons voir s'opérer en nous quelque crise morale ? — Je ne saurais attribuer tant de part dans ma vie à la fatalité. Je crois à une Providence spéciale pour les hommes d'un grand génie ou d'une grande vertu ; mais qu'est-ce que Dieu peut avoir à faire à moi ? Quand nous étions ensemble, je croyais au destin comme un vrai musulman. J'attribuais à des vues particulières, à des tendresses maternelles ou à des prévisions mystérieuses de cette Providence envers toi, le bien et le mal qui nous arrivaient. Je me voyais forcé à tel ou tel usage de ma

volonté comme un instrument destiné à te faire agir.
J'étais un des rouages de ta vie, et parfois je sentais sur
moi la main de Dieu qui m'imprimait ma direction. A
présent que cette main s'est placée entre nous deux, je me
sens inutile et abandonné. Comme une pierre détachée
de la montagne, je roule au hasard, et les accidents du
chemin décident seuls de mon impulsion. Cette pierre
embarrassait les voies du destin, son souffle l'a balayée ;
que lui importe où elle ira tomber ?. . . . .
. . . . Je croirais assez que mon
ancienne affection pour le Tyrol tient à deux légers souvenirs : celui d'une romance qui me semblait très-belle
quand j'étais enfant, et qui commençait ainsi :

> Vers les monts du Tyrol poursuivant le chamois,
> Engelwald au front chauve a passé sur la neige, etc.

et celui d'une demoiselle avec qui j'ai voyagé, une nuit,
il y a bien dix ans, sur la route de — à —. La diligence
s'était brisée à une descente. Il faisait un verglas affreux
et un clair de lune magnifique. J'étais dans certaine
disposition d'esprit extatique et ridicule. J'aurais voulu
être seul ; mais la politesse et l'humanité me forcèrent
d'offrir le bras à ma compagne de voyage. Il m'était impossible de m'occuper d'autre chose que de ce clair de
lune, de la rivière qui roulait en cascade le long du chemin, et des prairies baignées d'une vapeur argentée. La
toilette de la voyageuse était problématique. Elle parlait
un français incorrect avec l'accent allemand, et encore
parlait-elle fort peu. Je n'avais donc aucune donnée sur
sa condition et sur ses goûts. Seulement, quelques remarques assez savantes qu'elle avait faites à table d'hôte
sur la qualité d'une crème aux amandes m'avait induit
à penser que cette discrète et judicieuse personne pou-

vait bien être une cuisinière de bonne maison. Je cherchai longtemps ce que je pourrais lui dire d'agréable ; enfin, après un quart d'heure d'efforts incroyables, j'accouchai de ceci : — N'est-il pas vrai, mademoiselle, que voici un *site enchanteur?* — Elle sourit et haussa légèrement les épaules. Je crus comprendre qu'à la platitude de mon expression elle me prenait pour un commis voyageur, et j'étais assez mortifié, lorsqu'elle dit, d'un ton mélancolique et après un instant de silence : — Ah! monsieur, vous n'avez jamais vu les montagnes du Tyrol!

— Vous êtes du Tyrol! m'écriai-je. Ah! mon Dieu, j'ai su autrefois une romance sur le Tyrol qui me faisait rêver les yeux ouverts. C'est donc un bien beau pays? Je ne sais pas pourquoi il s'est logé dans un coin de ma cervelle. Soyez assez bonne pour me le décrire un peu.

— Je suis du Tyrol, répondit-elle d'un ton doux et triste ; mais excusez-moi, je ne saurais en parler.

Elle porta son mouchoir à ses yeux, et ne prononça pas une seule parole durant tout le reste du voyage. Pour moi, je respectai religieusement son silence et ne sentis pas même le désir d'en entendre davantage. Cet amour de la patrie, exprimé par un mot, par un refus de parler, et par deux larmes bien vite essuyées, me sembla plus éloquent et plus profond qu'un livre. Je vis tout un roman, tout un poëme dans la tristesse de cette silencieuse étrangère. Et puis ce Tyrol, si délicatement et si tendrement regretté m'apparut comme une terre enchantée. En me rasseyant dans la diligence, je fermai les yeux pour ne plus voir le paysage que je venais d'admirer, et qui désormais m'inspirait tout le dédain qu'on a pour la réalité à vingt ans. Je vis alors passer devant moi, comme dans un panorama immense, les lacs, les montagnes vertes, les pâturages, les forêts al-

pestres, les troupeaux et les torrents du Tyrol. J'entendis ces chants à la fois si joyeux et si mélancoliques, qui semblent faits pour des échos dignes de les répéter. Depuis, j'ai souvent fait de bien douces promenades dans ce pays chimérique, porté sur les ailes des symphonies pastorales de Beethoven. Oh! que j'y ai dormi sur des herbes embaumées! quelles belles fleurs j'y ai cueillies! quelles riantes et heureuses troupes de pâtres j'y ai vues passer en dansant! quelles solitudes austères j'y ai trouvées pour prier Dieu! Que de chemin j'ai fait à travers ces monts, durant deux ou trois modulations de l'orchestre! . . . .
. . . . J'étais assis sur une roche un peu au-dessus du chemin. La nuit descendait lentement sur les hauteurs. Au fond de la gorge, en remontant toujours le torrent, mon œil distinguait une enfilade de montagnes confusément amoncelées les unes derrière les autres. Ces derniers fantômes pâles qui se perdaient dans les vapeurs du soir, c'était le Tyrol. Encore un jour de marche, et je toucherais au pays de mes rêves. — De ces cimes lointaines, me disais-je, sont partis mes songes dorés. Ils ont volé jusqu'à moi, comme une troupe d'oiseaux voyageurs ; ils sont venus me trouver quand j'étais un enfant tout rustique, et que je conduisais mes chevreaux en chantant la romance d'Engelwald le long des traînes de la Vallée-Noire. Ils ont passé sur ma tête pendant une pâle nuit d'hiver, quand je venais d'accomplir un pèlerinage mystérieux vers d'autres illusions que j'ai perdues, vers d'autres contrées où je ne retournerai pas. Ils se sont transformés en violes et en hautbois sous les mains de Brod et de Urhan, et je les ai reconnus à leurs voix délicieuses, quoique ce fût à Paris, quoiqu'il fallût mettre des gants

et supporter des quinquets en plein midi pour les entendre. Ils chantaient si bien, qu'il suffisait de fermer les yeux pour que la salle du Conservatoire devînt une vallée des Alpes, et pour que Habeneck, placé l'archet en main à la tête de toute cette harmonie, se transformât en chasseur de chamois, *Engelwald au front chauve*, ou quelque autre. Beaux rêves de voyage et de solitude, colombes errantes qui avez rafraîchi mon front du battement de vos ailes, vous êtes retournés à votre aire enchantée, et vous m'attendez. Me voici prêt à vous atteindre, à vous saisir; m'échapperez-vous comme tous mes autres rêves? Quand j'avancerai la main pour vous caresser, ne vous envolerez-vous pas, ô mes sauvages amis? N'irez-vous pas vous poser sur quelque autre cime inaccessible où mon désir vous suivra en vain?

. . . .

J'avais pris dans la journée, sous un beau rayon de soleil, quelques heures de repos sur la bruyère. Afin d'éviter la saleté des gîtes, je m'étais arrangé pour marcher pendant les heures froides de la nuit et pour dormir en plein air durant le jour. La nuit fut moins sereine que je ne l'avais espéré. Le ciel se couvrit de nuages et le vent s'éleva. Mais la route était si belle, que je pus marcher sans difficulté au milieu des ténèbres. Les montagnes se dressaient à ma droite et à ma gauche comme de noirs géants; le vent s'y engouffrait et courait sur leurs croupes avec de longues plaintes. Les arbres fruitiers, agités violemment, semaient sur moi leurs fleurs embaumées. La nature était triste et voilée, mais toute pleine de parfums et d'harmonies sauvages. Quelques gouttes de pluie m'avertirent de chercher un abri dans un bosquet d'oliviers situé à peu de distance de la route; j'y attendis la fin de l'orage. Au bout d'une heure, le vent était tombé, et le ciel dessinait au-dessus de moi une longue bande bleue, bizarrement découpée par les anfractuosités des deux murailles de granit qui le resserraient. C'était le même coup d'œil que nous avions en miniature à Venise, quand nous marchions le soir dans ces rues obscures, étroites et profondes, d'où l'on aperçoit la nuit étendue au-dessus des toits comme une mince écharpe d'azur semée de paillettes d'argent.

Le murmure de la Brenta, un dernier gémissement du vent dans le feuillage lourd des oliviers, des gouttes de pluie qui se détachaient des branches et tombaient sur les rochers avec un petit bruit qui ressemblait à celui d'un baiser, je ne sais quoi de triste et de tendre, était répandu dans l'air et soupirait dans les plantes. Je pensais à la veillée du Christ dans le jardin des Olives, et je me rappelai que nous avons parlé tout un soir de ce chant du poëme divin. C'était un triste soir que celui-là, une de ces sombres veillées où nous avons bu ensemble le calice d'amertume. Et toi aussi, tu as souffert un martyre inexorable; toi aussi, tu as été cloué sur une croix. Avais-tu donc quelque grand péché à racheter pour servir de victime sur l'autel de la douleur? qu'avais-tu fait pour être menacé et châtié ainsi? est-on coupable à ton âge? sait-on ce que c'est que le bien et le mal? Tu te sentais jeune, tu croyais que la vie et le plaisir ne doivent faire qu'un. Tu te fatiguais à jouir de tout, vite et sans réflexion. Tu méconnaissais ta grandeur et tu laissais aller ta vie au gré des passions qui devaient l'user et l'éteindre, comme les autres hommes ont le droit de le faire. Tu t'arrogeas ce droit sur toi-même, et tu oublias que tu es de ceux qui ne s'appartiennent pas. Tu voulus vivre pour ton compte, et suicider ta gloire par mépris de toutes les choses humaines. Tu jetas pêle-mêle dans l'abîme toutes les pierres précieuses de la couronne que Dieu t'avait mise au front, la force, la beauté, le génie, et jusqu'à l'innocence de ton âge, que tu voulus fouler aux pieds, enfant superbe !

Quel amour de la destruction brûlait donc en toi? quelle haine avais-tu contre le ciel, pour dédaigner ainsi ses dons les plus magnifiques? Est-ce que ta haute destinée te faisait peur? est-ce que l'esprit de Dieu était passé devant toi sous des traits trop sévères? L'ange de la poésie, qui rayonne à sa droite, s'était penché sur ton berceau pour te baiser au front ; mais tu fus effrayé sans doute de voir si près de toi le géant aux ailes de feu. Tes yeux ne purent soutenir l'éclat de sa face, et tu t'enfuis pour lui échapper. A peine assez fort pour marcher, tu voulus courir à travers les dangers de la vie, embrassant avec ardeur toutes ses réalités, et leur demandant asile et protection contre les terreurs de ta vision sublime et terrible. Comme Jacob, tu luttas contre elle, et comme lui tu fus vaincu. Au milieu des fougueux plaisirs où tu cherchais vainement ton refuge, l'esprit mystérieux vint te réclamer et te saisir. Il fallait que tu fusses poëte, tu l'as été en dépit de toi-même. Tu abjuras en vain le culte de la vertu; tu aurais été le plus beau de ses jeunes lévites; tu aurais desservi ses autels en chantant sur une lyre d'or les plus divins cantiques, et le blanc vêtement de la pudeur aurait paré ton corps frêle d'une grâce plus suave que le masque et les grelots de la folie. Mais tu ne pus jamais oublier les divines émotions de cette foi primitive. Tu revins à elle du fond des antres de la corruption, et ta voix, qui s'élevait pour blasphémer, entonna, malgré toi, des chants d'amour et d'enthousiasme. Alors ceux qui t'écoutaient se regardaient avec étonnement. —

Quel est donc celui-ci, dirent-ils, et en quelle langue
célèbre-t-il nos rites joyeux? Nous l'avons pris pour un
des nôtres, mais c'est le transfuge de quelque autre religion, c'est un exilé de quelque autre monde plus triste et
plus heureux. Il nous cherche et vient s'asseoir à nos tables ; mais il ne trouve pas dans l'ivresse les mêmes illusions que nous. D'où vient que par instants un nuage
passe sur son front et fait pâlir son visage? A quoi
songe-t-il? de quoi parle-t-il? Pourquoi ces mots étranges qui lui reviennent à chaque instant sur les lèvres
comme les souvenirs d'une autre vie? Pourquoi les *vierges*, les *amours*, et les *anges* repassent-ils sans cesse
dans ses rêves et dans ses vers? Se moque-t-il de nous
ou de lui-même? Est-ce son Dieu, est-ce le nôtre, qu'il
méprise et trahit?

Et toi, tu poursuivais ton chant sublime et bizarre,
tout à l'heure cynique et fougueux comme une ode antique, maintenant chaste et doux comme la prière d'un
enfant. Couché sur les roses que produit la terre, tu songeais aux roses de l'Eden qui ne se flétrissent pas ; et en
respirant le parfum éphémère de tes plaisirs, tu parlais
de l'éternel encens que les anges entretiennent sur les
marches du trône de Dieu. Tu l'avais donc respiré, cet
encens? Tu les avais donc cueillies, ces roses immortelles? Tu avais donc gardé de cette patrie des poëtes de
vagues et délicieux souvenirs qui t'empêchaient d'être
satisfait de tes folles jouissances d'ici-bas?

Suspendu entre la terre et le ciel, avide de l'un, curieux de l'autre, dédaigneux de la gloire, effrayé du
néant, incertain, tourmenté, changeant, tu vivais seul
au milieu des hommes; tu fuyais la solitude et la trouvais partout. La puissance de ton âme te fatiguait. Tes

pensées étaient trop vastes, tes désirs trop immenses ; tes épaules débiles pliaient sous le fardeau de ton génie. Tu cherchais dans les voluptés incomplètes de la terre l'oubli des biens irréalisables que tu avais entrevus de loin. Mais quand la fatigue avait brisé ton corps, ton âme se réveillait plus active et ta soif plus ardente. Tu quittais les bras de tes folles maîtresses pour t'arrêter en soupirant devant les vierges de Raphaël. — Quel est donc, disait à propos de toi un pieux et tendre songeur, *ce jeune homme qui s'inquiète tant de la blancheur des marbres?*

Comme ce fleuve des montagnes que j'entends mugir dans les ténèbres, tu es sorti de ta source plus pur et plus limpide que le cristal, et tes premiers flots n'ont réfléchi que la blancheur des neiges immaculées. Mais, effrayé sans doute du silence de la solitude, tu t'es élancé sur une pente rapide, tu t'es précipité parmi des écueils terribles, et du fond des abîmes ta voix s'est élevée comme le rugissement d'une joie âpre et sauvage.

De temps en temps tu te calmais en te perdant dans un beau lac, heureux de te reposer au sein de ses ondes paisibles et de refléter la pureté du ciel. Amoureux de chaque étoile qui se mirait dans ton sein, tu lui adressais de mélancoliques adieux quand elle quittait l'horizon.

> Dans l'herbe des marais, un seul instant arrête,
> Étoile de l'amour, ne descends pas des cieux.

Mais bientôt, las d'être immobile, tu poursuivais ta course haletante parmi les rochers, tu les prenais corps à corps, tu luttais avec eux, et quand tu les avais renversés, tu partais avec un chant de triomphe, sans songer qu'ils t'encombraient dans leur chute et creusaient dans ton sein des blessures profondes.

L'amitié s'était enfin révélée à ton cœur solitaire et superbe. Tu daignas croire à un autre qu'à toi-même, orgueilleux infortuné ! tu cherchas dans son cœur le calme et la confiance. Le torrent s'apaisa et s'endormit sous un ciel tranquille. Mais il avait amassé dans son onde tant de débris arrachés à ses rives sauvages qu'elle eut bien de la peine à s'éclaircir. Comme celle de la Brenta, elle fut longtemps troublée, et sema la vallée qui lui prêtait ses fleurs et ses ombrages, de graviers stériles et de roches aiguës. Ainsi fut longtemps tourmentée et déchirée la vie nouvelle que tu venais essayer. Ainsi le souvenir des turpitudes que tu avais contemplées vint empoisonner de doutes cruels et d'amères pensées les pures jouissances de ton âme encore craintive et méfiante.

Ainsi ton corps, aussi fatigué, aussi affaibli que ton cœur, céda au ressentiment de ses anciennes fatigues, et, *comme un beau lis se pencha pour mourir*. Dieu, irrité de ta rébellion et de ton orgueil, posa sur ton front une main chaude de colère, et en un instant tes idées se confondirent, ta raison t'abandonna. L'ordre divin établi dans les fibres de ton cerveau fut bouleversé. La mémoire, le discernement, toutes les nobles facultés de l'intelligence, si déliés en toi, se troublèrent et s'effacèrent comme les nuages qu'un coup de vent balaie. Tu te levas sur ton lit en criant : — Où suis-je, ô mes amis ? pourquoi m'avez-vous descendu vivant dans le tombeau ?

Un seul sentiment survivait en toi à tous les autres, la volonté, mais une volonté aveugle, déréglée, qui courait comme un cheval sans frein et sans but à travers l'espace. Une dévorante inquiétude te pressait de ses aiguillons ; tu repoussais l'étreinte de ton ami, tu voulais t'élancer, courir. Une force effrayante te débordait. — Laissez-moi ma liberté, criais-tu, laissez-moi fuir ; ne voyez-vous pas que je vis et que je suis jeune ? — Où voulais-tu

donc aller? Quelles visions ont passé dans le vague de ton délire? Quels célestes fantômes t'ont convié à une vie meilleure? Quels secrets insaisissables à la raison humaine as-tu surpris dans l'exaltation de ta folie? Sais-tu quelque chose à présent, dis-moi? Tu as souffert ce qu'on souffre pour mourir; tu as vu la fosse ouverte pour te recevoir; tu as senti le froid du cercueil, et tu as crié:
— Tirez-moi, tirez-moi de cette terre humide!

N'as-tu rien vu de plus? Quand tu courais comme Hamlet sur les traces d'un être invisible, où croyais-tu te réfugier? à quelle puissance mystérieuse demandais-tu du secours contre les horreurs de la mort? Dis-le-moi, dis-le-moi, pour que je l'invoque dans tes jours de souffrance, et pour que je l'appelle auprès de toi dans tes détresses déchirantes. Elle t'a sauvé, cette puissance inconnue, elle a arraché le linceul qui s'étendait déjà sur toi. Dis-moi comment on l'adore, et par quels sacrifices on se la rend favorable. Est-ce une douce providence que l'on bénit avec des chants et des offrandes de fleurs? Est-ce une sombre divinité qui demande en holocauste le sang de ceux qui t'aiment? Enseigne-moi dans quel temple ou dans quelle caverne s'élève son autel. J'irai lui offrir mon cœur quand ton cœur souffrira; j'irai lui donner ma vie quand ta vie sera menacée. . . . .

La seule puissance à laquelle je croie est celle d'un Dieu juste, sévère, mais paternel. C'est celle qui infligea tous les maux à l'âme humaine, et qui, en revanche, lui révéla l'espérance du ciel. C'est la Providence que tu méconnais souvent, mais à laquelle te ramènent les vives émotions de ta joie et de ta douleur. Elle s'est apaisée, elle a exaucé mes prières, elle t'a rendu à mon amitié; c'est à moi de la bénir et de la remercier. Si sa bonté t'a fait contracter une dette de reconnaissance, c'est moi

qui me charge de l'acquitter, ici, dans le silence de la nuit, dans la solitude de ces monts, dans le plus beau temple qu'elle puisse ouvrir à des pas humains. Écoute, écoute, Dieu terrible et bon ! Il est faux que tu n'aies pas le temps d'entendre la prière des hommes ; tu as bien celui d'envoyer à chaque brin d'herbe la goutte de rosée du matin ! Tu prends soin de toutes tes œuvres avec une minutieuse sollicitude ; comment oublierais-tu le cœur de l'homme, ton plus savant, ton plus incompréhensible ouvrage ? Écoute donc celui qui te bénit dans ce désert, et qui aujourd'hui, comme toujours, t'offre sa vie, et soupire après le jour où tu daigneras la reprendre. Ce n'est pas un demandeur avide qui te fatigue de ses désirs en ce monde ; c'est un solitaire résigné qui te remercie du bien et du mal que tu lui as fait. . . . .
. . . . C'est ce qui me força de revenir vers la Lombardie et de remettre le Tyrol à la semaine prochaine. J'arrivai à Oliero vers les quatre heures de l'après-midi, après avoir fait seize milles à pied en dix heures, ce qui, pour un garçon de ma taille, était une journée un peu forte. J'avais encore un peu de fièvre, et je sentais une chaleur accablante au cerveau. Je m'étendis sur le gazon à l'entrée de la grotte, et je m'y endormis. Mais les aboiements d'un grand chien noir, à qui j'eus bien de la peine à faire entendre raison, me réveillèrent bientôt. Le soleil était descendu derrière les cimes de la montagne, l'air devenait tiède et suave. Le ciel, embrasé des plus riches couleurs, teignait la neige d'un reflet couleur de rose. Cette heure de sommeil avait suffi pour me faire un bien extrême. Mes pieds étaient désenflés, ma tête libre. Je me mis à examiner l'endroit où j'étais ; c'était le paradis terrestre,

c'était l'assemblage des beautés naturelles les plus gracieuses et les plus imposantes. Nous y viendrons ensemble, laisse-moi l'espérer.

Quand j'eus parcouru ce lieu enchanté avec la joie d'un conquérant, je revins m'asseoir à l'endroit où j'avais dormi, afin de savourer le plaisir de ma découverte. Il y avait deux jours que j'errais dans ces montagnes, sans avoir pu trouver un de ces sites parfaitement à mon gré qui abondent dans les Pyrénées, et qui sont rares dans cette partie des Alpes. Je m'étais écorché les mains et les genoux pour arriver à des solitudes qui toutes avaient leurs beautés, mais dont pas une n'avait le caractère que je lui désirais dans ce moment-là. L'une me semblait trop sauvage, l'autre trop champêtre. J'étais trop triste dans celle-ci; dans celle-là je souffrais du froid; une troisième m'ennuyait. Il est difficile de trouver la nature extérieure en harmonie avec la disposition de l'esprit. Généralement l'aspect des lieux triomphe de cette disposition et apporte à l'âme des impressions nouvelles. Mais si l'âme est malade, elle résiste à la puissance du temps et des lieux ; elle se révolte contre l'action des choses étrangères à sa souffrance, et s'irrite de les trouver en désaccord avec elle.

J'étais épuisé de fatigue en arrivant à Oliero, et peut-être à cause de cela étais-je disposé à me laisser gouverner par mes sensations. Il est certain que là je ne pus enfin m'abandonner à cette contemplation paresseuse que la moindre perturbation dans le bien-être physique dérange impérieusement. Figure-toi un angle de la montagne couvert de bosquets en fleur, à travers lesquels fuient des sentiers en pente rapide, des gazons doucement inclinés, semés de rhododendrons, de pervenches et de pâquerettes. Trois grottes d'une merveilleuse beauté pour la forme et les couleurs du roc occupent les enfoncements de la gorge. L'une a servi longtemps de caverne à une bande d'assassins ; l'autre recèle un petit lac ténébreux que l'on peut parcourir en bateau, et sur lequel pendent de très-belles stalactites. Mais c'est une des curiosités qui ont le tort d'entretenir l'inutile et insupportable profession de touriste. Il me semble déjà voir arriver, malgré la neige qui couvre les Alpes, ces insipides et monotones figures que chaque été ramène et fait pénétrer jusque dans les solitudes les plus saintes ; véritable plaie de notre génération, qui a juré de dénaturer par sa présence la physionomie de toutes les contrées du globe, et d'empoisonner toutes les jouissances des promeneurs contemplatifs par leur oisive inquiétude et leurs sottes questions.

Je retournai à la troisième grotte ; c'est celle qui arrête le moins l'attention des curieux, et c'est la plus belle. Elle n'offre ni souvenirs dramatiques, ni raretés minéralogiques. C'est une source de soixante pieds de profondeur, qu'abrite une voûte de rochers ouverte sur le plus beau jardin naturel de la terre. De chaque côté se resserrent des monticules d'un mouvement gracieux et d'une riche végétation.

En face de la grotte, au bout d'une perspective de fleurs et de pâle verdure, jetées comme un immense bouquet que la main des fées aurait délié et secoué sur le flanc des montagnes, s'élève un géant sublime, un rocher perpendiculaire, taillé par les siècles et par les orages sur la forme d'une citadelle flanquée de ses tours et de ses bastions. Ce château magique, qui se perd dans les nuages, couronne le tableau frais et gracieux du premier plan d'une sauvage majesté. Contempler ce pic terrible du fond de la grotte, au bord de la source, les pieds sur un tapis de violettes, entre la fraîcheur souterraine du rocher et l'air chaud du vallon, c'est un bien-être, c'est une joie que j'aurais voulu me retirer pour te l'envoyer.

Des roches éparses dans l'eau s'avancent jusqu'au milieu de la grotte. Je parvins à la dernière et me penchai sur ce miroir de la source, transparent et immobile comme un bloc d'émeraude. Je vis au fond une figure pâle dont le calme me fit peur. J'essayai de lui sourire, et elle me rendit mon sourire avec tant de froideur et d'amertume, que les larmes me vinrent aux yeux, et que je me relevai pour ne plus la voir. Je restai debout sur la roche, les bras croisés. Le froid me gagna peu à peu. Il me sembla que moi aussi je me pétrifiais. Il me revint à la mémoire je ne sais quel fragment d'un livre inédit.
« Toi aussi, vieux Jacques, tu fus un marbre solide et
« pur, et tu sortis de la main de Dieu, fier et sans tache,
« comme une statue neuve sort toute blanche de l'atelier, et monte sur son piédestal d'un air orgueilleux.
« Mais te voilà rongé par le temps, comme une de ces
« allégories usées qui se tiennent encore debout dans les
« jardins abandonnés. Tu décores très-bien le désert;
« pourquoi sembles-tu t'ennuyer de la solitude? Tu
« trouves l'hiver rude et le temps long! Il te tarde de
« tomber en poussière et de ne plus dresser vers le ciel
« ce front jadis superbe que le vent insulte aujourd'hui,
« et sur lequel l'air humide amasse une mousse noire
« semblable à un voile de deuil. Tant d'orages ont terni
« ton éclat que ceux qui passent par hasard à tes pieds
« ne savent plus si tu es d'albâtre ou d'argile sous ce
« crêpe mortuaire. Reste, reste dans ton néant, et ne
« compte plus les jours. Tu dureras peut-être longtemps
« encore, misérable pierre! Tu te glorifiais jadis d'être

« une matière dure et inattaquable ; à présent tu envies
« le sort du roseau desséché qui se brise les jours d'o-
« rage. Mais la gelée fend les marbres. Le froid te dé-
« truira, espère en lui. »

Je sortis de la grotte, accablé d'une épouvantable tristesse, et je me jetai plus fatigué qu'auparavant à la place où j'avais dormi. Mais le ciel était si pur, l'atmosphère si bienfaisante, le vallon si beau, la vie circulait si jeune et si vigoureuse dans cette riche nature printanière, que je me sentis peu à peu renaître. Les couleurs s'éteignaient et les contours escarpés des monts s'adoucissaient dans la vapeur comme derrière une gaze bleuâtre. Un dernier rayon du couchant venait frapper la voûte de la grotte et jeter une frange d'or aux mousses et aux scolopendres dont elle est tapissée. Le vent balançait au-dessus de ma tête des cordons de lierre de vingt pieds de long. Une nichée de rouges-gorges se suspendait en babillant à ses festons délicats et se faisait bercer par les brises. Le torrent qui s'échappait de la caverne baisait en passant les primevères semées sur ses rives. Une hirondelle sortit du fond de la grotte et traversa le ciel. C'est la première que j'aie vue cette année. Elle prit son vol magnifique vers le grand rocher de l'horizon ; mais en voyant la neige, elle revint comme la colombe de l'arche, et s'enfonça dans sa retraite pour y attendre le printemps encore un jour.

Je me préparai aussi à chercher un gîte pour la nuit ; mais avant de quitter la grotte d'Oliero et la route du Tyrol, avant de tourner la face vers Venise, j'essayai de résumer mes émotions.

Mais cela ne m'avança à rien. Je sentis en moi une fatigue déplorable et une force plus déplorable encore ; aucune espérance, aucun désir, un profond ennui ; la faculté d'accepter tous les biens et tous les maux ; trop de découragement ou de paresse pour chercher ou pour éviter quoi que ce soit ; un corps plus dur à la fatigue que celui d'un buffle ; une âme irritée, sombre et avide, avec un caractère indolent, silencieux, calme comme l'eau de cette source qui n'a pas un pli à la surface, mais qu'un grain de sable bouleverse.

Je ne sais pourquoi toute réflexion sur l'avenir me cause une humeur insupportable. J'eus besoin de reporter mes regards sur certaines faces du passé, et je m'adoucis aussitôt. Je pensai à notre amitié, j'eus des remords d'avoir laissé tant d'amertume entrer dans ce pauvre cœur. Je me rappelai les joies et les souffrances que nous avons partagées. Les unes et les autres me sont si chères, qu'en y pensant je me mis à pleurer comme une femme.

En portant mes mains à mon visage, je respirai l'odeur d'une sauge dont j'avais touché les feuilles quelques heures auparavant. Cette petite plante fleurissait maintenant sur sa montagne, à plusieurs lieues de moi. Je l'avais respectée ; je n'avais emporté d'elle que son exquise senteur. D'où vient qu'elle l'avait laissée ? Quelle chose précieuse est donc le parfum, qui, sans rien faire perdre à la plante dont il émane, s'attache aux mains d'un ami, et le suit en voyage pour le charmer et lui rappeler longtemps la beauté de la fleur qu'il aime ? — Le parfum de l'âme, c'est le souvenir. C'est la partie la plus délicate, la plus suave du cœur, qui se détache pour embrasser un autre cœur et le suivre partout. L'affection d'un absent n'est plus qu'un parfum ; mais qu'il est doux et suave ! qu'il apporte à l'esprit abattu et malade de bienfaisantes images et de chères espérances ! — Ne crains pas, ô toi qui as laissé sur mon chemin cette trace embaumée, ne crains jamais que je la laisse se perdre. Je la serrerai dans mon cœur silencieux comme une essence subtile dans un flacon scellé. Nul ne la respirera que moi, et je la porterai à mes lèvres dans mes jours de détresse pour y puiser la consolation et la force, les rêves du passé, l'oubli du présent.

. . . .

. . . Je me souviens que, lorsque j'étais enfant, les chasseurs apportaient à la maison, vers l'automne, de belles et douces palombes ensanglantées. On me donnait celles qui étaient encore vivantes, et j'en prenais soin. J'y mettais la même ardeur et les mêmes tendresses qu'une mère pour ses enfants, et je réussissais à en guérir quelques-unes. A mesure qu'elles reprenaient la force, elles devenaient tristes et refusaient les fèves vertes, que pendant leur maladie elles mangeaient avidement dans ma main. Dès qu'elles pouvaient étendre les ailes, elles s'agitaient dans la cage et se déchiraient aux barreaux. Elles seraient mortes de fatigue et de chagrin si je ne leur eusse donné la liberté. Aussi je m'étais habitué, quoique égoïste enfant s'il en fut, à sacrifier le plaisir de la possession au plaisir de la générosité. C'était un jour de vives émotions, de joie triomphante et de regret invincible, que celui où je portais une de mes palombes sur la fenêtre. Je lui donnais mille baisers. Je la priais de se souvenir de moi et de revenir manger les fèves tendres de mon jardin. Puis j'ouvrais une main que je refermais aussitôt pour ressaisir mon amie. Je l'embrassais encore, le cœur gros et les yeux pleins de larmes. Enfin, après bien des hésitations et des efforts, je la posais sur la fenêtre. Elle restait quelque temps immobile, étonnée, effrayée presque de son bonheur. Puis elle partait avec un petit cri de joie qui m'allait au cœur. Je la suivais longtemps des yeux ; et quand elle avait disparu derrière les sorbiers du jardin, je me mettais à pleurer amèrement, et j'en avais pour tout un jour à inquiéter ma mère par mon air abattu et souffrant.

Quand nous nous sommes quittés, j'étais fier et heureux de te voir rendu à la vie ; j'attribuais un peu à mes soins la gloire d'y avoir contribué. Je rêvais pour toi des jours meilleurs, une vie plus calme. Je te voyais renaître à la jeunesse, aux affections, à la gloire. Mais quand je t'eus déposé à terre, quand je me retrouvai seul dans cette gondole noire comme un cercueil, je sentis que mon âme s'en allait avec toi. Le vent ne ballottait plus sur les lagunes agitées qu'un corps malade et stupide. Un homme m'attendait sur les marches de la Piazzetta. — Du courage ! me dit-il. — Oui, lui répondis-je, vous m'avez dit ce mot-là une nuit, quand il était mourant dans nos bras, quand nous pensions qu'il n'avait plus qu'une heure à vivre. A présent il est sauvé, il voyage, il va retrouver sa patrie, sa mère, ses amis, ses plaisirs. C'est bien ; mais pensez de moi ce que vous voudrez, je regrette cette horrible nuit où sa tête pâle était appuyée sur votre épaule, et sa main froide dans la mienne. Il était là entre nous deux, et il n'y est plus. Vous pleurez aussi, tout en haussant les épaules. Vous voyez que vos larmes ne raisonnent pas mieux que moi. Il est parti, nous l'avons voulu ; mais il n'est plus ici, nous sommes au désespoir.

. . . .
. . . .

. . . Avant de me coucher, j'allai fumer mon cigare sur la route de Bassano. Je ne m'éloignai guère d'Oliero que d'un quart de lieue, et il ne faisait pas encore nuit ; mais la route était déjà déserte et silencieuse comme à minuit. Je me trouvai tout à coup, je ne sais comment, en face d'un monsieur beaucoup mieux mis que moi. Il avait un frac bleu, des bottes à la hussarde et un bonnet hongrois avec un beau gland de soie tombant sur l'épaule. Il se mit en travers de mon chemin et m'adressa la parole dans un dialecte moitié italien, moitié allemand. Je crus qu'il demandait quelque renseignement sur le pays, et, lui montrant le clocher qui se dessinait en blanc sur les ombres de la vallée, je me bornai à lui répondre : « Oliero. » Mais il reprit sa harangue d'un ton lamentable ; je crus comprendre qu'il me demandait l'aumône. Il était impossible d'offrir à un mendiant si élégant moins d'un svansic, et cette générosité m'était également impossible pour des raisons majeures. Je me rappelai en même temps les avertissements du docteur, et je passai mon chemin. Mais, soit qu'il me prît pour un financier déguisé, soit que ma blouse de cotonnade bleue lui plût extrêmement, il s'obstina à me suivre pendant une cinquantaine de pas en continuant son inintelligible discours, qui me parut mal accentué et que je ne goûtai nullement. Ce *monsù* avait un fort beau bâton de houx à la main, et je n'avais pas seulement une branche de chèvrefeuille. Je me souvenais très-bien des propres paroles du docteur : *Ayez l'œil sur son bâton*. Mais je ne voyais pas bien clairement à quoi pouvait me servir la connaissance exacte du danger que je courais. Je pris le parti de tâcher de penser à autre chose, et de siffloter, en répétant à part moi cette phrase profondément philosophique que tu m'as apprise, et dont tu m'as conseillé l'emploi dans les grandes émotions de la vie : — La musique à la campagne est une chose fort agréable ; les cordes harmonieuses de la harpe, etc. — Je jetai un regard de côté et vis mon Allemand tourner les talons.

Comme je n'avais aucune envie de *cultiver* sa connaissance, je continuai de marcher vers Bassano en sifflant.

J'avais eu une peur de tous les diables. Je suis naturellement poltron et imprévoyant à la fois. C'est ce qui faisait dire à mon précepteur que j'avais le caractère d'un merle. Je ne crois au danger que quand je le touche, et je l'oublie dès qu'il est passé. Il n'est pas d'oiseau plus stupide que moi pour retomber vingt fois dans le piége où il a été pris. Je tourne autour et je le brave avec une légèreté que l'on prendrait volontiers pour du courage; mais quand j'y suis, je n'y fais pas meilleure figure que les autres. Je l'avoue sans honte, parce qu'il me semble qu'un homme de quatre pieds dix pouces n'est pas obligé d'avoir le stoïcisme de Milon de Crotone, et parce que j'ai vu bien des butors gigantesques être au moins aussi faibles que moi en face de la peur.

Je revins à Oliero, et je retrouvai à tâtons la branche de genévrier suspendue à la porte de mon cabaret. La première figure que j'aperçus sous le manteau de la cheminée fut celle de mon Allemand, qui fumait dans une pipe fort honnête, et qui attendait, en suivant chaque tour de broche d'un œil amoureux, que le quartier d'agneau commandé pour son souper finît de rôtir. Il se leva en me voyant et m'offrit une chaise auprès de lui. J'étais un peu confus de la méprise que j'avais faite en prenant un personnage si bien élevé pour un voleur de grand chemin. On nous servit notre souper à la même table : à lui son agneau rôti, à moi mon fromage de chèvre; à lui le vin généreux d'Asolo, à moi l'eau pure du torrent. Quand il eut mangé trois bouchées, soit qu'il se sentît peu d'appétit, soit qu'il fût touché de la *grâce avec laquelle je mangeais mon pain*, il m'invita à partager son repas, et j'acceptai sans cérémonie. Il parlait alors une espèce de vénitien presque inintelligible, et il me fit d'agréables reproches du refus que je lui avais fait sur la route d'un peu de feu de mon cigare pour allumer sa pipe. Je me confondis en excuses, et j'essayai de me moquer intérieurement de ma frayeur; mais malgré sa politesse, et peut-être aussi à cause de sa politesse, ce monsieur avait une indéfinissable odeur de coquin qui rappelait *l'Auberge des Adrets* d'une lieue. L'hôte avait, en tournant autour de la table, une étrange manière de nous regarder alternativement. Quand je grimpai à ma soupente, résolu à affronter tous les dangers du coupe-gorge classique de l'Italie, j'entendis le bonhomme qui disait à son garçon : — Fais attention au Tyrolien et au petit *forestiere* (il s'agissait de moi). Serre bien la vaisselle et apporte les clefs du linge sous mon chevet; attache le chien à la porte du poulailler, et au moindre bruit appelle-moi. — *Cristo!* soyez tranquille, répondit le garçon. Le *petit* ne peut pas bouger que je ne l'entende. J'aurai la fourche à feu sur ma paillasse, et *per Dio santo!* qu'il prenne garde à lui s'il s'amuse à sortir avant le jour.

Je me le tins pour dit, et je dormis tranquillement, protégé contre le filou tyrolien par ce brave garçon montagnard qui croyait protéger contre moi la maison de son maître.

Quand je m'éveillai, le Tyrolien avait pris la volée depuis longtemps, et, malgré la surveillance de l'hôte, de son garçon et de son chien, il était parti sans payer. Il fut un peu question de me prendre pour son complice et de me faire acquitter sa dépense. Je transigeai, et, comme j'avais mangé avec lui, je payai la moitié du souper; après quoi je partis à travers la montagne.

. . . .

. . . . . Je traversai ce jour-là des solitudes d'une incroyable mélancolie. Je marchai un peu au hasard en tâchant d'observer tant bien que mal la direction de Trévise, mais sans m'inquiéter de faire trois fois plus de chemin qu'il ne fallait, ou de passer la nuit au pied d'un genévrier. Je choisis les sentiers les plus difficiles et les moins fréquentés. En quelques endroits, ils me conduisirent jusqu'à la hauteur des premières neiges; en d'autres ils s'enfonçaient dans des défilés arides où le pied de l'homme semblait n'avoir jamais passé. J'aime ces lieux incultes, inhabitables, qui n'appartiennent à personne, que l'on aborde difficilement, et d'où il semble impossible de sortir. Je m'arrêtai dans un certain amphithéâtre de rochers auquel pas une construction, pas un animal, pas une plante ne donnait de physionomie géologique. Il en avait une terrible, austère, désolée, qui n'appartenait à aucun pays, et qui pouvait ressembler à toute autre partie du monde qu'à l'Italie. Je fermai les yeux au pied d'une roche, et mon esprit se mit à divaguer. En un quart d'heure je fis le tour du monde; et quand je sortis de ce demi-sommeil fébrile, je m'imaginais que j'étais en Amérique, dans une de ces éternelles solitudes que l'homme n'a pu conquérir encore sur la nature sauvage. Tu ne saurais te figurer combien cette illusion s'empara de moi : je m'attendais presque à voir le boa dérouler ses anneaux sur les ronces desséchées, et le bruit du vent me semblait la voix des panthères errantes parmi les rochers. Je traversai ce désert sans rencontrer un seul accident qui dérangeât mon rêve; mais au détour de la montagne je trouvai une petite niche creusée dans le roc avec sa madone, et la lampe que la dévotion des montagnardes entretient et rallume chaque soir, jusque dans les solitudes les plus reculées. Il y avait au pied de l'autel rustique un bouquet de fleurs cultivées et nouvellement cueillies. Cette lampe encore fumante, ces fleurs de la vallée, toutes fraîches encore, à plusieurs milles dans la montagne stérile et inhabitée, étaient les offrandes d'un culte plus naïf et plus touchant qu'aucune chose que j'aie vue en ce genre. En général, ces croix et ces madones s'élèvent dans le désert au lieu où s'est commis quelque meurtre, où bien là où est arrivée, par accident, quelque mort violente. A deux pas de la madone était un précipice qu'il fallait côtoyer pour sortir du défilé. La lampe, sinon la protection de la Vierge, devait être fort utile aux voyageurs de nuit.

. . . . Une idée folle, l'illusion d'un instant, un rêve qui ne fait que traverser le cerveau, suffit pour bouleverser toute une âme et pour emporter dans sa course le bonheur ou la souffrance de tout un jour. Ce voyage d'Amérique avait déroulé en cinq minutes un immense avenir devant moi; et quand je me réveillai sur une cime des Alpes, il me sembla que de mon pied j'allais repousser la terre et m'élancer dans l'immensité. Ces belles plaines de la Lombardie, cette mer Adriatique qui flottait comme un voile de brume à l'horizon, tout cela m'apparut comme une conquête épuisée, comme un espace déjà franchi. Je m'imaginai que, si je voulais, je serais demain sur la cime des Andes. Les jours de ma vie passée s'effacèrent et se confondirent en un seul. *Hier* me sembla résumer parfaitement trente ans de fatigue; *aujourd'hui*, ce mot terrible, qui, dans la grotte d'Oliero, m'avait représenté l'effrayante immobilité de la tombe, s'effaça du livre de ma vie. Cette force détestée, cette morne résistance à la douleur, qui m'avait rendu si triste, se fit sentir à moi, active et violente, douloureuse encore, mais orgueilleuse comme le désespoir.

4.

L'idée d'une éternelle solitude me fit tressaillir de joie et d'impatience, comme autrefois une pensée d'amour, et je sentis ma volonté s'élancer vers une nouvelle période de ma destinée. — C'est donc là où tu en es? me disait une voix intérieure; eh bien! marche avance, apprends.

. . . .

. . . . Au coucher du soleil, je me trouvai au faîte d'une crête de rochers; c'était la dernière des Alpes. A mes pieds s'étendait la Vénétie, immense, éblouissante de lumière et d'étendue. J'étais sorti de la montagne, mais vers quel point de ma direction? Entre la plaine et le pic d'où je la contemplais s'étendait un beau vallon ovale, appuyé d'un côté au flanc des Alpes, de l'autre élevé en terrasse au-dessus de la plaine et protégé contre les vents de la mer par un rempart de collines fertiles. Directement au-dessous de moi, un village était semé en pente dans un désordre pittoresque. Ce pauvre hameau est couronné d'un beau et vaste temple de marbre tout neuf, éclatant de blancheur et assis d'une façon orgueilleuse sur la croupe de la montagne. Je ne sais quelle idée de personnification s'attachait pour moi à ce monument. Il avait l'air de contempler l'Italie, déroulée devant lui comme une carte géographique, et de lui commander.

Un ouvrier, qui taillait le marbre à même la montagne, m'apprit que cette église, de forme païenne, était l'œuvre de Canova, et que le village de Possagno, situé au pied, était la patrie de ce grand sculpteur des temps modernes. — Canova était le fils d'un tailleur de pierres, ajouta le montagnard; c'était un pauvre ouvrier comme moi.

Combien de fois le jeune manœuvre qui devait devenir

Canova s'est-il assis sur cette roche, où s'élève maintenant un temple à sa mémoire ! Quels regards a-t-il promenés sur cette Italie qui lui a décerné tant de couronnes ! sur ce monde, où il a exercé la paisible royauté de son génie, à côté de la terrible royauté de Napoléon ! Désirait-il, espérait-il sa gloire ? y songeait-il seulement ? Quand il avait coupé proprement un quartier de roche, savait-il que de cette main, formée aux rudes travaux, sortiraient tous les dieux de l'Olympe et tous les rois de la terre ? Pouvait-il deviner cette nouvelle race de souverains qui allait éclore et demander l'immortalité à son ciseau ? Quand il avait des regards de jeune homme et peut-être d'amant pour les belles montagnardes de sa patrie, imaginait-il la princesse Borghèse nue devant lui ?

Le vallon de Possagno a la forme d'un berceau ; il est fait à la taille de l'homme qui en est sorti. Il serait digne d'avoir servi à plus d'un génie, et l'on conçoit que la sublimité de l'intelligence se déploie à l'aise dans un si beau pays et sous un ciel si pur. La limpidité des eaux, la richesse du sol, la force de la végétation, la beauté de la race dans cette partie des Alpes, et la magnificence des aspects lointains que le vallon domine de toutes parts, semblent faits exprès pour nourrir les plus hautes facultés de l'âme et pour exciter aux plus nobles ambitions. Cette espèce de paradis terrestre, où la jeunesse intellectuelle peut s'épanouir avec toute sa séve printanière, cet horizon immense qui semble appeler les pas et les pensées de l'avenir, ne sont-ce pas là deux conditions principales pour le déploiement d'une belle destinée ?

La vie de Canova fut féconde et généreuse comme le sol de sa patrie. Sincère et simple comme un vrai montagnard, il aima toujours avec une tendre prédilection le village et la pauvre maisonnette où il était né. Il la fit très-modestement embellir, et il venait s'y reposer à l'automne des travaux de son année. Il se plaisait alors à dessiner les formes herculéennes des paysans et les têtes vraiment grecques des jeunes filles. Les habitants de Possagno disent avec orgueil que les principaux modèles de la riche collection des œuvres de Canova sont sortis de leur vallée. Il suffit en effet de la traverser pour y retrouver à chaque pas le type de froide beauté qui caractérise la statuaire de l'empire. Le principal avantage de ces montagnardes, et celui précisément que le marbre n'a pu reproduire, est la fraîcheur du coloris et la transparence de la peau. C'est à elles que peut s'appliquer sans exagération l'éternelle métaphore des lis et des roses. Leurs yeux ont une limpidité excessive et une nuance incertaine, à la fois verte et bleue, qui est particulière à la pierre appelée aigue-marine. Canova aimait particulièrement la *morbidezza* de leurs cheveux blonds abondants et lourds. Il les coiffait lui-même avant de les copier, et disposait leurs tresses selon les diverses manières de la statuaire grecque.

Ces filles ont généralement une expression de douceur et de naïveté qui, reproduite sur des linéaments plus fins et sur des formes plus délicates, a dû inspirer à Canova la délicieuse tête de Psyché. Les hommes ont la tête colossale, le front proéminent, la chevelure épaisse et blonde aussi, les yeux grands, vifs et hardis, la face courte et carrée. Rien de profond ni de délicat dans la physionomie, mais une franchise et un courage qui rappellent l'expression des chasseurs antiques. Le temple de Canova est une copie exacte du Panthéon de Rome. Il est d'un beau marbre fond blanc, traversé de nuances rousses et rosâtres, mais tendre et déjà égrené par la gelée. Canova, dans une vue philanthropique, avait fait élever cette église pour attirer un grand concours d'étrangers et de voyageurs à Possagno, et procurer ainsi un peu de commerce et d'argent aux pauvres habitants de la montagne. Il comptait en faire une espèce de musée de ses ouvrages. L'église aurait renfermé les sujets sacrés sortis de son ciseau, et des galeries supérieures auraient contenu à part les sujets profanes. Il mourut sans pouvoir accomplir son projet, et laissa des sommes considérables destinées à cet emploi. Mais quoique son propre frère, l'évêque Canova, fût chargé de surveiller les travaux, une sordide économie ou une insigne mauvaise foi a présidé à l'exécution des dernières volontés du sculpteur. Hormis le *vaisseau* de marbre, sur lequel il n'était plus temps de spéculer, on a obéi mesquinement à la nécessité du remplissage. Au lieu de douze statues colossales en marbre qui devaient occuper les douzes niches de la coupole, s'élèvent douze géants grotesques qu'un peintre habile, dit-on d'ailleurs, s'est plu à exécuter ironiquement pour se venger des tracasseries sordides des entrepreneurs. Très-peu de sculpture de Canova décore l'intérieur du monument. Quelques bas-reliefs de petite dimension, mais d'un dessin très-pur et très-élégant, sont incrustés autour des chapelles; tu les as vus à l'Académie des Beaux-Arts de Venise, et tu en as remarqué un avec prédilection. Tu as vu là aussi le groupe du Christ au tombeau, qui est certainement la plus froide pensée de Canova. Le bronze de ce groupe est dans le temple de Possagno, ainsi que le tombeau qui renferme les restes du sculpteur; c'est un sarcophage grec très-simple et très-beau, exécuté sur ses dessins.

Un autre groupe du Christ au linceul, peint à l'huile, décore le maître-autel. Canova, le plus modeste des sculpteurs, avait la prétention d'être peintre. Il a passé plu-

sieurs années à retoucher ce tableau, fils heureusement unique de sa vieillesse, que, par affection pour ses vertus et par respect pour sa gloire, ses héritiers devraient conserver précieusement chez eux et cacher à tous les regards. . . . .
. . . .

. . . . Je suivis la route d'Asolo le long d'une rampe de collines couvertes de figuiers ; j'embrassai ce riche aspect de la Vénétie pendant plusieurs lieues, sans être fatigué de son immensité, grâce à la variété des premiers plans, qui descendent par gradins de monticules et de ravines jusqu'à la surface unie de la plaine. Des ruisseaux de cristal circulent et bondissent parmi ces gorges, dont les contours sont hardis sans âpreté, et dont le mouvement change à chaque détour du chemin. C'est le sol le plus riche en fruits délicieux et le climat le plus sain de l'Italie. A Asolo, village assis comme Possagno sur le flanc des Alpes, à l'entrée d'un vallon non moins beau, je trouvai un montagnard qui partait pour Trévise, assis majestueusement sur un char traîné par quatre ânesses. Je le priai, moyennant une modeste rétribution, de me faire un peu de place parmi les chevreaux qu'il transportait au marché, et j'arrivai à Trévise le lendemain matin, après avoir dormi fraternellement avec les innocentes bêtes qui devaient tomber le lendemain sous le couteau du boucher. Cette pensée m'inspira pour leur maître une horreur invincible, et je n'échangeai pas une parole avec lui durant tout le chemin.

Je dormis deux heures à Trévise avec un peu de rhume et de fièvre ; à midi je trouvai un voiturin qui partait pour Mestre et qui me prit en *lapin*. Je trouvai la gondole de Catullo à l'entrée du canal. Le docteur, assis sur la poupe, échangeait des facéties vénitiennes avec cette perle des gondoliers. Il y avait sur la figure de notre ami un rayonnement inusité. — Qu'est-ce donc? lui dis-je, avez-vous fait un héritage? êtes-vous nommé médecin de votre oncle?

Il prit une attitude mystérieuse et me fit signe de m'asseoir près de lui. Alors il tira de sa poche une lettre timbrée de Genève. Je me détournai après l'avoir lue pour cacher mes larmes. Mais quand je regardai le docteur, je le trouvai occupé à lire la lettre à son tour. — Ne vous gênez pas, lui dis-je. — Il n'y fit nulle attention et continua; après quoi il la porta à ses lèvres avec une vivacité passionnée tout italienne, et me la rendit en disant pour toute excuse : *Je l'ai lue.*

Nous nous pressâmes la main en pleurant. Puis je lui demandai s'il avait reçu de l'argent pour moi. Il me répondit par un signe de tête affirmatif. — Et quand part votre ami Zuzuf? — Le quinze du mois prochain. — Vous retiendrez mon passage sur son navire pour Constantinople, docteur. — Oui? — Oui. — Et vous reviendrez? dit-il. — Oui, je reviendrai. — Et lui aussi? — Et lui aussi, j'espère. — *Dieu est grand!* dit le docteur en levant les yeux au ciel d'un air à la fois ingénu et emphatique. Nous verrons ce soir Zuzuf au café, ajouta-t-il; en attendant, où voulez-vous loger? — Peu m'importe, ami, je pars après-demain pour le Tyrol...

II

Je t'ai raconté bien des fois un rêve que je fais souvent, et qui m'a toujours laissé, après le réveil, une impression de bonheur et de mélancolie. Au commencement de ce rêve, je me vois assis sur une rive déserte, et une barque, pleine d'amis qui chantent des airs délicieux, vient à moi sur le fleuve rapide. Ils m'appellent, ils me tendent les bras, et je m'élance avec eux dans la barque. Ils me disent : « Nous allons à... (ils nomment un pays inconnu), hâtons-nous d'arriver. » On laisse les instruments, on interrompt les chants. Chacun prend la rame. Nous abordons... à quelle rive enchantée? Il me serait impossible de la décrire; mais je l'ai vue vingt fois, je la connais : elle doit exister quelque part sur la terre ou dans quelqu'une de ces planètes dont tu aimes à contempler la pâle lumière dans les bois au coucher de la lune. — Nous sautons à terre; nous nous élançons, en courant et en chantant, à travers les buissons embaumés. Mais alors tout disparaît, et je m'éveille. J'ai recommencé souvent ce beau rêve, et je n'ai jamais pu le mener plus loin.

Ce qu'il y a d'étrange, c'est que ces amis qui me conviennent et qui m'entraînent, je ne les ai jamais vus dans la vie réelle. Quand je m'éveille, mon imagination ne se les représente plus. J'oublie leurs traits, leurs noms, leur nombre et leur âge. Je sais confusément qu'ils sont tous beaux et jeunes; hommes et femmes sont couronnés de fleurs, et leurs cheveux flottent sur leurs épaules. La barque est grande et elle est pleine. Ils ne sont pas divisés par couples, ils vont pêle-mêle sans se choisir, et semblent s'aimer tous également, mais d'un amour tout divin. Leurs chants et leurs voix ne sont pas de ce monde. Chaque fois que je fais ce rêve je retrouve aussitôt la mémoire des rêves précédents où je les ai vus. Mais elle n'est distincte que dans ce moment-là; le réveil la trouble et l'efface.

Lorsque la barque paraît sur l'eau, je ne songe à rien.

Je ne l'attends pas; je suis triste, et une des occupations où elle me surprend le plus souvent, c'est de laver mes pieds dans la première onde du rivage. Mais cette occupation est toujours inutile. Aussitôt que je fais un pas sur la grève, je m'enfonce dans une fange nouvelle, et j'éprouve un sentiment de détresse puérile. Alors la barque paraît au loin; j'entends vaguement les chants. Puis ils se rapprochent, et je reconnais ces voix qui me sont si chères. Quelquefois, après le réveil, je conserve le souvenir de quelques lambeaux des vers qu'ils chantent; mais ce sont des phrases bizarres et qui ne présentent plus aucun sens à l'esprit éveillé. Il y aurait peut-être moyen, en les commentant, d'écrire le poëme le plus fantastique que le siècle ait encore produit. Mais je m'en garderai bien; car je serais désespéré de composer sur mon rêve, et de changer ou d'ajouter quelque chose au vague souvenir qu'il me laisse. Je brûle de savoir s'il y a dans les songes quelque sens prophétique, quelque révélation de l'avenir, soit pour cette vie, soit pour les autres. Je ne voudrais pourtant pas qu'on m'apprît ce qui en est, et qu'on m'ôtât le plaisir de chercher.

Quels sont ces amis inconnus qui viennent m'appeler dans mon sommeil et qui m'emmènent joyeusement vers le pays des chimères? D'où vient que je ne peux jamais m'enfoncer dans ces perspectives enchantées que j'aperçois du rivage? D'où vient aussi que ma mémoire conserve si bien l'aspect des lieux d'où je suis parti et de ceux où j'arrive, et qu'elle est impuissante à se retracer la figure et les noms des amis qui m'y conduisent? Pourquoi ne puis-je soulever, à la lumière du jour, le voile magique qui me les cache? Sont-ce les âmes des morts qui m'apparaissent? Sont-ce les spectres de ceux que je n'aime plus? Sont-ce les formes confuses où mon cœur doit puiser de nouvelles adorations? Sont-ce seulement des couleurs mêlées sur une palette par mon imagination qui travaille encore dans le repos des nuits?

Je te l'ai dit souvent, le matin, tout fraîchement débarqué de mon île inconnue, tout pâle encore d'émotion et de regret, rien dans la vie réelle ne peut se comparer à l'affection que m'inspirent ces êtres mystérieux, et à la joie que j'éprouve à les retrouver. Elle est telle que j'en ressens l'impression physique après le réveil, et que pour tout un jour je n'y puis songer sans palpitations. Ils sont si bons, si beaux, si purs, à ce qu'il me semble! Je me retrace, non pas leurs traits, mais leur physionomie, leur sourire et le son de leur voix. Ils sont si heureux, et ils m'invitent à leur bonheur avec tant de tendresse! Mais quel est-il, leur bonheur?

Je me souviens de leurs paroles : — Viens donc, me disent-ils; que fais-tu sur cette triste rive? viens chanter avec nous; viens boire dans nos coupes. Voici des fleurs; voici des instruments. — Et ils me présentent une harpe d'une forme étrange, et que je n'ai vue que là. Mes doigts semblent y être habitués depuis longtemps; j'en tire des sons divins, et ils m'écoutent avec attendrissement. — O mes amis! ô mes bien-aimés! leur dis-je, d'où venez-vous donc, et pourquoi m'avez-vous abandonné si longtemps? — C'est toi, me disent-ils, qui nous abandonnes sans cesse. Qu'as-tu fait, où as-tu été depuis que nous ne t'avons vu? Comme te voilà vieux et fatigué! comme tes pieds sont couverts de boue! Viens te reposer et rajeunir avec nous. Viens à.... où la mousse est comme un tapis de velours où l'on marche sans chaussure.... Non, ce n'est pas comme cela qu'ils disent. Ils disent des choses bien belles, et que je ne peux pas me rappeler assez pour les rendre. Moi, je m'étonne d'avoir pu vivre loin d'eux, et c'est ma vie réelle qui alors me semble un rêve à demi effacé. Je vais leur demandant aussi où ils étaient pendant ce temps-là. — Comment se fait-il, leur dis-je, que j'aie vécu avec d'autres êtres, que j'aie connu d'autres amis? Dans quel monde inaccessible vous étiez-vous retirés? et comment la mémoire de notre amour s'était-elle perdue? Pourquoi ne m'avez-vous pas suivi dans ce monde où j'ai souffert? d'où vient que je n'ai pas songé à vous y chercher? — C'est que nous n'y sommes pas ; c'est que nous n'y allons jamais, me répondirent-ils en souriant. Viens par ici, par ici avec nous. — Oui, oui! et pour toujours, leur dis-je; ne m'abandonnez pas, ô mes frères chéris! ne me laissez pas emporter par ce flot qui m'entraîne toujours loin de vous; ne me laissez plus remettre le pied sur ce sol mouvant où je m'enfonce jusqu'à ce que vous ayez disparu à mes yeux, jusqu'à ce que je me trouve dans une autre vie, avec d'autres amis qui ne vous valent pas. — Fou et ingrat que tu es! me disent-ils en me raillant tendrement, tu veux toujours y retourner, et, quand tu en reviens, tu ne nous reconnais plus. — Oh! si, je vous reconnais! A présent il me semble que je ne vous ai jamais quittés. Vous voilà toujours jeunes, toujours heureux. — Alors, je les nomme tous, et ils m'embrassent en me donnant un nom que je ne me rappelle pas, et qui n'est pas celui que je porte dans le monde des vivants.

Cette apparition d'une troupe d'amis dont la barque me porte vers une rive heureuse, est dans mon cerveau depuis les premières années de ma vie. Je me souviens fort bien que, dans mon berceau, dès l'âge de cinq ou six ans, je voyais en m'endormant une troupe de beaux enfants couronnés de fleurs, qui m'appelaient et me faisaient venir avec eux dans une grande coquille de nacre flottante sur les eaux, et qui m'emmenaient dans un jardin magnifique. Ce jardin était différent du rivage imaginaire de mon île. Il y a entre l'un et l'autre la même disproportion qu'entre les amis enfants et les amis de mes rêves d'aujourd'hui. Au lieu des hauts arbres, des vastes prairies, des libres torrents et des plantes sauvages que je vois maintenant, je voyais alors un jardin régulier, des gazons taillés, des buissons de fleurs à la portée de mon bras, des jets d'eau parfumée dans des bassins d'argent, et surtout des roses bleues dans des vases de la Chine. Je ne sais pourquoi les roses bleues me semblaient les fleurs les plus surprenantes et les plus désirables. Du reste, mon rêve ressemblait aux contes de fées dont j'avais déjà la tête nourrie, mais aux souvenirs desquels je mêlais toujours un peu du mien. Maintenant il ressemble à la terre libre et vierge que je vais cherchant, et que je peuple d'affections saintes et de bonheur impossible.

Eh bien! il m'est arrivé, l'autre soir, de me trouver en réalité dans une situation qui ressemblait un peu à mon rêve, mais qui n'a pas fini de même.

J'étais au jardin public vers le coucher du soleil. Il y avait, comme à l'ordinaire, très-peu de promeneurs. Les Vénitiennes élégantes craignent le chaud et n'oseraient sortir en plein jour, mais en revanche elles craignent le froid et ne se hasardent guère dehors la nuit. Il y a trois ou quatre jours faits exprès pour elles dans chaque saison, où elles font lever la couverture de la gondole; mais elles mettent rarement les pieds à terre. C'est une espèce à part, si molle et si délicate qu'un rayon de soleil ternit leur beauté, et qu'un souffle de la brise expose leur vie. Les hommes civilisés cherchent de préférence les lieux où ils peuvent rencontrer le beau sexe, le théâ-

tre, les *conversazioni*, les cafés et l'enceinte abritée de
la Piazzetta à sept heures du soir. Il ne reste donc aux
jardins que quelques vieillards grognons, quelques fumeurs stupides et quelques bilieux mélancoliques. Tu
me classeras dans laquelle des trois espèces il te plaira.

Peu à peu je me trouvai seul, et l'élégant café qui
s'avance sur les lagunes éteignait ses bougies plantées
dans des iris et dans des algues de cristal de Murano.
Tu as vu ce jardin bien humide et bien triste la dernière
fois! Moi, je n'y allais pas chercher de douces pensées,
et je n'espérais pas m'y débarrasser de mon spleen. Mais
le printemps! comme tu dis, qui pourrait résister à la
vertu du mois d'avril? A Venise, mon ami, c'est bien
plus vrai. Les pierres même reverdissent; les grands
marécages infects, que fuyaient nos gondoles il y a deux
mois, sont des prairies aquatiques couvertes de cressons,
d'algues, de joncs, de glayeuls, et de mille sortes de
mousses marines d'où s'exhale un parfum tout particulier, cher à ceux qui aiment la mer, et où nichent des
milliers de goëlands, de plongeons et de cannes petières.
De grands pétrels rasent incessamment ces prés flottants,
où chaque jour le flux et le reflux font passer les flots
de l'Adriatique, et apportent des milliers d'insectes, de
madrépores et de coquillages.

Je trouvai, au lieu de ces allées glaciales que nous
avions fuies ensemble la veille de ton départ, et où je
n'avais pas encore eu le courage de retourner, un sable
tiède et des tapis de pâquerettes, des bosquets de sumacs
et de sycomores fraîchement éclos au vent de la Grèce.
Le petit promontoire planté à l'anglaise est si beau, si
touffu, si riche de fleurs, de parfums et d'aspects, que
je me demandai si ce n'était pas là le rivage magique
que mes rêves m'avaient fait pressentir. Mais non, la

terre promise est vierge de douleurs, et celle-ci est déjà trempée de mes larmes.

Le soleil était descendu derrière les monts Vicentins. De grandes nuées violettes traversaient le ciel au-dessus de Venise. La tour de Saint-Marc, les coupoles de Sainte-Marie, et cette pépinière de flèches et de minarets qui s'élèvent de tous les points de la ville se dessinaient en aiguilles noires sur le ton étincelant de l'horizon. Le ciel arrivait, par une admirable dégradation de nuances, du rouge cerise au bleu de smalt; et l'eau, calme et limpide comme une glace, recevait exactement le reflet de cette immense irisation. Au-dessous de la ville elle avait l'air d'un grand miroir de cuivre rouge. Jamais je n'avais vu Venise si belle et si féerique. Cette noire silhouette, jetée entre le ciel et l'eau ardente comme dans une mer de feu, était alors une de ces sublimes aberrations d'architecture que le poëte de l'Apocalypse a dû voir flotter sur les grèves de Patmos quand il rêvait sa Jérusalem nouvelle, et qu'il la comparait à une belle épousée de la veille.

Peu à peu les couleurs s'obscurcirent, les contours devinrent plus massifs, les profondeurs plus mystérieuses. Venise prit l'aspect d'une flotte immense, puis d'un bois de hauts cyprès où les canaux s'enfonçaient comme de grands chemins de sable argenté. Ce sont là les instants où j'aime à regarder au loin. Quand les formes s'effacent, quand les objets semblent trembler dans la brume, quand mon imagination peut s'élancer dans un champ immense de conjectures et de caprices, quand je peux, en clignant un peu la paupière, renverser et bouleverser une cité, en faire une forêt, un camp ou un cimetière; quand je peux métamorphoser en fleuves paisibles les grands chemins blancs de poussière, et en torrents rapides les petits sentiers de sable qui descendent en serpentant sur la sombre verdure des collines; alors je jouis vraiment de la nature, j'en dispose à mon gré, je règne sur elle, je la traverse d'un regard, je la peuple de mes fantaisies.

Quand j'étais adolescent et que je gardais encore les troupeaux dans le plus paisible et le plus rustique pays du monde, je m'étais fait une grande idée de Versailles, de Saint-Cloud, de Trianon, de tous ces palais dont ma grand'mère me parlait sans cesse comme de ce qu'il y avait de plus beau à voir dans l'univers. J'allais par les chemins au commencement de la nuit ou à la première blancheur du jour, et je me créais à grands traits Trianon, Versailles et Saint-Cloud dans la vapeur qui flottait sur nos champs. Une haie de vieux arbres mutilés par la cognée au bord d'un fossé devenait un peuple de tritons et de naïades de marbre enlaçant leurs bras armés de conques marines. Les taillis et les vignes de nos coteaux étaient les parterres d'ifs et de buis; les noyers de nos guérets, les majestueux ombrages des grands parcs royaux, et le filet de fumée qui s'élevait du toit d'une chaumière cachée dans les arbres, et dessinait sur la verdure une ligne bleuâtre et tremblante, devenait à mes yeux le grand jet d'eau que le plus simple bourgeois de Paris avait le privilége de voir jouer aux grandes fêtes, et qui était pour moi alors une des merveilles du monde fantastique.

C'est ainsi qu'à grands frais d'imagination je me dessinais dans un vaste cadre le modèle exagéré des petites choses que j'ai vues depuis. C'est grâce à cette manie de faire de mon cerveau un microscope que j'ai trouvé d'abord le vrai si petit et si peu majestueux. Il m'a fallu du temps pour l'accepter sans dédain et pour y découvrir enfin des beautés particulières et des sujets d'admiration autres que ceux que j'y avais cherchés. Mais dans le vrai, quelque beau qu'il soit, j'aime à bâtir encore. Cette méthode n'est ni d'un artiste ni d'un poëte, je le sais; c'est le fait d'un fou. Tu m'en as souvent raillé, toi qui aimes les grandes lignes pures, les contours hardiment dessinés, la lumière riche et splendide. Tu veux aborder franchement dans le beau, voir et sentir ce qui est, savoir pourquoi et comment la nature est digne de ton admiration et de ton amour. J'expliquais cela à notre ami un de ces soirs, comme nous passions ensemble en gondole sous la sombre arcade du pont des Soupirs. Tu te souviens de cette petite lumière qu'on voit au fond du canal, et qui se reflète et se multiplie sur les vieux marbres luisants de la maison de Bianca Capello? Il n'y a pas dans Venise un canaletto plus mystérieux et plus mélancolique. Cette lumière unique, qui brille sur tous les objets et qui n'en éclaire aucun, qui danse sur l'eau et semble jouer avec le remous des barques qui passent, comme un follet attaché à les poursuivre, me fit souvenir de cette grande ligne de réverbères qui tremble dans la Seine et qui dessine dans l'eau des zigzags de feu. Je racontai à Pietro comme quoi j'avais voulu un soir te faire goûter cette illumination aquatique, et comme quoi, après m'avoir ri au nez, tu m'embarrassas beaucoup avec cette question : — En quoi cela est-il beau? — Et qu'y trouviez-vous de beau en effet? me dit notre ami. — Je m'imaginais, répondis-je, voir dans le reflet de ces lumières des colonnes de feu et des cascades d'étincelles qui s'enfonçaient à perte de vue dans une grotte de cristal. La rive me paraissait soutenue et portée par ces piliers lumineux, et j'avais envie de sauter dans la rivière pour voir quelles étranges sarabandes les esprits de l'eau dansaient avec les esprits du feu dans ce palais enchanté. — Le docteur haussa les épaules, et je vis qu'il avait un profond mépris pour ce galimatias. — Je n'aime pas les idées fantastiques, dit-il; cela nous vient des Allemands, et cela est tout à fait contraire au vrai beau que cherchaient les arts dans notre vieille Italie. Nous avions des couleurs, nous avions des formes dans ce temps-là. Le fantastique a passé sur nous une éponge trempée dans les brouillards du Nord. Pour moi, je suis comme notre ami, continua-t-il, j'aime à contempler. Amusez-vous à rêver si cela vous plaît.

Je te demande, une fois pour toutes, une licence en bonne forme pour le chapitre des digressions, et je reviens à la soirée du jardin public.

J'étais absorbé dans mes fantaisies accoutumées, lorsque je vis sur le canal de Saint-Georges, au milieu des points noirs dont il était parsemé, un point noir qui filait rapidement, et qui laissa bientôt tous les autres en arrière. C'était la nouvelle et pimpante gondole du jeune Catullo. Quand elle fut à la portée de la vue, je reconnus la fleur des gondoliers en veste de nankin. Cette veste de nankin avait été le sujet d'une longue discussion *a casa* dans la matinée. Le docteur, voulant la mettre à la réforme, sous prétexte d'une augmentation d'embonpoint dans sa personne, l'avait destinée à son frère Giulio; mais Catullo, étant survenu, sollicita le pourpoint avec une grâce irrésistible. Ma gouvernante Cattina, qui ne voit pas d'un mauvais œil le scapulaire suspendu au cou blanc et ramassé du gondolier, observa que le seigneur Jules avait beaucoup grandi cette année, et que la veste lui serait trop courte. En conséquence Catullo, qui est quatre fois grand et gros comme les deux frères ensemble, se fit fort d'endosser un vêtement trop court pour l'un, trop étroit pour l'autre. Je ne sais par quel procédé miraculeux le Minotaure en vint à bout sans le faire craquer; mais il est certain que je le vis apparaître sur la lagune dans le propre vêtement d'été du docteur. A la vérité, ce riche équipage nuisait un peu à la souplesse de ses mouvements, et il ne se balançait pas sur la poupe avec toute l'élégance accoutumée. Mais, avant d'enfoncer la rame dans le tranquille miroir de l'onde, il jetait de temps en temps un regard de satisfaction sur son image resplendissante; et, charmé de sa bonne tenue, pénétré de reconnaissance pour l'âme généreuse de son patron, il enlevait la gondole d'un bras vigoureux et la faisait bondir sur l'eau comme une sarcelle.

Giulio était à l'autre bout de la gondole et le secondait avec toute l'aisance d'un enfant de l'Adriatique. Notre ami Pietro était couché indolemment sur le tapis, et la belle Beppa, assise sur les coussins de maroquin noir, livrait au vent ses longs cheveux d'ébène, qui se séparent sur son noble front et tombent en rouleaux souples et nonchalants jusque sur son sein. Nos mères appelaient, je crois, ces deux longues boucles *repentirs*. Je m'en suis rappelé le nom précieux en les voyant autour du visage triste et passionné de Beppa. La barque se ralentit tandis que l'un des rameurs prenait haleine; et quand elle fut près de la rive ombragée, elle se laissa couler mollement avec l'eau qui caressait les blancs escaliers de marbre du jardin. Alors Pierre pria Beppa de chanter. Giulio prit sa guitare, et la voix de Beppa s'éleva dans la nuit comme l'appel d'une sirène amoureuse. Elle chanta une strophe de romance que Pierre a composée pour je ne sais quelle femme, pour Beppa peut-être :

Con lei sull' onda placida

> Errai dalla laguna,
> Ella gli sguardi immobili
> In te fissava, o luna !
> E a che pensava allor ?
> Era un morrente palpito ?
> Era un nascente amor ?

— Te voilà, Zorzi ? me cria-t-elle en m'apercevant au-dessus de la rampe. Que fais-tu là tout seul, vilain boudeur ? Viens avec nous prendre le café au Lido. — Et fumer une belle pipe de caroubier, dit le docteur. — Et prendre un peu la rame à ma place, dit Giulio. — Ah ! pour cela, Giulio, je te remercie, répondis-je ; quant au docteur, toutes ses pipes ne valent pas une de mes cigarettes ; mais pour toi, aimable Beppa, quelle excuse pourrais-je trouver ? — Viens donc, dit-elle. — Non, repris-je, j'aime mieux confesser que je suis un butor et rester où je suis. — Fi ! le vilain caractère, dit-elle en me jetant son bouquet à demi effeuillé à la figure. Est-ce que tu ne deviendras jamais plus aimable que cela ? Et pourquoi ne veux-tu pas venir avec nous ? — Que sais-je ? répondis-je. Je n'en ai nulle envie, et pourtant j'ai le plus grand plaisir du monde à vous rencontrer.

Catullo, qui est sujet, comme tous les animaux domestiques de son espèce, à se mêler de la conversation et à donner son avis, haussa les épaules et dit à Giulio, d'un air fin et entendu : *Foresto !* — Oui, précisément, répondit Giulio. Entends-tu, Zorzi ? voilà Catullo qui te traite de malade extravagant. — Peu m'importe, repris-je, je ne suis pas des vôtres. Tu es trop belle ce soir, ô Beppa ; le docteur est trop ennuyeux, le justaucorps de Catullo m'est insupportable à voir, et Giulio est trop fatigué. Au bout d'un quart d'heure de bien-être, les yeux de Beppa me feraient extravaguer, et il m'arriverait peut-être de faire pour elle des vers aussi mauvais que ceux du docteur; le docteur en serait jaloux. Catullo doit nécessairement crever d'apoplexie avant d'arriver au Lido, et Jules me forcerait de ramer. Bonsoir donc, ô mes amis; vous êtes beaux comme la lune et rapides comme le vent; votre barque est venue à moi comme une douce vision : allez-vous-en bien vite avant que je m'aperçoive que vous n'êtes pas des spectres.

— Qu'a-t-il mangé aujourd'hui? dit Beppa à ses compagnons. — *Erba*, répondit gravement le docteur. — Tu as deviné juste, o mon grand Esculape, lui dis-je : pois, salade et fenouil. J'ai fait ce que tu appelles un dîner pythagorique. — Régime très-sain, répondit-il, mais trop peu substantiel. Viens avec moi manger un riz aux huîtres, et boire une bouteille de vin de Samos à la Quintavalle. — Va au diable! empoisonneur, lui dis-je. Tu voudrais m'abrutir par des digestions laborieuses et m'affadir le caractère par de liquoreuses boissons, pour me voir étendu ensuite sur ce tapis comme un vieux épagneul au retour de la chasse, et pour n'avoir plus à rougir de ton intempérance et de ton inertie, Vénitien que tu es. — Et que prétends-tu faire à Venise, si ce n'est le *far niente?* dit Beppa. — Tu as raison, *benedetta*, lui répondis-je; mais tu ne sais pas que mon *far niente* est délicieux là où je suis à te regarder. Tu ne sais pas quel plaisir j'ai à voir courir cette gondole sans me donner la moindre peine pour la faire aller. Il me semble alors que je dors, et que je fais un rêve qui m'est bien cher, ô ma Beppa! et dans lequel de mystérieuses créatures m'apparaissent dans une barque et passent comme toi en chantant. — Quelles sont ces mystérieuses créatures? demanda-t-elle. — Je l'ignore, répondis-je; ce ne sont pas des hommes, ils sont trop bons et trop beaux pour cela; et pourtant ce ne sont pas des anges, Beppa, car tu n'es pas avec eux. — Viens me raconter cela, dit-elle, j'aime les rêves à la folie. Demain, lui dis-je; aujourd'hui rends-moi un peu l'illusion du mien. Chante, Beppa, chante avec ce beau timbre guttural qui s'éclaircit et s'épure jusqu'au son de la cloche de cristal; chante avec cette voix indolente qui sait si bien se passionner, et qui ressemble à une odalisque paresseuse qui lève peu à peu son voile et finit par le jeter pour s'élancer blanche et nue dans son bain parfumé; ou plutôt à un sylphe qui dort dans la brume embaumée du crépuscule, et qui déploie peu à peu ses ailes pour monter avec le soleil dans un ciel embrasé. Chante, Beppa, chante, et éloigne-toi. Dis à tes amis d'agiter les rames comme les ailes d'un oiseau des mers, et de t'emporter dans ta gondole comme une blanche Léda sur le dos brun d'un cygne sauvage... Va, romanesque fille, passe et chante; mais sache que la brise soulève les plis de ta mantille de dentelle noire, et que cette rose mystérieusement cachée dans tes cheveux par la main de ton amant va s'effeuiller si tu n'y prends garde. Ainsi s'envole l'amour, Beppa, quand on le croit bien gardé dans le cœur de celui qu'on aime. — Adieu, maussade, me cria-t-elle; je te fais le plaisir de te quitter; mais, pour te punir, je chanterai en dialecte, et tu n'y comprendras rien. — Je souris de cette prétention de Beppa d'ériger son patois en langue inintelligible à des oreilles françaises. J'écoutai la barcarolle, qui vraiment était écrite dans les plus doux mots de ce gentil parler vénitien, fait, à ce qu'il me semble, pour la bouche des enfants.

    Coi pensieri malinconici
    No te star a tormentar.

Vien con mi, montemo in gondola,
Andremo in mezo al mar.

Pasaremo i porti e l'isole
Che contorna la cità :
El sol more senza nuvole
E la luna nascarà.

. . . .

Co, spandendo el lume palido
Sora l'aqua inarzentada
La se specia e la se cocola
Como dona inamorada.

Sta baveta che te zogola
Sui caveli inbovolai,
No xe torbia de la polvere
Dele rode e dei cavai.

Sto remeto che ne dondola
Insordirne no se sente
Come i sciochi de la scurie,
Come i urli de la zente.

. . . .

Ti xe bella, ti xe zovene,
Ti xe fresca come un fior;
Vien per tuti le so lagreme,
Ridi adeso e fa l' amor.

. . . .

In conchiglia i greci, Venere,
Se sognava un altro di;
Forse, visto i aveva in gondola
Una bela come ti.

La nuit était si calme et l'eau si sonore, que j'entendis la dernière strophe distinctement, quoique les sons n'arrivassent plus à mon oreille que comme l'adieu mystérieux d'une âme perdue dans l'espace. Quand je n'entendis plus rien, je regrettai de ne pas être avec eux.

Mais je m'en consolai en me disant que, si j'y étais allé, je serais déjà en train de m'en repentir.

Il y a des jours où il est impossible de vivre avec son semblable ; tout porte au spleen, tout tourne au suicide ; et il n'y a rien de plus triste au monde, et surtout de plus ridicule, qu'un pauvre diable qui tourne autour de sa dernière heure, et qui parlemente avec elle pendant des semaines et des années, comme l'homme de Shakspeare avec la vengeance. Les gens s'en moquent. Ils sont autour de lui à le regarder et à crier comme les spectateurs d'un saltimbanque maladroit qui hésite à crever le ballon. — Il sautera ! Il ne sautera pas ! Les hommes ont raison de rire au nez de celui qui ne sait ni les quitter ni les supporter, qui ne veut pas renoncer à la vie, et qui ne veut pas l'accepter comme elle est. Ils le punissent ainsi de l'ennui impertinent qu'il éprouve et qu'il avoue. Mais leur justice est dure. Ils ne savent pas ce qu'il a fallu de souffrances et de déboires pour amener à ce point de préoccupation inconvenante un caractère tant soit peu orgueilleux et ferme.

Je conseille à tous ceux qui se trouveront, soit par habitude, soit par accident, dans une semblable disposition, de faire des repas légers pour éviter l'irritation cérébrale de la digestion, et de se promener seuls au bord de l'eau, les mains dans les poches, un cigare à la bouche, pendant un certain nombre d'heures, proportionné à la force et à la ténacité de leur mauvaise humeur.

Je rentrai à minuit, et je trouvai Pierre et Beppa qui chantaient dans la *galerie;* c'est Giulio qui a décoré l'antichambre de ce titre pompeux, en attachant aux murailles quatre paysages peints à l'huile, où le ciel est vert, l'eau rousse, les arbres bleus, et la terre couleur de rose. Le docteur prétend faire sa fortune en les vendant à quelque Anglais imbécile, et Giulio prétend faire inscrire le nom de notre palais dans la nouvelle édition du Guide du voyageur à Venise. Pour s'inspirer, sans doute, de la vue des bois et des montagnes, le docteur a fait placer le petit piano qui lui sert à improviser sous le plus enfumé de ces paysages. Les heures où le docteur improvise sont les plus béates de notre journée à tous, Beppa s'assied au piano et exécute lentement avec une main un petit thème musical qui sert à l'improvisateur pour suivre son rhythme lyrique, et ainsi éclosent dans une matinée des myriades de strophes pendant lesquelles je m'endors profondément dans le hamac ; Giulio roule à cheval sur la rampe du balcon, au grand risque de tomber dans quelque barque et de se réveiller à Chioggia ou à Palestrine. Beppa elle-même laisse ses grands cils noirs s'abaisser sur ses joues pâles, et sa main continue l'action mécanique du doigter, tandis que son imagination fait quelque rêve d'amour à travers les nuages du sommeil, et que le chat roulé en pelote sur les cahiers de musique exhale de temps en temps un miaulement plein d'ennui et de mélancolie.

Ce soir-là, Beppa était seule avec Pierre et Vespasiano (c'est le nom du chat). — Miracle, docteur ! dis-je en entrant ; comment as-tu fait pour veiller si tard ? — Nous étions inquiets, me dit-il d'un ton grondeur, tandis que sa dernière rime expirait encore *amorosa* sur ses lèvres, et vous savez que nous ne dormons pas quand vous n'êtes pas rentré. — Ah çà, mes amis, répondis-je, votre tendresse est une persécution. Me voilà obligé d'avoir des remords de votre insomnie, quand j'ai cru faire la promenade la plus innocente du monde.
— Mon cher enfant, me dit Beppa en me prenant les mains, nous avons une prière à te faire. — Qui est-ce

qui pourrait te refuser quelque chose, Beppa ? Parle. —
Donne-moi ta parole d'honneur de ne plus sortir seul
après la nuit tombée. — Voilà encore tes folles sollici-
tudes, ma Beppa ; tu me traites comme un enfant de
quatre ans, quand je suis plus vieux que ton grand-
père. — Tu es environné de dangers, me dit Beppa avec
ce petit ton de déclamation sentimentale qui lui sied si
bien ; celle qui te poursuit est capable de tout. Si tu
aimes un peu la vie à cause de nous, Zorzi, enferme-toi
à la maison ou quitte le pays pour quelque temps.

— Docteur, répondis-je, je te prie de tâter le pouls
de notre Beppa. Certainement elle a la fièvre et un peu
de délire.

— Beppa s'exagère le danger, dit-il ; d'ailleurs ce
danger, quel qu'il fût, ne saurait commander à un
homme une chose aussi ridicule que de fuir devant la colère
d'une femme. Pourtant il ne faut pas trop rire dans ce
pays-ci de certaines menaces de vengeance, et il serait
prudent de ne pas courir seul à des heures indues et
par les quartiers les plus déserts et les plus dangereux
de Venise.

— Dangereux ! lui dis-je en haussant les épaules ; allons, voilà de la prétention. Mes pauvres amis ! vous vous
battez les flancs pour soutenir l'antique réputation de
votre patrie; mais vous avez beau faire, vous n'êtes plus
rien, pas même assassins ! Vous n'avez pas une femme
capable de toucher à un poignard sans tomber évanouie
ni plus ni moins qu'une petite-maîtresse parisienne, et
vous chercheriez longtemps avant de trouver un bravo
pour seconder un projet semblable, eussiez-vous à lui
offrir tout le trésor de Saint-Marc en récompense.

Le docteur fit un petit mouvement du doigt par lequel les Vénitiens expriment beaucoup de choses, et qui

6.

piqua ma curiosité. — Voyons, lui dis-je, qu'avez-vous à répondre ? — Je réponds, dit-il, de vous trouver avant douze heures, pour la modique somme de cinquante francs tout au plus, un bon spadassin capable de donner, à qui bon vous semblera, une *coltellata* d'aussi solide qualité que si nous étions en plein moyen âge.

— Grand merci, mon maître, répondis-je. Cependant une *coltellata* me paraît une chose si romantique et tellement adaptée à la mode nouvelle, que je voudrais en recevoir une, dût-elle me retenir trois jours au lit.

— Les Français se moquent de tout, reprit-il, et ils ne sont pas plus terribles que les autres en présence du danger. Pour nous, nous sommes heureusement très-dégénérés dans l'art du couteau; cependant il y a encore des amateurs qui le cultivent, et il n'y a pas de danger qu'il se perde comme les autres arts.

— Vous ne me ferez pas croire que cela entre dans l'éducation de vos dandies ?

— Cela n'entre dans celle de personne, répondit-il d'un air un peu suffisant. Cependant, il y a dans la main d'un Vénitien une certaine adresse naturelle qui le rend capable de devenir habile en peu de temps. Tenez, essayons cela ensemble. — Il alla prendre sur son bureau un vieux petit couteau de mauvaise mine, et, ouvrant la porte de ma chambre, il se ménagea une distance de dix pas, et plaça les bougies de manière à éclairer un pain à cacheter collé au but pour point de mire. Il tenait le couteau d'un air négligé et sans paraître songer à mal. — Voyez-vous, dit-il, on fait comme cela; on a une main dans sa poche, on regarde le temps qu'il fait, on siffle un air d'opéra, on passe à distance de son homme, et, sans que personne s'en aperçoive, sans

presque mouvoir le bras, on lance le harpon. Regardez !
Avez-vous vu ?

— Je vois, docteur, lui dis-je, que ta perruque est tombée sur les genoux de Beppa, et que le chat s'enfuit épouvanté. Quand tu voudras jouer au couteau tout de bon, il faudra tâcher de ne pas te trahir par des incidents aussi burlesques. — Mais le couteau, dit-il sans se déconcerter et sans songer à relever sa perruque, où est le couteau, je vous prie ? — Je regardai le but : le couteau était certainement planté dans le pain à cacheter.

— Tudieu ! lui dis-je, est-ce ainsi que tu saignes tes malades, cher docteur ?

— Il est vrai que j'ai perdu ma perruque, dit-il d'un air triomphant ; mais remarquez que j'avais affaire à une porte de plein chêne, incontestablement plus difficile à pénétrer que le sternum, l'épigastre ou le cœur d'un homme. Quant aux femmes, ajouta-t-il, méfiez-vous de celles qui sont blanches, courtes et blondes. Il y a un certain type qui n'a pas dégénéré. Quand le bleu de l'œil est foncé et le coloris du visage changeant, tâchez qu'elles n'aient pas de ressentiment contre vous, ou bien n'allez pas faire le gentil sous leurs balcons. . . .

. . . .

. . . Tu ne te doutes pas, mon ami, de ce que c'est que Venise. Elle n'avait pas quitté le deuil qu'elle endosse avec l'hiver, quand tu as vu ses vieux piliers de marbre grec, dont tu comparais la couleur et la forme à celles des ossements desséchés. A présent le printemps a soufflé sur tout cela comme une poussière d'émeraude. Le pied de ces palais, où les huîtres se collaient dans la mousse croupie, se couvre d'une mousse vert-tendre, et les gondoles coulent entre deux tapis de cette belle verdure veloutée, où le bruit de l'eau vient s'amortir languissamment avec l'écume du sillage. Tous les balcons se couvrent de vases de fleurs, et les fleurs de Venise, nées dans une glaise tiède, écloses dans un air humide, ont une fraîcheur, une richesse de tissu et une langueur d'attitudes qui les font ressembler aux femmes de ce climat, dont la beauté est éclatante et éphémère comme la leur. Les ronces doubles grimpent autour de tous les piliers, et suspendent leurs guirlandes de petites rosaces blanches aux noires arabesques des balcons. L'iris à odeur de vanille, la tulipe de Perse, si purement rayée de rouge et de blanc qu'elle semble faite de l'étoffe qui servait au costume des anciens Vénitiens, les roses de Grèce, et des pyramides de campanules gigantesques s'entassent dans les vases dont la rampe est couverte; quelquefois un berceau de chèvrefeuille à fleurs de grenat couronne tout le balcon d'un bout à l'autre, et deux ou trois cages vertes cachées dans le feuillage renferment les rossignols qui chantent jour et nuit comme en pleine campagne. Cette quantité de rossignols apprivoisés est un luxe particulier à Venise. Les femmes ont un talent remarquable pour mener à bien la difficile éducation de ces pauvres chanteurs prisonniers, et savent, par toutes sortes de délicatesses et de recherches, adoucir l'ennui de leur captivité. La nuit, ils s'appellent et se répondent de chaque côté des canaux. Si une sérénade passe, ils se taisent tous pour écouter, et, quand elle est partie, ils recommencent leurs chants, et semblent jaloux de surpasser la mélodie qu'ils viennent d'entendre.

A tous les coins de rue, la madone abrite sa petite lampe mystérieuse sous un dais de jasmin, et les *traguetti*, ombragés de grandes treilles, répandent, le long du Grand-Canal, le parfum de la vigne en fleur, le plus suave peut-être parmi les plantes.

Ces traguetti sont des places de station pour les gondoles publiques. Ceux qui sont établis sur les rives du Canalazzo sont le rendez-vous des *fachini* qui viennent causer et fumer avec les gondoliers. Ces messieurs sont groupés là d'une manière souvent théâtrale. Tandis que l'un, couché sur sa gondole, bâille et sourit aux étoiles, un autre debout sur la rive, débraillé, l'air railleur, le chapeau retroussé sur une forêt de longs cheveux crépus, dessine sa grande silhouette sur la muraille. Celui-là est le matamore du traguetto. Il fait souvent des courses de nuit du côté de Canaregio dans une barque où les passagers ne se hasardent guère, et il rentre quelquefois le matin avec la tête fendue d'un coup de rame qu'il prétend avoir reçu au cabaret. Il est l'espoir de sa famille, et sa poitrine est chargée d'images, de reliques et de chapelets que sa femme, sa mère et ses sœurs ont fait bénir pour le préserver des dangers de sa profession nocturne. Malgré ses exploits, il n'est ni vantard ni insolent. La prudence n'abandonne jamais un Vénitien. Jamais le plus hardi contrebandier ne laisse échapper un mot de trop, même devant son meilleur ami ; et quand il rencontre le garde-finance dont il a supporté le feu la veille, il parle avec lui des événements de la nuit avec autant de sang-froid et de présence d'esprit que s'il les avait appris par la voix publique. — Auprès de lui on peut voir un vieux sournois qui en sait plus long que les autres, mais dont la voix s'est enrouée à crier sur les canaux ces paroles d'une langue inconnue, dérivée peut-être du turc ou de l'arménien, qui servent de signaux aux rameurs de Venise pour s'avertir et s'éviter dans l'obscurité ou au détour d'un angle du canal. Celui-ci, couché sur le pavé, dans l'attitude d'un chien rancuneux, a vu les fastes de la république ; il a conduit la gondole

du dernier doge ; il a ramé sur le Bucentaure, Il raconte longuement, quand il trouve des auditeurs, des histoires de fêtes qui ressemblent à des contes de fées ; mais quand il craint de ne pas être entendu avec recueillement, il s'enferme dans son mépris du temps présent, et contemple avec philosophie les trous nombreux de sa casaque, en se rappelant qu'il a porté la veste de soie bariolée, l'écharpe flottante et la barrette emplumée. Trois ou quatre autres se pressent face à face devant la madone. Ils semblent avoir un secret d'importance à se confier ; on dirait presque d'un groupe de bandits méditant un assassinat sur la route de Terracine. Mais ils vont se livrer à la plus innocente de leurs passions, celle de chanter en chœur. Le *tenore*, qui est en général un gros réjoui, à voix grasse et grêle, commence en fausset du haut de sa tête et du fond de son nez. Celui-là, selon leur expression énergique, *gante* la note, et chante seul le premier vers. Peu à peu les autres le suivent, et la basse-taille, plus rauque qu'un bœuf enrhumé, s'empare des trois ou quatre notes dont se compose sa partie, mais qu'elle place toujours bien, et qui certainement sont d'un grand effet. La basse-taille est d'ordinaire un grand jeune homme sec, bronzé, à physionomie grave et dédaigneuse, un des quatre ou cinq types physiques dont à Venise, comme partout, la population se compose. Celui là est peut-être le plus rare, le plus beau et le moins national. Le pur sang insulaire des lagunes produit le type que décrit ainsi Gozzi : *Bianco, biondo e grassotto.*
— Robert va sans doute rassembler, dans le cadre qu'il remplit à présent à Venise, les plus beaux modèles de ces diverses variétés, et nous donner de cette race caractérisée une idée à la fois poétique et vraie [1]. Sa cou-

---

[1] Robert n'a pas représenté, dans son beau tableau des *Pêcheurs*

leur, broyée aux ardents rayons du soleil de l'Italie méridionale, pâlira sans doute à Venise, et se teindra d'une chaleur moins âpre et moins éblouissante. Heureux l'homme qui peut faire de ses impressions et de ses souvenirs des monuments éternels !

Les chants qui retentissent le soir dans tous les carrefours de cette ville sont tirés de tous les opéras anciens et modernes de l'Italie, mais tellement corrompus, arrangés, adaptés aux facultés vocales de ceux qui s'en emparent, qu'ils sont devenus tous indigènes, et que plus d'un compositeur serait embarrassé de les réclamer. Tout est bon, rien n'embarrasse ces improvisateurs de potspourris. Une cavatine de Bellini devient sur-le-champ un chœur à quatre parties. Un chœur de Rossini s'adapte à deux voix au milieu d'un duo de Mercadante, et le refrain d'une vieille barcarolle d'un maestro inconnu, ralentie jusqu'à la mesure grave du chant d'église, termine tranquillement le thème tronqué d'un cantique de Marcello. Mais l'instinct musical de ce peuple sait tirer parti de tant de monstruosités le plus heureusement possible, et lier les fragments de cette mutilation avec une adresse qui rend souvent la transition difficile à apercevoir. Toute musique est simplifiée et dépouillée d'ornements par leur procédé, ce qui ne la rend pas plus mauvaise. Ignorants de la musique écrite, ces dilettanti passionnés vont recueillant dans leur mémoire les bribes

vénitiens, un seul individu de la race pure indigène. Il a été à Chioggia, il a fait poser des Chioggiotes, et il nous a montré des échantillons d'une très-belle race, fort maigre, brune, grave, et nullement vénitienne. Cette presqu'île de Chioggia, voisine de Venise, est habitée par une colonie d'origine grecque, asiatique peut-être. Ils se marient entre eux, et mêlent fort rarement leur sang à celui de la population vénitienne.

d'harmonie qu'ils peuvent saisir à la porte des théâtres ou sous le balcon des palais. Ils les cousent à d'autres portions éparses qu'ils possèdent d'ailleurs, et les plus exercés, ceux qui conservent les traditions du chant à plusieurs parties, règlent la mesure de l'ensemble. Cette mesure est un impitoyable adagio, auquel doivent se soumettre les plus brillantes fantaisies de Rossini : et vraiment cela me rangerait presque à l'avis de ceux qui pensent que la musique n'a pas de caractère par elle-même, et se ploie à exprimer toutes les situations et tous les sentiments possibles, selon le mouvement qu'il plaît aux exécutants de lui donner. C'est le champ le plus vaste et le plus libre qui soit ouvert à l'imagination, et, bien plus que le peintre, le musicien crée pour les autres des effets opposés à ceux qu'il a créés pour lui. La première fois que j'ai entendu la symphonie pastorale de Beethoven, je n'étais pas averti du sujet, et j'ai composé dans ma tête un poëme dans le goût de Milton sur cette admirable harmonie. J'avais placé la chute de l'ange rebelle et son dernier cri vers le ciel précisément à l'endroit où le compositeur fait chanter la caille et le rossignol. Quand j'ai su que je m'étais trompé, j'ai recommencé mon poëme à la seconde audition, et il s'est trouvé dans le goût de Gessner, sans que mon esprit fît la moindre résistance à l'impression que Beethoven avait eu dessein de lui donner.

L'absence de chevaux et de voitures et la sonorité des canaux font de Venise la ville la plus propre à retentir sans cesse de chansons et d'aubades. Il faudrait être bien enthousiasté pour se persuader que les chœurs de gondoliers et de fachini sont meilleurs que ceux de l'Opéra de Paris, comme je l'ai entendu dire à quelques personnes d'un heureux caractère; mais il est bien certain qu'un de ces chœurs, entendu de loin sous les arceaux des palais moresques que blanchit la lune, fait plus de plaisir qu'une meilleure musique exécutée sous les châssis d'une colonnade en toile peinte. Les grossiers dilettanti beuglent dans le ton et dans la mesure ; les froids échos de marbre prolongent sur les eaux ces harmonies graves et rudes comme les vents de la mer. Cette magie des effets acoustiques et le besoin d'entendre une harmonie quelconque dans le silence de ces nuits enchantées font écouter avec indulgence, je dirais presque avec reconnaissance, la plus modeste chansonnette qui arrive, passe et se perd dans l'éloignement.

Quand on arrive à Venise, et qu'un gondolier bien tenu vient vous attendre à la porte de l'auberge, avec sa veste de drap et son chapeau rond, il est impossible de retrouver en lui la plus légère trace de cette élégance qu'ils avaient aux temps féeriques de Venise. On la chercherait aussi vainement sous les guenilles de ceux qui abandonnent leurs vêtements à un désordre plus pittoresque. Mais l'esprit incisif, pénétrant et subtil de cette classe célèbre n'est pas encore tout à fait perdu. Leurs physionomies ont généralement ce caractère de finesse mielleuse qu'on pourrait prendre au premier coup d'œil pour de la gaieté bienveillante, mais qui cache une mordante causticité et une astuce profonde. Le caractère de cette race et celui de la nation vénitienne est encore ce qu'il a été de tout temps, la prudence. Nulle part il n'y a plus de paroles et moins de faits, plus de querelles et moins de rixes. Les *barcaroles* ont un merveilleux talent pour se dire des injures ; mais il est bien rare qu'ils en viennent aux mains. Deux barques se rencontrent et se heurtent à l'angle d'un mur, par la maladresse de l'un et l'inattention de l'autre. Les deux barcaroles attendent en silence le choc qu'il n'est plus temps d'éviter; leur premier regard est pour la barque; quand ils se sont assurés l'un et l'autre de ne s'être point endommagés, ils commencent à se toiser pendant que les barques se détachent et se séparent. Alors commence la discussion.— Pourquoi n'as-tu pas crié *siastali* [1]? — J'ai crié. — Non. — Si fait. — Je gage que non, *corpo di Bacco!* — Je jure que si, *sangue di Diana!* — Mais avec quelle diable de voix? — Mais quelle espèce d'oreilles as-tu pour entendre? — Dis-moi dans quel cabaret tu t'éclaircis la voix de la sorte. — Dis-moi de quel âne ta mère a rêvé quand elle était grosse de toi. — La vache qui t'a conçu aurait dû t'apprendre à beugler; l'ânesse qui t'a enfanté aurait dû te donner les oreilles de ta famille. — Qu'est-ce que tu dis, race de chien? — Qu'est-ce que tu dis, fils de guenon? — Alors la discussion s'anime, et va toujours s'échauffant à mesure que les champions s'éloignent. Quand ils ont mis un ou deux ponts entre eux, les menaces commencent.— Viens donc un peu ici, que je te fasse savoir de quel bois sont faites mes rames. — Attends, attends, figure de marsouin, que je fasse sombrer ta coque de noix en crachant dessus. — Si j'éternuais auprès de ta coquille d'œuf, je la ferais voler en l'air. — Ta gondole aurait bon besoin d'enfoncer un peu pour laver les vers dont elle est rongée. — La tienne doit avoir des araignées, car tu as volé le jupon de ta maîtresse pour lui faire une doublure. — Maudite soit la madone de ton traguet pour n'avoir pas envoyé la peste à de pareils gondoliers! — Si la madone de ton traguet n'était pas la concubine du diable, il y a long-

---

[1] Le *stali* des gondoliers, qui est, je crois, un reste de la langue franque que parlaient les gondoliers turcs, à la mode autrefois à Venise, signifie *à droite; siastali* signifie *à gauche.*

temps que tu serais noyé. — Et ainsi de métaphore en métaphore on en vient aux plus horribles imprécations ; mais heureusement, au moment où il est question de s'égorger, les voix se perdent dans l'éloignement, et les injures continuent encore longtemps après que les deux adversaires ne s'entendent plus.

. . . .

Les gondoliers des particuliers portent dans ce temps-ci des vestes rondes de toile anglaise imprimée à grands ramages de diverses couleurs. Une veste fond blanc à dessins perse, un pantalon blanc, un ceinturon rouge ou bleu, et un bonnet de velours noir dont le gland de soie tombe sur l'oreille à la manière des Chioggiotes, composent un costume de gondolier très-élégant et très-frais. Il y a encore quelques jeunes gens de bon ton qui l'endossent et qui se donnent le divertissement de conduire une petite barque sur les canaux. Autrefois c'était pour les dandies de Venise ce que l'exercice du cheval est pour ceux de Paris. Ils s'exerçaient particulièrement dans les petits canaux, où le rapprochement des croisées permettait aux belles d'admirer leur grâce et leur bonne mine. Cela se voit encore quelquefois. Tous les soirs deux de ces élégants viennent sillonner notre canaletto avec une rapidité et une force remarquables. Je crois bien qu'ils sont un peu attirés sous notre balcon par les beaux yeux de Beppa, et que l'un des deux a quelque prétention de lui plaire. Il est perché sur la poupe, le poste le plus périlleux et le plus honorable, et la barque ne s'éloigne guère de l'espace que peut embrasser le regard de la belle. Il y a vraiment peu de gondoliers de profession capables d'en remontrer à ces deux dilettanti. Ils lancent leur esquif comme une flèche, et je doute qu'un cavalier bien monté pût les suivre sur un rivage parallèle. Le grand tour de force, et celui que nos amateurs exécutent très-bravement, est de lancer la barque à pleines rames, de l'amener jusqu'à l'angle d'un pont, et de s'arrêter là tout à coup au moment où la proue va toucher le but. C'est un jeu adroit et courageux, et je m'afflige plus de le voir tomber en désuétude que de la perte du luxe et des richesses de Venise. Si l'énergie du corps et de l'esprit ne s'était pas perdue, il ne faudrait désespérer de rien. Et en outre, ce n'est pas un trop mauvais moyen pour attirer l'attention des femmes. Je ne m'étonnerais pas que Beppa vît avec un certain intérêt ce grand blond aux vives couleurs, qui, en équilibre sur la pointe de sa mince barchetta, semble à chaque instant près de se briser avec elle, et vingt fois en un quart d'heure triomphe d'un danger auquel il s'expose pour avoir un regard de Beppa. Beppa prétend qu'elle ne sait pas seulement de quelle couleur sont les yeux de ce jeune homme. Hum ! Beppa !

Tous les amateurs ne sont pas aussi heureux que ceux-ci. Malheur à ceux qui échouent en présence des dames placées aux fenêtres et des gondoliers groupés sur les ponts pour juger ! L'autre jour, deux braves bourgeois, âgés chacun d'un demi-siècle, et retranchés depuis dix ans au moins dans la douce occupation de cultiver leur obésité, se sont, on ne sait comment, défiés à la *regata*. Chacun apparemment s'est avisé de vanter les prouesses de son jeune temps, et l'amour-propre s'était mêlé de la partie. Quoi qu'il en soit, ces deux honnêtes célibataires avaient ouvert un pari à leurs amis. A l'heure dite, les gondoles se groupent sur le lieu du combat. Les parieurs et une foule de dilettanti et d'oisifs s'attroupent sur les rives et sur les ponts voisins. Les deux barques rivales s'avancent, et les deux champions s'élèvent chacun sur sa poupe avec une lente majesté. Ser Ortensio s'élance avec gloire et saisit la rame d'un bras vigoureux. Mais avant que Ser Demetrio eût le temps d'en faire autant, soit par hasard, soit par malice, une des barques spectatrices heurta légèrement la sienne ; le digne homme perdit l'équilibre, et tomba lourdement dans les flots comme un saule déraciné par la tempête. Heureusement le fossé n'était pas profond. Ser Demetrio se trouva jusqu'au cou dans l'eau tiède et jusqu'aux genoux dans la vase. Juge des rires et des huées des assistants, parmi lesquels était bon nombre de caustiques gondoliers. Les amis du malheureux Demetrio s'empressèrent de le retirer ; on le nettoya, on le mit dans un lit bien chaud, et sa gouvernante passa la journée à lui faire avaler des cordiaux ; tandis que son adversaire, déclaré vainqueur à l'unanimité, allait au restaurant de Sainte-Marguerite faire un dîner splendide avec l'argent de la collecte et les convives des deux partis.

Quant au gondolier indépendant, il ne possède que son pantalon, sa chemise et sa pipe, quelquefois un petit caniche noir qui nage à côté de la gondole avec l'agilité infatigable d'un poisson. Le gondolier porte la madone de son traguet tatouée sur la poitrine avec une aiguille rouge et de la poudre à canon. Il a son patron sur un bras et sa patronne sur l'autre. Il n'est point jour et nuit, comme nos cochers de fiacre, aux ordres du premier venu. Il n'obéit qu'au chef de son traguet, qui est un simple gondolier comme lui, élu par un libre vote, approuvé de la police, et qui désigne à chacun de ses administrés le jour où il est de service au traguet. Le reste du temps, le gondolier gagne librement sa journée, et, quand une ou deux courses dans la matinée ont assuré l'entretien de son estomac et de sa pipe jusqu'au lendemain, il s'endort le ventre au soleil, sans se soucier que l'empereur passe, et sans se laisser tenter par aucune offre qui mettrait de nouveau ses bras en sueur. Il est vrai que son office est plus pénible que celui de conduire deux paisibles coursiers du haut d'un siége de voiture. Mais son caractère est aussi plus insouciant et plus indépendant. Souple, flatteur et mendiant à jeun, il se moque de celui qui lui marchande son salaire comme de celui qui l'outrepasse. Il est ivrogne, facétieux, bavard, familier et fripon à certains égards; c'est-à-dire qu'il respectera scrupuleusement votre foulard, votre parapluie, tout paquet scellé, toute bouteille cachetée; mais si vous le laissez en compagnie de quelque bouteille entamée ou de quelque pipe, vous le retrouverez occupé à boire votre marasquin et à fumer votre tabac avec la tranquillité d'un homme qui se livre aux plus légitimes opérations.

. . . .

On ne nous avait certainement pas assez vanté la beauté du ciel et les délices des nuits de Venise. La lagune est si calme dans les beaux soirs que les étoiles n'y tremblent pas. Quand on est au milieu, elle est si bleue, si unie, que l'œil ne saisit plus la ligne de l'horizon, et que l'eau et le ciel ne font plus qu'un voile d'azur, où la rêverie se perd et s'endort. L'air est si transparent et si pur que l'on découvre au ciel cinq cent mille fois plus d'étoiles qu'on n'en peut apercevoir dans notre France septentrionale. J'ai vu ici des nuits étoilées au point que le blanc argenté des astres occupait plus de place que le bleu de l'air dans la voûte du firmament. C'était un semis de diamants qui éclairait presque aussi bien que la lune à Paris. Ce n'est pas que je veuille dire du mal de notre lune; c'est une beauté pâle dont la mélancolie parle peut-être plus à l'intelligence que celle-ci. Les nuits brumeuses de nos tièdes provinces ont des charmes que personne n'a goûtés mieux que moi et que personne n'a moins envie de renier. Ici la nature, plus vigoureuse dans son influence, impose peut-être un peu trop de silence à l'esprit. Elle endort la pensée, agite le cœur et domine les sens. Il ne faut guère songer, à moins d'être un homme de génie, à écrire des poëmes durant ces nuits voluptueuses : il faut aimer ou dormir.

Pour dormir, il y a un endroit délicieux : c'est le perron de marbre blanc qui descend des jardins du vice-roi au canal. Quand la grille dorée est fermée du côté du jardin, on peut se faire conduire par la gondole sur ces dalles, chaudes encore des rayons du couchant, et n'être dérangé par aucun importun piéton, à moins qu'il n'ait pour venir à vous la foi qui manqua à saint Pierre. J'ai passé là bien des heures tout seul, sans penser à rien, tandis que Catullo et sa gondole dormaient au milieu de l'eau, à la portée du sifflet. Quand le vent de minuit passe sur les tilleuls et en secoue les fleurs sur les eaux ; quand le parfum des géraniums et des girofliers monte par bouffées, comme si la terre exhalait sous le regard de la lune des soupirs embaumés ; quand les coupoles de Sainte-Marie élèvent dans les cieux leurs demi-globes d'albâtre et leurs minarets couronnés d'un turban ; quand tout est blanc, l'eau, le ciel et le marbre, les trois éléments de Venise, et que du haut de la tour de Saint-Marc une grande voix d'airain plane sur ma tête, je commence à ne plus vivre que par les pores, et malheur à qui viendrait faire un appel à mon âme ! je végète, je me repose, j'oublie. Qui n'en ferait autant à ma place ? Comment voudrais-tu que je pusse me tourmenter pour savoir si monsieur un tel a fait un article sur mes livres, si monsieur un autre a déclaré mes principes dangereux, et mon cigare immoral?... Tout ce que je puis dire, c'est que ces messieurs sont bien bons de s'occuper de moi, et que, si je n'avais pas de dettes, je ne quitterais pas le perron du vice-roi pour leur procurer du scandale à mon bureau. *Ma la fama*, dit l'orgueilleux Alfieri. *Ma la fame*, répond Gozzi joyeusement.

Je défie qui que ce soit de m'empêcher de dormir agréablement quand je vois Venise, si appauvrie, si opprimée et si misérable, défier le temps et les hommes de l'empêcher d'être belle et sereine. Elle est là, autour de moi, qui se mire dans ses lagunes d'un air de sultane; et ce peuple de pêcheurs qui dort sur le pavé à l'autre bout de la rive, hiver comme été, sans autre oreiller qu'une marche de granit, sans autre matelas que sa casaque tailladée, lui aussi n'est-il pas un grand exemple de philosophie? Quand il n'a pas de quoi acheter une livre de riz, il se met à chanter un chœur pour se distraire de la faim; c'est ainsi qu'il défie ses maîtres et sa misère, accoutumé qu'il est à braver le froid, le chaud et la bourrasque. Il faudra bien des années d'esclavage pour abrutir entièrement ce caractère insouciant et frivole, qui, pendant tant d'années, s'est nourri de fêtes et de divertissements. La vie est encore si facile à Venise! la nature si riche et si exploitable! La mer et les lagunes regorgent de poisson et de gibier; on pêche en pleine rue assez de coquillages pour nourrir la population. Les jardins sont d'un excellent revenu : il n'est pas un coin de cette grasse argile qui ne produise généreusement en fruits et en légumes plus qu'un champ en terre ferme. De ces milliers d'isolettes dont la lagune est semée, arrivent tous les jours des bateaux remplis de fruits, de fleurs et d'herbages si odorants qu'on en sent la trace parfumée dans la vapeur du matin. La franchise du port apporte à bas prix les denrées étrangères ; les vins les plus exquis de l'Archipel coûtent moins cher à Venise que le plus simple ordinaire à Paris. Les oranges arrivent de Palerme avec une telle profusion, que, le jour de l'entrée du bateau sicilien dans le port, on peut acheter dix des plus belles pour quatre ou cinq sous de notre monnaie. La vie animale est donc le moindre sujet de dépense à Venise, et le transport des denrées se fait avec une aisance qui entretient l'indolence des habitants. Les provisions arrivent par eau jusqu'à la porte des maisons ; sur les ponts et dans les rues pavées passent les marchands en détail. L'échange de l'argent avec les objets de consommation journalière se fait à l'aide d'un panier et d'une corde. Ainsi, toute une famille peut vivre largement sans que personne, pas même le serviteur, sorte de la maison. Quelle différence entre cette commode existence et le laborieux travail qu'une famille, seulement à demi pauvre, est forcée d'accomplir chaque jour à Paris pour parvenir à dîner plus mal que le dernier ouvrier de Venise ! Quelle différence aussi entre la physionomie préoccupée et sérieuse de ce peuple qui se heurte et se presse, qui se crotte et se fait jour avec les coudes dans la cohue de Paris, et la démarche nonchalante de ce peuple vénitien qui se traîne en chantant et en se couchant à chaque pas sur les dalles lisses et chaudes des quais ! Tous ces industriels, qui chaque jour apportent à Venise leur fonds de commerce dans un panier, sont les esprits les plus plaisants du monde, et débitent leurs bons mots avec leur marchandise. Le marchand de poissons, à la fin de sa journée, fatigué et enroué d'avoir crié tout le matin, vient s'asseoir dans un carrefour ou sur un parapet ; et là, pour se débarrasser de son reste, il décoche aux passants et aux fumeurs des balcons les invitations les plus ingénieuses. — Voyez, dit-il, c'est le plus beau poisson de ma provision! je l'ai gardé jusqu'à cette heure, parce que je sais qu'à présent les gens de bien dînent les derniers. Voyez quelles jolies sardines, quatre pour deux centimes! Un regard de la belle camérière sur ce beau poisson, et un autre par-dessus le marché pour le pauvre *pescaor*. — Le porteur d'eau fait des calembours en criant sa denrée : *Aqua fresca e tenera.* — Le gondolier, stationné au traguet, invite le passager par des offres merveilleuses : — Allons-nous ce soir à Trieste, monseigneur? voici une belle gondole qui ne craint pas la bourrasque en pleine mer, et un gondolier capable de ramer sans s'arrêter jusqu'à Constantinople.

Les plaisirs inattendus sont les seuls plaisirs de ce monde. Hier je voulais aller voir lever la lune sur l'Adriatique ; jamais je ne pus décider Catullo le père à me conduire au rivage du Lido. Il prétendait, ce qu'ils prétendent tous quand ils n'ont pas envie d'obéir, qu'il avait l'eau et le vent contraires. Je donnai de tout mon cœur le docteur au diable pour m'avoir envoyé cet asthmatique qui rend l'âme à chaque coup de rame, et qui est plus babillard qu'une grive quand il est ivre. J'étais de la plus mauvaise humeur du monde quand nous rencontrâmes, en face de la Salute, une barque qui descendait doucement vers le Grand Canal en répandant derrière elle, comme un parfum, les sons d'une sérénade délicieuse. — Tourne la proue, dis-je au vieux Catullo ; tu auras au moins, j'espère, la force de suivre cette barque.

Une autre barque, qui flânait par là, imita mon exemple, puis une seconde, puis une autre encore, puis enfin toutes celles qui humaient le frais sur le canalazzo, et même plusieurs qui étaient vacantes, et dont les gondoliers se mirent à cingler vers nous en criant : *Musica! musica!* d'un air aussi affamé que les Israélites appelant la manne dans le désert. En dix minutes, une flottille s'était formée autour des dilettanti ; toutes les rames faisaient silence, et les barques se laissaient couler au gré de l'eau. L'harmonie glissait mollement avec la brise, et le hautbois soupirait si doucement, que chacun retenait sa respiration de peur d'interrompre les plaintes de son amour. Le violon se mit à pleurer d'une voix si triste et avec un frémissement tellement sympathique, que je laissai tomber ma pipe, et que j'enfonçai ma casquette jusqu'à mes yeux. La harpe fit alors entendre deux ou trois gammes de sons harmoniques qui semblaient descendre du ciel et promettre aux âmes souffrantes sur la terre les consolations et les caresses des anges. Puis le cor arriva comme du fond des bois, et chacun de nous crut voir son premier amour venir du haut des forêts du Frioul et s'approcher avec les sons joyeux de la fanfare. Le hautbois lui adressa des paroles plus passionnées que celles de la colombe qui poursuit son amant dans les airs. Le violon exhala les sanglots d'une joie convulsive ; la harpe fit vibrer généreusement ses grosses cordes, comme les palpitations d'un cœur embrasé, et les sons des quatre instruments s'étreignirent comme des âmes bienheureuses qui s'embrassent avant de partir ensemble pour les cieux. Je recueillis leurs accents, et mon imagination les entendit encore après qu'ils eurent cessé. Leur passage avait laissé dans l'atmosphère une chaleur magique, comme si l'amour l'avait agitée de ses ailes.

Il y eut quelques instants de silence que personne n'osa rompre. La barque mélodieuse se mit à fuir comme si elle eût voulu nous échapper ; mais nous nous élançâmes sur son sillage. On eût dit d'une troupe de pétrels se disputant à qui saisira le premier une dorade. Nous la pressions de nos proues à grandes scies d'acier, qui brillaient au clair de la lune comme les dents embrasées des dragons de l'Arioste. La fugitive se délivra à la manière d'Orphée : quelques accords de la harpe firent tout rentrer dans l'ordre et le silence. Au son des légers arpéges, trois gondoles se rangèrent à chaque flanc de celle qui portait la symphonie, et suivirent l'adagio avec une religieuse lenteur. Les autres restèrent derrière comme un cortége, et ce n'était pas la plus mauvaise place pour entendre. Ce fut un coup d'œil fait pour réaliser les plus beaux rêves, que cette file de gondoles silencieuses que le vent poussait doucement sur le large et magnifique canal de Venise. Au son des plus suaves motifs d'*Obéron* et de *Guillaume Tell,* chaque ondulation de l'eau, chaque léger bondissement des rames, semblaient répondre affectueusement au sentiment de chaque phrase musicale. Les gondoliers, debout sur la poupe, dans leur attitude hardie, se dessinaient dans l'air bleu, comme de légers spectres noirs, derrière les groupes d'amis et d'amants qu'ils conduisaient. La lune s'élevait peu à peu et commençait à montrer sa face curieuse au-dessus des toits ; elle aussi avait l'air d'écouter et d'aimer cette musique. Une des rives de palais du canal, plongée encore dans l'obscurité, découpait dans le ciel ses grandes dentelles mauresques, plus sombres que les portes de l'enfer. L'autre rive recevait le reflet de la pleine lune, large et blanche alors comme un bouclier d'argent, sur ses façades muettes et sereines. Cette file immense de constructions féeriques, que n'éclairait pas d'autre lumière que celle des astres, avait un aspect de solitude, de repos et d'immobilité vraiment sublime. Les minces statues qui se dressent par centaines dans le ciel semblaient des volées d'esprits mystérieux chargés de protéger le repos de cette muette cité, plongée dans le sommeil de la Belle au bois dormant, et condamnée comme elle à dormir cent ans et plus.

Nous voguâmes ainsi près d'une heure. Les gondoliers étaient devenus un peu fous. Le vieux Catullo lui-même bondissait à l'allégro et suivait la course rapide de la petite flotte. Puis sa rame retombait *amorosa* à l'andante, et il accompagnait ce mouvement gracieux d'une espèce de grognement de béatitude. L'orchestre s'arrêta sous le portique du Lion-Blanc. Je me penchai pour voir Mylord sortir de sa gondole. C'était un enfant spleenétique, de dix-huit à vingt ans, chargé d'une longue pipe turque, qu'il était certainement incapable de fumer tout entière sans devenir phthisique au dernier degré. Il avait l'air de s'ennuyer beaucoup ; mais il avait payé une sérénade dont j'avais beaucoup mieux profité que lui, et dont je lui sus le meilleur gré du monde.

Je remontai le canal, et, au moment où nous nous arrêtions devant la Piazzetta, où j'avais donné rendez-vous à mes amis pour aller prendre le sorbet ensemble, je rencontrai une barque chargée de plusieurs gondoliers en goguette qui me crièrent : — *Monsiou*, faites donc chanter le Tasse à votre gondolier. — C'était une épigramme adressée au vieux Catullo, qui a une maladie chronique de la trachée-artère et une extinction de voix perpétuelle. — Il paraît qu'on te connaît ici, *vechio*, lui dis-je. — Ah ! *lustrissimo !* répondit-il, *E gnente, semo Nicoloti.* — Tu es Nicoloto, toi, avec cette tournure-là ? lui demandai-je. — Nicoloto, reprit-il, et des bons. — Noble, peut-être ? — Comme dit Votre Seigneurie. — As-tu par hasard un doge dans ta famille ? — Lustrissimo, j'ai mieux que cela ; j'ai trois porcs, c'est-à-dire trois prix de régate, trois portraits à la maison avec la bannière d'honneur, et le dernier était mon père, un *grand homme,* savez-vous, mon maître? deux fois plus grand et plus gros que mon fils. Moi, je suis une pauvre araignée, toute tordue par accident ; mais *mio fio* prouve bien que nous sommes de bonne lignée. Si l'empereur avait la bonté de nous ordonner une régate, on verrait si le sang des Catulle est dégénéré. — Diable ! lui dis-je. Auriez-vous la complaisance, lustrissimo Catullo de me mettre à la rive, et de ne pas me voler mon tabac pendant une heure que vous aurez à m'attendre ? — Il n'y a pas de danger, mon maître, répondit-il ; le tabac me fait mal à la gorge.

— Est-ce qu'il y a encore des Nicoloti et des Castellani? demandai-je à mes amis qui m'attendaient au pied de la colonne du Lion. — Que trop, répondit Pierre; il y a en ce moment-ci une rumeur sourde dans la ville, et une certaine agitation à la police, parce qu'il est question parmi les gondoliers de renouveler les vieilles querelles. — Je pense bien, dit Beppa, qu'on peut les laisser faire; de l'humeur pacifique dont ils sont, leurs divisions ne feront de mal à personne et tout se passera en paroles burlesques. — Il ne faut pas encore trop s'y fier, reprit le docteur ; nous ne sommes pas déjà si loin de la dernière tentative qu'ils ont faite de réveiller l'esprit de parti, et leurs coups d'essai s'annonçaient bien. C'était, je crois, en 1817, dit Beppa, et tu sauras, Zorzi, toi qui méprises tant les petits couteaux de Venise, qu'il y eut en quatre ou cinq jours de si bonnes *coltellate* échangées entre les deux factions qu'il y eut plus de cent personnes blessées grièvement, dont beaucoup ne se relevèrent pas. — A la bonne heure, répondis-je. Pourrais-tu me dire, docteur érudit, l'origine de ces dissensions, toi qui sais dans quel goût était taillée la barbe du doge Orseolo ? — Cette origine se perd dans la nuit des temps, répondit-il ; elle est aussi ancienne que Venise. Ce que je puis te dire, c'est que cette division partageait en deux les nobles aussi bien que la plèbe. Les Castellani habitaient l'île de Castello, c'est-à-dire l'extrémité orientale de Venise, jusqu'au pont de Rialto. Les Nicoloti occupaient l'île de San-Nicolo, l'extrémité orientale, où sont situées la place Saint-Marc, la rive des Esclavons, etc. Le Grand Canal servait de confins aux deux camps. Les Castellani, plus riches et plus élégants que les autres, représentaient la faction aristocratique. Les nobles avaient les premiers emplois de la république, et le peuple castellan était employé aux travaux de l'arsenal. Il fournissait les pilotes pour les vaisseaux de guerre, et les rameurs du doge dans le Bucentaure. Les Nicoloti formaient le parti démocratique. Leurs gentilshommes étaient envoyés dans les petites villes de la terre ferme comme gouverneurs, ou occupaient dans les armées des emplois secondaires. Le peuple était pauvre, mais brave et indépendant. Il était spécialement occupé de la pêche, et avait son doge particulier, plébéien et soumis à l'autre doge, mais investi de droits magnifiques, entre autres celui de s'asseoir à la droite du grand doge dans les assemblées et fêtes solennelles. Ce doge était d'ordinaire un vieux marinier expérimenté et portait le titre de *Gastaldo dei Nicoloti*; son office était de présider à l'ordre des pêches et de veiller à la tranquillité de ses administrés, dont il était à la fois le supérieur et l'égal. C'est ce qui faisait dire aux Nicoloti, s'adressant à leurs rivaux : — Tu rames pour le doge, et nous ramons avec le doge. *Ti, ti voghi el dose, et mi, vogo col dose.* — La république maintenait cette rivalité et protégeait scrupuleusement les priviléges des Nicoloti, sous le prétexte de tenir vivante l'énergie physique et morale de la population, mais plus certainement pour contre-balancer, par un habile équilibre, la puissance patricienne.

Le gouvernement, continua le docteur, ne perdait aucune occasion de flatter l'amour-propre de ces braves plébéiens, et leur donnait des fêtes où ils étaient appelés à montrer la vigueur de leurs muscles et leur habileté à conduire la barque. Les tours de force des Nicoloti sont encore d'interminables sujets de vanterie et d'orgueil chez les enfants de cette race herculéenne, et tu as pu voir, dans les bouges où nous allons quelquefois panser des blessés ensemble, ces grossiers tableaux à l'huile qui représentent le grand jeu de la pyramide humaine, et les portraits des vainqueurs de la régate avec leur bannière brodée et frangée d'or fin, au milieu de laquelle était brodée l'image d'un porc; le don d'un porc véritable accompagnait ce prix, qui n'était que le troisième, mais qui n'était pas le moins envié. Les Nicoloti s'exerçaient à la lutte, et leurs femmes avaient leurs régates, où elles ramaient à l'envi avec une force et une dextérité incontestables. Jugez de ce qu'eût été cette population en colère, si par ces adroites flatteries à sa vanité, et par une administration scrupuleusement équitable, le gouvernement ne l'eût tenue en joie et belle humeur! — Le gouvernement étranger, dis-je, se sert d'autres moyens; il jette en prison et punit sévèrement le moindre témoignage ostensible de courage et de force. — Il faut avouer, reprit-il, qu'il n'eut pas absolument tort de réprimer les excès de 1817; mais il aurait dû trouver en outre un moyen de prévenir le retour de ces fureurs. — Les croyez-vous bien éteintes? A la manière dont Catullo parlait de sa noblesse plébéienne tout à l'heure, je croirais assez que les Castellani ne sont pas encore très-liés avec les Nicoloti. — Si peu, me répondit le docteur, qu'une conspiration des Nicoloti vient d'être découverte, et qu'il est question de s'assurer de la personne de quarante ou cinquante d'entre eux.

Quand nous eûmes pris le sorbet, nous retrouvâmes Catullo tellement endormi, que le docteur ne vit rien de mieux que de remplir d'eau le creux de sa main et de l'épancher doucement sur la barbe grise (*le oneste piume,* comme aurait dit Dante) du gondolier octogénaire. Il ne se fâcha nullement de cette plaisanterie et se mit courageusement à l'ouvrage. — N'étais-tu pas, lui dit, chemin faisant, le docteur, de ce fameux repas à Saint-Samuel, la semaine dernière? — Qui, moi, *paron?* répondit le vieillard hypocrite. Pourquoi cela? — Je te demande, reprit le docteur, si tu en étais ou si tu n'en étais pas. — *Mi son Nicoloto, paron.* — Je ne parle pas de cela, dit le docteur en colère. Voyez s'il répondra droit à une question! Me prends-tu pour un mouchard, vieux sournois? — Non certainement, illustrissime, mais qu'est-ce que vous voulez demander à un pauvre homme, moitié sourd, moitié imbécile? — Dis donc moitié ivrogne, moitié fourbe, lui dis-je. — Il n'y a pas de danger, reprit le docteur, que ces drôles-là répondent sans savoir pourquoi on les interroge. Eh bien! puisque tu ne veux pas parler, je parlerai, moi; je t'avertis, mon vieux renard, que tu vas aller en prison. — *In preson! mi! parchè, lustrissimo?* — Parce que tu as dîné à Saint-Samuel, dit le docteur. — Et quel mal y a-t-il à dîner à Saint-Samuel, *paron?* — Parce que tu as conspiré contre la sûreté de l'État, lui dis-je. — *Mi Cristo!* quel mal peut faire un pauvre homme comme moi à l'État? —

N'es-tu pas Nicoloto? dit le docteur. — *Mi, si!* je suis né Nicoloto. — Eh bien! tous les Nicoloti sont accusés de conspiration, repris-je, et toi comme les autres. — *Santo Dio!* je n'ai jamais fait de conspiration. — Ne connais-tu pas un certain Gambierazi? dit le docteur. — Gambierazi! dit le prudent vieillard d'un air émerveillé, quel Gambierazi? — Parbleu! Gambierazi ton compère. On dirait que tu ne l'as jamais vu. — *Lustrissimo*, je n'ai pas entendu le nom que vous disiez, Gamba... Gambierazi? Il y a beaucoup de Gambierazi! — Eh bien! tu répondras demain plus catégoriquement à la police, dit le docteur. Voyez-vous cet animal que j'ai sauvé vingt fois de la corde, et qui devrait croire en moi comme en Dieu; le voilà qui joue au plus fin avec moi et qui se méfie de moi comme d'un suppôt de police! Qu'il aille au diable! Si je m'intéresse à lui dans cette affaire, je consens à être pendu moi-même.

Ce matin, comme nous prenions le café sur le balcon, nous vîmes passer dans une gondole *Catulus pater* et *Catulus filius*, accompagnés de deux sbires. — Fort bien, dit le docteur, je ne croyais pas deviner si juste. Mais qu'est-ce que veut ce vieux bavard avec sa voix de grenouille enrhumée et ses signes d'intelligence? — *Catulus pater* faisait en effet des efforts incroyables pour se faire entendre de nous; mais son enrouement chronique ne le lui permettant pas, il eut un colloque conciliatoire avec un sbire, qui consentit à faire arrêter la gondole et à accompagner son prisonnier jusqu'à nous. — Ah! ah! dit le docteur, que viens-tu faire ici? Ne sais-tu pas que c'est moi qui t'ai dénoncé?

— Oh! je sais bien que non, lustrissime! Je viens me recommander à *su protezion*. — Mais qu'as-tu fait, malheureux scélérat? dit le docteur d'un air terrible. Quand je te disais que tu avais trempé dans quelque infâme conspiration!— L'infortuné prisonnier baissa la tête d'un air si piteux, et le sbire, posé sur le seuil de la porte dans une attitude tragique, prit une expression de visage si terrible, que Beppa et moi partîmes d'un éclat de rire sympathique. — Mais enfin quel crime as-tu commis, damné vieillard? dit Giulio. — *Gnente, paron!* — Toujours la même chose! dit Pierre. De quoi diable veux-tu que je te justifie si je ne sais pas de quoi tu es accusé? — *Gnente, lustrissimo, altro che gavemo fato un Nicoloto.* — Qu'est-ce que cela veut dire? demandai-je. — Ma foi! je n'en sais rien, répondit Giulio. Qu'est-ce que tu entends par là, *vechio birbo?*—Nous avons fait un Nicoloto, répéta Catullo.—Et comment s'y prend-on, demanda le docteur en fronçant le sourcil, pour faire un Nicoloto? — Avec le Christ, avec quatre torches et avec le bouillon de seppia. — Ma foi! c'est trop mystérieux pour moi, dit le docteur. Explique tes sorcelleries, réprouvé! car je suis chrétien, et n'entends rien au culte du diable! *E nù ancà! semo cristiani!* s'écria le vieillard désolé. Mais il n'y a pas de mal à cela, *paron;* c'est une coutume de tous les temps; nos pères l'observaient, et nous l'avons pratiquée sans y rien ajouter de mal. Nous avons élu notre chef et nous l'avons baptisé. — Ah! je comprends. Vous avez voulu faire un doge? — *Sior, si!* — Et vous l'avez baptisé avec l'encre de seppia, parce que le noir est la couleur des Nicoloti? — *Sior, si!* — Et vous lui avez fait jurer sur le Christ de défendre les droits et priviléges des Nicoloti? — *Sior, si!* — Et d'égorger une vingtaine de Castellani tous les matins? — *Sior, no!* — Et ce doge, c'est l'illustrissime gondolier Gambierazi? — *Sior, si, mi compare Gambierazi.* — Que tu ne connaissais pas hier soir? — *Sior, si.*

— Et ton fils a pris part aussi à cette farce sacrilége? — *Ancà mio fio*. — Et que veux-tu que je fasse pour toi, quand tu te mets sur le dos de semblables accusations? Songes-tu que tu me compromets moi-même, et que je serai peut-être soupçonné de t'avoir soudoyé pour exciter tes pareils à la révolte? — Ce mot de *soudoyer*, dans la bouche de Pietro, fit tellement rire Beppa, que le docteur perdit sa gravité, et que le sbire, qui avait bien la meilleure figure de sbire qu'on puisse imaginer, se laissa gagner par le rire sans savoir pourquoi. Mais, craignant d'avoir dérogé à la dignité de son rôle, il fit aussitôt une grimace épouvantable; et, montrant la porte à Catullo : Allons, dit-il, en voilà assez. Catullo partit après avoir baisé les mains du docteur en le conjurant d'aller chez le commissaire. — Va-t'en bien vite, chien maudit! lui dit le docteur, qui, commençant à se sentir attendri, redoublait de manières bourrues, selon sa coutume. Je veux être damné si je m'occupe de toi. — Et aussitôt que le criminel fut hors de la chambre, il prit son chapeau et courut chez le commissaire. Là il apprit que l'affaire était plutôt comique que sérieuse, qu'on avait arrêté une quarantaine de Nicoloti, et parmi eux tous les gondoliers du traguet de la Madonetta, dont faisaient partie *Catulus pater* et *filius;* mais que, après les avoir tenus quatre à cinq jours sous les verrous pour les effrayer, on les laisserait aller en paix à leurs affaires.

III

Venise, juillet 1834.

Depuis quelques jours nous errons sur l'archipel vénitien, cherchant un peu d'air vital hors de cette ville de marbre qui est devenue un miroir ardent; ce mois-ci surtout, les nuits sont étouffantes. Ceux qui habitent l'intérieur de la cité dorment tout le jour, les uns sur leurs grands sofas, si bien adaptés à la mollesse du climat, les autres sur le plancher des barques. Le soir ils cherchent le frais sur les balcons, ou prolongent la veillée sous les tentes des cafés, lesquels heureusement ne se ferment jamais. Mais on n'entend plus les rires et les chansons accoutumés. Les rossignols et les gondoliers ont perdu la voix. Des milliers de petits coquillages phosphorescents brillent au pied des murs, et des algues chargées d'étincelles passent dans l'eau noire autour des gondoles endormies. Rien n'interrompt plus le silence des nuits que le cri aigu des souris et des mulots qui folâtrent sur les marches des perrons. De longs nuages noirs arrivent des Alpes et passent sur Venise en la couvrant de grands éclairs silencieux; mais ils vont se briser sur l'Adriatique, et l'air s'embrase de l'électricité qu'ils ont apportée.

Les enfants du peuple et les chiens caniches sont, avec les poissons, les seuls êtres qui ne souffrent pas de cette sécheresse. Ils ne sortent de l'eau que pour manger ou dormir, et le reste du temps ils nagent pêle-mêle.

Pour nous, qui avons le malheur d'avoir des chemises, et qui ne pouvons passer la vie à les ôter et à les remettre, nous cherchons l'air de la mer, que la Providence a fait si bon en tout pays, et qui court généreusement en plein midi sur les lagunes. Les seuls voyageurs que nous rencontrons sont de pauvres petits papillons affamés qui se hasardent à passer d'un îlot à l'autre pour y trouver quelque fleur que le soleil n'ait pas dévorée, mais qui succombent souvent à la fatigue et tombent dans une vague avant d'avoir pu achever leur longue et périlleuse traversée.

Hier nous passâmes devant l'île de San-Servilio, qui est occupée par les fous et les infirmes. A travers une des grilles qui donnent sur les flots nous vîmes un vieillard pâle et maigre assis à sa fenêtre, les coudes appuyés sur le bord. Il tenait son front dans une de ses mains; ses yeux caves étaient fixés sur l'horizon. Un instant il ôta sa main, essuya son front étroit et chauve, et retomba aussitôt dans son immobilité. Il y avait dans cette immobilité même quelque chose de si terrible que mes yeux s'y attachèrent involontairement. Quand nous eûmes tourné l'angle de la façade, je vis que les regards de Beppa avaient suivi cette direction et se reportaient sur moi. — Était-ce un fou? me dit-elle. — Un fou furieux, lui répondis-je.

Un homme jeune encore, un peu gros, vermeil, d'une figure agréable, qu'ombrageaient de beaux cheveux noirs bouclés et humides de sueur, sortit des buissons qui bordent le jardin et s'avança sur la grève. Il tenait un râteau, et son air n'avait rien d'extravagant; mais il nous adressa d'un ton amical des paroles sans suite qui trahirent le dérangement de son cerveau. L'abbé était assis à la proue avec cette vive et saisissante physionomie que personne ne contemple indifféremment, et il regardait ce fou d'un air bienveillant. *Addio, caro!* lui cria l'amateur de jardinage en voyant que nous n'abordions pas à l'hospice. Il dit cette parole d'un ton de regret affectueux et doux ; et, nous envoyant encore un adieu de la main, il reprit son travail avec un empressement enfantin. — Il doit y avoir un bon sentiment dans cette pauvre tête, dit l'abbé ; car il y a de la sérénité sur ce visage et de l'harmonie dans cette voix. Qui sait de quoi l'on peut devenir fou ? Il ne faut qu'être né meilleur ou pire que le commun des hommes pour perdre ou la raison ou le bonheur. — Bon fou, dit-il en envoyant gaiement une bénédiction vers l'horticulteur, Dieu te préserve de guérir ! — Nous arrivâmes à l'île de Saint-Lazare, où nous avions une visite à faire aux moines arméniens. Le frère Hiéronyme, avec sa longue barbe blanche surmontée d'une moustache noire et sa figure si belle et si douce au premier coup d'œil, vint nous recevoir. Avec une infatigable complaisance de vanité monacale, il nous promena de l'imprimerie à la bibliothèque et du cabinet de physique au jardin. Il nous montra ses momies, ses manuscrits arabes, le livre imprimé en vingt-quatre langues sous sa direction, ses papyrus égyptiens et ses peintures chinoises. Il parla espagnol avec Beppa, italien avec le docteur, allemand et anglais avec l'abbé, français avec moi ; et chaque fois que nous lui faisions compliment sur son immense savoir, son regard, plein de ce mélange d'hypocrisie et d'ingénuité qui est particulier aux physionomies orientales, semblait nous dire : S'il ne m'était pas commandé d'être humble, je vous ferais voir que j'en sais bien davantage.

— Vous êtes Français, me dit-il, vous connaissez l'abbé de La Mennais ? Je voudrais bien rencontrer quelqu'un qui le connût.—Certainement, je le connais beaucoup, répondis-je effrontément, curieux de savoir ce que l'on pensait de l'abbé de La Mennais en Arménie. — Eh bien! quand vous le verrez, dit le moine, dites-lui que son livre... Il s'arrêta en jetant un regard méfiant sur l'abbé, et acheva ainsi sa phrase, commencée peut-être dans un autre but : Dites-lui que son dernier livre nous a fait beaucoup de peine. — Ah ! dit l'abbé, qui, pour n'être que Vénitien, n'en a pas moins la pénétration d'un Grec, savez-vous, mon frère, que M. de La Mennais est un homme d'un immense orgueil, et qui s'imagine devoir compte de ses opinions à l'Europe entière ? Savez-vous qu'il est bien capable de considérer votre couvent comme une imperceptible fraction de son auditoire ?

— Carliste! c'est un carliste! dit le père Hiéronyme en secouant la tête.—Parbleu ! il me paraît étrange d'entendre parler de ces choses-là dans le lieu et dans le pays où nous sommes, dis-je à voix basse à l'abbé, tandis que l'Arménien était distrait par Beppa qui touchait à sa grande Bible manuscrite, et qui passait insolemment ses petits doigts sur les vives couleurs des peintures grecques semées sur les marges.—Vous allez voir qu'il dira du mal de La Mennais, s'il se méfie de nous, dit l'abbé ; excitez-le un peu.—Est-ce que vous ne trouvez pas, mon père, dis-je au moine, que M. de La Mennais est un grand poëte sacré ? — Poëte ! poëte ! répéta-t-il d'un air effrayé ; vous ne savez donc pas le jugement de Sa Sainteté ? — Non, répondis-je. — Eh bien ! mon fils, sachez-le ; ce nouvel écrit est abominable, et il est défendu à tout chrétien de le lire. — Malheureusement je ne savais point cela, répondis-je, et je l'ai lu sans penser à mal.—Ce malheur-là a pu arriver à bien d'autres, dit l'abbé en souriant. C'est un génie si dangereux que celui de M. de La Mennais! On peut bien le lire jusqu'au bout sans s'apercevoir du danger. — Sans doute, reprit le moine, ce n'est qu'après l'avoir lu, quand on y réfléchit, qu'on aperçoit le serpent caché sous les fleurs de la séduction. — C'est ce qui vous est arrivé après l'avoir lu, n'est-ce pas, mon frère? dit l'abbé. — Je ne dis point que je l'aie lu, repartit le moine. Cela aurait bien pu m'arriver sans que je fusse fort coupable; jugez-en : l'abbé de **La Mennais** vint ici après son entrevue avec le pape; il parla avec moi. Tenez, il était assis à la place où vous êtes. Je vivrais cent ans que je n'oublierais ni sa figure, ni sa voix, ni ses paroles. Il me fit une grande impression, j'en conviens, et je vis tout de suite que c'était un de ces hommes qui peuvent, lorsqu'ils le veulent, servir la religion vigoureusement. Je m'imaginai qu'il était rentré de bonne foi dans le sein de l'Église, et que désormais il serait son plus orthodoxe défenseur. Que voulez-vous, il parlait si bien! il parlait comme il écrit... *A ce qu'on dit, il écrit bien*, ajouta l'Arménien, qui se méfiait toujours du sourire ironique de l'abbé. Ce fut au point, continua-t-il, que je le priai sincèrement de m'envoyer le premier ouvrage qu'il publierait. — Et il vous l'a envoyé? demanda l'abbé. — Je ne dis point qu'il me l'ait envoyé, reprit aussitôt le moine. S'il me l'eût envoyé, ce ne serait pas ma faute. Qui pouvait prévoir que cet homme si pieux et si bon ferait un livre abominable? — Mais êtes-vous bien sûr, lui dis-je, qu'il soit abominable? — Comment, si j'en suis sûr! — Si vous ne l'avez pas lu? — Mais la circulaire du pape? — Ah! j'oubliais, repris-je. — Lorsque cette circulaire nous est arrivée, dit le moine, j'étais comme vous dans l'erreur sur le compte de M. de La Mennais. Je disais à mes frères : Voyez un peu quelles grâces ineffables Dieu a répandues sur ce saint homme! voyez comme un instant de doute et de souffrance a fait place en lui à une foi vive et ardente! c'est l'effet de son entrevue avec le pape. — Vous disiez cela encore après avoir lu le livre? dit l'abbé persévérant dans sa taquinerie. — Je ne dis point que je l'aie dit alors, répondit le moine. D'ailleurs, quand je l'aurais dit? je n'avais pas reçu la circulaire. — Cette circulaire me chagrine beaucoup, lui dis-je. Voyez donc! j'étais enthousiasmé du livre et de l'auteur; je sentais, en le lisant éclore en moi une foi plus vive; l'amour de Dieu, l'espoir de voir son règne s'accomplir sur la terre, m'avaient transporté au pied du trône éternel. Jamais je n'avais prié avec autant de faveur; j'éprouvais presque, chose inouïe en ces jours-ci, la soif du martyre. Cela ne vous a-t-il point produit le même effet, mon père? — Si je n'avais pas reçu la circulaire du pape... dit le moine d'un air ému et contrarié; mais que voulez-vous? Quand le pape déclare que le livre est contraire à la religion, à l'Église, aux mœurs, et au gouvernement de... de... Il se frappa le front sans pouvoir trouver le nom de Louis-Philippe Ier; ce fut le seul moment où il fut un peu Arménien et moine. Les Français, continua-t-il, ont beaucoup d'obstination dans leurs opinions politiques. M. de La Mennais est un carliste. — Savez-vous bien au juste, mon père, ce que c'est que d'être carliste? lui demandai-je. — Il paraît, répondit-il, que cela est très-contraire aux opinions du pape. — Ma foi! je n'y comprends plus rien, dis-je à voix basse à l'abbé; ou cet Arménien fait un étrange amphigouri dans sa tête, ou le pape craint le juste-milieu autant que les moines arméniens craignent le pape. — Je vous demande pardon, dit le frère Hiéronyme en se rapprochant de nous d'un air curieux, j'ai peut-être blessé vos opinions particulières en parlant ainsi. — Comme je ne songeais point à répondre, l'abbé me poussa le coude et me dit :—Vous n'entendez donc pas que le père Hiéronyme vous demande quelle est votre opinion particulière? — En vérité, repris-je, je n'en ai point d'autre que celle-ci : le Monde se meurt, et les religions s'en vont. — Hélas! oui, la religion s'en va si l'on n'y prend garde, dit l'Arménien; les doctrines nouvelles s'infiltrent peu à peu dans l'antique vérité, comme l'eau dans le marbre, et ceux qui pourraient être les flambeaux de la foi se servent de la lumière pour égarer le troupeau. Quant à moi, continua-t-il en prenant un air de confidence, j'ai un grand désir, et presque un projet arrêté : c'est de demander la permission d'aller trouver l'abbé de La Mennais, en quelque lieu qu'il soit, et de le supplier au nom de la religion, au nom de sa gloire, au nom de l'amitié que j'ai ressentie pour lui en le voyant, de rentrer dans le giron de la sainte Église romaine et de redresser ses voies. J'ai tant de choses à lui dire! ajouta-t-il naïvement, je suis sûr que je viendrais à bout de le convertir. — L'abbé se détourna pour cacher un rire moqueur; puis il fit le tour du cabinet, tandis que le moine le suivait du regard avec cet œil oriental, si beau et si brillant, qui semble tenir de l'aigle et du chat. Quand l'abbé eut fait semblant de regarder tous les objets d'histoire naturelle, il sortit, et Beppa pria l'Arménien de lui lire quelques lignes des diverses langues orientales dont les manuscrits étaient épars sur la table, afin d'écouter et de comparer les diverses musiques de ces langues inconnues à son oreille. Je laissai le docteur avec elle, au moment où ils se montraient fort satisfaits du syriaque et commençaient à goûter quelque peu le chaldéen; j'allai rejoindre l'abbé, qui se promenait d'un air rêveur dans le cloître, le long des arcades ouvertes sur un préau rempli de soleil et de fleurs éclatantes.

Voilà ce que c'est que de jouer au plus fin avec son pareil, lui dis-je en riant. Tu as voulu faire de l'esprit, et tu as été pris pour un espion, l'abbé; c'est bien fait.

Il ne me répondit pas, et parut suivre une conversation très-animée avec un interlocuteur imaginaire. — Vous n'iriez point, disait-il en ajoutant un mot patois qui équivaut à notre inimitable *plus souvent!* Vous le dites, mais vous ne le feriez point; vous ne quitteriez pas tout cela. — Il regardait et montrait en gesticulant les jardins et les galeries du couvent. En se retournant, il m'aperçut et partit d'un éclat de rire. — L'idée de ce moine, me dit-il, qui veut aller convertir M. de La Mennais, me trotte par la cervelle; que t'en semble? — Mais combien veux-tu parier, repris-je, que si le pape te chargeait de cette mission, tu ne répugnerais nullement à la remplir? — Je le crois bien, répondit-il; voir cet homme et causer avec lui, crois-tu que ce soit un événement à dédaigner dans la vie d'un pauvre prêtre? — Et que lui dirais-tu? — Que je l'admire, que je l'ai lu, et que je suis malheureux. — Ce n'est pas une raison pour briser ces arbustes qui ne t'ont rien fait, ni pour tourmenter ce brave moine qui a eu peur de ton rabat, et qui s'est cru obligé de déplorer l'erreur de celui qu'il admire peut-être autant que toi. — Ce moine, il a fait semblant de s'intéresser à des choses qui ne l'intéressent nullement. Ils sont savants et polis, mais ils sont moines avant tout, et tout ce qui se passe au delà de leurs murailles leur est parfaitement indifférent. Pourvu qu'on les laisse tranquillement jouir de leurs richesses, ils répéteront toujours servilement le mot d'ordre du pouvoir qui les protége. Laïque ou religieux, peu leur importe, et croyez bien qu'ils ont un souverain plus sacré que le pape : c'est l'empereur François, qui leur a donné ce couvent et cet îlot fertile, où lord Byron est venu étudier les langues orientales, et que M. de Marcellus a visité dernièrement, comme l'attestent les quatre beaux vers qu'il a écrits sur l'album des voyageurs.

— Je sais de lui un quatrain non moins beau, repris-je ; c'est celui qu'il a improvisé et écrit de sa propre main aux pieds de la statue de la Victoire à Brescia. Le voici :

> Elle marche, elle vole, et dispense la gloire ;
> On est tenté de l'adorer.
> Et *même* en contemplant cette *noble* Victoire,
> Après avoir vu Rome, il *nous* faut l'admirer.

— Je parie que M. de Marcellus ne peut pas souffrir l'abbé de La Mennais ! dit l'abbé, et qu'il le réfute victorieusement. — Que t'importe, méchant tonsuré? lui dis-je. Laisse M. de Marcellus improviser des quatrains tout le long de l'Italie ; laisse ces pauvres moines goûter le repos acheté au prix des violences et des persécutions féroces qu'ils ont essuyées dans leur patrie de la part des Turcs. Le soin qu'ils prennent d'élever de jeunes Arméniens, et de conserver par l'imprimerie les monuments de leur langue, qui possède des historiens et des poëtes admirables, n'est-il pas d'ailleurs un travail noble et utile? — Mais ils vendent très-cher leurs livres et leurs leçons, et pourtant ils sont riches. Un de leurs élèves alla faire fortune en Amérique et y mourut, il y a peu d'années, en leur léguant quatre millions. — Eh bien! tant mieux, répondis-je, il leur fallait du luxe, et ils en ont. Dis-moi, l'abbé, t'imagines-tu un couvent sans fleurs rares, sans colonnes de porphyre, sans pavé de mosaïque, sans bibliothèque et sans tableaux? Des moines qui n'ont pas tout cela sont des êtres immondes auxquels nous ne viendrions certainement pas rendre visite. Pour moi, je suis bien fâché que ces merveilleux couvents d'autrefois, ces véritables musées des reliques de l'art et de la science, aient été pillés pour enrichir les généraux et les fournisseurs de l'armée française, des tueurs d'hommes et des larrons. Je déplore la perte de cette race de vieux moines qui blanchissaient sur les livres et qui épuisaient les sciences humaines au point de n'avoir plus à exercer la puissance de leurs cerveaux que dans les rêves de l'alchimie et de l'astrologie. Ces instruments de physique et ce laboratoire m'avaient transporté aux temps poétiques de la vie monacale; maudits soient ce moine bavard avec sa politique étrange, et M. de Marcellus avec ses sublimes quatrains, qui m'ont si brusquement rappelé au temps présent !

— Tu ris de tout cela, homme léger, dit l'abbé en fronçant le sourcil, et tu as raison ; car notre siècle ne mérite plus qu'ironie et pitié. Malheur à celui qui croit encore à quelque chose ! Consume-toi dans ton cercle de fer, ô flambeau inutile de l'intelligence ! Ardeur de la foi, rêves de grandeurs divines, vous rongerez en vain la poitrine et le cerveau du croyant ; les hommes sourient et passent indifférents. Ah ! je ris comme un fou ! — Il me tourna brusquement le dos, et s'enfonça d'un air chagrin sous un berceau de vigne. J'eus envie de le suivre ; sa tristesse me faisait peine. Mais je vis passer dans l'eau une dorade qui s'élançait sur une seppia, et, curieux de voir la singulière défense de ce pauvre animal informe contre l'agile nageur, je me penchai sur la grève. Je vis alors le calamajo, l'*encrier*, c'est ainsi qu'on appelle ici cette espèce de seppia, lancer son encre à la figure de l'ennemi, qui fit une grimace de dégoût et s'éloigna fort désappointé. Le calamajo fit à sa manière quelques gambades agréables sur le sable ; mais ce divertissement ne fut pas de longue durée. La dorade revint traîtreusement, et, par derrière, le saisit et l'emporta au fond de l'eau avant qu'il eût songé à se servir de son ingénieux stratagème. Cette guerre me fit oublier celle du pape avec M. de La Mennais, et je restai un quart d'heure à me bronzer au soleil dans la contemplation imbécile de quelques brins d'herbes où vivaient en bonne intelligence deux ou trois mille coquillages. Cette société paraissait florissante, lorsqu'un goëland effronté vint, sous mes yeux, la bouleverser d'un coup d'aile et presque l'anéantir. Rien ne peut donc subsister, pensai-je ; et je me rappelai les tristes réflexions de l'abbé. J'allai le rejoindre ; mais, à ma grande surprise, je le trouvai riant tout de bon et relisant d'un air de satisfaction, en se caressant la barbe, des lignes qu'il venait d'écrire avec le bout d'une ardoise sur le méridien du jardin. Je me penchai sur son épaule, et je lus des vers vénitiens qu'il venait de composer, et dont j'ai essayé de faire tant bien que mal la traduction.

L'ENNEMI DU PAPE.

« Restez en paix, mes frères, et laissez le pape vider ses querelles lui-même. Les foudres de Rome sont éteintes, et le feu de la colère brûle en vain les entrailles des hommes de Dieu. Leur anathème n'est plus qu'un son dont le vent se joue comme de l'écume des flots grondeurs. L'hérésiarque n'est plus forcé d'aller se réfugier dans les montagnes, et d'user la plante de ses pieds à fuir les vengeances de l'Église. La foi est devenue ce que Jésus a voulu qu'elle fût : un espoir offert aux âmes libres, et non un joug imposé par les puissants et les riches de la terre. Restez en paix, mes frères, Dieu n'épouse pas les querelles du pape.

« Imprudents qui voulez les réconcilier, vous ne savez pas le mal que vous feriez à l'Église si vous étouffiez cette voix rebelle ! Vous ne savez pas que le pape est bien content et bien fier d'avoir un ennemi : que ne donnerait-il pas pour en avoir deux, pour qu'un autre Luther entraînât la foule vers ses pas ! Mais le monde est indifférent désormais aux débats théologiques ; il lit les plaidoyers de l'hérétique, parce qu'ils sont beaux ; il ne lit pas les jugements du pape, parce qu'ils sont catholiques et rien de plus. Lisez-les, mes frères, puisque le pape vous les impose ; mais priez tout bas pour l'ennemi du pape.

« Vous avez bien assez travaillé, vous avez bien assez souffert en ce monde, vieux débris du plus ancien peuple de la terre ! vos barbes blanches sont encore tachées du sang de vos frères, et la neige du mont Ararat en a été rougie jusqu'à la cime, où s'arrêta l'arche sainte. Le cimeterre turc a rasé vos têtes jusqu'aux os, et l'infidèle s'est baigné la cheville dans les pleurs des derniers enfants de Japhet. La méfiance, qui plisse parfois vos fronts sereins, est le cachet qu'y a laissé la persécution. Mais rassurez-vous, mes frères, et sachez bien qu'il y a loin du pouvoir d'un pape romain à celui du moindre cadi turc d'un village de l'Arménie. Restez en paix, et soyez sûrs que le pape prie pour son ennemi, de peur que Dieu ne le lui retire.

« Le déluge de sang a cessé, votre arche a touché ces grèves fertiles ; ne quittez pas votre île heureuse. Cultivez vos fleurs et cueillez vos fruits. Voyez ! vos raisins rougissent déjà, et les pampres chargés de grappes se penchent sur les flots, comme pour boire ; dans un jour de fatigue. Tout est couleur de rose ici, les lauriers, les marbres, le ciel et l'onde. Chaque matin vous saluez le soleil qui sort des montagnes de votre patrie, et vous aspirez dans ses rayons la rosée de vos cimes natales. De quoi voulez-vous inquiéter vos âmes paisibles ? Enseignez aux orphelins de vos frères la langue que parlèrent les premiers hommes, et surtout racontez-leur l'histoire de votre esclavage, afin qu'ils gardent la liberté que vous avez si chèrement payée. Mais ne leur parlez pas de l'ennemi du pape ; c'est bien inutile, hélas ! Quand ils seront grands, l'Église sera pacifiée, et le successeur de Capellari n'aura pas un ennemi au soleil.

« Restez donc en paix, mes frères, car Dieu a remis son arc dans les nuées. Du monde inconnu qui est au delà de votre île, un messager vous est venu. Vous l'avez pris pour la colombe, tant sa voix était belle et son aspect candide. Mais le pape vous dit que la colombe est un corbeau. Dites comme lui, ô fils de Noé le prudent ! Mais si l'ennemi du pape, battu par quelque tempête, revient quelque jour s'asseoir à l'abri de vos figuiers, passez bien doucement derrière le feuillage, ô bons pères ! et courbez vers lui le beau fruit au manteau déchiré [1]. Les hirondelles de l'Adriatique ne l'iront pas dire à Rome. S'il entre dans votre chapelle, laissez-le courber son vaste front devant votre madone. C'est un Turc qui l'a peinte, et pourtant elle est bien belle et bien chrétienne. Peut-être entendra-t-elle la prière de l'hérésiarque. Mais si elle le convertit à l'Église romaine, gardez-vous bien de vous vanter du miracle opéré chez vous, frère Hiéronyme ; c'est vous qui, sous peine

---

[1] *El figo col tabaro strapazza* ; c'est une expression dont se sert le peuple de Venise.

d'excommunication, seriez forcé de vous déclarer l'ennemi du pape. »

— Et toi, l'abbé, lui dis-je, ne serais-tu pas tenté, par hasard, de devenir l'ennemi du pape? Ce rôle étrange ne leurre-t-il pas ton orgueil de quelque dangereuse promesse? Mais c'est plus difficile en ce temps-ci que d'improviser une satire, prends-y garde. Le rôle est grave, et il ne suffit pas d'être un prêtre éloquent ; il faut être un grand caractère pour lever l'étendard de la révolte dans le concile. Respecte silencieusement l'habit que tu portes, à moins que tu ne te sentes aussi marqué du sceau fatal d'une grande destinée.

L'abbé, sans s'apercevoir de la fatuité de sa réponse, et s'abandonnant naïvement à une douloureuse préoccupation, dit en secouant la tête : — Il eût mieux valu cent fois être un gratteur de guitare à la toilette des Cydalises, passer sa vie à rire et à faire des bouts-rimés, que de souffrir le poids des réflexions qui s'obstinent à creuser cette pauvre tête. O La Mennais! où êtes-vous? O Capellari! que faites-vous? De cette soutane noire, linceul de nos gloires passées, ne sortira-t-il qu'un seul homme? tous ceux qui s'y ensevelissent descendront-ils sans honneur dans l'oubli du tombeau?

— O mon cher abbé, lui dis-je en pressant sa main, prends garde à ce qui se passe en toi ! prends garde au démon de l'orgueil! Efface tes vers, voici venir Hiéronyme; laisse à ce moine sa tranquille prudence et son obscur bonheur. N'éveille pas en lui le serpent caché; qui sait s'il n'a pas songé bien des fois, lui aussi, à être un homme? Laisse faire la reine du monde nouveau, l'intelligence, qui approche à pas de géant, et qui fera de nous ce que je sais bien, sans ton secours ni le mien.

. . . .

Quand nous repassâmes devant l'île des fous, Beppa se plaignit qu'on lui fît faire deux fois cette route. — Je déteste leurs cris, dit-elle ; cela me rend malade, et ma souffrance n'adoucit point la leur. — Ils ne crient pas toujours, lui dis-je en lui montrant le vieillard que nous avions vu deux heures auparavant. Il était toujours à la même place et dans la même attitude. Sa figure était pâle et morne comme nous l'avions laissée, et il contemplait encore les flots. — C'est bien pis que s'il criait, dit Beppa. Mon Dieu! quelle effrayante figure! quel calme désespoir! A quoi songe-t-il et que regarde-t-il? Que se passe-t-il dans cette tête chauve qui ne sent pas les rayons du soleil? Ils sont lourds comme du plomb, et il les supporte depuis deux heures! — Et peut-être les supporte-t-il ainsi tous les jours, dit le docteur. J'en ai connu un qui se croyait un aigle, et qui s'est tellement obstiné à regarder le soleil, qu'il en est devenu aveugle. Quand il eut perdu la vue, sa fantaisie n'en fut que plus opiniâtre. Il croyait en contempler encore le disque lumineux, et prétendait, au milieu des ténèbres de la nuit, voir sa chambre inondée d'une clarté éblouissante. — Plaise à Dieu, dit Beppa, que celui-ci ait quelque manie stupide de ce genre! il ne souffrirait pas. Mais je crains bien qu'à cette heure il ne soit pas fou, et qu'il sache seulement qu'il est captif. Comme il regarde l'horizon! Pauvre homme! tu n'iras jamais jusqu'à cette première lame de l'Adriatique, et il y a peut-être dans ton cerveau un volcan qui voudrait te lancer au bout du monde. — Il ne s'en est peut-être pas fallu de l'épaisseur d'un cheveu sous son crâne, dit le docteur, qu'il ne fût un homme de génie et qu'il ne remplît l'univers de son nom. Peut-être y a-t-il des instants où il le sent, et où il s'aperçoit qu'il faut mourir à l'hôpital des fous! — Voguons, voguons, dit Beppa; voici le front de l'abbé qui se plisse. . . . .

La lune montait dans le ciel, quand, après avoir dîné longuement et longuement causé dans un café, nous arrivâmes à la Piazzetta. — Ce fils de chien dont la mère était une vache ne se dérangera pas, grommela Catullo, qui avait le vin misanthrope ce soir-là. — A qui s'adresse cette apostrophe généalogique? dit le docteur. En se retournant il vit un Turc qui avait ôté ses babouches et une partie de son vêtement, et qui s'était agenouillé sur la dernière marche du traguet, si près de l'eau qu'il mouillait sa barbe et son turban à chacune des nombreuses invocations qu'il adressait à la lune. — Ah! ah! dit le docteur, ce monsieur a choisi un étrange prie-Dieu ; l'heure l'aura surpris au moment où il appelait une gondole; il aura été forcé de se jeter le visage contre terre en entendant sonner le coup de sa prière. — Ce n'est pas cela, dit l'abbé; il s'est mis là pour que personne ne pût passer devant lui et ne vînt à traverser son oraison ; son culte lui commande de recommencer autant de fois qu'il passe de gens entre lui et la lune.

En parlant ainsi, il mit sa canne en travers des jambes de Catullo, qui voulait poser brutalement le pied sur la rive et repousser le Turc pour nous faire aborder. — Laisse-le, dit l'abbé; celui-là aussi est un croyant. — Et comment voulez-vous faire, dit le gondolier, si cet animal sans baptême ne se dérange pas?

En effet, le traguet étant bordé de deux petites rampes de bois, nous ne pouvions aborder sans traverser quelque peu l'oraison du musulman. — Eh bien! dit l'abbé, nous attendrons qu'il ait fini : assieds-toi, et ne dis mot. — Catullo alla s'asseoir sur sa poupe en secouant la tête ; il était facile de voir qu'il n'approuvait en rien les principes de l'abbé. — Qu'importe, dit celui-ci en se tournant vers nous, que la madone s'appelle Marie ou Phingari? La vierge mère de la Divinité, c'est toujours la même pensée allégorique ; c'est la foi qui donne naissance à tous les cultes et à toutes les vertus. — Vous êtes bien hérétique ce soir, monsieur l'abbé, dit Beppa ; pour moi je n'aime pas les Turcs, non parce qu'ils adorent la lune, mais parce qu'ils tiennent les femmes dans l'esclavage. — Sans compter qu'ils coupent la tête à leurs esclaves, dit Catullo d'un air indigné. — Mon oncle, dit le docteur, a été témoin d'un fait que cette prière turque me rappelle. Un jour, il y a environ cinquante ans, un musulman fut surpris par l'heure de la prière comme il se trouvait sur la rive des Esclavons. Il s'arrêta au beau milieu des quais, et commença, après avoir ôté ses babouches, les dévotions d'usage. Une troupe de polissons, qui voyait apparemment ce spectacle pour la première fois, se prit à rire, l'entourant avec curiosité, et répétant ironiquement ses génuflexions et le mouvement de ses lèvres. Le Turc continua sa prière sans paraître s'apercevoir de cette raillerie. Les polissons, encouragés, redoublèrent de singeries, et peu à peu s'enhardirent jusqu'à ramasser des cailloux et à les lui jeter au visage. Le croyant resta impassible ; sa figure ne trahit pas la moindre altération, et il n'omit pas une parole de son oraison. Mais, quand elle fut finie, il se releva, prit par le cou le premier petit malheureux qui lui tomba sous la main, et lui plongea son kandjar dans la gorge avec la même tranquillité que si c'eût été un poulet ; puis il se retira, sans dire une seule parole, laissant le cadavre ensanglanté à la place où sa prière avait été profanée. Le sénat délibéra sur ce meurtre, et il fut décidé que le Turc avait exercé une vengeance légitime. Il ne fut fait aucune poursuite contre lui.

Ce récit, que Catullo écouta la tête penchée et l'oreille basse, parut lui inspirer un profond respect pour l'idolâtre; car, quand celui-ci eut fini de prier, non-seulement il attendit patiemment qu'il eût remis son dolman, mais encore il lui présenta ses babouches. Le Turc ne fit pas un geste de remercîment, ne parut pas s'apercevoir de notre politesse, et alla rejoindre ses compagnons, qui fumaient autour de la colonne de Saint-Théodore.

— Ceux-là sont des muscadins, dit l'abbé lorsque nous passâmes auprès d'eux. Ils n'ont pas fait leur prière. Ce sont des négociants établis à Venise, et que l'air de notre civilisation a corrompus. Ils boivent du vin, renient le prophète, ne vont point à la mosquée, et ne se déchaussent point pour saluer Phingari; mais ils n'en valent pas mieux, car ils ne croient à rien, et ils ont perdu toute la poétique naïveté de leur idolâtrie sans ouvrir leur âme à la vérité austère de l'Évangile. Cependant ils sont encore honnêtes parce qu'ils sont Turcs, et qu'un Turc ne peut pas être fripon.

Après nous être séparés pour prendre quelques heures de repos, nous nous retrouvâmes à la fête ou *sagra* du Rédempteur. Chaque paroisse de Venise célèbre magnifiquement sa fête patronale à l'envi l'une de l'autre; toute la ville se porte aux dévotions et aux réjouissances qui ont lieu à cette occasion. L'île de la Giudecca, dans laquelle est située l'église du Rédempteur, étant une des plus riches paroisses, offre une des plus belles fêtes. On décore le portail d'une immense guirlande de fleurs et de fruits; un pont de bateaux est construit sur le canal de la Giudecca, qui est presque un bras de mer en cet endroit; tout le quai se couvre de boutiques de pâtissiers, de tentes pour le café, et de ces cuisines de bivouac appelées *frittole*, où les marmitons s'agitent comme de grotesques démons au milieu de la flamme et des tourbillons de fumée d'une graisse bouillante dont l'âcreté doit prendre à la gorge ceux qui passent en mer à trois lieues de la côte. Le gouvernement autrichien défend la danse en plein air, ce qui nuirait beaucoup à la gaieté de la fête chez tout autre peuple ; par bonheur, les Vénitiens ont dans le caractère un immense fonds de joie : leur péché capital est la gourmandise, mais une gourmandise babillarde et vive, qui n'a rien de commun avec la pesante digestion des Anglais et des Allemands ; les vins muscats de l'Istrie à six sous la bouteille procurent une ivresse expansive et facétieuse.

Toutes ces boutiques de comestibles sont ornées de feuillage, de banderoles, de ballons en papier de couleur qui servent de lanternes ; toutes les barques en sont ornées, et celles des riches sont décorées avec un goût remarquable. Ces lanternes de papier prennent toutes les formes : ici ce sont des glands qui tombent en festons lumineux autour d'un baldaquin d'étoffes bariolées ; là ce sont des vases d'albâtre de forme antique, rangés autour d'un dais de mousseline blanche dont les rideaux transparents enveloppent les convives ; car on soupe dans ces barques, et l'on voit, à travers la gaze, briller l'argenterie et les bougies mêlées aux fleurs et aux cristaux. Quelques jeunes gens habillés en femme entr'ouvrent les courtines et débitent des impertinences aux passants. A la proue s'élève une grande lanterne qui a la figure d'un trépied, d'un dragon ou d'un vase étrusque, dans laquelle un gondolier, bizarrement vêtu, jette à chaque instant une poudre qui jaillit en flammes rouges et en étincelles bleues.

Toutes ces barques, toutes ces lumières qui se réfléchissent dans l'eau, qui se pressent, et qui courent dans tous les sens le long des illuminations de la rive, sont d'un effet magique. La plus simple gondole où soupe bruyamment une famille de pêcheurs est belle avec ses quatre fanaux qui se balancent sur les têtes avinées, avec sa lanterne de la proue, qui, suspendue à une lance plus élevée que les autres, flotte, agitée par le vent, comme un fruit d'or porté par les ondes. Les jeunes garçons rament et mangent alternativement; le père de famille parle latin au dessert, — le latin des gondoliers, qui est un recueil de jeux de mots et de prétendues traductions patoises, quelquefois plaisantes et toujours grotesques; — les enfants dorment, les chiens aboient et se provoquent en passant.

Ce qu'il y a encore de beau et de vraiment républicain dans les mœurs de Venise, c'est l'absence d'étiquette et la bonhomie des grands seigneurs. Nulle part peut-être il n'y a des distinctions aussi marquées entre les classes de la société, et nulle part elles ne s'effacent de meilleure foi. On reconnaît un noble au fond de sa gondole rien qu'à sa manière de hausser et de baisser la glace. Un agioteur juif aura beau imiter scrupuleusement l'élégance d'un dandy, on ne le confondra jamais avec le plus simplement vêtu des descendants d'une antique famille; et un gondolier de place, quoi qu'il fasse, n'aura jamais, dans sa manière de ramer, l'allure à la fois élégante et majestueuse de ceux qu'on appelle gondoliers de palais. Mais il n'est pas une fête publique qui ne réunisse tous les rangs sans distinction, sans priviléges et sans antipathie. Le peuple, qui se moque de tout, se moque des disgrâces de la noblesse, et au carnaval l'un de ses déguisements favoris consiste à s'affubler d'une perruque immense, d'un habit ridicule, et à s'en aller par les rues, l'épée au côté, avec des bas crottés et des souliers percés, offrant sa protection, ses richesses et son palais à tous les passants. Cette mascarade s'appelle l'*illustrissimo*. Elle est devenue classique comme Polichinelle, Brighella, Giacometto et Pantalon. Mais, en dépit de cette cruelle dérision, le peuple aime encore ses vieux nobles, ces hommes des derniers temps de la république, qui furent si riches, si prodigues et si dupes, si magnifiques et si vains, si bornés et si bons ; ces hommes qui choisirent pour leur dernier doge Manin, lequel se mit à pleurer comme un enfant quand on lui dit que Napoléon s'approchait, et qui lui envoya les clefs de Venise au moment où le conquérant s'en retournait, la jugeant imprenable.

Ils ont toujours été affables et paternels avec le peuple, et ne fuient jamais sa grosse joie, parce qu'à Venise elle n'est vraiment pas repoussante comme ailleurs, et que ce peuple a de l'esprit jusque dans la grossièreté ; le peuple répond à cette confiance, et il n'y a pas d'exemple qu'un noble ait été insulté dans une taverne ou dans la confusion d'une régate. Tout va pêle-mêle. Les uns rient de la gravité des autres, ceux-ci s'amusent de l'extravagance de ceux-là. La gondole fermée du vieux noble, la barque resplendissante du banquier ou du négociant, et le bateau brut du marchand de légumes, soupent et voguent ensemble sur le canal, se heurtent, se poussent, et l'orchestre du riche se mêle aux rauques chansons du pauvre. Quelquefois le riche fait taire ses musiciens pour s'égayer des refrains graveleux du bateau ; quelquefois le bateau fait silence et suit la gondole pour écouter la musique du riche.

Cette bonne intelligence se retrouve partout ; l'absence de chevaux et de voitures dans les rues, et la nécessité pour tous d'aller sur l'eau, contribuent beaucoup à l'égalité des manières. Personne ne crotte et n'écrase son semblable. Il n'y a point là l'humiliation de passer à pied auprès d'un carrosse ; nul n'est forcé de se déranger pour un autre, et tous consentent à se faire place. Au café, tout le monde est assis dehors. Le climat l'ordonne, et ce ne sont pas les grands, mais les frileux, qui restent au dedans. Un pêcheur de Chioggia appuie ses coudes déguenillés à la même table qu'un grand seigneur. Il y a bien des cafés de prédilection pour les élégants, pour les artistes, pour les nobles : chacun aime à trouver là sa société de tous les soirs ; mais dans l'occasion (que la chaleur rend fréquente) on entre dans la première taverne venue, et personne ne songe à critiquer ou même à remarquer une femme de bon ton assise dans un cabaret pour boire une *semata* ou pour manger du poisson frais.

Les Vénitiennes sont coquettes et amoureuses de parure. La richesse de leurs toilettes fait un singulier contraste avec le *sans-façon* de leurs habitudes. Est-ce à cette simplicité seigneuriale qu'il faut attribuer la manière hardie dont les hommes du peuple les regardent? Un cocher de fiacre à Paris n'est pas un homme pour la femme qui monte dans sa voiture. Ici un gondolier regarde la jambe de toute femme qui sort de sa gondole. La sentence de La Bruyère : *Un jardinier n'est un homme qu'aux yeux d'une religieuse*, serait un non-sens à Venise. Beppa n'a certes pas une figure agaçante ni des manières éventées. L'autre jour, comme nous passions auprès d'une barque pleine de manants, l'un d'eux, qui récitait, c'est-à-dire qui écorchait une strophe de Tasse, s'interrompit pour la montrer à ses compagnons en s'écriant : Voici la belle Herminie !

L'ostentation des anciens nobles est encore dans le caractère de la population ; l'usage de la *sagra* en offre une preuve : chaque année le paroissien et son chapitre délibèrent et choisissent un ordonnateur pour la fête patronale, à peu près comme on choisit une quêteuse dans une paroisse de Paris. Les fonctions de cet ordonnateur sont d'appliquer le produit annuel des aumônes et des offrandes à la décoration de l'église, à l'illumination et à la musique du chœur ; on prend ordinairement le plus généreux et le plus riche. Dévot ou non, il met toujours son ambition à surpasser son prédécesseur en magnificence ; et si le revenu de la paroisse ne lui suffit pas, il contribue de sa bourse aux frais de la fête. Aussi le peuple s'amuse beaucoup ; les prêtres sont satisfaits, et distribuent à pleines mains les absolutions et les indulgences à l'ordonnateur, à sa famille et à ses serviteurs. Il y a quelques jours, un simple particulier n'a pas dépensé moins de quinze mille francs pour une messe.

A deux heures du matin, comme nous n'avions pas pris de vivres dans la gondole, parce qu'après tout c'est la plus incommode manière de manger qu'il y ait au monde, nous rentrâmes dans la ville, et nous allâmes souper au café de Sainte-Marguerite, qui avait aussi ses ballons de papier suspendus à la treille. Nous allâmes nous asseoir au fond du jardin, et l'abbé nous fit servir des soles accommodées avec du raisin de Corinthe, des graines de pin et du citron confit. Jules et Beppa s'animèrent si bien la tête et les entrailles avec le vin de Bragance et les macarons au girofle, qu'ils ne voulurent jamais nous permettre de retourner chez nous. Il fallut aller voir le lever du soleil à l'île de Torcello. Catullo, étant à demi ivre et incapable de ramer seul un quart du chemin, nous proposa d'aller chercher ses compères César et Gambierazzi : l'un qui fut fait nicoloto le mois dernier, en jurant sur le crucifix haine éternelle aux Castellans ;

l'autre qui remplit avec Catullo le rôle de grand prêtre, en versant l'encre de seppia sur la tête du néophyte et en dictant la formule du serment. En expiation de ces cérémonies païennes et républicaines, ils furent mis tous trois en prison avec une vingtaine d'assistants ; je crois t'avoir raconté cela dans une de mes lettres. J'étais impatient de voir ces gondoliers illustres. Mais, hélas ! que les hommes célèbres démentent souvent d'une manière fâcheuse l'idée que nous nous en formons ! César, le néophyte, est bossu, et Gambierazzi, le pontife, a les jambes en vis de pressoir. Le plus agréable des trois est encore Catullo, qui ne boite que d'une jambe, et qui ne manque jamais de dire, en parlant de lord Byron : — Je l'ai vu, il était boiteux.— Hélas ! hélas ! le divin poëte Catulle était Vénète ; qui sait si l'ivrogne éclopé qui conduit notre gondole ne descend pas de lui en droite ligne ?

Ces trois monstres, à l'aide de la voile et du vent, nous conduisirent très-vite à Torcello, et le soleil se levait quand nous nous enfonçâmes gaiement dans les sentiers verts de cette belle île.

Torcello est, de tous les îlots des lagunes où vinrent se réfugier les habitants de la Vénétie lors de l'irruption des barbares en Italie, celui qui conserve le plus de traces de cette époque d'émigration et de terreur. L'église et une fabrique en ruine sont les vestiges de la ville que ces réfugiés y construisirent. L'église, par sa construction irrégulière et le mélange de richesses antiques et de matériaux grossiers qui la composent, atteste la précipitation avec laquelle elle fut bâtie. On y employa les débris d'un temple d'Aquilée, soustraits à la ruine de cette capitale des provinces vénètes. La nef a encore la forme circulaire d'un temple païen, et de précieuses colonnes d'un marbre africain sculpté en Grèce soutiennent le toit de briques chargé de ronces qui s'échappent en festons et s'ouvrent un chemin dans les crevasses des corniches. La coupole et la partie intérieure du portique sont couvertes de mosaïques exécutées par des artistes grecs. Ces mosaïques, qui datent du onzième siècle, sont hideuses de dessin comme toutes celles de cette époque de décadence, mais remarquables de solidité. C'est de Venise que l'art de la mosaïque s'est répandu dans toute l'Italie, et ces fonds d'or, qui donnent un si grand relief aux figures, et se conservent si intacts et si brillants sous la poussière des siècles, sont formés de petites plaques de verre doré que l'on fabriquait à Murano, île voisine de celle-ci. Peu à peu l'art du dessin, perdu en Grèce et retrouvé en Italie, s'appliqua à rectifier la mosaïque, et les dernières qui furent exécutées dans l'église de Saint-Marc, par les frères Zuccati, avaient été dessinées par Titien.

L'abbé voulut nous persuader que les madones en mosaïque du onzième siècle avaient un caractère austère et grandiose, où le sentiment de la foi parlait plus haut que la grace poétique des beaux temps de la peinture. Il fallut bien avouer que dans ces grandes figures du type grec, dans ces yeux fendus, dans ces profils aquilins, il y a quelque chose de ferme et d'imposant comme les préceptes de la foi nouvelle. L'abbé en revint à sa fantaisie, tant soit peu païenne, de faire de la Vierge une allégorie religieuse. Il voulut en trouver la preuve dans les diverses expressions que ces figures révérées reçurent des grands artistes, et nous montrer dans chacun de leurs types favoris un reflet de leur âme. Titien avait, selon lui, révélé sa foi robuste et tranquille dans cette grande figure de Marie qui monte au ciel avec une attitude si forte et un regard si radieux, tandis que la nuée d'or s'entr'ouvre, et que Jéhova s'avance pour la recevoir.

Raphaël et Corrège, amants et poëtes, avaient répandu sur le front de leurs vierges une douceur plus mélancolique et une plus humaine tendresse pour la Divinité; ce n'est pas le ciel seul qu'elles contemplent, c'est Jésus, Dieu d'amour et de pardon, qu'elles caressent saintement.

Enfin, Giambellino et Vivarini, les peintres aimés de Beppa, avaient confié au sourire de leurs *madonettes* la naïve jeunesse de leurs cœurs. — O Giambellino ! s'écria Beppa, que je t'aurais aimé ! que je me serais plu à tes puérilités charmantes ! comme j'aurais soigné ton chardonneret bien-aimé ! comme j'aurais écouté dans mes rêves la viole et la mandoline de tes petits anges voilés de leurs longues ailes, souples, mélodieux et mignons comme des mésanges ! Que j'aurais respiré avec délices ces fleurs délicates que ta main a ravies à l'Éden, et que firent éclore les pleurs d'Ève et de Marie ! Comme j'aurais frémi en baisant le léger feuillage qui flotte sur les cheveux d'or de tes pâles chérubins ! Comme j'aurais timidement contemplé tes vierges adolescentes, si pures et si saintes, que le regard humain craint de les profaner ! J'aurais conservé mon âme sereine afin de leur ressembler. — Tu leur ressembles, Beppa ! s'écria l'abbé avec un regard qu'il lança sur elle comme un éclair. Mais il reporta aussitôt sa vue sur la grande et sombre madone grecque, emblème de souffrance et d'énergie, qui se dressait au-dessus de nos têtes. — O foi triste et sublime ! dit-il en étouffant un soupir. Le visage de cet honnête jeune homme exprima la satisfaction d'un douloureux triomphe, et le sourire d'amertume que l'indignation généreuse ramène si souvent sur ses lèvres s'effaça pour tout le jour.—Qu'on m'impose des sacrifices, me dit-il souvent, qu'on m'ordonne de vaincre et de macérer l'imagination rebelle, d'enfoncer dans mon cœur les sept dards qui percent le sein de Marie ; qu'on me donne à souffrir, c'est bien. Ce qui tue, c'est l'inaction, c'est de sentir tout son être inutile, toute sa force perdue ; c'est de n'avoir rien à combattre, rien à immoler. Je ne serais pas surpris que l'abbé se laissât aller parfois à caresser des pensées dangereuses, des sentiments funestes, afin d'avoir la joie d'en triompher.

Le docteur alla s'endormir au milieu des orties sur la chaise curule en pierre qui servit, dit-on, jadis aux préteurs romains chargés de percevoir l'impôt sur les pêcheurs des lagunes. La tradition populaire gratifie cette chaise du nom de trône d'Attila, bien que le conquérant barbare, ayant fait une vaine tentative d'invasion sur ces îles, et ayant vu ses vaisseaux échouer, à l'heure de la marée descendante, sur les paludes dont il ne connaissait point les canaux navigables, se fût retiré, abandonnant même la chétive conquête de la péninsule de Chioggia. Jules resta à examiner les étranges contrevents de l'église, formés, comme dans les temples orientaux, d'une grande pierre plate tournant sur un pivot et sur des gonds. L'abbé alla faire visite à son confrère de Torcello, dont le blanc prieuré, perdu dans les rameaux des jardins, faisait envie à la romanesque Beppa. J'allai seul, rêvant et ramassant des fleurs pour elle, à travers les traînes de Torcello, plus belles, hélas ! que celles de ma Vallée Noire. Une profusion de liserons éclatants grimpait le long des haies, et formait souvent au-dessus du sentier des berceaux plus riches et plus élégants que si la main de l'homme s'en fût mêlée. Huit ou dix maisons, vingt peut-être, disséminées au milieu des vergers, renferment toute la population de l'île. Tous les habitants étaient déjà partis pour la pêche. Un silence inconcevable régnait sur cette nature si prodigue, que l'homme s'en occupe à peine, et y reçoit en pur don ce que chez nous il achète au prix de ses sueurs. Les papillons rasaient le tapis de fleurs étendu sous mes pieds, et, peu habitués sans doute aux tracasseries des enfants ou des entomologistes, venaient se reposer jusque sur le bouquet que j'avais à la main. Torcello est un désert cultivé. Au travers des taillis d'osier et des buissons d'althæa courent des ruisseaux d'eau marine, où le pétrel et la sarcelle se promènent voluptueusement. Çà et là un chapiteau de marbre, un fragment de sculpture du Bas-Empire, une belle croix grecque brisée, percent dans les hautes herbes. L'éternelle jeunesse de la nature sourit au milieu de ces ruines. L'air était embaumé et le chant des cigales interrompait seul le silence religieux du matin. J'avais sur la tête le plus beau ciel du monde, à deux pas de moi les meilleurs amis. Je fermai les yeux, comme je fais souvent, pour résumer les diverses impressions de ma promenade, et me composer une vue générale du paysage que je venais de parcourir. Je ne sais comment, au lieu des lianes, des bosquets et des marbres de Torcello, je vis apparaître des champs aplanis, des arbres souffrants, des buissons poudreux, un ciel gris, une végétation maigre, obstinément tourmentée par le soc et la pioche, des masures hideuses, des palais ridicules, la France en un mot. — Ah ! tu m'appelles donc ! lui dis-je. Je sentis un étrange mouvement de désir et de répugnance. O patrie ! nom mystérieux à qui je n'ai jamais pensé, et qui ne m'offres encore qu'un sens impénétrable ! le souvenir des douleurs passées que tu évoques est-il donc plus doux que le sentiment présent de la joie? Pourrais-je t'oublier si je voulais? et d'où vient que je ne le veux pas?

IV

A JULES NÉRAUD.

Nohaut, septembre 1834.

Combien j'ai à te remercier, mon vieil ami, d'être venu me voir tout de suite! Je n'espérais pas ce bonheur, et je vois que, ta position n'ayant pas changé, c'est une grande preuve d'amitié que tu m'as donnée. J'ai passé une journée heureuse, mon brave Malgache, auprès de toi, au milieu de mes enfants et de mes amis. J'ai ri de bien bon cœur de nos anciennes folies; j'ai renouvelé nos combats espiègles; je me suis diverti de tes calembours. J'ai retrouvé, après deux ans d'absence (qui renferment pour moi deux siècles), toute cette ancienne vie avec un plaisir d'enfant, avec une joie de vieillard. Eh bien! mon pauvre ami, tout cela est entré une journée entière dans ce cœur usé et désolé; tout cela l'a fait bondir de joie, mais ne l'a ni guéri ni rajeuni; c'est un mort que le galvanisme a fait tressaillir, et qui retombe plus mort qu'auparavant. J'ai le spleen, j'ai le désespoir dans l'âme, Malgache. Je me suis dit tout ce que je pouvais et devais me dire, j'ai essayé de me rattacher à tout; je ne puis pas vivre, je ne le puis pas. Je viens dire adieu à mon pays, à mes amis. Le monde ne saura pas ce que j'ai souffert, ce que j'ai tenté avant d'en venir là. J'essayerais en vain de te faire comprendre mon âme et ma vie : ne me parle pas de cela; reçois mon adieu, et ne me dis rien ; ce serait inutile. Viens me voir quelquefois pendant mon séjour ici et parler du passé avec moi. J'aurai quelques services à te demander : tu en accepteras l'ennui comme une preuve de confiance. Pense à moi, et si j'ai un tombeau quelque part où tu passes un jour, arrête-toi pour y laisser tomber quelques larmes. Oh! prie pour celui qui, seul peut-être, a bien connu et bien jugé ton cœur.

Lundi soir.

Merci, mon bon vieux Malgache, merci de ta lettre; aucune remède ne peut être plus efficace que ces paroles d'amitié et cette douce compassion dont mon orgueil ne saurait souffrir. Tu ne sais des malheurs de ma vie qu'une bien faible partie. Si le sort nous réunit quelques heures, je te les dirai; mais l'important, ce n'est pas que tu les saches, c'est que ton affection les adoucisse. Va, le raisonnement, les représentations, les réprimandes, ne font qu'aigrir le cœur de ceux qui souffrent, et une poignée de main bien cordiale est la plus éloquente des consolations. Il se peut que j'aie le cœur fatigué, l'esprit abusé par une vie aventureuse et des idées fausses; mais j'en meurs, vois-tu, et il ne s'agit plus pour ceux qui m'aiment que de me conduire doucement à ma tombe. Otez-moi les dernières épines du chemin, ou du moins semez quelques fleurs autour de ma fosse, et faites entendre à mon oreille les douces paroles du regret et de la pitié. Non, je ne rougis pas de la vôtre, ô mes amis! et de la tienne surtout, vieux débris qui as surnagé sur les orages de la vie, et qui en connais les soucis rongeurs et les fatigues accablantes.

Je suis un malade qu'il faut plaindre et non contrarier. Si vous ne me guérissez pas, du moins vous me rendrez la souffrance moins rude et la mort moins laide. Me préserve le ciel de mépriser votre amitié et de la compter pour peu de chose ! Mais sais-tu quels maux contre-balancent ces biens-là ? Sais-tu ce que certains bonheurs ont inspiré d'exigences à mon âme, ce que certains malheurs lui ont imposé de méfiance et de découragement ? Et puis vous êtes forts, vous autres. Moi, j'ai de l'énergie, et non de la force. Tu me dis que l'*instinct* me retiendra auprès de mes enfants : tu as raison peut-être ; c'est le mot le plus vrai que j'aie entendu. Cet instinct, je le sens si profondément que je l'ai maudit comme une chaîne indestructible ; souvent aussi je l'ai béni en pressant sur mon cœur ces deux petites créatures innocentes de tous mes maux. Écris-moi souvent, mon ami ; sois délicat et ingénieux à me dire ce qui peut me faire du bien, à m'éviter les leçons trop dures, Hélas ! mon propre esprit est plus sévère que tu ne le serais, et c'est la rude clairvoyance qui me pousse au désespoir. Que ton cœur, qui est bon et grand, quoi qu'on en dise et quoi qu'on en pense, t'inspire l'art de me guérir. Je suis venu chercher ici ce qui me fuyait ailleurs. Les pédagogues abondent partout ; l'amitié est rare et prudente : elle se tire bien mieux d'affaire avec un reproche ou une raillerie qu'avec une larme et un baiser. Oh ! que la tienne soit généreuse et douce ! Répète-moi que ton affection m'a suivi partout, et qu'aux heures de découragement, où je me croyais seul dans l'univers, il y avait un cœur qui priait pour moi et qui m'envoyait son ange gardien pour me ranimer.

Mercredi soir.

Écrivons-nous tous les jours, je t'en prie; je sens que l'amitié seule peut me sauver.

Je n'en suis pas à espérer de pouvoir vivre. Je borne pour le moment mon ambition à mourir calme et à ne pas être forcé de blasphémer à ma dernière heure, comme cet homme innocent que l'on guillotina dans notre ville il y a quatre ou cinq ans, et qui s'écria sur l'échafaud : *Ah! il n'y a pas de Dieu!* — Tu es religieux, toi, Malgache; moi aussi, je crois. Mais j'ignore si je dois espérer quelque chose de mieux que les fatigues et les souffrances de cette vie. Que penses-tu de l'autre? — Voilà ce qui m'arrête. Il m'est bien prouvé que je n'arriverai à rien dans celle-ci, et il n'y a pas d'espoir pour moi sur la terre. Mais trouverai-je le repos après ces trente ans de travail? La nouvelle destinée où j'entrerai sera-t-elle une destinée calme et supportable? Ah! si Dieu est bon, il donnera au moins à mon âme un an de repos; qui sait ce que c'est que le repos et quel renouvellement cela doit opérer dans une intelligence! Hélas! si je pouvais me reposer ici auprès de toi, au milieu de mes amis, dans mon pays, sous le toit où j'ai été élevé, où j'ai passé tant de jours sereins! Mais la vie de l'homme commence par où elle devrait finir. Dans ses premiers ans il lui est accordé un bonheur et un calme dont il ne jouit que plus tard par le souvenir; car, avant d'avoir souffert et travaillé, avant d'avoir subi les ans de la virilité, il ne sait pas le prix de ses jours d'enfance. — A ton dire, mon ami, il arriverait pour l'homme sage et fort un temps où ce repos peut s'acquérir par la réflexion et la volonté. Oh! sois sincère, je t'en prie, et oublie le rôle de consolateur que ton amitié t'impose avec moi. Ne me trompe pas dans l'espoir de me guérir ; car plus tu ferais refleurir sous mes pas d'espérances décevantes, plus je ressentirais de colère et de douleur en les perdant. Dis-moi la vérité, es-tu heureux ? — Non, ceci est une sotte question, et le *bonheur* est un mot ridicule, qui ne représente qu'une idée vague comme un rêve. Mais supportes-tu la vie de bon cœur ? La regretterais-tu si demain Dieu t'en délivrait ? Pleurerais-tu autre chose que tes enfants ? Car cette affection d'*instinct*, comme tu dis fort bien, est la seule que la réflexion désespérante ne puisse ébranler. — Dis-moi, oh ! dis-moi ce qui se passe en moi depuis dix ans et plus : ce dégoût de tout, cet ennui dévorant, qui succède à mes plus vives jouissances, et qui de plus en plus me gagne et m'écrase, est-ce une maladie de mon cerveau, ou est-ce un résultat de ma destinée ? Ai-je horriblement raison de détester la vie ? ai-je criminellement tort de ne pas l'accepter ? Mettons de côté les questions sociales, supposons même que nous n'ayons pas d'enfants, et que nous ayons subi tous deux la même dose de malheur et de fatigue. Crois-tu que, par suite de la diversité de nos organisations, nous nous retrouverions l'un et l'autre où nous en sommes, toi réconcilié avec la vie, moi plus las et plus désespéré que jamais ? Y a-t-il donc en vous autres une faculté qui me manque ? Suis-je plus mal partagé que vous, et Dieu m'a-t-il refusé cet instinctif amour de la vie qu'il a donné à toutes les créatures pour la conservation des espèces ? Je vois ma mère : elle a souffert matériellement plus que moi, son histoire est une des plus orageuses et des plus funestes que j'aie entendu raconter ; sa force naturelle l'a sauvée de tout ; son insouciance, sa gaieté, ont surnagé dans tous ses naufrages. A soixante ans elle est encore belle et jeune, et chaque soir en s'endormant elle prie Dieu de lui conserver la vie. Ah! mon Dieu, mon Dieu! c'est donc bien bon de vivre? pourquoi ne suis-je pas ainsi? Ma position sociale pourrait être belle; je suis indépendant, les embarras matériels de mon existence ont cessé; je puis voyager, satisfaire toutes mes fantaisies; pourquoi n'ai-je plus de fantaisies?

Ne réponds pas à ces questions-là, c'est trop tôt. Tu ne sais pas les événements qui m'ont amené à cet état moral, et tu pourrais concevoir quelque fausse idée, faute de bien connaître et de bien juger les faits. Mais réponds en ce qui te concerne. — Tu as souffert, tu as aimé, tu es un être très-élevé sous le rapport de l'intelligence, tu as beaucoup vu, beaucoup lu; tu as voyagé, observé, réfléchi, jugé la vie sous bien des faces diverses. — Tu es venu échouer, toi dont la destinée eût pu être brillante, sur un petit coin de terre où tu t'es consolé de tout en plantant des arbres et en arrosant des fleurs. Tu dis que tu as souffert dans les commencements, que tu as soutenu une lutte avec toi-même, que tu t'es contraint à un travail physique. Raconte-moi avec détail l'histoire de ces premiers temps, et puis dis-moi le résultat de tous ces combats et de toute cette vertu. Es-tu calme? supportes-tu sans aigreur et sans désespoir les tracasseries de la vie domestique? t'endors-tu aussitôt que tu te couches? n'y a-t-il pas autour de ton chevet un démon sous la forme d'un ange qui te crie : L'amour, l'amour! le bonheur, la vie, la jeunesse! — tandis que ton cœur désolé répond : Il est trop tard! cela eût pu être, et cela n'a pas été? — O mon ami! passes-tu des nuits entières à pleurer tes rêves et à te dire : Je n'ai pas été heureux?

— Oh! je le devine, je le sens, cela t'arrive quelquefois, et j'ai tort peut-être de réveiller l'idée d'une souffrance que le temps et ton courage ont endormie ; mais ce sera une occasion d'exercer la force que tu as amassée que de me raconter comment tu as fait, et de m'apprendre à quoi tu es arrivé. Hélas ! si je pouvais comme toi me passionner pour un jardin, pour un arbuste, pour un insecte ! J'aime tout cela pourtant, et nul n'est mieux organisé que moi pour jouir de la vie. Je sympathise avec toutes les beautés, toutes les grâces de la nature. Comme toi, j'examine longtemps avec délices l'aile d'un papillon. Comme toi, je m'enivre du parfum d'une fleur. J'aimerais à me bâtir aussi un ajoupa et à y porter mes livres ; mais je n'y pourrais rester, mais les fleurs et les insectes ne peuvent pas me consoler d'une peine morale. La contemplation des cimes immobiles du Mont-Blanc, l'aspect de cette neige éternelle, immaculée, sublime de blancheur et de calme, avait suffi, pendant trois ou quatre jours du mois dernier, pour donner à mon âme une sérénité inconnue depuis longtemps. Mais à peine eus-je passé la frontière de France, cette paix délicieuse s'écroula comme une avalanche devant le souvenir et l'aspect de mes maux et des ennuis matériels. La poussière des chemins, la puanteur de la diligence et la nudité hideuse du pays suffirent pour me faire dire : La vie est insupportable et l'homme est infortuné. — Et des douleurs morales, réelles, profondes, incurables, se ranimèrent.

Je me berce de l'idée que je mourrai réconcilié du moins avec le passé. Il y a dans l'air du pays, dans le silence de l'automne, dans la magie des souvenirs, dans le cœur de mes amis surtout, quelque chose d'étrangement puissant. Je marche beaucoup, et, soit fatigue de corps, soit repos d'esprit, je dors plus que je n'ai fait depuis un an. Mes enfants me font encore beaucoup de mal au milieu de tout le bonheur qu'ils me donnent; ce sont mes maîtres, les liens sacrés qui m'attachent à la vie, à une vie odieuse! Je voudrais les briser, ces liens terribles! la peur du remords me retient. Et pourtant il y aurait bien des choses à ma décharge si je pouvais raconter l'histoire de mon cœur. Mais ce serait si long, si pénible! —Bonsoir, rappelle-toi nos adieux d'autrefois sous le grand arbre, *the parting's tree*. Nous avions lu *les Natchez*, et nous nous disions chaque soir : — Je te souhaite un ciel bleu et l'espérance. — L'espérance de quoi?...

Jeudi.

Mes jours s'écoulent tristes comme la mort, et ma force s'épuise rapidement. Avant-hier j'étais assez bien, je me sentais tomber dans une sorte d'apathie qui ne manquait pas de charme. La fatigue du cœur et celle du corps étaient si grandes en moi, qu'il ne me restait plus guère de sensibilité. J'avais accepté les ennuis et les plaisirs de la journée, et je ne m'étais pas dit comme les autres jours : Pourrai-je vivre demain? Je m'étais rejeté dans le passé et je savourais cette illusion imbécile au point de me croire transporté aux jours qui sont derrière nous. Je revins de la rivière avec Rollinat et les enfants. Il faisait chaud, et le chemin était difficile. J'eus une sorte de bonheur à traverser une terre labourée en portant Solange sur mes épaules. Maurice marchait devant moi avec son petit ami, et le chien de la maison, quoique laid et mélancolique, nous suivait d'un air si habitué à nous, si sûr de son gîte, si nécessairement attaché à chacun de nos pas, qu'il me semblait faire partie de la famille. Rollinat riait à sa manière et débitait des facéties à ma mère, et je venais le dernier avec mon fardeau, partageant ma pensée entre les embarras de la marche et le souvenir de tes conseils. Voici, me disais-je, les plaisirs simples et purs que mon ami me vante et me souhaite. Et je ne sais pourquoi la fatigue, les cris joyeux des enfants, la gaieté de ma mère, quoique tout cela fût en désaccord avec la tristesse qui me ronge et l'accablement qui m'écrase, avaient pour moi un charme indéfinissable. Cela me rappelait nos courses au grand arbre, nos récoltes de champignons dans les prés, et la première enfance de mon fils, qu'alors je rapportais aussi à la maison sur mes épaules. J'oubliais presque ces terribles années d'expérience, d'activité et de passion qui me séparent de celles-là.

Mais ce bien-être, dont je ne saurais attribuer le bienfait qu'à des circonstances extérieures, à l'influence de l'air, au silence délicieux de la campagne, à la bonne humeur de ceux qui m'entouraient, cessa bientôt, et je retombai dans mon abattement ordinaire en rentrant à la maison.

Rollinat est une des plus parfaites et des plus affectueuses créatures qu'il y ait sur la terre, doux, simple, égal, silencieux, triste, compatissant. Je ne sais personne dont la société intime et journalière soit plus bienfaisante; je ne sais pas si je l'aime plus ou moins que toi; mon cœur n'a plus assez de vigueur pour s'interroger et se connaître; je sais que l'amitié que j'ai pour Alphonse, pour Laure, pour chacun de vous, ne nuit à aucun en particulier. Seulement, je me tais de mon mal avec ces jeunes enfants dont il troublerait le bonheur, et je n'en parle qu'à Rollinat et à toi. Lui ne me donne ni conseils, ni encouragements, ni consolations; nous échangeons peu de paroles dans le jour; nous marchons côte à côte dans les traînes du vallon ou dans les allées de mon jardin, courbés comme deux vieillards, concentrés dans une muette douleur, et nous comprenant sans nous avertir. Le soir, nous marchons encore dans le jardin jusqu'à minuit; c'est une fatigue physique qui m'est absolument nécessaire pour trouver le sommeil, et à lui aussi qui souffre continuellement des nerfs. Alors nous nous racontons les détails et les ennuis de notre vie. Quelquefois nous retombons dans un profond silence; il regarde les étoiles, où il me rêve un asile, et je promène d'inutiles regards sous les ténébreux ombrages que nous traversons. Leur mystérieux silence me fait tressaillir quelquefois d'épouvante, et il me semble que c'est mon spectre qui se promène à ma place, dans ces lieux mornes comme la tombe. Alors je passe mon bras sous le sien, comme pour m'assurer que j'appartiens encore au monde des vivants, et il me répond avec sa voix caverneuse et monotone : — Tu es malade, bien malade. — Malgré le peu d'encouragements qu'il me donne (car ses inclinations ne sont que trop conformes aux miennes), son amitié m'est très-précieuse, et sa société m'est en quelque sorte nécessaire. Il me semble que, tant que j'aurai à mon côté un ami sincère et fidèle, je ne peux pas mourir désespéré; je lui ai fait jurer, ce soir, qu'il assisterait à ma dernière heure, et qu'il aurait le courage de ne point me retenir. Il y a dans la voix, dans le regard, dans tout l'être de ceux que nous aimons, un fluide magnétique, une sorte d'auréole, non visible, mais sensible au toucher de l'âme, si je peux parler ainsi, qui agit puissamment sur nos sensations intimes. La présence de Rollinat m'infuse silencieusement la résignation mélancolique et la sérénité morne et muette. Son silence opère peut-être plus sur moi que ses paroles. Quand il est assis, à une heure du matin, au fond du grand salon, et qu'à la faible clarté d'une seule bougie, oubliée plutôt qu'allumée sur la table, je jette de temps en temps les yeux sur sa figure grave et rêveuse, sur ses orbites enfoncées, sur sa bouche close et serrée, sur son front que plisse une méditation perpétuelle, il me semble contempler l'humble courage et la triste patience revêtus d'une forme humaine. O amitié sobre de démonstrations et riche de dévouements! qui te payera de ce que tu supportes d'heures sombres et de funestes pensées auprès d'une âme moribonde? Assis comme un médecin sans espoir au chevet d'un ami expirant, il semble tâter le pouls à mon désespoir et compter ce qu'il me reste de jours mauvais à subir. Désireux dans sa conscience d'entendre sonner l'heure de ma délivrance, navré dans son affection d'être forcé d'abandonner bientôt ce cadavre qu'il entoure encore de soins inutiles et généreux, il voit mon infortune ; il ne prie ni ne pleure ; il me fait un dernier oreiller de son bras, et ne me dit point ce qui se passera en lui quand mes yeux seront pour jamais fermés. O Dieu juste! donnez-lui un ami qui vive pour lui et qui ne l'abandonne point pour mourir!

J'ai souvent honte de cette lâcheté qui m'empêche d'en finir tout de suite; ne sais-je donc me décider à rien? ne puis-je ni vivre ni mourir? Il y a des instants où je me figure que je suis usé par le travail, l'amour ou la douleur, et que je ne suis plus capable de rien sur la terre; mais, à la moindre occasion, je m'aperçois bien que cela n'est pas et que je vais mourir dans toute la force de mon organisation et dans toute la puissance de mon âme. Oh! non, ce n'est pas la force qui me manque pour vivre et pour espérer ; c'est la foi et la volonté. Quand un événement extérieur me réveille de mon accablement, quand le hasard me presse et me commande d'agir selon ma nature, j'agis avec plus de présence d'esprit et de calme que je n'ai jamais fait. — Tel je suis encore, malgré tant d'affronts et de blessures dont on m'a couvert, malgré tant de fange et de pierre qu'on m'a jetées, dans le vain espoir de tarir la source vive et abondante des vertus que Dieu m'avait données. On l'a bien troublée, hélas ! et la beauté du ciel ne s'y réfléchit plus comme autrefois. Mais quand un être souffrant s'en approche, elle coule encore pour lui, et il peut y puiser sans qu'elle lui refuse son flot bienfaisant. Il y a plus : ce bien que je fais sans enthousiasme et même sans plaisir, ces devoirs que j'accomplis sans satisfaction puérile et sans espoir d'en retirer aucun soulagement, c'est un sacrifice plus austère et peut-être plus grand devant Dieu que les ardentes offrandes d'un cœur plus heureux et plus jeune. C'est maintenant que je sens intimement combien mon âme est droite, puisqu'à mon insu l'amour du bien refleurit en moi sur les plus sombres ruines. O mon Dieu! s'il pouvait me tomber de votre sein paternel une conviction, une volonté, un désir seulement! mais en vain j'interroge cette âme vide. La vertu n'y est plus qu'une habitude forte comme la nécessité, mais stérile pour mon bonheur ; la foi n'est plus qu'une lueur lointaine, belle encore dans sa pâleur douloureuse, mais silencieuse, indifférente à ma vie et à ma mort, une voix qui se perd dans les espaces du ciel et qui ne me crie point de croire, mais d'espérer seulement. La volonté n'est plus qu'une humble et muette servante de ce reste de vertu et de religion. Elle proportionne son activité au besoin qu'on a d'elle ; et peut-être a-t-elle un troisième conseiller plus fort que la foi et que la vertu, l'orgueil.

Oui, l'orgueil saignant, altier et debout sous les plaies et les souillures dont on s'est efforcé de le couvrir. Nul n'a été plus outragé et plus calomnié que moi, et nul ne s'est cramponné avec plus de douleur et de force à l'espoir d'une justice céleste et au sentiment de sa propre innocence. Oh! comment n'avoir pas d'orgueil, quand on a une guerre inique à soutenir? Pourquoi Dieu m'a-t-il laissé faire si malheureux? et pourquoi permet-il que l'impudence des hommes lâches flétrisse et tue l'existence des hommes candides? Faut-il donc que l'innocent se lève dans sa douleur, et qu'essuyant les larmes de la colère et de la honte il se lave des impuretés dont on l'accable? Seigneur! Seigneur! à quoi songez-vous, quand vous envoyez un ange gardien à l'enfant suspendu encore au sein de sa mère, et quand votre providence s'occupe du dernier brin d'herbe de la prairie, tandis qu'elle laisse meurtrir et outrager le faible, et que l'honneur, la plus belle fleur qui croisse sur nos chemins, est brisé et foulé aux pieds par le premier écolier qui passe? L'homme dont le front s'est plissé dans la réflexion et dans la souffrance est-il donc moins précieux pour vous que l'âme inerte et encore informe du nourrisson de la femme? Notre triste gloire humaine est-elle plus méprisable que l'ortie qui croît le long des cimetières? O Dieu du ciel! voyez, entendez, et faites justice.

A ROLLINAT.

Vendredi soir.

Comment vas-tu, mon ami? tu es parti bien triste et bien malade. Rassure-moi du moins sur ta santé. Ton âme est naturellement souffrante, et tu n'étais point heureux avant de me connaître. Mais j'ai bien des remords, néanmoins; car j'ai dû cruellement augmenter cette disposition au chagrin et cet ennui perpétuel qui te ronge.

Ma douleur sombre et inguérissable a dû rejaillir sur toi, et les résolutions lugubres dont je t'ai entretenu tous ces jours derniers ont dû constrister et déchirer ton amitié pour moi, si loyale et si sainte. Pardonne-moi, mon pauvre ami; j'ai cherché à m'appuyer sur toi, à me reposer un instant sur ton bras; j'ai voulu te dire mon angoisse afin de m'affermir dans le calme du désespoir, afin de l'emporter dans le tombeau, adoucie et trempée des larmes de l'amitié. Tu as eu le courage de m'écouter en silence et de ne point me donner de vaines consolations; tu m'as dit seulement ton affection, la seule chose à laquelle je pusse penser sans aigreur et sans méfiance. Oh! je te remercie! J'ai obtenu de toi cette rude et sainte promesse, de venir, pour ainsi dire, communier avec moi à mon heure de délivrance. Le Malgache n'en aurait pas la force; il faut un cœur plus vieux et plus résigné qui me dise : Va-t'en! et non pas : Reviens à nous. — Je ne peux revenir à rien ni à personne.

Ne te laisse point toucher ni ébranler par cet état désespéré où tu me vois; ne laisse point la compassion aller jusqu'à la souffrance; ne laisse point la mélancolie dévorer ces belles fleurs, ces rameaux de chêne dont ta route est couverte. Eh quoi! tu es utile, tu es nécessaire, tu es vertueux, et tu supporterais la vie à regret! Oh! non, ne laisse pas tomber ce fardeau que tu portes si noblement, et qui, de prime abord, t'ouvrira toujours l'accès des âmes nobles. Tu trouveras d'autres amitiés, plus grandes, moins stériles, moins funestes que la mienne; tu auras une vieillesse glorieuse au sein d'une destinée humble et pénible. Oh! mon ami, qu'on me donne une tâche comme la tienne à remplir, qu'on mette entre mes mains le soc de cette charrue avec laquelle tu ouvres un si vigoureux sillon dans la société, et je me relèverai de mon désespoir, et j'emploierai la force qui est en moi, et que la société repousse comme une source d'erreurs et de crimes.

Tu me connais pourtant, toi. Tu sais s'il y a dans ce cœur déchiré des passions viles, des lâchetés, le moindre détour perfide, le moindre attrait pour un vice quelconque. Tu sais que si quelque chose m'élève au-dessus de tant d'êtres méprisablement médiocres dont le monde est encombré, ce n'est pas le vain éclat d'un nom, ni le frivole talent d'écrire quelques pages. Tu sais que c'est la forte passion du vrai, le sauvage amour de la justice. Tu sais qu'un orgueil immense me dévore, mais que cet orgueil n'a rien de petit ni de coupable, qu'il ne m'a jamais porté à aucune faute honteuse, et qu'il eût pu me pousser à une destinée héroïque si je ne fusse point né dans les fers! Eh bien! mon ami, que ferai-je de ce caractère? Que produira cette force d'âme qui m'a toujours fait repousser le joug de l'opinion et des lois humaines, non en ce qu'elles ont de bon et de nécessaire, mais en ce qu'elles ont d'odieux et d'abrutissant? A qui les ferai-je servir? Qui m'écoutera, qui me croira? Qui vivra de ma pensée? Qui, à ma parole, se lèvera pour marcher dans la voie droite et superbe où je voudrais voir aller le monde? Personne. — Eh! si du moins je pouvais élever mes enfants dans ces idées, me flatter de l'espoir que ces êtres, formés de mon sang, ne seront pas des animaux marchant sous le joug, ni des mannequins obéissant à tous les fils du préjugé et des conventions, mais bien des créatures intelligentes, généreuses, indomptables dans leur fierté, dévouées dans leurs affections jusqu'au martyre; si je pouvais faire d'eux un homme et une femme selon la pensée de Dieu! Mais cela ne se pourra point. Mes enfants, condamnés à marcher dans la fange des chemins battus, environnés des influences contraires, avertis à chaque pas, par ceux qui me combattent, de se méfier de moi et de ce qu'on appelle des rêves, spectateurs eux-mêmes de ma souffrance au milieu de cette lutte éternelle, de mon cœur ulcéré, de mes genoux brisés à chaque pas sur les obstacles de la vie réelle; mes pauvres enfants, ma chair et mon âme, se retourneront peut-être pour me dire : — Vous nous égarez; vous voulez nous perdre avec vous! N'êtes-vous pas infortuné, rebuté, calomnié? Qu'avez-vous rapporté de ces luttes inégales, de ces duels fanfarons avec la coutume et la croyance? Laissez-nous faire comme les autres; laissez-nous recueillir les avantages de ce monde facile et tolérant; laissez-nous commettre ces mille petites lâchetés qui achètent le repos et le bien-être parmi les hommes. Ne nous parlez plus de vertus austères et inconnues, qu'on appelle folie, et qui ne mènent qu'à l'isolement ou au suicide.

Voilà ce qu'ils me diront. Ou bien si, par tendresse ou disposition naturelle, ils m'écoutent et me croient, où les conduirai-je? Dans quels abîmes irons-nous donc nous précipiter tous les trois? car nous serons trois sur la terre, et pas un avec! Que leur répondrai-je, s'ils viennent me dire : — Oui, la vie est insupportable dans un monde ainsi fait; mourons ensemble! Montrez-nous le chemin de Bernica, ou le lac de Sténio, ou les glaciers de Jacques!

Ce n'est pas que, dans mon orgueil, je veuille dire que je suis seul de mon avis en ce monde par excès de grandeur ou de raison. Non, je suis un être plein d'erreurs et de faiblesses, et les plus sombres voiles d'ignorance couvrent les plus brillants éclairs de mon âme. Je suis seul à force de désenchantements et d'illusions perdues. Ces illusions ont été grossières; mais qui ne les a eues? Elles ont été brisées; qui n'a vu de même tomber les siennes en poussière? Mais je m'en étais fait une, particulière, vaste, belle, comme était mon âme aux premières années de la vie, au sortir de l'adolescence. Celle-là, pour moi, fut un sceau de fatalité éternelle, un arrêt de mort. Mais cela demanderait de plus longs développements et une sorte de récit de ma jeunesse. Je te le ferai quelque jour.

Quand tu commences à t'endormir, pense à moi; pense à cette heure de minuit où les étoiles étaient si blanches, l'air si doucement humide, les allées si sombres; pense à cette route sablée, bordée de thym et d'arbrisseaux, que nous avons parcourue ensemble cent fois dans une demi-heure, et dans laquelle nous avons échangé de si tristes confidences, de si saintes promesses! A cette heure-là, dors tranquille, après m'avoir envoyé une bénédiction et un adieu. Moi, je t'écrirai pendant ce temps, et je n'aurai pas perdu ces entretiens de minuit dont tu me prives, bon cœur fatigué, mais que tu me rendras quelques jours encore, avant que je parte pour toujours!

Samedi.

Oui, j'avais alors une étrange illusion, verte comme ma jeunesse, virile comme ma tournure d'esprit et mes habitudes. Il serait long de dire tout l'avenir qu'elle embrassait, mais elle était résumable en ce peu de mots : — Pour obtenir justice en ce monde comme en l'autre, il ne s'agit que d'être un vrai juste soi-même.

Ce n'était pas tant là un système qu'une conviction. Je savais bien qu'il y avait des âmes honnêtes et pures que les hommes méconnaissaient et que la Providence semblait abandonner. Même dans le petit horizon où je

vivais, j'en comptais plusieurs ; mais je me faisais de c
mot de juste tout un monde moral, et dans mon cerveau
alors tout farci de Bible, d'histoire, de poésie et de phi
losophie, j'en avais fait un portrait selon mes rêves
J'ai retrouvé, dans les griffonnages que j'entassais sou
mon oreiller à l'âge de seize ans, ce portrait du *juste*. L
voici, c'est un caillou brut.

« Le juste n'a pas de sexe moral : il est homme o
femme selon la volonté de Dieu ; mais son code est tou
jours le même, qu'il soit général d'armée ou mère d
famille.

« Le juste n'a pas d'état. Il est mendiant, voyageur
ou prince de la terre, selon la volonté de Dieu. Son but
sa profession, c'est d'être juste.

« Le juste est fort, calme et chaste. Il est vaillant, i
est actif, il est réfléchi. Il observe tous ses premier
mouvements jusqu'à ce qu'il se soit fait tel que tous se
premiers mouvements soient bons. Il méprise la vie, e
pour peu que sa place en ce monde soit nécessaire à u
meilleur que lui, il la cède de bon cœur et s'offre à Die
en disant : Seigneur, si je suis nuisible à mon frère, pre
nez ma vie. Je monterai ce coursier, je franchirai ce
buisson, je traverserai ce marais, je sortirai du danger
ou j'y resterai, selon votre bon plaisir, ô mon Dieu ! —
Le juste est toujours prêt à paraître devant Dieu.

« Le juste n'a pas de fortune, pas de maison, pas
d'esclaves. Ses serviteurs sont ses amis s'ils en sont dignes. Son toit appartient au vagabond, sa bourse et son
vêtement à tous les pauvres, son temps et ses lumières
à tous ceux qui les réclament.

« Le juste hait les méchants et méprise les lâches. Il
leur donne du pain s'ils en manquent, et des conseils s'ils

en veulent. S'ils se convertissent, il les encourage et leur pardonne; s'ils s'endurcissent dans le mal, il les oublie, mais il ne les craint pas; et si un assassin l'attaque, il le tue bravement et se regarde comme l'instrument de la justice de Dieu.

« Le juste ne s'ennuie jamais. Il travaille tant qu'il peut, soit avec le corps, soit avec l'esprit, selon ses besoins et ceux d'autrui. Quand il est las, il se repose et pense à Dieu; quand il est malade, il se résigne et rêve au ciel.

« Le juste ouvre son cœur à l'amitié. Ce qu'il aime le mieux après Dieu, c'est son ami; et il ne craint jamais de l'aimer trop, parce qu'il ne peut aimer qu'un être digne de lui.

« Le juste est orgueilleux, mais non pas vain. Il ne sait point s'il est jeune, beau, riche, admiré, il sait qu'il est juste; et quoiqu'il pardonne à ceux qui le méconnaissent, il s'éloigne d'eux. Il sait que ceux qui ne le comprennent point ne lui ressemblent point, et que s'il pouvait les aimer il cesserait d'être juste.

« Le juste est sincère avant tout, et c'est ce qui exige de lui une force sublime, parce que le monde n'est que mensonge, fourberie ou vanité, trahison ou préjugé.

« Le juste méprise l'opinion de la foule; il est le défenseur du faible et de l'opprimé, et n'élève la voix parmi les hommes que pour défendre ceux que les hommes accusent injustement. Il ne s'en remet à personne du soin de prononcer sur un accusé. Il ne croit au mal que quand il le sait, et, sans s'inquiéter de l'anathème ou de la risée des gens, il va écouter les plaintes de Job jusque sur son fumier.

« Le juste pèche sept fois par jour, mais ce sont des

péchés de juste. Il y en a qu'il ne commet jamais, et qu[i]
ne soupçonne même pas.

« Le juste est souvent injurié et calomnié ; mais il o[b]
tient toujours justice, parce qu'il l'aime, parce qu'il [la]
veut, parce qu'il est fort et sait l'imposer. Il a des e[n]
nemis, des indifférents ; quelquefois la foule entière e[st]
contre lui ; mais il a pour amis quelques justes com[me]
lui, qui se cherchent et se rencontrent dans cette vie, [et]
à qui Dieu donne son royaume dans l'autre. »

Cette singulière déclaration de mes *droits de l'homm[e]*
comme je l'appelais alors, écolier que j'étais ; cet innoce[nt]
mélange d'hérésies et de banalités religieuses renferm[e]
pourtant bien, n'est-ce pas, un ordre d'idées arrêtée[s,]
un plan de vie, un choix de résolutions, la tendance [à]
un caractère religieusement choisi et embrassé ? Ell[e]
t'explique à peu près ce qu'étaient les illusions de mo[n]
adolescence, et, au milieu des sentiments fraîchemen[t]
dictés par l'Évangile, une sorte de restriction rebell[e]
dictée par l'orgueil naissant, par l'obstination innée, u[n]
vague rêve de grandeur humaine mêlé à une plus sérieus[e]
ambition de chrétien.

Présomptueuse ou folle, cette espérance d'arriver [à]
l'état de *juste*, c'est-à-dire de pratiquer la miséricorde[,]
la franchise et l'austérité avec calme et avec joie ; d[e]
supporter la contradiction et le blâme avec indifférenc[e]
et fermeté, et de laisser un nom honoré parmi l'élite de[s]
hommes rencontrés en cette vie ; cette ambition d'un[e]
gloire humble, mais désirable, d'un travail difficile e[t]
long, d'une lutte contre la société, couronnée à la fi[n]
de succès, du moins par l'estime de ce petit nombre d[e]
bons que j'espérais rejoindre sur les mers inconnues de
l'avenir, c'était là le rêve, l'illusion de mes plus belles an-

nées, la foi en la justice divine et humaine. — Qu'est-il devenu? un regret affreux, la source d'un ennui et d'un dégoût qui n'ont d'autre remède que la mort.

Cela fut la source de mes qualités et de mes défauts, ou bien ce furent mes qualités et mes défauts qui m'inspirèrent ces idées fausses. Je leur ai dû bien des vertus inutiles, bien des traits de folie héroïque, bien des actes de grandeur imbécile et de dévouement sublime, dont l'objet et le résultat ont été ignoblement ridicules. J'ai voulu faire l'homme fort, et j'ai été brisé comme un enfant. M'en repentirai-je aujourd'hui que je vais paraître devant toi, ô mon Dieu? Non ; car si la justice divine est un rêve comme la justice humaine, du moins il y a le repos du néant qui doit être désirable après les fatigues d'une vie comme la mienne.

Je les ai bien rencontrés, ces hommes justes, je leur ai serré la main ; et leur estime, la tienne entre toutes, ô mon ami! a bien répandu sur mes plaies le baume consolateur. J'ai bien exercé cette justice, non pas toujours aussi ferme que je me l'étais dictée en ces jours de puritanisme juvénile ; mais si les passions, ou la fatigue, ou la douleur ou l'amour ont souvent engourdi ou détourné ce bras qui se flattait d'être toujours tendu aux faibles et aux infortunés ; si cette sévérité farouche et prudente envers les méchants s'est souvent laissé tromper par un jugement facile à égarer, par un cœur facile à séduire ; pourtant je n'ai commis aucune action, caressé aucun vice, admis aucun principe qui m'ait fait sortir du chemin de la justice ; j'y ai marché lentement, je m'y suis arrêté plus d'une fois, j'y ai perdu bien des peines et bien du temps à poursuivre des fantômes. Mais l'instinct, la nécessité d'obéir à ma nature, ont toujours retenu mes pieds sur la route d'ivoire, et si je ne suis pas encore le juste que je voulais être, rien dans le passé ne s'oppose à ce que je le devienne; c'est dans le présent que gît un obstacle semblable à une montagne écroulée : cet obstacle, c'est le désespoir.

Et pourquoi ce spectre livide est-il venu étendre sur moi ses membres lourds et glacés? Pourquoi l'amertume est-elle entrée si avant dans mon cœur, que tous les biens, toutes les consolations que ma raison admet, mon instinct les repousse? D'où vient que je te disais l'autre soir dans le jardin, l'âme pénétrée d'une sombre superstition : Il y a dans la nature je ne sais quelle voix qui me crie de partout, du sein de l'herbe et de celui du feuillage, de l'écho et de l'horizon, du ciel et de la terre, des étoiles et des fleurs, et du soleil et des ténèbres, et de la lune et de l'aurore, et du regard même de mes amis: *Va-t'en, tu n'as plus rien à faire ici?*

C'est peut-être parce que j'ai eu l'ambition de l'intelligence et la sensibilité du cœur ; c'est parce que je me suis imposé le caractère du juste dans des proportions trop antiques, et que je n'ai pu défendre mon cerveau des puériles misères de ces temps-ci. J'avais dit : Je ferai ceci, et je serai calme ; je l'ai fait, et je suis resté agité. — J'avais dit encore : Je braverai ces écueils et ne frémirai pas ; je les ai bravés, et j'en suis sorti pâle d'épouvante. — J'avais dit enfin : J'obtiendrai ces biens, et je m'en contenterai ; je les ai obtenus, et ils ne me suffisent pas. J'ai fait assez passablement mon devoir ; mais j'ai trouvé la peine plus amère, et le bonheur moins doux que je ne les avais rêvés. Pourquoi la vérité, au lieu de se montrer comme elle est, grande, maigre, nue et terrible, se fait-elle riante, belle et fleurie pour apparaître aux enfants dans leurs songes ?

AU MALGACHE.

Je lis immensément depuis quelques jours. Je dis immensément, parce qu'il y a bien trois ans que je n'ai lu la valeur d'un volume in-octavo, et que voici depuis quinze jours trois ouvrages que j'avale et digère : *l'Eucharistie*, de l'abbé Gerbet ; *Réflexions sur le suicide*, par madame de Staël ; *Vie de Victor Alfieri*, par Victor Alfieri. J'ai lu le premier par hasard ; le second par curiosité, voulant voir comment cet homme-femme entendait la vie ; le troisième par sympathie, quelqu'un me l'ayant recommandé comme devant parler très-énergiquement à mon esprit.

Un sermon, une dissertation, une histoire. — L'histoire d'Alfieri ressemble à un roman ; elle intéresse, échauffe, agite. — Le catholicisme de l'abbé a la solennité étroite, l'inutilité inévitable d'un livre ascétique. — Il n'y a que la dissertation de madame de Staël qui soit vraiment ce qu'elle veut être, un écrit correct, logique, commun quant aux pensées, beau quant au style, et savant quant à l'arrangement. Je n'ai trouvé d'autre soulagement dans cet écrit que le plaisir d'apprendre que madame de Staël aimait la vie, qu'elle avait mille raisons d'y tenir, qu'elle avait un sort infiniment plus heureux que le mien, une tête infiniment plus forte et plus intelligente que la mienne. Je crois, du reste, que son livre a redoublé pour moi l'attrait du suicide. Quand je trouve un pédagogue de village sur mon chemin, il m'ennuie ; mais je le prends en patience, car il fait son état. Mais si je rencontre un illustre docteur, et qu'espérant trouver en lui quelque secours, j'aille le consulter pour éclaircir mes doutes et calmer mes anxiétés, je serai bien

plus choqué et bien plus contristé qu'auparavant, s
me dit en phrases excellentes et en mots parfaiteme
choisis les mêmes lieux communs que le pédagogue
village vient de me débiter en latin de cuisine ; celui-
avait le mérite de me faire sourire parfois de ses barb
rismes, son emphase pouvait être bouffonne ; la froide
doctorale de l'autre n'est que triste. C'est un chêne q
l'on courait embrasser pour se sauver, et qui se bri
comme un roseau, pour vous laisser tomber plus b
dans l'abîme.

L'Eucharistie est certainement un livre distingu
malgré ses défauts. Je suis bien aise de l'avoir lu : no
qu'il m'ait fait aucun bien, il est trop catholique pou
moi, et les livres spéciaux ne font de bien qu'à un peti
nombre ; mais parce qu'il m'a ramené aux jours de m
première jeunesse, dévote, tendre et crédule.

Alfieri est un homme qui me plaît. Ce que j'aime, c'es
son orgueil ; ce qui m'intéresse, ce sont ces luttes terrible
entre sa fierté et sa faiblesse ; ce que j'admire, c'est so
énergie, sa patience, les efforts inouïs qu'il a faits pou
devenir poëte. — Hélas ! encore un qui a souffert, qui
détesté la vie, qui a sangloté et *rugi* (comme il dit) dan
la fureur du suicide ; et celui-là, comme les autres, s'es
consolé avec un hochet ! Il a connu l'amour, des désenchantements hideux, et des regrets mêlés de honte et
de mépris, et l'ennui de la solitude, et le froid dédain,
et la triste clairvoyance de toutes choses.... excepté de
la dernière marotte qui l'a sauvé, la gloire !

La *Vie d'Alfieri*, considérée comme *livre*, est un des
plus excellents que je connaisse. Il est vrai que je n'en
connais guère, surtout depuis l'époque à laquelle j'ai absolument perdu la mémoire ; celui-là est écrit avec une
simplicité extrême, avec une froideur de jugement d'où

ressort, pour le lecteur, une très-chaude émotion, avec une concision et une rapidité pleines d'ordre et de modestie. Je pense que tous ceux qui se mêleront d'écrire leur vie devraient se proposer pour modèle la forme, la dimension et la manière de celle-ci. Voilà ce que je me suis promis en le lisant, et voilà pourtant ce que je suis bien sûr de ne pas tenir.

Pour me résumer, je veux te dire que la lecture me fait beaucoup plus de mal que de bien. Je veux m'en sevrer au plus vite. Elle empire mon incertitude sur toute vérité, mon découragement de tout avenir. Tous ceux qui écrivent l'histoire des maux humains ou de leurs propres maux prêchent du haut de leur calme ou de leur oubli. Mollement assis sur le paisible *dada* qui les a tirés du danger, ils m'entretiennent du système, de la croyance ou de la vanité qui les console. Celui-ci est dévot, celle-là est savante, le grand Alfieri fait des tragédies. Au travers de leur bien-être présent, ils voient les chagrins passés menus comme des grains de poussière, et traitent les miens de même, sans songer que les miens sont des montagnes, comme l'ont été les leurs. Ils les ont franchies, et moi, comme Prométhée, je reste dessous, n'ayant de libre que la poitrine pour nourrir un vautour. Ils sourient tranquillement, les cruels! L'un prononce sur mon agonie ce mot de mépris religieux, *vanitas!* l'autre appelle mon angoisse *faiblesse*, et le troisième *ignorance*. Quand je n'étais pas dévot, dit l'un, j'étais sous ce rocher; soyez dévot et levez-vous!—Vous expirez? dit madame de Staël; songez aux grands hommes de l'antiquité, et faites quelque belle phrase là-dessus. Rien ne soulage comme la rhétorique. — Vous vous ennuyez? s'écrie Alfieri; ah! que je me suis ennuyé aussi! Mais *Cléopâtre* m'a tiré d'affaire. — Eh bien! oui, je le sais, vous êtes tous heureux, vertueux ou glorieux. Chacun me crie : Levez-vous, levez-vous, faites comme moi, écrivez, chantez, aimez, priez ! Jusqu'à toi, mon bon Malgache, qui me conseilles de faire bâtir un ajoupa et d'y lire les classifications de Linnée. Mes maîtres et mes amis, n'avez-vous rien de mieux à me dire ? Aucun de vous ne peut-il porter la main à ce rocher et l'ôter de dessus mes flancs qui saignent et s'épuisent ? Eh bien ! si je dois mourir sans secours, chantez-moi du moins les pleurs de Jérémie ou les lamentations de Job. Ceux-là n'étaient point des pédants ; ils disaient tout bonnement: *La pourriture est dans mes os, et les vers du sépulcre sont entrés dans ma chair.*

A ROLLINAT.

Je suis bien fâché d'avoir écrit ce mauvais livre qu'on appelle *Lélia;* non pas que je m'en repente : ce livre est l'action la plus hardie et la plus loyale de ma vie, bien que la plus folle et la plus propre à me dégoûter de ce monde à cause des résultats. Mais il y a bien des choses dont on enrage et dont on se moque en même temps, bien des guêpes qui piquent et qui impatientent sans mettre en colère, bien des contrariétés qui font que la vie est maussade, et qui ne sont pas tout à fait le désespoir qui tue. Le plaisir d'avoir fait ces choses en efface bientôt l'atteinte.

Si je suis fâché d'avoir écrit *Lélia*, c'est parce que je ne peux plus l'écrire. Je suis dans une situation d'esprit qui ressemble tellement à celle que j'ai dépeinte, et que j'éprouvais en faisant ce livre, que ce me serait aujourd'hui un grand soulagement de pouvoir le recommencer. Malheureusement, on ne peut pas faire deux ouvrages sur la même pensée sans y apporter beaucoup de modifications. L'état de mon esprit, lorsque je fis *Jacques* (qui n'a point encore paru), me permit de corriger beaucoup ce personnage de *Lélia*, de l'habiller autrement et d'en faciliter la digestion au bon public. A présent je n'en suis plus à *Jacques*, et au lieu d'arriver à un troisième état de l'âme, je retombe au premier. Eh quoi! ma période de *parti pris* n'arrivera-t-elle pas? Oh! si j'y arrive, vous verrez, mes amis, quels profonds philosophes, quels antiques stoïciens, quels ermites à barbe blanche se promèneront à travers mes romans! quelles pesantes dissertations, quels magnifiques plaidoyers, quelles superbes condamnations, quels pieux sermons découleront de ma plume! comme je vous demanderai pardon d'avoir été jeune et malheureux, comme je vous prônerai la sainte sagesse des vieillards et les joies calmes de l'égoïsme! Que personne ne s'avise plus d'être malheureux dans ce temps-là; car aussitôt je me mettrai à l'ouvrage, et je noircirai trois mains de papier pour lui prouver qu'il est un sot et un lâche, et que, quant à moi, je suis parfaitement heureux. Je serai aussi faux, aussi bouffi, aussi froid, aussi inutile que Trenmor, type dont je me suis moqué plus que tout le monde, et avant tout le monde; mais ils n'ont pas compris cela. Ils n'ont pas vu que, mettant diverses passions ou diverses opinions sous des traits humains, et étant forcé par la logique de faire paraître aussi la raison humaine, je l'avais été chercher au bagne, et qu'après l'avoir plantée comme une potence au milieu des autres bavards, j'en avais tiré à la fin un grand bâton blanc, qui s'en va vers les champs de l'avenir, chevauché par les follets.

Tu me demandes (je t'entends) si c'est une comédie que ce livre que tu as lu si sérieusement, toi véritable

Trenmor de force et de vertu, qui sais penser tout ce que le mien sait dire, et faire tout ce que le mien sait indiquer. — Je te répondrai que oui et que non, selon les jours. Il y eut des nuits de recueillement, de douleur austère, de résignation enthousiaste, où j'écrivis de fort belles phrases de bonne foi. Il y eut des matinées de fatigue, d'insomnie, de colère, où je me moquai de la veille et où je pensai tous les blasphèmes que j'écrivis. Il y eut des après-midi d'humeur ironique et facétieuse, où, échappant comme aujourd'hui au pédantisme des donneurs de consolations, je me plus à faire Trenmor le philosophe plus creux qu'une gourde et plus impossible que le bonheur. Ce livre, si mauvais et si bon, si vrai et si faux, si sérieux et si railleur, est bien certainement le plus profondément, le plus douloureusement, le plus âcrement senti que cervelle en démence ait jamais produit. C'est pourquoi il est contrefait, mystérieux, et de réussite impossible. Ceux qui ont cru lire un roman ont eu bien raison de le déclarer détestable. Ceux qui ont pris au réel ce que l'allégorie cachait de plus tristement chaste ont eu bien raison de se scandaliser. Ceux qui ont espéré voir un traité de morale et de philosophie ressortir de ces caprices ont fort bien fait de trouver la conclusion absurde et fâcheuse. Ceux-là seuls qui, souffrant des mêmes angoisses, l'ont écouté comme une plainte entrecoupée, mêlée de fièvre, de sanglots, de rires lugubres et de jurements, l'ont fort bien compris, et ceux-là l'aiment sans l'approuver. Ils en pensent absolument ce que j'en pense ; c'est un affreux crocodile très-bien disséqué ; c'est un cœur tout saignant, mis à nu, objet d'horreur et de pitié.

Où est l'époque où l'on n'eût pas osé imprimer un livre sans l'avoir muni, en même temps que du privilége du roi, d'une bonne moralité, bien grosse, bien bourgeoise, bien rebattue, bien inutile ? Les gens de cœur et de tête ne manquaient jamais de prouver absolument le contraire de ce qu'ils voulaient prouver. L'abbé Prévost, tout en démontrant par la bouche de Tiberge que c'est un grand malheur et un grand avilissement de s'attacher à une fille de joie, prouva par l'exemple de Desgrieux que l'amour ennoblit tout, et que rien n'est rebutant de ce qui est profondément senti par un généreux cœur. Pour compléter la bévue, Tiberge est inutile, Manon est adorable, et le livre est un sublime monument d'amour et de vérité.

Jean-Jacques a beau faire, Julie ne redevient chère au lecteur qu'à l'heure de la mort, en écrivant à Saint-Preux qu'elle n'a pas cessé de l'aimer. C'est madame de Staël, la logique, la raisonneuse, l'utile, qui fait cette remarque. Madame de Staël remarque encore que la lettre qui défend le suicide est bien supérieure à la lettre qui le condamne. Hélas ! pourquoi écrire contre sa conscience, ô Jean-Jacques ? s'il est vrai, comme beaucoup le pensent, que vous vous êtes donné la mort, pourquoi nous l'avoir caché ? pourquoi tant de déraisonnements sublimes pour céler un désespoir qui vous déborde ? Martyr infortuné qui avez voulu être philosophe classique comme un autre, pourquoi n'avoir pas crié tout haut ? cela vous aurait soulagé, et nous boirions les gouttes de votre sang avec plus de ferveur ; nous vous prierions comme un Christ aux larmes saintes.

Est-ce beau, est-ce puéril, cette affectation d'utilité philanthropique ? Est-ce la liberté de la presse, ou l'exemple de Gœthe suivi par Byron, où la raison du siècle qui nous en a délivrés ? Est-ce un crime de dire tout son chagrin, tout son ennui ? Est-ce vertu de le cacher ?

Peut-être! se taire, oui : mais mentir! mais avoir le courage d'écrire des volumes pour déguiser aux autres et à soi-même le fond de son âme!

Eh bien! oui, c'était beau! Ces hommes-là travaillaient à se guérir et à faire servir leur guérison aux autres malades. En tâchant de persuader, ils se persuadaient. Leur orgueil, blessé par les hommes, se relevait en déclarant aux hommes qu'ils avaient su se guérir tout seuls de leurs atteintes. Sauveurs ingénus de vos ingénus contemporains, vous n'avez pas aperçu le mal que vous semiez sous les fleurs saintes de votre parole! vous n'avez pas songé à cette génération que rien n'abuse, qui examine et dissèque toutes les émotions, et qui, sous les rayons de votre gloire chrétienne, aperçoit vos fronts pâles sillonnés par l'orage! Vous n'avez pas prévu que vos préceptes passeraient de mode, et que vos douleurs seules nous resteraient, à nous et à nos descendants!

V

A FRANÇOIS ROLLINAT.

Janvier 1835.

Pourquoi diable n'es-tu pas venu hier? nous t'avons attendu pour dîner jusqu'à sept heures, ce qui est exorbitant pour des appétits excités par l'air vif de la campagne. Il te sera survenu un client bavard? tu n'es pas malade au moins? A présent, nous ne t'attendons plus que samedi. Dans l'intervalle, donne-moi de tes nouvelles, entends-tu, Pylade? nous serions inquiets. La

mine que tu as depuis trois mois surtout n'est pas faite
pour nous rassurer. Pauvre vieux petit homme jaune,
qu'as-tu donc? Je sais que tu réponds ordinairement à
cette question-là : « Qu'as-tu toi-même? es-tu donc un
homme riche, jeune, robuste et frais, pour t'inquiéter
de la mine que j'ai ? » Hélas! nous avons tous deux une
pauvre apparence, et, dans ces étuis de parchemin, il y
a des âmes bien lasses et bien flétries, mon camarade!

Bah! de quoi vais-je parler? nous avons été hier plus
gais que jamais; cependant tu nous manquais bien, mais
nous avons bu à ta santé, et, à force de faire des vœux
pour toi, nous nous sommes tous un peu exaltés. Ma
foi! Pylade, il ne faut pas nier les biens que la Providence
nous tient en réserve. Au moment où nous croyons tout
perdu, la bonne déesse, qui sourit de notre désespoir,
est là, derrière nous, qui entoure de clinquant un petit
hochet bien joli qu'elle nous met ensuite dans les mains
si doucement qu'on ne soupçonne pas son dessein ; car
si nous pouvions imaginer qu'elle nous raille et qu'elle
ne prend pas notre fureur au sérieux, nous serions capables de nous tuer pour la forcer d'y croire. Mais nous
espérons qu'elle est un peu intimidée de nos menaces, et
qu'à l'avenir elle se conduira mieux à notre égard ; nous
nous laissons aller peu à peu à regarder cette amusette
qu'elle nous a donnée, et enfin nous en secouons les grelots tout en leur disant : Grelots de la folie, vous pouvez
bien sonner tant que vous voudrez, nous n'y prendrons
aucun plaisir. Mais nous les faisons sonner encore, et
nous les écoutons avec tant de complaisance que bientôt
nous nous faisons grelots nous-mêmes, et des rires et des
chants de joie sortent de nos poitrines vides et désolées.
Nous avons alors de bien beaux raisonnements pour nous
réconcilier avec la vie, tout aussi beaux que ceux qui

nous faisaient renoncer à la vie la semaine précédente.
Quelle mauvaise plaisanterie que le cœur humain ! Qu'est-ce donc que ce cœur-là, dont nous parlons tous tant et si bien ? D'où vient que cela est si bizarre, si mobile, si lâche à la souffrance, si léger au plaisir? Y a-t-il un bon et un mauvais ange qui soufflent tour à tour sur ce pauvre organe de la vie? Est-ce une âme, un rayon de la Divinité, que ce diaphragme qu'une tasse de café et un bon mot dilatent? Mais si ce n'est qu'une éponge imbibée de sang, d'où lui viennent donc ces aspirations soudaines, ces tressaillements, ces angoisses, espèce de cris déchirants qui s'en échappent quand de certaines syllabes frappent l'oreille, ou quand les jeux de la lumière dessinent sur le mur, avec la frange d'un rideau ou l'angle d'une boiserie, certaines lignes fantastiques, profils ébauchés par le hasard, empreints de magiques ressemblances? Pourquoi, au milieu de nos soupers, où, Dieu merci, le bruit et la gaieté ne vont pas à demi, y en a-t-il quelques-uns parmi nous qui se mettent à pleurer sans savoir pourquoi ? Il est ivre, disent les autres. Mais pourquoi le vin qui fait rire ceux-ci fait-il sangloter celui-là ? O gaieté de l'homme, que tu touches de près à la souffrance ! Et quel est donc ce pouvoir d'un son, d'un objet, d'une pensée vague sur nous tous? Quand nous sommes vingt fous criant dans tous les tons faux, et chantant sur toutes les gammes incohérentes de l'ivresse, s'il en est un qui fasse un signe solennel en disant: *Écoutez!* tous se taisent et écoutent. Alors, dans le silence de ces grands appartements, une voix lointaine et plaintive s'élève. Elle vient du fond de la vallée, elle monte comme une spirale harmonieuse autour des sapins du jardin, puis elle gagne l'angle de maison ; elle se glisse par une fenêtre, elle vole le long des corridors et vient se briser

contre la porte de notre salle avec des sanglots lamentables. Alors toutes nos figures s'allongent, toutes nos lèvres pâlissent; nous restons tous cloués à notre place, dans l'attitude où ce bruit nous a pris. Enfin quelqu'un s'écrie : — Bah! c'est le vent, je m'en moque. — En effet, c'est le vent, rien que le vent et la nuit ; et personne ne s'en moque, personne ne surmonte sans effort la tristesse qu'inspirent ces choses-là. Mais pourquoi est-ce triste? Le renard et la perdrix tombent-ils dans la mélancolie quand le vent pleure dans les bruyères ? La biche s'attendrit-elle au lever de la lune ? Qu'est-ce donc que cet être qui s'institue le roi de la création et qui ne rêve que larmes et frayeurs ?

Mais pourquoi serions-nous tristes, à moins d'être fous ? Nos femmes sont charmantes, et nos amis, en est-il de meilleurs ? Est-il beaucoup de mortels qui aient eu dans leur vie le bonheur de réunir sous le même toit presque tous les jours, pendant un mois, douze ou quinze créatures nobles et vraies, et toutes unies entre elles d'une sainte amitié ? O mes amis, mes chers amis! savez-vous ce que vous êtes dans la vie d'un infortuné ? vous ne le savez pas assez, vous n'êtes pas assez fiers du bien que vous faites ; c'est quelque chose que de sauver une âme du désespoir.

Hélas ! hélas ! qu'est-ce que ce mélange d'amertume et de joie ? qu'est-ce que ce sentiment de détachement et d'amour, qui me ramène ici chaque année, dans cette saison qui n'est plus l'automne et qui n'est pas encore l'hiver, mois de recueillement mélancolique et de tendre misanthropie ; car il y a de tout cela dans cette pauvre tête fatiguée que presse de toute sa solennité le toit paternel. O mes dieux Lares ! vous voilà tels que je vous ai laissés. Je m'incline devant vous avec ce respect que chaque année de vieillesse rend plus profond dans le cœur de l'homme. Poudreuses idoles qui vîtes passer à vos pieds le berceau de mes pères et le mien, et ceux de mes enfants ; vous qui vîtes sortir le cercueil des uns et qui verrez sortir celui des autres, salut, ô protecteurs devant lesquels mon enfance se prosternait en tremblant, dieux amis que j'ai appelés avec des larmes du fond des lointaines contrées, du sein des orageuses passions ! Ce que j'éprouve en vous revoyant est bien doux et bien affreux. Pourquoi vous ai-je quittés, vous toujours propices aux cœurs simples, vous qui veillez sur les petits enfants quand les mères s'endorment, vous qui faites planer les rêves d'amour chaste sur la couche des jeunes filles, vous qui donnez aux vieillards le sommeil et la santé! Me reconnaissez-vous, paisibles Pénates ? ce pèlerin qui arrive à pied dans la poussière du chemin et dans la brume du soir, ne le prenez-vous point pour un étranger? Ses joues flétries, son front dévasté, ses orbites que les larmes ont creusées, comme les torrents creusent les ravins, ses infirmités, sa tristesse et ses cicatrices, tout cela ne vous empêchera-t-il pas de reconnaître cette âme vaillante qui sortit d'ici un matin revêtue d'un corps robuste, lequel chevauchait une brave jument nourrie dans les genêts, sobre et infatigable monture, comme si l'homme et l'animal devaient faire le tour du monde? Voici l'homme : les enfants l'appellent Tobie, et ils le soutiennent sous les bras pour qu'il marche. Le cheval est là-bas, il broute lentement l'ortie autour des murs du cimetière : c'est *Colette*, qui jadis fut digne de porter Bradamante, et qui, maintenant aveugle, regagne encore aujourd'hui, avec la vue de l'instinct et de la mémoire, la litière où elle mourra demain matin.

Eh bien ! Colette, tes beaux jours ne sont plus ; mais

on a fait une bonne action en te conservant un coin et une botte de paille dans l'écurie. Qui t'a assuré cette bonne destinée de ne point être vendue au corroyeur comme tous les vieux chevaux? le plus sacré des droits, l'ancienneté. Ce qui a été est quelque chose de respectable. Ce qui est, est toujours sujet à doute et à contestation. D'où vient donc l'amitié qu'on a pour ton vieux maître ici? Personne ne le connaît plus, il a disparu longtemps, il a voyagé au loin ; ses traits ont changé ; de ses goûts, de ses habitudes, de son caractère, on n'en sait plus rien, car il s'est passé tant de choses dans sa vie depuis le temps où il était encore solide et fier! Mais un mot simple et doux rattache à lui ceux qui pourraient s'en méfier. Ce mot, c'est *autrefois*. — Il était là, dit-on, il faisait ces choses avec nous, il était un de nous, nous l'avons connu ; il allait à la chasse par ici, il cueillait des champignons dans le pré qui est là-bas ; vous souvenez-vous de la noce d'un tel, et de l'enterrement de.... ? Quand on en est au chapitre des *vous souvient-il*, que de précieux liens d'or et de diamant rattachent les cœurs refroidis! que de chaleureuses bouffées de jeunesse montent au visage et raniment les joies oubliées, les affections négligées! On se figure souvent alors qu'on s'est aimé plus qu'on ne s'aima en effet, et à coup sûr les plaisirs passés, comme les plaisirs qu'on projette, semblent plus vifs que ceux qu'on a sous la main.

Ah! c'en est un bien pur, cependant, que de s'embrasser après une longue absence, en s'écriant : — Te voilà donc, mon vieux! C'est donc toi, ma fille! C'est donc vous, ma nièce, ma sœur!

Ne me dis donc pas, mon ami, que je suis courageux, et que la gaieté que je montre est un effort de mon amitié pour toi et pour eux. Ne crois pas cela. Je suis heureux en effet, heureux par vous, malheureux par d'autres. Qu'importe ici ce qui n'est pas vous? Crois-tu que je m'en occupe? — J'y songe malgré moi, il est vrai; mais pourquoi en parler, pourquoi le sauriez-vous? Oh! non, que personne ne le sache, excepté les deux ou trois vieux qui ne peuvent se tromper sur le pli de mon sourcil. Mais que les autres ne connaissent de moi que le bonheur qui me vient d'eux. Les pauvres enfants en douteraient s'ils voyaient le fond des abîmes qu'ils couvrent de fleurs. Ils s'éloigneraient effrayés en se disant : Rien ne peut croître sur ce sol désolé; car les incurables n'ont pas d'amis, et quand l'homme ne peut plus être utile à l'homme, celui qui peut se sauver s'éloigne, et celui qui n'a plus de chances meurt seul. Ces jeunes esprits comprendraient-ils ce qui se passe chez ceux qui ont vécu? savent-ils qu'on renferme dans son sein tous les éléments de la joie et de la douleur, sans pouvoir se servir de l'une ou de l'autre? A leur âge, toute douleur doit tuer ou être tuée; à leur âge, les grandes désolations, les graves maladies, les austères résolutions, le sombre et silencieux désespoir. Mais, après ces périodes fatales, ils ont la jeunesse qui reprend ses droits, le cœur qui se renouvelle et se retrempe, la vie qui se réveille intense et pressée de réparer le temps perdu; et il y a là dix ou vingt ans d'orages, de maux affreux et de joies indicibles. Mais, quand l'expérience a frappé ses grands coups, et que les passions, non amorties, mais comprimées, s'éveillent encore pour brûler, et retombent aussitôt frappées d'épouvante devant le spectre du passé, alors le cœur humain, qui pouvait auparavant se promettre et s'imposer, ne se connaît plus du tout. Il sait ce qu'il a été, mais il ne sait plus ce qu'il sera; car il a tant combattu qu'il ne peut plus compter sur ses forces. Et d'ailleurs, il a perdu le goût de souffrir, si naturel à ceux qui sont jeunes. Les vieux en ont assez. Leur douleur n'a plus rien de poétique ; la douleur n'embellit que ce qui est beau.

La pâleur divinise la beauté des femmes et ennoblit la jeunesse des hommes. Mais, quand le chagrin se manifeste par d'irréparables ravages, quand il creuse des sillons à des fronts flétris, on le sent maussade et dangereux. On le cache comme un vice, on le dérobe à tous les regards, de peur que la crainte de la contagion n'éloigne les heureux d'auprès de vous. C'est alors vraiment qu'on est digne de plainte ; car on ne se plaint pas, et l'on craint d'être plaint. C'est à cet âge-là que les amis contemporains se comprennent d'un regard, et qu'il suffit d'un mot pour se raconter l'un à l'autre toute sa vie passée.

D'où vient que, quand nous nous retrouvons après une séparation de quelques mois, tu lis si bien sur mon visage l'histoire des maux que j'ai soufferts? D'où vient que tu me dis dès l'abord en me serrant la main : « Eh bien ! eh bien ! telle chose est arrivée, voilà ce que tu as fait ; je comprends ce que tu as dans le cœur ? » Oh ! comme tu me racontes exactement alors les moindres détails de mon infortune ! Pauvres humains que nous sommes ! ces douleurs dont nous parlons avec tant d'emphase, et dont nous portons le fardeau avec tant d'orgueil, tous les connaissent, tous les ont subies ; c'est comme le mal de dents ; chacun vous dit : — Je vous plains, cela fait grand mal ; — et tout est dit.

Triste, ô triste! Mais l'amitié a cela de beau et de bienfaisant qu'elle s'inquiète et s'occupe de vos maux comme s'ils étaient uniques en leur espèce. O douce compassion, maternelle complaisance pour un enfant qui pleure et qui veut qu'on le plaigne! qu'il est suave de te trouver dans l'âme sérieuse et mûre d'un ancien ami! Il sait tout, il est habitué à toucher vos plaies; et pourtant il ne se blase pas sur vos souffrances, et sa pitié se renouvelle sans cesse. Amitié! amitié! délices des cœurs que l'amour maltraite et abandonne; sœur généreuse qu'on néglige et qui pardonne toujours! Oh! je t'en prie, je t'en supplie, mon *Pylade,* ne fais pas de moi un personnage tragique. Ne me dis pas qu'il y a de ma part une épouvantable vigueur à soutenir cette gaieté. Non, non, ce n'est pas un rôle, ce n'est pas une tâche, ce n'est pas même un calcul; c'est un instinct et un besoin. La nature humaine ne veut pas ce qui lui nuit; l'âme ne veut pas souffrir, le corps ne veut pas mourir, et c'est en face de la douleur la plus vraie et de la maladie la plus sérieuse que l'âme et le corps se mettent à nier et à fuir l'approche odieuse de la destruction. Il est des crises violentes où le suicide devient un besoin, une rage; c'est une certaine portion du cerveau qui souffre et s'atrophie physiquement. Mais que cette crise passe; la nature, la robuste nature que Dieu a faite pour durer son temps, étend ses bras désolés et se rattache aux moindres brins d'herbe pour ne pas rouler dans sa fosse. En faisant la vie de l'homme si misérable, la Providence a bien su qu'il fallait donner à l'homme l'horreur de la mort. Et cela est le plus grand, le plus inexplicable des miracles qui concourent à la durée du genre humain; car quiconque verrait clairement ce qui est, se donnerait la mort. Ces moments de clarté funeste nous arrivent, mais nous n'y cédons pas toujours, et le miracle qui fait refleurir les plantes après la neige et la glace s'opère dans le cœur de l'homme. Et puis, tout ce qu'on appelle la raison, la sagesse humaine, tous ces livres, toutes ces philosophies, tous ces devoirs sociaux et religieux qui nous rattachent à la vie ne sont-ils pas là? Ne les a-t-on pas inventés pour nous aider à flatter le penchant naturel, comme tous les principes fondamentaux, comme la propriété, le despotisme et le reste? Ces lois-là sont bien sages et faites pour durer; mais on en pourrait faire de plus belles, et Jésus, en souffrant le martyre, a donné un grand exemple de suicide. Quant à moi, je te déclare que, si je ne me tue pas, c'est absolument parce que je suis lâche.

Et qui me rend lâche? Ce n'est pas la crainte de me faire un peu de mal avec un couteau ou un pistolet; c'est l'effroi de ne plus exister, c'est la douleur de quitter ma ma famille, mes enfants et mes amis; c'est l'horreur du sépulcre; car, quoique l'âme espère une autre vie, elle est si intimement liée à ce pauvre corps, elle a contracté, en l'habitant, une si douce complaisance pour lui, qu'elle frémit à l'idée de le laisser pourrir et manger aux vers. Elle sait bien que ni elle ni lui n'en sauront rien alors; mais, tant qu'elle lui est unie, elle le soigne et l'estime, et ne peut se faire une idée nette de ce qu'elle sera, séparée de lui.

Je supporte donc la vie, parce que je l'aime; et quoique la somme de mes douleurs soit infiniment plus forte que celle de mes joies, quoique j'aie perdu les biens sans lesquels je m'imaginais la vie impossible, j'aime encore cette triste destinée qui me reste, et je lui découvre, chaque fois que je me réconcilie avec elle, des douceurs dont je ne me souvenais pas, ou que je niais avec dédain quand j'étais riche de bonheur et glorieux. Oh! l'homme est si insolent quand sa passion triomphe! quand il aime ou quand il est aimé, comme il méprise tout ce qui n'est pas l'amour! comme il fait bon marché de sa vie! comme il est prêt à s'en débarrasser dès que son étoile pâlit un peu! Et quand il perd ce qu'il aime, quelle agonie, quelles convulsions, quelle haine pour les secours de l'amitié, pour les miséricordes de Dieu! Mais Dieu l'a fait aussi faible que fanfaron, et bientôt redevenu tout petit, tout honteux, pleurant comme un enfant, et cherchant avec des pas timides à retrouver sa route, il saisit avec empressement les mains qui s'offrent à lui pour le guider. Ridicule, puérile et infortunée créature, qui ne veut pas accepter la destinée et ne sait pas s'y soustraire!

Ah! ne nous moquons pas de cette condition misérable ; c'est celle de tous, et tous nous savons que sa mesquinerie, que son manque de grandeur et de force ne la rend que plus malheureuse et plus digne de compassion. Tant qu'on croit à sa force, on a de l'orgueil, et l'orgueil console de tout. On marche à grands pas et on fronce le sourcil avec un calme majestueux et terrible ; on a décrété qu'on mourrait le soir ou le lendemain matin, et on est si fier de cette grande résolution (que du reste un perruquier ou une prostituée sont tout aussi capables d'exécuter que Caton d'Utique), on est si content de ne pas subir l'arrêt du sort et de le narguer, qu'on est déjà à demi consolé. On jouit d'une grande liberté d'esprit, et l'on s'en étonne ; on fait son testament, on songe à tout, on brûle certaines lettres, on en recommande d'autres à ses amis, on fait des adieux solennels, on s'estime, on s'admire, et on s'aime soi-même. Voilà le pire ; on se réconcilie avec soi, on se rend sa propre estime, et l'affection revient avec une admirable bonté se placer entre le soi héroïque et le soi expiatoire. Le sacrificateur, c'est-à-dire l'orgueil, fait alors peu à peu grâce à la victime, c'est-à-dire à la faiblesse ; l'un s'attendrit, l'autre se lamente ; l'orgueil demande à la faiblesse si elle était bien sincère tout à l'heure, si elle avait bien l'intention de tendre la gorge au couteau; l'autre répond que oui : l'orgueil daigne y croire, et décide que l'intention est réputée pour le fait, que la honte est lavée, la fierté satisfaite, l'espoir réhabilité. Puis vient un ami qui sourit de votre dessein, mais qui feint, pour peu qu'il soit délicat et bon, d'en être épouvanté et de vous arracher l'arme meurtrière; ce qui, en vérité, n'est pas difficile... Hélas! hélas! ne rions pas de cela. Tout cela fait qu'on ne se tue pas, et qu'on vit, et qu'on cesse à la fin de se croire fort, et que l'orgueil tombe, et que la souffrance s'apaise; mais qu'il reste au fond de l'âme et pour jamais une tristesse muette, un abattement profond, qui accepte toutes les distractions, mais qu'aucune distraction ne change; car ce qu'on croit, on le veut; et ce qu'on sait, on le subit. Or, lequel vaut mieux de l'échafaud ou des galères à perpétuité?

Mais, bonsoir, *vieux;* il se fait tard, dans une heure il fera grand jour, il faudra que je m'éveille avec les coqs qui sonneront leur fanfare matinale, et les chiens qui se mettront à hurler pour qu'on ouvre les portes de la cour, et ton frère Charles qui chante comme l'alouette au lever du soleil. Tu viendras samedi, n'est-ce pas? Il fera, j'espère, un temps comme nous l'aimons : pas de lune, le ciel est à la gelée, les étoiles luiront et l'air sera sonore; ton frère chantera son *Stabat*, et nous irons l'entendre de loin sous le grand sapin. Il fait bon de s'attendrir et de s'attrister quand on est ensemble; mais seul, il faut s'interdire cela quand on en est où nous en sommes. C'est pourquoi je t'écris, afin de n'aller me coucher qu'au moment où un sommeil accablant coupera court à toute réflexion un peu trop grave. O ciel! voilà donc ces gais convives, ces aimables vieillards, les voilà en face de leur chevet et saisis de terreur à l'aspect des pensées qui les y attendent ! C'est pour cela qu'il faut s'endormir au lever du jour. C'est l'heure où le cauchemar quitte les rideaux du lit et n'a plus de pouvoir sur les hommes. Adieu, donne ma bénédiction à tes douze enfants.

Dimanche.

Puisque tu ne peux pas venir aujourd'hui, je viens m'enfermer avec toi et causer par la voie de la plume et de l'encre avec ton ennui ; car tu t'ennuies, ce n'est rien de plus. Ne va pas t'imaginer que tu aies du chagrin. L'ennui est un mal assez grand, mais c'est après tout un mal très-noble, et d'où peut sortir tout ce qu'il y a de plus beau dans l'âme humaine. Il ne s'agit que d'expliquer son ennui comme il faut, et d'en diriger les inspirations vers un but poétique. Voilà le diable ! tu n'es pas poëte du tout. Tu détermines toutes choses, tu ne sais rester dans le doute sur quoi que ce soit. Si tu savais bien ce que c'est que l'ennui, et le parti qu'on en peut tirer ! Je vais tâcher de te l'expliquer comme je l'entends.

L'ennui est une langueur de l'âme, une atonie intellectuelle qui succède aux grandes émotions ou aux grands désirs. C'est une fatigue, un malaise, un dégoût équivalant à celui de l'estomac qui éprouve le besoin de manger et qui n'en sent pas le désir. De même que l'estomac, l'esprit cherche en vain ce qui pourrait le ranimer et ne peut trouver un aliment qui lui plaise. Ni le travail ni le plaisir ne sauraient le distraire ; il lui faudrait du bonheur ou de la souffrance, et précisément l'ennui est ce qui précède ou ce qui suit l'un ou l'autre. C'est un état non violent, mais triste ; facile à guérir, facile à envenimer. Mais du moment qu'on le poétise, il devient touchant, mélancolique, et sied fort bien, soit au visage, soit au discours. Pour cela, il faut tout bonnement s'y abandonner. La recette est simple : — Se vêtir convenablement, selon la saison ; avoir de très-bonnes pantoufles, un excellent feu en hiver, un hamac léger en été, un bon cheval au printemps, à l'automne un carré de jardin sablé et planté de renonculiers. Avec cela, ayez un livre à la main, un cigare à la bouche ; lisez une ligne environ par heure, à laquelle vous penserez huit ou dix minutes au plus, afin de ne pas vous laisser envahir par une idée fixe. Le reste du temps, rêvez, mais en ayant soin de changer de place, ou de pipe, ou d'attitude de tête ou de direction de regards. —Alors, en ne vous obstinant pas à secouer votre malaise, vous le verrez peu à peu se tourner en une disposition confortable. Vous acquerrez d'abord une grande netteté d'observation, un grand calme pour recueillir des formes, soit d'idées soit d'objets, dans les cases du cerveau qui équivalent aux feuillets d'un album. Puis viendra une douce contemplation de vous-même et des autres, et ce qui tout à l'heure vous paraissait incommode ou indifférent, vous paraîtra bientôt agréable, pittoresque et beau. Le moindre objet qui passera devant vos yeux aura son *chic* particulier, le moindre son vous semblera une mélodie, la moindre visite un événement heureux.

Il m'arrive bien souvent, je t'assure, de m'éveiller dans une terrible disposition au spleen. C'est un ennui sérieux, et même assez laid. Je ne sais pas bien ce que Pascal entendait par ces *pensées de derrière* qu'il se réservait pour répondre aux objections polémiques ou pour nier en secret ce qu'il feignait d'accepter en face. C'était sans doute le jésuitisme de l'intelligence, forcée de plier au devoir, mais se révoltant malgré elle contre l'arrêt absurde. Pour moi, je trouve le mot terrible. On l'a trouvé non-seulement dans son recueil de pensées, mais encore écrit sur un petit morceau de papier et conçu ainsi : *Et moi aussi, j'aurai mes pensées de derrière la tête.* O parole lugubre, sortie d'un cœur désolé ! Hélas ! il est des jours où le cerveau humain est comme un double miroir dont une glace renvoie à l'autre le revers des objets qu'elle a reçus de face. C'est alors que toutes les choses, et tous les hommes, et toutes les paroles ont leur envers inévitable, et qu'il n'est pas une jouissance, une caresse, une idée reçue au front qui n'ait son repoussoir agissant comme un ressort de fer au cervelet. C'est une puissance fatale et maladive, sois-en sûr. La raison humaine consiste bien en effet à voir toutes les choses par tous leurs côtés, mais la benigne nature humaine ne se porte pas volontiers à de tels examens d'elle-même ; elle est peu clairvoyante, et, Pascal l'a dit ailleurs, « la volonté qui se plaît à une chose plus qu'à l'autre détourne l'esprit de considérer les qualités de celle qu'il n'aime pas, et la volonté devient ainsi un des principaux organes de la croyance. » — Et tout cela est mortellement triste, la vie n'est supportable qu'autant qu'on oublie ces vérités noires, et il n'est d'affections possibles que celles où les pensées de derrière ne viennent pas mettre le nez.

Aussi, quand je me sens dans cette fâcheuse humeur, je n'épargne rien pour m'en distraire et l'adoucir. Je brouille alors mes idées dans des nuages immodérés de fumée de pipe. En été je me berce dans le hamac jusqu'à être enivré ; en hiver je présente mes vieux tibias au feu avec un tel stoïcisme qu'il en résulte une cuisson assez vive, une espèce de moxa qui détourne l'irritation cérébrale. Puis un beau vers, lu, en passant, sur une muraille, car, Dieu merci, notre maison en est farcie comme une mosquée l'est de sentences; un rayon de soleil qui perce à travers le givre, un certain éblouissement de ma vue et de ma pensée, font que le prisme habituel se replace autour de moi, la nature reprend sa beauté accoutumée, et dans le grand salon nos amis m'apparaissent en groupes que je n'avais pas remarqués, et qui me frappent tout à coup aussi vivement que si j'étais Rembrandt ou seulement Gérard Dow. Il me vient alors un tressaillement intérieur, une sorte de bondissement de l'âme, un désir irréalisable de fixer ces tableaux, une joie de les avoir saisis, un élan du cœur vers ceux qui les forment. Cela ne t'a-t-il pas occupé souvent, alors que, tourmentant avec obstination une mèche de tes cheveux, tu tombes dans ces contemplations silencieuses où nous te voyons plongé? Combien de fois cette année je me suis senti saisi d'un invincible déplaisir au milieu de nos plus chers compagnons et de nos plus folles soirées! Combien de fois, en rentrant au salon après avoir parcouru à grands pas les allées dépouillées au bout desquelles se lève la lune, je me suis trouvé ébloui et ravi de la beauté naïve de ces tableaux flamands! Dutheil, affublé de sa houppelande grotesque, dont la couleur eût semblé à Hoffmann tirer sur le *fa bémol*, coiffé de son bonnet couleur de raisin, et soulevant d'une main le broc de grès qui contient le modeste nectar du coteau voisin, n'a-t-il pas une des plus rouges et des plus luisantes trognes que jamais ait croquées Téniers? Silence! son œil étincelle, sa barbe se hérisse; il avance le front comme un buffle qui se met en défense. Il va chanter : écoutez, quelle chanson profondément philosophique et religieuse :

> Le bonheur et le malheur
> Nous viennent du même auteur,
> Voilà la ressemblance ;
> Le bonheur nous rend heureux
> Et le malheur malheureux,
> Voilà la différence.

Cette belle ode est de M. de Bièvre. Je n'ai jamais rien entendu de plus mélancoliquement bête ; et, tandis que nos compagnons rient aux éclats de cette bonne platitude de campagne, il me vient toujours un sentiment de tristesse en l'entendant. Sais-tu bien que tout est dit devant Dieu et devant les hommes quand l'homme infortuné demande compte de ses maux et qu'il obtient cette réponse ? Qu'y a-t-il de plus ? rien. L'ordre éternel et fatal qui nous mesure le bien et le mal est là tout entier ; c'est comme le mal de dents, auquel je comparais l'autre jour nos douleurs morales. Y a-t-il une plainte partant de la terre qui mérite une autre attention que cette ironie à la fois chagrine et douce d'un autre malheureux à moitié égayé par le vin, qui constate gravement votre douleur comme un fait remarquable ?

Quand la voix terrible de Dutheil a cessé d'ébranler les vitres, mon frère vient hasarder les pas les plus gracieux que jamais ours ait essayés sur le bord des abîmes. Alphonse, couché à terre, joue du violon sur la pincette avec la pelle ; son grand profil dantesque se dessine sur la muraille, et le rire donne des cavités lugubres à ses lignes sévères. Charles erre autour d'eux comme un méchant gnôme, d'humeur facétieuse, toujours prêt à renverser un verre dans une manche et à faire rouler un danseur mal assuré. Oh ! ceux-là, ce sont mes vieux, mes anciens, ceux qui savent qu'on peut être très-gai et très-triste en même temps, mais qui sont facilement heureux du bonheur d'autrui et recommencent la vie après avoir souffert.

Et de quoi se plaindraient-ils, ces enfants gâtés de la destinée ? Regarde ce groupe charmant jeté comme un bouquet autour du piano. Ce sont leurs femmes et leurs sœurs ; c'est Agasta et Félicie, ces deux sœurs si tendrement unies, si bonnes, si douces et si finement naïves! c'est Laure et sa mère, toutes deux si belles, si nobles, si saintes! c'est Brigitte avec ses yeux noirs et sa gaieté brillante; c'est notre belle Rozane et notre jolie Flamande Eugénie. Connais-tu rien de plus frais et de plus suave que ces fleurs provinciales, écloses au vrai soleil, loin des serres chaudes où nos femmes des villes s'étiolent en naissant? Que Laure est céleste avec sa pâleur et ses grands yeux noirs au regard religieux et lent! Qu'Agasta est mignonne avec ses joues de rose du Bengale éclose sur la neige, sa mine espiègle et nonchalante, son petit parler indigène si doux et son petit bonnet de blanche nonette! L'indolence de Félicie a quelque chose de plus triste, son sourire a de la mélancolie. L'amour et la douleur ont passé par là, la résignation et le renoncement ont mis leur sceau sur ce front calme qui s'est baissé tant de fois dans les larmes de la prière chrétienne! Sur quoi pleures-tu, grande Romaine? N'as-tu pas, au milieu de tes douleurs, conservé le précieux trésor de la bonté, qu'il est si facile aux femmes infortunées de perdre? Mon ami, qu'il fait bon vivre parmi des êtres si peu fardés, parmi des femmes aussi belles de cœur que de visage, parmi des hommes fermes, laborieux, sincères, religieux en amitié! Viens donc souvent ici : tu guériras.

Maintenant, si tu me demandes pourquoi, étant si heureux, je m'en vais toujours à l'entrée de l'hiver, je te le dirai ; mais garde ceci pour toi seul. — Il m'est absolument impossible d'être heureux en quelque situation que ce soit désormais. L'amitié est la plus pure bénédiction de Dieu ; mais il est un bien qui n'a pu rester avec moi, et je mourrai sans avoir réalisé le rêve de ma vie. Faire de son cœur dix ou douze portions, c'est bien facile, bien doux, bien gracieux. Il est charmant d'être *le bon oncle* d'une joyeuse couvée d'enfants ; il est touchant de vieillir au milieu d'une famille d'adoption, aux lieux où l'on a grandi ; mais il y a entre le bonheur de tout ce qui m'entoure et le mien beaucoup de ressemblance avec la fortune du pauvre, composée de l'aumône de tous les riches. Ils sont unis par l'amour ou par l'exclusive amitié de l'hyménée, ces hommes et ces femmes que le sourire n'abandonne jamais. Et moi, vieux, je suis comme toi, je ne suis l'autre moitié de personne. Il m'importe peu de vieillir, il m'importerait beaucoup de ne pas vieillir seul. Mais je n'ai pas rencontré l'être avec lequel j'aurais voulu vivre et mourir, ou, si je l'ai rencontré, je n'ai pas su le garder. Écoute une histoire, et pleure.

Il y avait un bon artiste, qu'on appelait Watelet, qui gravait à l'eau-forte mieux qu'aucun homme de son temps. Il aima Marguerite Le Conte et lui apprit à graver à l'eau-forte aussi bien que lui. Elle quitta son mari, ses biens et son pays pour aller vivre avec Watelet. Le monde les maudit ; puis, comme ils étaient pauvres et modestes, on les oublia. Quarante ans après on découvrit aux environs de Paris, dans une maisonnette appelée *Moulin-Joli*, un vieux homme qui gravait à l'eau-forte et une vieille femme, qu'il appelait sa meunière, et qui gravait à l'eau-forte, assise à la même table. Le premier oisif qui découvrit cette merveille l'annonça aux autres, et le beau monde courut en foule à Moulin-Joli pour voir le phénomène. Un amour de quarante ans, un travail toujours assidu et toujours aimé ; deux beaux talents jumeaux ; Philémon et Baucis du vivant de mesdames Pompadour et Dubarry. Cela fit époque, et le couple miraculeux eut ses flatteurs, ses amis, ses poëtes, ses admirateurs. Heureusement le couple mourut de vieillesse peu de jours après, car le monde eût tout gâté. Le dernier dessin qu'ils gravèrent représentait le Moulin-Joli, la maison de Marguerite, avec cette devise : *Cur valle permutem Sabina divitias operosiores ?*

Il est encadré dans ma chambre au-dessus d'un portrait dont personne ici n'a vu l'original. Pendant un an, l'être qui m'a légué ce portrait s'est assis avec moi toutes les nuits à une petite table, et il a vécu du même travail que moi... Au lever du jour, nous nous consultions sur notre œuvre, et nous soupions à la même petite table, tout en causant d'art, de sentiment et d'avenir. L'avenir nous a manqué de parole. Prie pour moi, ô Marguerite Le Conte !

En vérité, ami, plus j'y songe, plus je vois qu'il est trop tard pour oser être malheureux. Nous ne pouvons plus prendre la vie au sérieux, du moins la vie qui est devant nous ; car celle qui est derrière, nous y avons cru, donc elle a été. As-tu fait le résumé de cette course agitée et pénible qui nous conduit du maillot à la béquille ? Je sais que la route diffère selon les hommes, qu'il n'y a pas plus deux existences humaines absolument semblables qu'il n'y a deux feuilles semblables dans une forêt ; mais il y a une vue générale tirée du destin de tous, et à laquelle s'adaptent les mille détails qui font la diversité. En ne voyant de lui que le système organique, on peut dire que l'homme est toujours le même ; comme il ne se compose jamais au physique que d'une tête, deux bras, un corps, etc., son système intellectuel se compose toujours des mêmes passions, l'orgueil, la colère, la luxure, le désir du mal et du bien à diverses doses, mais se partageant et se disputant toujours l'homme, entrant dans sa substance et faisant sa vie morale, comme le système veineux et le système artériel font sa vie matérielle. Ainsi je crois pouvoir résumer l'histoire de tous en résumant la mienne propre :

Au commencement, force, ardeur, ignorance.

Au milieu, emploi de la force, réalisation des désirs, science de la vie.

Au déclin, désenchantement, dégoût de l'action, fatigue, — doute, apathie ; — et puis la tombe qui s'ouvre comme un livre pour recevoir le pèlerin fatigué de sa journée. O Providence !

La jeunesse est la portion de la vie humaine qui varie le moins chez les individus ; l'âge viril, celle qui varie le plus. La vieillesse est le résultat de celui-ci, et varie selon ce qu'il a été ; mais l'affaiblissement des facultés confond les nuances, comme lorsque l'éloignement atténue les couleurs et les enveloppe d'un voile pâle.

Il est presque impossible de savoir ce que sera un homme, difficile de savoir ce qu'il est, aisé de savoir ce qu'il a été. Il ne faut se méfier ni s'enthousiasmer des jeunes gens ; mais il faut bien se garder de croire aux hommes faits, de même qu'il faut s'abstenir de les condamner ; tout est en eux, c'est le métal en fusion qui tombe dans le moule. Dieu sait comment réussira la statue. Quant aux vieillards, quels qu'ils soient, il faut les plaindre.

Pour ma part, j'ai vu quelle chose misérable et terrible à la fois est cette force de jeunesse qui n'obéit pas à notre appel, qui nous emporte où nous ne voulons pas aller, et nous trahit lorsque nous avons besoin d'elle ; et je m'étonnerais d'avoir été si fier de la posséder, si je ne savais que l'homme est porté à tirer vanité de tout, depuis la beauté, qui est un don du hasard, jusqu'à la sagesse, qui est un résultat de l'expérience ; s'enorgueillir de sa force est aussi raisonnable que de s'enorgueillir d'avoir bien dormi et d'avoir les jambes prêtes à entreprendre une longue course ; mais gare aux pierres des chemins !

Oh ! que l'on se croit bon marcheur quand on est prêt à partir, et qu'on a aux pieds de bons souliers tout neufs sortant de chez l'ouvrier ! Je me souviens de cette impatience que j'éprouvais de me lancer dans la carrière avec ma chaussure imperméable. Qui pourra m'arrêter ? disais-je ; sur quelles épines, sur quelle fange ne marcherai-je pas sans crainte d'être blessé ou sali ! Où sont les obstacles, où sont les montagnes, où sont les mers que je ne franchirai pas ? J'avais compté sans les fausses-trappes.

Et quand j'eus commencé à faire usage de ma force, il n'en résulta d'abord que de belles et bonnes choses ; car mon bagage était bon, et j'avais dans mes poches les plus beaux livres du monde. Je daignais lire les grands hommes de Plutarque et leur donner la main dans une sainte vision dont mon orgueil était le magique soleil.

Et à force d'être content de moi et fier de mon allure, je pensai que je ne pouvais faillir, et je le déclarai bien haut à mes amis et connaissances. Il fut donc proclamé parmi ces gens-là que j'étais un stoïque des anciens jours, qui avait la bonté de porter un frac et des bottes.

Cependant, comme je marchais vite et regardant peu à terre, il m'arriva de me heurter contre une pierre et de tomber ; j'en eus de la douleur aux pieds et de la mortification dans l'âme. Mais me relevant bien vite, et pensant que personne ne m'avait vu, je continuai en me disant : Ceci est un accident, la fatalité s'en est mêlée; et je commençai à croire à la fatalité, que jusque-là j'avais niée effrontément.

Mais je me heurtai encore, et je tombai souvent. Un jour je m'aperçus que j'étais tout blessé, tout sanglant, et que mon équipage, crotté et déchiré, faisait rire les passants, d'autant plus que je le portais encore d'un air majestueux et que j'en étais plus grotesque. Alors je fus forcé de m'asseoir sur une pierre au bord du chemin, et je me mis à regarder tristement mes haillons et mes plaies.

Mais mon orgueil, d'abord souffrant et abattu, se releva, et décida que, pour être éreinté, je n'en étais pas moins un bon marcheur et un rude casseur de pierres. Je me pardonnai toutes mes chutes, pensant que je n'avais pu les éviter, que le destin avait été plus fort que moi, que Satan jouait un rôle dans tout cela, et mille autres choses toutes inventées pour entortiller, vis-à-vis de soi et des autres, l'aveu de sa propre faiblesse et du mépris que tout homme se doit à lui-même s'il veut être de bonne foi.

Et je repris ma route en boitant et en tombant, disant toujours que je marchais bien, que les chutes n'étaient pas des chutes, que les pierres n'étaient pas des pierres; et quoique plusieurs se moquassent de moi avec raison, plusieurs autres me crurent sur parole, parce que j'avais ce que les artistes appellent de la poésie, ce que les soldats appellent de la blague.

Lord Byron donnait alors un grand exemple de ce que peut l'outrecuidance humaine en habillant de pourpre les plus petites vanités et en les enchâssant dans l'or comme des diamants; ce boiteux monta sur des échasses et marcha par-dessus ceux qui avaient les jambes égales; cela lui réussit, parce que ses échasses étaient solides, magnifiques, et qu'il savait s'en servir.

Pour nous autres, peuple de singes, nous apprîmes à marcher plus ou moins bien sur les échasses, et même à danser sur la corde, à la grande admiration de plusieurs oisifs qui ne s'y connaissaient pas. Et nous, et moi surtout, malheureux! je négligeais les pures et modestes jouissances, je méconnaissais les sentiments vrais, je méprisais les vertus simples et obscures, je raillais les dévots, j'encensais la gloire insolente, et, crevant dans mon enflure, je ne pardonnais aux autres aucune faiblesse de caractère, moi qui avais des vices dans le cœur!... Et je ne voulais faire aucun sacrifice; car rien au monde ne me semblait aussi précieux que mon repos, mon plaisir et la louange.

Or, sais-tu, François, comment après tout cela je suis devenu un vieillard supportable, de mœurs douces, et assez modeste dans ses paroles et dans ses prétentions? Sais-tu ce qui fait la différence d'un homme corrompu et d'un homme égaré? Certes, l'un et l'autre ont fait d'aussi sottes et laides choses; mais l'un cesse et l'autre continue; l'un vieillit en sabots dans son ermitage, ou en robe de chambre dans sa mansarde avec quelques amis; tandis que l'autre encravate et parfume chaque soir une momie qui se donne encore des airs de vie, et que l'on trouve un matin en poussière dans un alambic. L'homme qui s'est aperçu trop tard de la mauvaise route, et qui n'a plus la force de retourner sur ses pas, peut du moins s'arrêter, et d'un air triste crier à ceux qui s'avancent : Ne passez point ici, je m'y suis perdu. Le méchant s'y plaît, il avance jusqu'à son dernier jour, et meurt d'ennui lorsqu'il a épuisé tout le mal que l'homme peut faire. Celui-là s'amuse à entraîner sur ses traces le plus de malheureux qu'il peut; il rit en les voyant tomber dans la boue à leur tour, et s'égaie à leur persuader que cette boue est une essence précieuse dont il n'appartient qu'aux grands esprits et aux gens du bon ton de s'oindre et de s'embaumer.

Et dans tout cela, François, il y a pour nous bien peu de sujets de consolation; car nous n'avons pas grand mérite à n'être pas de ces gens-là. N'avons-nous pas traversé leurs fêtes, n'y avons-nous pas bu le poison de la vanité et du mensonge? Si le grand air nous a dégrisés, c'est que le hasard ou la Providence nous a fait sortir de l'atmosphère funeste et nous a forcés d'être dans un champ plutôt que dans un palais. Mon ami, ce qu'on appelle la vertu existe certainement, mais elle existe chez les hommes d'exception seulement; chez nous autres, ce que l'on veut bien appeler honnêteté, c'est le sentiment des bonnes choses, l'aversion pour les mauvaises. Or, à quoi tient, je te le demande, que ce pauvre germe, battu de tous les vents, n'aille pas se perdre au loin, quand nous l'exposons si légèrement à l'orage? Quand on songe à la facilité avec laquelle il s'envole, doit-on s'élever beaucoup dans sa propre opinion pour avoir échappé au danger par miracle? Quelle pâle fleur que cet honneur qui nous reste! Quel est donc le séraphin qui l'a protégée de son aile? quel est le rayon qui l'a ranimée? Le bon grain a beau tomber dans la bonne terre, si les oiseaux du ciel viennent s'y abattre, ils le mangent. Quelle est donc la main qui les détourne? O Dieu, un tremblement de terreur s'empare d'une âme touchée de tes bienfaits quand elle regarde en arrière!

Mais toi, ami, tu as pu réparer. Il n'a pas été trop tard

pour toi lorsque tu t'es arrêté ; tu es revenu au point de départ, et là tu as trouvé une rude besogne, un noble travail, et tu l'as pris avec joie. O François ! tu avais à combattre le passé et ses habitudes funestes, à supporter le présent et ses ennuis rongeurs ; tu es entré en lutte avec ces dragons : tu as les reins aussi forts que l'archange Michel, car tu les as vaincus. Moi qui suis vieux, et qui n'ai pas trouvé une mère à consoler et douze enfants à nourrir de mon travail, je pleure, je prie, et je m'écrie quelquefois :

Viens à moi, descends des cieux, pose-toi sur mon front abattu, colombe de l'esprit saint, poésie divine ! sentiment de l'éternelle beauté, amour de la nature toujours jeune et toujours féconde ! fusion du grand *tout* avec l'âme humaine qui se détache et s'abandonne ; joie triste et mystérieuse que Dieu envoie à ses enfants désespérés, tressaillement qui semble les appeler à quelque chose d'inconnu et de sublime, désir de la mort, désir de la vie, éclair qui passe devant les yeux au milieu des ténèbres, rayon qui écarte les nuages et revêt les cieux d'une splendeur inattendue, convulsion de l'agonie où la vie future apparaît, vigueur fatale qui n'appartient qu'au désespoir, viens à moi ! j'ai tout perdu sur la terre !

L'hiver étend ses voiles gris sur la terre attristée, le froid siffle et pleure autour de nos toits. Mais quelquefois encore, à midi, des lueurs empourprées percent la brume et viennent réjouir les tentures assombries de ma chambre. Alors mon bengali s'agite et soupire dans sa cage en apercevant sur le lilas dépouillé du jardin un groupe de moineaux silencieux, hérissés en boule et recueillis dans une béatitude mélancolique. Le branchage se dessine en noir dans l'air chargé de gelée blanche. Le genêt, couvert de ses gousses brunes, pousse encore tout haut une dernière grappe de boutons qui essayent de fleurir. La terre, doucement humide, ne crie plus sous les pieds des enfants. Tout est silence, regret et tendresse. Le soleil vient de faire ses adieux à la terre, la gelée fond, et des larmes tombent de partout; la végétation semble faire un dernier effort pour reprendre à la vie; mais le dernier baiser de son époux est si faible, que les roses du Bengale tombent effeuillées sans avoir pu se colorer et s'épanouir. Voici le froid, la nuit, la mort.

Ce dernier regard du soleil au travers de mes vitres, c'est mon dernier espoir qui brille. Aimer ces choses, pleurer l'automne qui s'en va, saluer le printemps à son retour, compter les dernières ou les premières fleurs des arbres, attirer les moineaux sur ma fenêtre, c'est tout ce qui me reste d'une vie qui fut pleine et brûlante. L'hiver de mon âme est venu, un éternel hiver! Il fut un temps où je ne regardais ni le ciel ni les fleurs, où je ne m'inquiétais pas de l'absence du soleil et ne plaignais pas les moineaux transis sur leur branche. A genoux devant l'autel où brûlait le feu sacré, j'y versais tous les parfums de mon cœur. Tout ce que Dieu a donné à l'homme de force et de jeunesse, d'aspiration et d'enivrement, je le consumais et le rallumais sans cesse à cette flamme qu'un autre amour attisait. Aujourd'hui l'autel est renversé, le feu sacré est éteint, une pâle fumée s'élève encore et cherche à rejoindre la flamme qui n'est plus; c'est mon amour qui s'exhale et qui cherche à ressaisir l'âme qui l'embrasait. Mais cette âme s'est envolée au loin vers le ciel, et la mienne languit et meurt sur la terre.

A présent que mon âme est veuve, il ne lui reste plus qu'à voir et à écouter Dieu dans les objets extérieurs; car Dieu n'est plus en moi, et si je puis me réjouir, c'est de ce qui se passe au dehors de moi. Je dirai donc ta bonté envers les autres hommes, ô Dieu qui m'as abandonné ! je ne vivrai plus, je verrai et j'expliquerai ; du fond de ma douleur, j'élèverai une voix forte qui fera entendre ces mots à l'oreille des passants : — Éloignez-vous d'ici, car il y a un abîme ; et moi, qui passais trop près, j'y suis tombé.— Je leur dirai encore : Vous êtes égarés parce que vous êtes sourds et aveugles ; c'est parce que je l'étais aussi que je me suis égaré comme vous ; j'ai recouvré l'ouïe et la vue ; mais alors je me suis aperçu que j'étais au fond du précipice et que je ne pouvais plus retourner avec vous. J'étais vieux.

Beaucoup sont tombés comme moi dans les abîmes du désespoir. C'est un monde immense, c'est comme un monde des morts qui se meut et s'agite sous le monde des vivants. Quelque chose de noir, un fantôme qui porte un nom et des habits, un corps indolent et brisé, une figure terne et pâle, erre encore dans la société humaine et affiche encore les apparences de la vie. Mais nos âmes sont là-dessous plongées dans cet Érèbe aux flots amers, et les hommes jeunes ne savent pas plus ce qui s'y passe que l'enfant au berceau ne sait ce que c'est que la mort. Mais ce gouffre sans issue a plusieurs profondeurs, et diverses races d'hommes en remontent ou en descendent les degrés. Des pleurs et des rires sortent des entrailles de cet enfer. Au plus bas, les plus déchus, les plus abrutis, qui dorment dans la fange de plaisirs sans nom ; moins bas, les furieux qui hurlent et blasphèment contre Dieu, qu'ils ont méconnu et qui les a foudroyés ; ailleurs les cyniques, qui nient la vertu et le bonheur, et qui cherchent à faire tomber les autres aussi bas qu'eux. Mais il en est qui surnagent sur les miasmes empoisonnés de leur Tartare, et qui, s'asseyant sur les premières marches de l'escalier fatal, disent : Seigneur, puisque je ne puis repasser le seuil, je mourrai ici et ne descendrai pas. Ceux-là pleurent et se lamentent; car ils sont encore assez près de Dieu pour savoir ce qui eût pu être et ce qu'ils auraient dû faire. Et ils espèrent en une autre vie, parce qu'ils ont gardé le sentiment du beau éternel et le moyen de le posséder. Ceux-là se repentent et travaillent, non pour rentrer dans cette vie mortelle, mais pour l'expier; ils disent la vérité aux hommes sans crainte de les blesser, car ceux qui ne sont plus du monde n'ont rien à ménager, rien à redouter; on ne peut plus leur faire ni bien ni mal; on ne peut plus les faire tomber; ils se sont précipités. Puissent-ils, comme Curtius, apaiser la colère céleste et fermer l'abîme derrière eux!

Mais il me semble, François, que je deviens emphatique; heureusement j'aperçois venir mon vieux Malgache : il y a quinze mois que je ne l'ai vu; il vient tout essoufflé, tout palpitant de joie. Le voilà sous ma fenêtre; mais, diable! il s'arrête; il vient d'apercevoir une violette difforme, il la cueille, et cela lui donne à penser. Me voilà effacé de sa mémoire; si je ne vais à sa rencontre, il retournera chez lui avec sa violette monstre et sans m'avoir vu. J'y cours. Adieu, Pylade.

VI

A ÉVERARD.

11 avril 1835.

Ton ami le voyageur est arrivé au gîte sans accident; il est heureux et fier du souvenir que tu as gardé de lui

Il ne se flattait pas trop à cet égard ; il croyait qu'une âme aussi active, aussi dévorante que la tienne, devait recevoir vivement les moindres impressions, mais les perdre aussi vite pour faire place à d'autres. C'est un devoir et une nécessité pour toi d'être ainsi ; tu n'appartiens pas à certains élus, tu appartiens à tous les hommes, ou plutôt tous t'appartiennent. Pauvre homme de génie ! cela doit bien te lasser. Quelle mission que la tienne ! c'est un métier de gardeur de pourceaux ; c'est Apollon chez Admète.

Ce qu'il y a de pis pour toi, c'est qu'au milieu de tes troupeaux, au fond de tes étables, tu te souviens de ta divinité ; et quand tu vois passer un pauvre oiseau, tu envies son essor et tu regrettes les cieux. Que ne puis-je t'emmener avec moi sur l'aile des vents inconstants, te faire respirer le grand air des solitudes, et t'apprendre le secret des poëtes et des Bohémiens ! Mais Dieu ne le veut pas. Il t'a précipité comme Satan, comme Vulcain, comme tous ces emblèmes de la grandeur et de l'infortune du génie sur la terre. Te voilà employé à de vils travaux, cloué sur ta croix, enchaîné au misérable bagne des ambitions humaines. Va donc, et que celui qui t'a donné la force et la douleur en partage entoure longtemps pour toi d'une auréole de gloire cette couronne d'épines que tu conquerras au prix de la liberté, du bonheur et de la vie.

Car, pour la philanthropie dont vous avez l'humilité de vous vanter, vous autres réformateurs, je vous demande bien pardon, mais je n'y crois pas. La philanthropie fait des sœurs de charité. L'amour de la gloire est autre chose et produit d'autres destinées. Sublime hypocrite, tais-toi là-dessus avec moi : tu te méconnais en prenant pour le sentiment du devoir la pente rigoureuse et fatale où t'entraîne l'instinct de ta force. Pour moi, je sais que tu n'es pas de ceux qui observent des devoirs, mais de ceux qui en imposent. Tu n'aimes pas les hommes, tu n'es pas leur frère, car tu n'es pas leur égal. Tu es une exception parmi eux, tu es né *roi*.

Ah! voici qui te fâche; mais au fond, tu le sais bien, il y a une royauté qui est d'institution divine. Dieu eût départi à tous les hommes une égale dose d'intelligence et de vertu s'il eût voulu fonder le principe d'égalité parmi eux comme tu l'entends; mais il fait les grands hommes pour commander aux petits hommes, comme il a fait le cèdre pour protéger l'hysope. L'influence enthousiaste et quasi-despotique que tu exerces ici, dans ce milieu de la France, où tout ce qui sent et pense s'incline devant ta supériorité (au point que moi-même, le plus indiscipliné *voyou* qui ait jamais fait de la vie une école buissonnière, je suis forcé, chaque année, d'aller te rendre hommage), dis-moi, est-ce autre chose qu'une royauté? Votre majesté ne peut le nier. Sire, le foulard dont vous vous coiffez en guise de toupet est la couronne des Aquitaines, en attendant que ce soit mieux encore. Votre tribune en plein air est un trône; Fleury le Gaulois est votre capitaine des gardes; Planet votre fou; et moi, si vous voulez le permettre, je serai votre historiographe; mais, morbleu! sire, conduisez-vous bien, car plus votre humble barde augure de vous, plus il en exigera quand vous aurez touché le but, et vous savez qu'il ne sera pas plus facile à faire taire que le barbier du roi Midas. Et ici je vous demande pardon de donner le titre de roi à feu Midas. Celui-là, on le sait, n'est pas de vos cousins; c'est un roi d'institution humaine, un de ces beaux types de rois légitimes à qui les oreilles poussent tout naturellement sous le diadème héréditaire.

Croyez-vous donc que je conteste vos droits? Oh! non pas vraiment : nous ne disputerons jamais là-dessus. Certain roi naquit pour être maquignon; toi, tu es né prince de la terre. Moi-même, pauvre diseur de métaphores, je me sens mal abrité sous le parapluie de la monarchie; mais je ne veux pas le tenir moi-même, je m'y prendrais mal, et tous les trônes de la terre ne valent pas pour moi une petite fleur au bord d'un lac des Alpes. Une grande question serait celle de savoir si la Providence a plus d'amour et de respect pour notre charpente osseuse que pour les pétales embaumés de ses jasmins. Moi, je vois que la nature a pris autant de soin de la beauté de la violette que de celle de la femme, que les lis des champs sont mieux vêtus que Salomon dans sa gloire, et je garde pour eux mon amour et mon culte. Allez, vous autres, faites la guerre, faites la loi. Tu dis que je ne conclus jamais; je me soucie bien de conclure quelque chose! J'irai écrire ton nom et le mien sur le sable de l'Hellespont dans trois mois; il en restera autant le lendemain qu'il restera de mes livres après ma mort, et peut-être, hélas! de tes actions, ô Marius! après le coup de vent qui ramènera la fortune des Sylla et des Napoléon sur le champ de bataille.

Ce n'est pas que je déserte ta cause, au moins; de toutes les causes dont je ne me soucie pas, encore imberbe que je suis, c'est la plus belle et la plus noble. Je ne conçois même pas que les poëtes puissent en avoir une autre; car si tous les mots sont vides, du moins ceux de patrie et de liberté sont harmonieux, tandis que ceux de légitimité et d'obéissance sont grossiers, malsonnants et faits pour des oreilles de gendarmes. On peut flatter un peuple de braves; mais aduler une bûche couronnée, c'est renoncer à sa dignité d'homme. Moi, je fuis

le bruit des clameurs humaines et je vais écouter la voix
des torrents. Sois sûr que je prierai l'esprit des lacs et
les fées des glaciers de prendre quelquefois leur vol vers
toi, et de te porter dans une brise un parfum des déserts, un rêve de liberté, un souvenir affectueux et profond de ton frère le voyageur. Je ne suis qu'un oiseau
de passage dans la vie humaine ; je ne fais pas de nid et
je ne couve pas d'amours sur la terre ; j'irai frapper du
bec à ta fenêtre de temps en temps, et te donner des nouvelles de la création au travers des barreaux de ta prison ; et puis je reprendrai ma course inconstante dans
les champs aériens, me nourrissant de moucherons, tandis que tu partageras des fers et des couronnes avec tes
pareils ! Votre ambition est noble et magnifique,
hommes du destin ! De tous les hochets dont s'amuse
l'humanité, vous avez choisi le moins puéril, la gloire !
Oui, c'est beau, la gloire ! Achille prit un glaive au milieu des joyaux de femme qu'on lui présentait ; vous
prenez, vous autres, le martyre des nobles ambitions,
au lieu de l'argent, des titres et des petites vanités qui
charment le vulgaire. Généreux insensés que vous êtes,
gouvernez-moi bien tous ces vilains idiots et ne leur
épargnez pas les étrivières. Je vais chanter au soleil sur
ma branche pendant ce temps-là. Vous m'écouterez
quand vous n'aurez rien de mieux à faire ; tu viendras
t'asseoir sous mon arbre quand tu auras besoin de repos
et d'amusement. Bonsoir, mon frère Éverard, frère et
roi, non en vertu du droit d'aînesse, mais du droit de
vertu. Je t'aime de tout mon cœur, et suis de votre majesté, sire, le très-humble et très-fidèle sujet.

15 avril.

Tu m'adresses plusieurs questions auxquelles je vous

drais pouvoir répondre, pour te prouver au moins que je suis attentif à toutes les paroles que trace ta plume. Pour procéder à la manière de mon cher Franklin, les voici dans l'ordre où tu les as posées : 1° Pourquoi suis-je si triste? 2° Si tu n'étais pas si différent de moi, t'aimerais-je autant? 3° Suis-je pour quelque chose dans vos discours? 4° A quand donc la conclusion? 5° Quand pourrai-je m'asseoir? etc.

J'ai répondu hier à la première question : c'est que travailler pour la gloire est à la fois un rôle d'empereur et un métier de forçat ; c'est que tu es enfermé dans ta volonté comme dans une forteresse, et que le moindre insecte qui effleure de l'aile les vitraux de ton donjon te fait tressaillir et réveille en toi le douloureux sentiment de ta captivité. Prométhée, prends courage! tu es plus grand, couché sur ton roc, avec les serres d'un vautour dans le cœur, que les faunes des bois dans leur liberté. Ils sont libres, mais ils ne sont rien, et tu ne pourrais être heureux à leur manière. C'est ici le lieu de répondre à ta cinquième question : *Quand pourrai-je m'asseoir avec toi dans les longues herbes, sur les rives d'un torrent?* —Jamais, Éverard, à moins qu'une armée ennemie ne fût sur l'autre rive et que tu n'attendisses là le signal du combat. Mais oublier la guerre et dormir dans les roseaux, toi? Je voudrais savoir quels rêves fit Marius dans le marais de Minturnes ; à coup sûr, il ne s'entretint pas avec les paisibles naïades. Hommes de bruit, ne venez pas mettre vos pieds sanglants et poudreux dans les ondes pures qui murmurent pour nous ; c'est à nous, rêveurs inoffensifs, que les eaux de la montagne appartiennent ; c'est à nous qu'elles parlent d'oubli et de repos, conditions de notre humble bonheur qui vous feraient rire de pitié. Laissez-nous cela, nous vous abandonnons tout le reste, les lauriers et les autels, les travaux et le triomphe. — Si quelque jour, blessé dans la lutte ou prisonnier sur parole, tu viens t'asseoir près de ton frère le bohémien, nous regarderons les cieux ensemble, et je te parlerai des astres qui président à la destinée des mortels. Voilà, je le sais, tout ce qui pourra t'intéresser, tout ce que tu voudras voir dans les eaux limpides ; ce sera le reflet incertain et tremblant de ton étoile, et tu te hâteras de la chercher à la voûte céleste pour t'assurer qu'elle y brille encore de tout son éclat. Non, non, tu n'aimerais pas ces vallées silencieuses où l'aigle est roi et non pas l'homme, ces lacs où le cri de la plus petite sarcelle trouverait plus d'échos que ta parole. Les déserts que vous ne pouvez soumettre à la charrue ou au glaive, ces monts escarpés, ce sol rebelle, ces impénétrables forêts, où l'artiste va pieusement évoquer les sauvages divinités retranchées là contre les assauts de l'industrie humaine, tout cela n'est pas la patrie de ton intelligence. Il te faut des villes, des champs, des soldats, des ouvriers, le commerce, le travail, tout l'attirail de la puissance, tous les aliments que les besoins des hommes peuvent offrir à l'orgueil des dieux. Les dieux dominent et protègent ; quand tu dis que tu les portes avec amour dans ton sein, ces pauvres Pygmées humains, tu veux dire, Hercule, que tu les portes dans ta peau de lion ; mais tu ne pourrais t'endormir à l'ombre des bois sans qu'ils s'acharnassent à te réveiller. Ils te tourmenteraient dans tes rêves, et les orages de ton âme troubleraient la sérénité de l'air jusque sur la cime du Mont-Blanc. Mon pauvre frère, j'aime mieux mon bâton de pèlerin que ton sceptre. Mais puisque la royauté de l'intelligence t'a ceint de sa couronne de feu, puisque la passion d'être grand est entrée dans ton sang, avec la vie, puisque tu ne peux abdiquer, et que le repos te tuerait plus vite que ne le fera la fatigue, loin de contempler ta destinée avec cette froide philosophie que pourrait me suggérer le sentiment de mon impuissance, je veux sans cesse te plaindre et t'admirer, ô sublime *misérable!* Mais n'étant bon à rien qu'à causer avec l'écho, à regarder lever la lune et à composer des chants mélancoliques ou moqueurs pour les étudiants poëtes et les écoliers amoureux, j'ai pris, comme je te le disais hier, l'habitude de faire de ma vie une véritable école buissonnière où tout consiste à poursuivre des papillons le long des haies, tombant parfois le nez dans les épines pour avoir une fleur qui s'effeuille dans ma main avant que je l'aie respirée, à chanter avec les grives et à dormir sous le premier saule venu, sans souci de l'heure et des pédants. Ce que je puis faire de mieux, c'est de planter à ton intention un laurier dans mon jardin. A chaque belle action que l'on me racontera de toi, je t'en enverrai une feuille, et tu te souviendras un instant de celui qui rit de toutes les idées représentées par des cuistres, mais qui s'incline religieusement devant un grand cœur où réside la justice.

Deuxième question. — *Si tu n'étais pas si différent de moi à tous égards, t'aimerais-je autant ?* Voici ma réponse : Non, certes, tu ne m'aimerais pas de même ; tu me sais gré d'avoir un peu de force dans un corps si chétif et dans une condition si humble. Tu m'estimes d'autant plus que tu supposes qu'il m'a été plus difficile d'être un peu estimable dans des circonstances sociales où tout tend à dégrader les âmes qui se laissent aller. Tu me crois probablement très-supérieur aujourd'hui à ce que j'ai pu être auparavant, et tu ne te trompes pas. Mes souvenirs ne sont pas faits pour me donner de l'orgueil ;

mais ce que j'ai conservé de bon dans l'âme me console un peu du passé, et m'assure encore de belles amitiés pour le présent et l'avenir. C'est tout ce qu'il me faut désormais. Je n'ai nulle espèce d'ambition, et le tout petit bruit que je fais comme artiste ne m'inspire aucune jalousie contre ceux qui ont mérité d'en faire davantage. Les passions et les fantaisies m'ont rendu malheureux à l'excès dans des temps donnés : je suis guéri radicalement des fantaisies par l'effet de ma volonté, je le serai bientôt des passions par l'effet de l'âge et de la réflexion. A tous autres égards, j'ai toujours été et serai toujours parfaitement heureux, par conséquent toujours équitable et bon en tout, sauf les cas d'amour, où je ne vaux pas le diable, parce qu'alors je deviens malade, *spleenetic and rash*.

— *Suis-je pour quelque chose dans vos discours ?* — Il n'est guère question que de toi. Les membres ne peuvent guère oublier le cœur où reflue tout leur sang. Avant de te voir, cela m'impatientait au point que j'ai pris le parti d'aller te trouver encore cette année, afin d'avoir, au retour, le droit de dire comme les autres : *Everard pense... Everard veut... Everard m'a dit...* etc. : pour que toutes ces idolâtries ne te gâtent pas !

— *A quand donc la conclusion ? et si tu meurs sans avoir conclu!* — Ma foi ! meure le petit George quand Dieu voudra, le monde n'en ira pas plus mal pour avoir ignoré sa façon de penser. Que veux-tu que je te dise? il faut que je te parle encore de moi, et rien n'est plus insipide qu'une individualité qui n'a pas encore trouvé le mot de sa destinée. Je n'ai aucun intérêt à formuler une opinion quelconque. Quelques personnes qui lisent mes livres ont le tort de croire que ma conduite est une profession de foi, et le choix des sujets de mes historiettes une sorte de plaidoyer contre certaines lois. Bien loin de là, je reconnais que ma vie est pleine de fautes, et je croirais commettre une lâcheté si je me battais les flancs pour trouver une philosophie qui en autorisât l'exemple. D'autre part, n'étant pas susceptible d'envisager avec enthousiasme certains côtés réels de la vie, je ne saurais regarder ces fautes comme assez graves pour exiger réparation ou expiation. Ce serait leur faire trop d'honneur, et je ne vois pas que mes torts aient empêché ceux qui s'en plaignent le plus de se bien porter. Tous ceux qui me connaissent depuis longtemps m'aiment assez pour me juger avec indulgence et pour me pardonner le mal que j'ai pu me faire. Mes écrits, n'ayant jamais rien conclu, n'ont causé ni bien ni mal. Je ne demande pas mieux que de leur donner une conclusion, si je la trouve ; mais ce n'est pas encore fait, et je suis trop peu avancé sous certains rapports pour oser hasarder mon mot. J'ai horreur du pédantisme de la vertu. Il est peut-être utile dans le monde ; pour moi, je suis de trop bonne foi pour essayer de me réconcilier par un acte d'hypocrisie avec les sévérités que mon irrésolution (courageuse et loyale, j'ose le dire) attire sur moi. J'en supporterai la rigueur, quelque pénible qu'elle me puisse être, tant que je n'aurai pas la conviction intime que j'attends. Me blâmes-tu ? Je suis dans un tout petit cercle de choses, et pourtant tu peux le comparer, à l'aide d'un microscope, à celui où tu existes. Voudrais-tu, pour acquérir plus de popularité ou de renommée, feindre d'avoir les opinions qu'on t'imposerait, et proposer comme article de foi ce qui ne serait encore qu'à l'état d'embryon dans ta conscience ? Je tenais trop à ton estime pour ne pas t'exposer ma situation ; c'est un peu long : pardonne-moi d'avoir parlé si sérieusement du côté sérieux de ma vie ; ce n'est pas ma coutume. Adieu; je t'envoie un petit paquet de pages imprimées que j'ai choisies pour toi dans ma collection, hélas ! beaucoup trop volumineuse !

18 avril.

Ami, tu me reproches sérieusement mon athéisme social; tu dis que tout ce qui vit en dehors des doctrines de l'utilité ne peut jamais être ni vraiment grand ni vraiment bon. Tu dis que cette indifférence est coupable, d'un funeste exemple, et qu'il faut en sortir, ou me suicider moralement, couper ma main droite et ne jamais converser avec les hommes. Tu es bien sévère ; mais je t'aime ainsi, cela est beau et respectable en toi. Tu dis encore que tout système de non-intervention est l'excuse de la lâcheté ou de l'égoïsme, parce qu'il n'y a aucune chose humaine qui ne soit avantageuse ou nuisible à l'humanité. Quelle que soit mon ambition, dis-tu, soit que je désire être admiré, soit que je veuille être aimé, il faut que je sois charitable, et charitable avec discernement, avec réflexion, avec science, c'est-à-dire philanthrope. J'ai l'habitude de répondre par des sophismes et des facéties à ceux qui me tiennent ce langage; mais ici c'est différent, je te reconnais le droit de prononcer cette grande parole de vertu, que j'ose à peine répéter moi-même après toi. J'y ai toujours été des plus rétifs, et la faute en est à ceux qui m'ont voulu baptiser avec des mains impures. Quand on veut laver la souillure du péché, il faut être Jean-Baptiste pour le plus obscur catéchumène, tout aussi bien que pour le Christ, et les cheveux de Madeleine ne doivent point essuyer les pieds qui marchent dans les voies de l'erreur.

O toi qui m'interroges, as-tu quitté les sentiers dangereux où la jeunesse se précipite? Retiré dans le sanctuaire de ta volonté, as-tu pratiqué, depuis ces années sévères de ta réflexion, les vertus antiques que tu prises au-dessus de tout : la tempérance, la charité, le travail, la constance, le désintéressement, la *sainte simplicité* de Jean Hus?—Oui, tu l'as fait, je le sais; eh bien! parle : mon orgueil se révolte contre ceux qui ne sont pas plus grands que moi et qui veulent me mettre à leurs pieds. Toi qui n'as pas seulement la puissance de l'entendement, mais la force du cœur, parle; je répondrai comme à un juge légitime et t'obéirai en te parlant de moi tant que tu voudras, car je confesse qu'il y avait plus de paresse coupable de ma part à l'éviter que de véritable modestie.

O mon frère! ceci est un entretien grave, une époque grave dans ma pauvre vie! je ne suis point venu ici avec un sentiment d'abnégation enthousiaste, mais avec une sérieuse volonté de ne voir en toi que ce qu'il y aurait de vraiment beau. J'étais cuirassé contre les effets magnétiques qui sont toujours à craindre dans un contact avec les hommes supérieurs. Aussi je puis dire que je n'ai point été ébloui par le prestige que tu exerces sur les autres; les lignes romaines de ton front, la puissance de ta parole, l'éclat et l'abondance de tes pensées ne m'ont jamais occupé. Ce qui m'a touché et convaincu, c'est ce que je t'ai entendu dire, ce que je t'ai vu faire de plus simple, une parole douce et naïve au milieu de la plus vive exaltation, une familiarité brusque et chaste, une exquise pureté dans toutes les expressions et dans tous les sentiments. On ne peut pas inventer de plus folle calomnie contre toi que l'accusation de cupidité. Je voudrais bien que tes ennemis politiques pussent me dire en quoi l'argent peut être désirable pour un homme sans vices, sans fantaisies, et qui n'a ni maîtresses, ni cabinet de tableaux, ni collection de médailles, ni chevaux anglais, ni luxe, ni mollesse d'aucun genre? C'est beaucoup,

Éverard, c'est presque tout à mes yeux maintenant que l'absence de vices. C'est de cela qu'on ne peut pas douter, tandis que les qualités peuvent se parer de tant de noms qui ne leur appartiennent pas ! mais qui peut suspecter la sobriété tranquille avec laquelle une âme forte use des biens de la vie? de quelle équivoque, de quelle hypocrisie ont jamais besoin les obscures vertus domestiques?

Tu me parlais de l'immense organisation de Mirabeau, toute pétrie de vices et de vertus. Je ne suis pas assez enthousiaste de la bigarrure pour trouver la statue de diamant et de boue plus belle et plus imposante que la statue d'or pur. Mon ami Henri Heine a dit, en parlant de Spinosa : « Sa vie privée fut exempte de blâme ; elle est demeurée pure et sans tache comme celle de son divin parent Jésus-Christ. » Ces simples paroles me font aimer Spinosa. C'est par là seulement sans doute que mon faible cerveau eût pu mesurer sa grandeur. Il y a aussi en toi, mon cher frère, un côté que je ne connais pas, parce que mon esprit, paresseux ou impuissant, n'a pénétré dans aucune science. Je comprends ce que tu es, et non ce que tu fais. Je vois le mécanisme de cette belle machine à idées ; mais la valeur et l'usage de ses produits me sont inconnus et indifférents. Je vois que le mot de vertu en est le levier formidable, et je sais que ce mot a un sens toujours un et magnifique, quelle qu'en soit l'application : abnégation et sacrifice éternel de toutes les satisfactions vulgaires de l'esprit ou des sens à une satisfaction suprême et divine ; consécration d'une existence humaine au culte d'une volonté vaste et intelligente qui en est le foyer. C'est la vertu, c'est la force, c'est la tendance de l'âme à s'élever au plus haut possible, pour embrasser d'un regard plus de choses que le vulgaire, et pour semer sur un champ plus vaste les bienfaits de sa puissance. C'est l'ambition généreuse, c'est la foi, c'est la science, c'est l'art, c'est toutes les formes que prend la Divinité pour se manifester dans l'homme. C'est pourquoi régner, même en vertu des droits les plus grossiers et les plus iniques, même au prix du repos et de la vie, a toujours été le plus ardent désir des hommes ; et il ne faut pas s'en étonner. Régner tant bien que mal, c'est exercer un semblant de vertu et de force morale. Si les paroles humaines ont un sens dans le grand livre de la nature, ces deux paroles sont absolument synonymes, et déjà dans notre langue elles le sont souvent. J'ai écrit tout à l'heure, « régner en *vertu* d'un droit *inique*, » ce qui est très-français, je crois, et ne présente aucun contre-sens, que je sache.

Tout ce qui est difficile à faire excite l'étonnement des hommes et mérite leur admiration en raison directe de l'avantage qu'ils retirent de cet emploi de forces ; et comme rien dans les œuvres de Dieu ne peut être, aux yeux de l'homme, plus grand et plus précieux que sa propre existence, il est évident que ce qu'il appelle le sentiment de l'équité naturelle est la conscience raisonnée de ce qui lui est utile. Le plus simple effort de ce raisonnement lui prouvant qu'il ne peut vivre isolé, il a dû, au sortir de l'état le plus primitif qu'on puisse supposer, s'essayer aux associations et se grouper par peuplades autour d'un système de lois dictées par les plus habiles ou les plus forts. Ceux qui ont réussi à faire ces lois dans leur intérêt personnel ont commencé la guerre éternelle entre les hommes de résistance et les hommes d'oppression ; à leur tour, les hommes de résistance ont combattu, et sont devenus oppresseurs par le droit de la force. Dans tout cela, où est la justice ?

Levez-vous, hommes choisis, hommes divins, qui avez inventé la vertu ! Vous avez imaginé une félicité moins grossière que celle des hommes sensuels, plus orgueilleuse que celle des braves. Vous avez découvert qu'il y avait, dans l'amour et dans la reconnaissance de vos frères, plus de jouissance que dans toutes les possessions qu'ils se disputaient. Alors, retranchant de votre vie tous les plaisirs qui faisaient ces hommes semblables les uns aux autres, vous avez flétri sagement du nom de vice tout ce qui les rendait heureux, par conséquent avides, jaloux, violents et insociables. Vous avez renoncé à votre part de richesse et de plaisir sur la terre, et vous étant ainsi rendus tels que vous ne pouviez plus exciter ni jalousie ni méfiance, vous vous êtes placés au milieu d'eux comme des divinités bienfaisantes pour les éclairer sur leurs intérêts et pour leur donner des lois utiles. Vous leur avez dit que donner était plus beau que posséder, et là où vous avez commandé, la justice a régné ; quels sophismes pourraient combattre votre excellence, ô sublimes vaniteux? Il n'y a rien au monde de plus grand que vous, rien de plus précieux, rien de plus nécessaire.

Allez et parlez de vertu ; un jour viendra où les sensualistes qui vous raillent, aux prises avec l'avidité et la vengeance de ceux qui jusqu'ici n'ont pu satisfaire les jouissances des sens, comprendront qu'il est un sort plus digne d'envie et plus à l'abri de l'orage que le leur ; ils comprendront que la raison populaire plane sur le monde, qu'elle a forcé la porte des boudoirs, qu'elle peut s'arroger le droit de jouir à son tour, et de renvoyer les vaincus à la charrue, au toit de chaume, et au crucifix, seule consolation du pauvre. Ils seront bien heureux alors de rencontrer, entre eux et la haine du vainqueur, la main de l'homme vertueux pour partager les biens de la terre entre le riche et le pauvre, et pour expliquer à tous deux ce que c'est que la justice.

Je ne sais s'il arrivera jamais un jour où l'homme décidera infailliblement et définitivement ce qui est utile à l'homme. Je n'en suis pas à examiner dans ses détails le système que tu as embrassé : j'en plaisantais l'autre jour ; mais, du moment que tu m'amènes à parler raison (ce qui, je te le déclare, n'est pas une médiocre victoire de ta force sur la mienne), je te dirai bien que la grande loi d'égalité et de partage, tout inapplicable qu'elle paraisse maintenant à ceux qui en ont peur, et tout incertain que me semble son règne sur la terre, à moi qui vois ces choses du fond d'une cellule, est la première et la seule invariable loi de morale et d'équité qui se soit présentée à mon esprit dans tous les temps. Tous les détails scientifiques par lesquels on arrive à formuler une pensée me sont absolument étrangers ; et quant aux moyens par lesquels on parvient à la faire dominer dans le monde, malheureusement ils me semblent tous tellement soumis aux doutes, aux contestations, aux scrupules et aux répugnances de ceux qui se chargent de l'exécution, que je me sens pétrifié par mon scepticisme quand j'essaye seulement d'y porter les yeux et de voir en quoi ils consistent. Ce n'est pas mon fait. Je suis de nature poétique et non législative, guerrière au besoin, mais jamais parlementaire. On peut m'employer à tout en me persuadant d'abord, en me commandant ensuite ; mais je ne suis propre à rien découvrir, à rien décider. J'accepterai tout ce qui sera bien. Ainsi, demande mes biens et ma vie, ô Romain ! mais laisse mon pauvre esprit aux sylphes et aux nymphes de la poésie. Que t'importe ? tu trouveras bien assez de têtes qui voudront délibérer plus qu'il ne sera besoin. Ne sera-t-il pas permis aux ménestrels de chanter des romances aux femmes, pendant que vous ferez des lois pour les hommes ?

Voilà où j'en voulais venir, Éverard : c'est à te dire que la vertu n'est pas nécessaire à tous, mais à quelques-uns seulement ; ce qui est nécessaire à tous, c'est l'honnêteté. Sois vertueux, je tâche d'être honnête. L'honnêteté, c'est cette sagesse instinctive, cette modération naturelle dont je parlais tout à l'heure, cette absence de vices, c'est-à-dire de passions fougueuses, nuisibles à la société, en ce qu'elles tendent à accaparer les sources de jouissances réparties également entre les hommes dans les desseins de la nature providentielle. Il faut que les gouvernés soient honnêtes, tempérants, probes, *moraux* enfin, pour que les gouvernants puissent bâtir sur leurs épaules fermes et soumises un édifice durable. Je suis loin encore de ce qu'on appelle les *vertus républicaines*, de ce que j'appellerai, en style moins pompeux, les qualités de l'individu gouvernable ou du citoyen. J'ai mal vécu, j'ai mal usé des biens qui me sont échus, j'ai négligé les œuvres de charité ; j'ai passé mes jours dans la mollesse, dans l'ennui, dans les larmes vaines, dans les folles amours, dans les frivoles plaisirs. Je me suis prosterné devant des idoles de chair et de sang, et j'ai laissé leur souffle enivrant effacer les sentences austères que la sagesse des livres avait écrites sur mon front dans ma jeunesse ; j'ai permis à leur innocent despotisme de dévouer mes jours à des amusements puérils, où se sont longtemps éteints le souvenir et l'amour du bien ; car j'avais été honnête autrefois, sais-tu bien cela, Éverard? *Ceux d'ici* te le diront : c'est de notoriété bourgeoise dans notre pays ; mais il y avait peu de mérite ; j'étais jeune, et les funestes amours n'étaient pas encore éclos dan mon sein. Ils y ont étouffé bien des qualités ; mais je sai qu'il en est auxquelles je n'ai pas fait la plus légère tach au milieu des plus grands revers de ma vie, et qu'aucun des autres n'est perdue pour moi sans retour. Ainsi je réponds à la question que tu m'adressais l'autre jour : Est-ce par impuissance ou par indifférence que tu tardes à à être bon ? — Ni l'un ni l'autre ; c'est que j'ai été détourné de ma route, emmené prisonnier par une passion dont je ne me méfiais pas et que je croyais noble et sainte. Elle l'est sans doute ; mais je lui ai laissé prendre trop ou trop peu d'empire sur moi. Ma force virile se révoltait en vain contre elle ; une lutte affreuse a dévoré les plus belles années de ma vie ; je suis resté tout ce temps dans une terre étrangère pour mon âme, dans une terre d'exil et de servitude, d'où me voici échappé enfin, tout meurtri, tout abruti par l'esclavage, et traînant encore après moi les débris de la chaîne que j'ai rompue, et qui me coupe encore jusqu'au sang chaque fois que je fais un mouvement en arrière pour regarder les rives lointaines et abandonnées. Oui, j'ai été esclave ; plains-moi, homme libre, et ne t'étonne pas aujourd'hui de voir que je ne peux plus soupirer qu'après les voyages, le grand air, les grands bois et la solitude. Oui, j'ai été esclave, et l'esclavage, je puis te le dire par expérience, avilit l'homme et le dégrade. Il le jette dans la démence et dans la perversité ; il le rend méchant, menteur, vindicatif, amer, plus détestable vingt fois que le tyran qui l'opprime ; c'est ce qui m'est arrivé, et, dans la haine que j'avais conçue contre moi-même, j'ai désiré la mort avec rage tous les jours de mon abjection.

Cependant je suis ici, et j'y suis avec une flèche brisée dans le cœur ; c'est ma main qui l'a brisée, c'est ma main qui l'arrachera ; car chaque jour je l'ébranle dans mon sein, ce dard acéré, et chaque jour, faisant saigner ma plaie et l'élargissant, je sens avec orgueil que j'en retire le fer et que mon âme ne le suit pas. Ce n'est donc pas un incurable et un infirme qui est là devant toi ; c'est un prisonnier échappé et blessé qui peut guérir et faire encore un bon soldat. Ne vois-tu pas que je n'ai rapporté aucun vice de la terre d'Égypte, et que je suis encore sobre et robuste pour traverser le grand désert ? Regarde seulement à qui tu parles maintenant : ce n'est plus à un efféminé et à un prodigue ; ce n'est plus à un de ces jeunes Athéniens à chevelure parfumée, qu'Aristophane châtiait en les interpellant au milieu de ses drames, et qu'il livrait, en les désignant par leur nom et en les montrant du doigt, à la censure publique ; c'est à une espèce de garçon de charrue, coiffé d'un chapeau de jonc, vêtu d'une blouse de roulier, chaussé de bas bleus et de souliers ferrés. Ce pénitent rustique est encore capable, comme toi, de tempérance, de charité, de travail, de constance, de désintéressement et de simplicité ; il sera en outre chaste et sincère, parce qu'il abdique sa grande folie, l'amour !

République, aurore de la justice et de l'égalité, divine utopie, soleil d'un avenir peut-être chimérique, salut ! rayonne dans le ciel, astre que demande à posséder la terre. Si tu descends sur nous avant l'accomplissement des temps prévus, tu me trouveras prêt à te recevoir, et tout vêtu déjà conformément à tes lois somptuaires. Mes amis, mes maîtres, mes frères, salut ! mon sang et mon pain vous appartiennent désormais, en attendant que la république les réclame. Et toi, ô grande Suisse ! ô vous, belles montagnes, ondes éloquentes, aigles sauvages, chamois des Alpes, lacs de cristal, neiges argentées, sombres sapins, sentiers perdus, roches terribles ! ce ne peut être un mal que d'aller me jeter à genoux, seul et pleurant, au milieu de vous. La vertu et la république ne peuvent défendre à un pauvre artiste chagrin et fatigué d'aller prendre dans son cerveau le calque de vos lignes sublimes et le prisme de vos riches couleurs. Vous lui permettrez bien, ô échos de la solitude, de vous raconter ses peines; herbe fine et semée de fleurs, vous lui fournirez bien un lit et une table; ruisseaux limpides, vous ne retournerez pas en arrière quand il s'approchera de vous; et toi, botanique, ô sainte botanique! ô mes campanules bleues qui fleurissez tranquillement sous la foudre des cataractes! ô mes panporcini d'Oliero que je trouvai endormis au fond de la grotte et repliés dans vos calices, mais qui au bout d'une heure, vous éveillâtes autour de moi comme pour me regarder avec vos faces fraîches et vermeilles! ô ma petite sauge du Tyrol! ô mes heures de solitude, les seules de ma vie que je me rappelle avec délices!

Mais toi, idole de ma jeunesse, amour dont je déserte le temple à jamais, adieu! Malgré moi mes genoux plient et ma bouche tremble en te disant ce mot sans retour. Encore un regard, encore l'offrande d'une couronne de roses nouvelles, les premières du printemps, et adieu! C'est assez d'offrandes, c'est assez de prosternations! Dieu insatiable, prends des lévites plus jeunes et plus heureux que moi, ne me compte plus au nombre de ceux qui viennent t'invoquer. — Mais il m'est impossible, hélas! en te quittant, de te maudire; ô tourments et délices! je ne peux pas même te jeter un reproche; je déposerai à tes pieds une urne funéraire, emblème de mon éternel veuvage. Tes jeunes lévites la jetteront par terre en dansant autour de ta statue; ils la briseront et continueront d'aimer. Règne, amour, règne, en attendant que la vertu et la république te coupent les ailes.

20 avril.

Qu'as-tu donc? et pourquoi tant de tristesse parfois dans ton âme? Pourquoi dis-tu que le Seigneur s'est retiré de toi? Pourquoi demandes-tu au plus faible et au plus insoumis de tes enfants de te venir en aide et de t'encourager? Maître, qu'avez-vous rêvé cette nuit, et pourquoi vos disciples, accoutumés à recevoir de vous la manne de l'espérance, vous trouvent-ils abattu et tremblant?

Hélas! tu trouves que c'est bien long à venir, l'accomplissement d'une grande destinée! Les heures se traînent, ton front se dégarnit, ton âme se consume et le genre humain ne marche pas. Tes grands désirs se heurtent contre les murs d'airain de l'insensibilité et de la corruption. Tu te vois seul, pauvre homme de bien, au milieu d'un monde d'usuriers et de brutes. Tes frères dispersés et persécutés te font entendre de loin la voix mourante de l'héroïsme que l'avarice et la luxure étouffent dans leurs bras hideux. Encore un peu de temps peut-être, et la *triste innocence* va périr sous le vice dont les hommes ne rougissent plus. Voilà ce qui me tue, moi! Quand la voix de l'enthousiasme se réveille dans mon sein, le contact de l'humanité hostile ou insensible à mes rêves me glace et refoule en moi ces élans juvéniles. Alors, voyant mon indignation ridicule à force d'impuissance, voyant ces hommes gras et grossiers jeter un regard de bravade et de mépris sur mes faibles bras, et proclamer le droit du plus fort quand on leur parle d'équité, je me mets à rire et je dis à mes compagnons : Couvrons-nous d'or et de pourpre; buvons le nectar et le madère, étouffons dans nos âmes le dernier germe de vertu; puisque aussi bien il faut que la vertu succombe, faisons-nous tuer en chantant sur les ruines de son temple.

Mais, toi, mon frère, tu n'es pas longtemps en proie à ces accès de lâcheté. Bientôt tu sors de ta langueur; bientôt ta force, engourdie par un instant de froid, se réveille, et le vieux lion secoue sa crinière. Ce serait en vain que le monde tomberait en poussière autour de toi; tu te ferais marbre alors, et, comme Atlas, tu porterais la terre sur tes épaules inébranlables. Aussi, les nuages qui passent sur ton grand front n'inquiètent pas les hommes que tu rallies autour de toi. Ils jouent le même jeu que toi. Que leur importe ta tristesse, pourvu qu'au jour de l'action tu ne restes pas plus couché qu'à l'ordinaire? Moi seul, peut-être, te plains comme tu le mérites; car j'ai sondé les abîmes de ta douleur et je sais combien le doute répand d'amertume sur nos plus belles conquêtes. Je connais ces heures de la nuit où l'on se promène seul dans le silence, sous le froid regard de la lune et des étoiles qui semblent vous dire: Vous n'êtes que vanité, grains de sable; demain vous ne serez plus, et nous n'en saurons rien.

Quand cela t'arrive, maître, il faut te quitter toi-même et venir à nous. Tu lutteras en vain contre la grande voix de l'univers; les astres éternels auront toujours raison, et l'homme, quelque grand qu'il soit parmi les hommes, sera toujours saisi d'épouvante quand il voudra interroger ce qui est au-dessus de lui. O silence effrayant, réponse éloquente et terrible de l'éternité!

Reviens à nous, assieds-toi sur l'herbe de notre cap Sunium, au milieu de tes frères. Debout, tu les dépasses trop, et tu es seul. Descends, descends, et laisse-toi consoler. Il y a encore autre chose que la grandeur et la force; c'est la bonté, c'est le lien le plus suave et le plus immaculé qui soit parmi les hommes. Une larme fait souvent plus de bien sur la terre que les victoires de Spartacus. Tu l'as en toi, ce trésor de la bonté, homme trop riche en grandeurs ! Partage-le avec nous ; aux heures où tu n'es pas obligé de ceindre la cuirasse et l'épée, oublie un peu le passé et l'avenir. Donne le présent à l'amitié. Il n'y a plus que cela dont je ne puisse pas douter. Si tu savais quels amis le ciel m'a donnés ! Tu le sais, tu les connais, ils sont tes frères ; mais tu ne peux savoir l'étendue de leurs bienfaits envers moi. Tu ne sais pas de quels gouffres de désespoir ils m'ont cent fois retiré, avec leur inépuisable patience, avec leur sublime miséricorde, quand je repoussais leurs bras avec colère, avec méfiance, et que je leur crachais à la figure mon ingratitude et mon scepticisme.

Bénis soient-ils ! ils m'ont fait croire à quelque chose ; ils ont planté dans mon naufrage une ancre de salut. Tu ne connaîtras peut-être jamais, hélas ! toute la grandeur de l'amitié. Tu n'en auras pas besoin, toi. Ce que tu inspires, c'est de l'admiration et non de la pitié. La Providence envoie ce dédommagement aux êtres faibles, comme elle envoie les brises bienfaisantes du soir aux brins d'herbe abattus et couchés par la chaleur du jour. Mais aime mes amis à cause de ce que je leur dois, et quand tu seras brisé par l'esprit de Jacob, viens chercher un peu d'oubli et de sérénité parmi eux. Ils sont plus gais que toi ; ils n'ont pas étendu sur leurs os le cilice de la vertu. Ils sont bons, honnêtes, prêts à tout faire pour leur cause ; mais l'heure du martyre ne sonnera peut-être pas pour eux. Si elle arrive, leur martyre ne sera pas long ni difficile à subir : le temps de s'embrasser et d'aller mourir. Qu'est-ce que cela ? Toi, tu es entré dans ton agonie le jour où tu es né, et le sceau de la douleur t'avait marqué au front dans le sein de ta mère. Viens, nous respecterons ta peine et nous tâcherons d'en alléger le poids.

22 avril.

Tu me demandes la biographie de mon ami Néraud, la voici. Le Malgache (je l'ai baptisé ainsi à cause des longs récits et des féeriques descriptions qu'il me faisait autrefois de l'île de Madagascar, au retour de ses grands voyages) s'enrôla de bonne heure sous le drapeau de la république. Tu l'as vu ; c'est un petit homme sec et cuivré, un peu plus mal vêtu qu'un paysan ; excellent piéton, facétieux, un peu caustique, brave de sang-froid, courant aux émeutes lorsqu'il était étudiant et recevant de grands coups de sabre sur la tête sans cesser de persifler la gendarmerie dans le style de Rabelais, pour lequel il a une prédilection particulière. Partagé entre deux passions, la science et la politique, au lieu de faire son droit à Paris, il allait du club carbonaro à l'école d'anatomie comparée, rêvant tantôt à la reconstruction des sociétés modernes, tantôt à celle des membres du palœotherium dont Cuvier venait de découvrir une jambe fossile. Un matin qu'il passait auprès d'une plate-bande du Jardin des Plantes, il vit une fougère exotique qui lui sembla si belle dans son feuillage et si gracieuse dans son port, qu'il lui arriva ce qui m'est arrivé souvent dans ma vie ; il devint amoureux d'une plante et n'eut plus de rêves et de désirs que pour elle. Les lois, le club et le palœotherium furent négligés, et la sainte botanique devint sa passion dominante. Un matin il partit pour l'Afrique, et, après avoir exploré les îles montagneuses de la mer du Sud, il revint efflanqué, bronzé, en guenilles, ayant supporté les plus sévères privations et les plus rudes fatigues; mais riche selon son cœur, c'est-à-dire muni d'un herbier complet de la flore madécasse, guirlande étrange et magnifique, ravie au sein d'une noire déesse. C'était peut-être une fortune, c'était du moins une ressource. Mais l'amant de la science mit sa conquête aux pieds de M. de Jussieu, et se trouva récompensé au delà de ses désirs lorsque le grand prêtre de Flore accorda le nom de *Neraudia melastomefolia* à une belle fougère de l'île Maurice, jusqu'alors inconnue à nos botanistes. Ce fut à cette époque que, voyant passer le convoi de Lallemant, il quitta la botanique pour la patrie, comme il avait quitté la patrie pour la botanique, et, après avoir eu le crâne ouvert par le sabre d'un dragon, il revint dans sa famille, volatile éclopée,

> Traînant l'aile et tirant le pied,
> Demi-morte et demi-boiteuse.

Pour le retenir dans ses pénates, son père imagina de lui donner un carré de terre, sur un coteau ravissant, où je veux te mener promener la première fois que tu viendras nous voir. Notre Malgache y planta des arbres exotiques, fit pousser des fleurs malgaches dans notre sol berrichon, et éleva au milieu de ses bosquets un joli ajoupa indien qu'il remplit de ses livres et de ses collections. Un matin, comme je passais dans le ravin au lever du soleil, j'arrêtai le galop de mon cheval pour contempler avec admiration des fleurs éclatantes qui s'élevaient majestueusement au-dessus de la haie. C'étaient les premiers dahlias qu'on eût vus dans notre pays et que j'eusse vus de ma vie. J'avais seize ans. O le bel âge pour aimer les fleurs! Je descendis de cheval pour en voler une, et je repartis au galop. Soit que le Malgache, caché dans son ajoupa, eût été témoin du rapt, soit qu'un ami indiscret lui dévoilât mon crime, il m'envoya bientôt après des caïeux de dahlia que je plantai dans mon jardin, et c'est de là que date notre connaissance, mais non pas notre amitié ; nous n'eûmes occasion de nous voir que plusieurs années après. Dans cet intervalle, il avait pris femme, il était devenu père, et il avait augmenté son jardin d'une belle pépinière, au milieu de laquelle il a fait passer un ruisseau.

C'est alors qu'étant tous deux fixés dans le pays, et notre connaissance ayant commencé sous des auspices aussi sympathiques, nous nous liâmes d'une vive amitié. Un voyage de bohémiens que nous fîmes dans les montagnes de la Marche, jusqu'aux belles ruines de Crozant, nous révéla tout à fait l'un à l'autre. Quoique né dans le camp opposé, j'avais toujours eu l'âme républicaine, et je l'avais d'autant plus alors que j'étais plus jeune et plus illusionnable. Il me sut un gré extrême d'appartenir à ces types d'hommes obstinés sur lesquels les préjugés de l'éducation ne peuvent rien, et il me déclara qu'il ne me manquait, pour obtenir sa confiance et son estime entière, que d'être un peu versé dans la botanique. Je lui promis de l'étudier, et, lui aidant, je m'en occupai jusqu'au point de ne rien savoir, mais de tout comprendre dans les mystères du règne végétal, et de pouvoir l'écouter causer tant qu'il lui plairait. Je n'ai jamais connu d'homme aussi agréablement savant, aussi poétique, aussi clair, aussi pittoresque, aussi attachant dans ses leçons. Mon précepteur m'avait fait de la nature une pédante insupportable ; le Malgache m'en fit une adorable maîtresse. Il lui arracha sans pitié la robe bigarrée de grec et de latin au travers de laquelle j'avais toujours frémi de la regarder. Il me la montra nue comme Rhéa, et belle comme elle-même. Il me parlait aussi des étoiles, des mers, du règne minéral, des produits animés de la matière, mais surtout des insectes pour lesquels il avait conçu dès lors une passion presque aussi vive que pour les plantes. Nous passions notre vie à poursuivre les beaux papillons qui errent le matin dans les prairies, lorsque la rosée engourdit encore leurs ailes diaprées. A midi, nous allions surprendre les scarabées d'émeraude et de saphir qui dorment dans le calice brûlant des roses. Le soir, quand le sphinx aux yeux de rubis bourdonne autour des œnothères et s'enivre de leur parfum de vanille, nous nous postions en embuscade pour saisir au passage l'agile mais étourdi buveur d'ambroisie. Rien ne donne l'idée d'un sylphe déguisé allant en conquête, comme un grand sphinx avec sa longue taille, ses ailes d'oiseau, sa figure spirituelle, ses antennes moelleuses et ses yeux fantastiques. Des couleurs sombres et mystérieuses, semées de caractères magiques et indéfinissables, revêtent les ailes supérieures qui se replient sur son dos. Il y a un rapport extraordinaire entre la robe des sphinx et des noctuelles, et le plumage des oiseaux de nuit. Le fauve, le brun, le gris et le jaune pâle s'y mêlent toujours sous le chiffre cabalistique noir et blanc, semé en long, en biais, en travers, en triangle, en croissant, en flèche, sur toutes les coutures. Mais de même que la chouette et l'orfraie cachent sous leur sein un duvet éclatant, de même, quand les sphinx ouvrent leur manteau de velours, on voit les ailes inférieures former une tunique tantôt d'un rouge vif, tantôt d'un vert tendre, et tantôt d'un rose pur orné d'anneaux azurés. Je parie, malheureux que tu es, ô ennemi des dieux ! que tu n'as jamais vu un sphinx ocellé; et cependant nos vignes les voient éclore, ces merveilles de la création qui m'ont toujours semblé trop belles pour ne pas être animées par des esprits de la nuit. Ah! c'est faute de connaître tout cela, hommes infortunés, que vous tenez vos regards invariablement fixés sur la race humaine. Il n'en était pas ainsi de mon Malgache. Il laissait quelquefois son journal du soir dormir sous sa bande bleue jusqu'au lendemain matin, pressé qu'il était de préparer des fleurs dans l'herbier et les insectes sur leur piédestal de moelle de sureau. Quelles belles courses que nous faisions à l'automne, le long des bords de l'Indre, dans les prés humides de la Vallée Noire! Je me souviens d'un automne qui fut tout consacré à l'étude des champignons, et d'un autre automne qui ne suffit pas à l'étude des mousses et des lichens. Nous avions pour bagage une loupe, un livre, une boîte de fer-blanc destinée à recevoir et à conserver les plantes fraîches, et par-dessus tout cela mon fils, un bel enfant de quatre ans qui ne voulait pas se séparer de nous, et qui a pris là et conservé la passion de l'histoire naturelle. Comme il ne pouvait marcher longtemps, nous échangions alternativement le fardeau de la boîte de fer-blanc et celui de l'enfant. Nous faisions ainsi plusieurs lieues à travers les champs, dans le plus grotesque équipage, mais aussi consciencieusement occupés que tu peux l'être au fond de ton cabinet, à cette heure de la nuit où je te raconte les plus belles années de ma jeunesse...

Le rossignol a envoyé une si belle modulation jusqu'à mon oreille que j'ai quitté le Malgache et toi pour aller l'écouter dans le jardin. Il fait une nuit singulièrement mélancolique; un ciel gris, des étoiles faibles et voilées, pas un souffle dans les plantes, une impénétrable obscurité sur la terre. Les grands sapins élèvent leurs masses noires et vagues dans l'air grisâtre. La nature n'est pas

belle ainsi, mais elle est solennelle et parle à un seul de
nos sens, celui dont le rossignol parle si éloquemment
à un être créé pour lui. Tout est silence, mystère, ténèbres;
pas une grenouille verte dans les fossés, pas un insecte
dans l'herbe, pas un chien qui aboie à l'horizon, le murmure de la rivière ne nous arrive même pas ; le vent
souffle du sud et l'emporte en traversant la vallée. Il semble que tout se taise pour écouter et recueillir avidement
cette voix brûlante de désirs et palpitante de joies que le
rossignol exhale. *O chantre des nuits heureuses!* comme
l'appelle Obermann... Nuits heureuses pour ceux qui
s'aiment et se possèdent; nuits dangereuses à ceux qui
n'ont point encore aimé ; nuits profondément tristes pour
ceux qui n'aiment plus ! Retournez à vos livres, vous
qui ne voulez plus vivre que de la pensée, il ne fait pas
bon ici pour vous. Les parfums des fleurs nouvelles, l'odeur de la séve, fermentent partout trop violemment; il
semble qu'une atmosphère d'oubli et de fièvre plane
lourdement sur la tête ; la vie de sentiment émane de
tous les pores de la création. Fuyons ! l'esprit des passions funestes erre dans ces ténèbres et dans ces vapeurs
enivrantes. O Dieu ! il n'y a pas longtemps que j'aimais
encore ; qu'une pareille nuit eût été délicieuse... Chaque
soupir du rossignol frappe la poitrine d'une commotion
électrique. O Dieu! mon Dieu, je suis encore si jeune !

Pardon, pardon, mon ami, mon frère ! à cette heure-ci
tu regardes ces blanches étoiles, tu respires cette nuit
tiède, et tu penses à moi dans le calme de la sainte amitié ; moi, je n'ai pas pensé à toi, Éverard ! J'ai senti des
larmes sur mes joues, et ce n'était ni la puissance de ta
forte parole ni les émotions de tes tragiques et glorieux
récits qui les faisaient couler ; mais c'est un éclair pâle
qui a glissé sur l'horizon, c'est un fantôme incertain qui a

passé là-bas sur les bruyères. Tout est dit : l'esprit du météore n'a plus de pouvoir sur moi, son rayon fugitif peut me faire tressaillir encore comme un voyageur peu aguerri contre les terreurs de la nuit ; mais j'entends du haut de ces étoiles, qui nous servent de messagers, ta voix austère qui m'appelle et me gourmande. Fanatique sublime, je vous suis ; ne craignez rien pour moi des enchantements et des embûches que l'ennemi nous tend dans l'ombre. J'ai pour patron le guerrier céleste qui écrase les dragons sous les pieds de son cheval. C'est Dieu qui conduit ton bras, c'est la bravoure et l'orgueil divin qui rendent tes pieds invulnérables, ô George le bienheureux ! Ami, mon patron est un grand lutteur, un hardi cavalier ; j'espère qu'il m'aidera à dompter mes passions, ces dragons funestes qui essayent encore parfois d'enfoncer leurs griffes dans mon cœur et de l'arracher à son salut éternel.

Je reviens à toi, ami. Ne t'inquiète pas de ces accès d'une émotion que tu ne connais plus. Un jour viendra aussi pour moi, peut-être bientôt, où rien ne troublera plus ma sérénité, où la nature sera un temple toujours auguste, dans lequel je me prosternerai à toute heure pour louer et bénir. Voici d'ailleurs un petit vent qui se lève et qui balaye les vapeurs. Voici une étoile qui montre sa face radieuse, comme un diamant au front du plus haut des arbres du jardin ; je suis sauvé. Cette étoile est plus belle que tous les souvenirs de ma vie, et la partie éthérée de mon âme s'élance vers elle et se détache de la terre et de moi-même. Éverard, est-ce là ton astre ou le mien ? Lui parles-tu maintenant ? Je reviens à l'histoire de mon Malgache, c'est-à-dire... j'y reviendrai demain ; je suis las, et je vais dormir de ce bon et calme sommeil d'enfant que j'ai retrouvé au bercail comme un ange attaché à la garde de mon chevet. Je t'envoie une fleur de mon jardin. Bonsoir, et la paix des anges soit avec toi, confesseur de Dieu et de la vérité !

23 avril.

Je reviens à l'histoire de mon Malgache... Mais je m'aperçois qu'elle est finie ; car je ne fais pas entrer en ligne de compte dans les faits de sa vie une amourette qui faillit le rendre très-malheureux, et qui, Dieu merci, se borna à un épisode sentimental et platonique. Toutefois voici l'épisode :

Une femme de nos environs, à laquelle il envoyait de temps en temps un bouquet, un papillon ou une coquille, lui inspira une franche amitié à laquelle elle répondit franchement. Mais la manie de jouer sur les mots fit qu'il donna le nom d'amour à ce qui n'était qu'affection fraternelle. La dame, qui était notre amie commune, ne se fâcha ni ne s'enorgueillit de l'hyperbole. C'était alors une personne calme et affectueuse, aimant un peu ailleurs, et ne le lui cachant pas. Elle continua de philosopher avec lui et de recevoir ses papillons, ses bouquets et ses poulets, dans lesquels il glissait toujours par-ci par-là un peu de madrigal. La découverte de l'un de ces poulets amena entre le Malgache et une autre personne qui avait des droits plus légitimes sur elle des orages assez violents, au milieu desquels la fantaisie lui prit de quitter le pays et d'aller se faire frère morave. Le voilà donc encore une fois en route, à pied, avec sa boîte de fer-blanc, sa pipe et sa loupe, un peu amoureux, assez malheureux à cause des chagrins qu'il avait causés, mais se sauvant de tout par le calembour, qu'il semait comme une pluie de fleurs sur le sentier aride de sa vie, et qu'il

adressait aux cantonniers, aux mulets et aux pierres du chemin, faute d'un auditoire plus intelligent. Il s'arrêta aux rochers de Vaucluse, décidé à vivre et à mourir sur le bord de cette fontaine où Pétrarque allait évoquer le spectre de Laure dans le miroir des eaux. Je ne m'inquiétais pas beaucoup de cette funeste résolution ; je connais trop mon Malgache pour croire jamais sa douleur irréparable. Tant qu'il y aura des fleurs et des insectes sur la terre, Cupidon ne lui adressera que des flèches perdues. Précisément le mois de mars tapissait des plus vertes fontinales et des plus frais cressons les rives du ruisseau et les parois des rochers de Vaucluse. Le Malgache abandonna le rôle de Cardénio, fit une collection de mousses aquatiques, et vers la fin d'avril il m'écrivit :
— « Tout cela est bel et bon ; mais si mon inhumaine s'imagine que je vais rester ici jusqu'à ce qu'elle juge à propos de couronner ma constance, elle se trompe. Dis-lui qu'elle cesse de pleurer mon trépas, je suis encore sain et dispos. Mon herbier est complet, mes souliers tirent à leur fin, et pendant ce temps-là ma pépinière bourgeonne sans moi. Ce n'est pas mon avis de laisser faire mes greffes par des gringalets. Oppose-toi à ce que personne y mette la main ; je ne demande que le temps de faire rémouler ma serpette, et j'arrive. »

L'infortuné revint et se résigna d'être adoré dans sa famille, aimé saintement de sa Dulcinée, chéri de moi, son frère et son élève. Il se bâtit un joli pavillon sur le coteau, au-dessus de son jardin, de sa prairie, de sa pépinière et de son ruisseau. Peu après il devint père d'un second enfant. Son fils s'appelait Olivier ; voulant aussi donner un nom de plante à sa fille et n'en connaissant pas de plus agréable et de plus estimable que la plante fébrifuge à pétales roses qui croît dans nos prés, il voulut l'appeler *Petite-Centaurée*. Ce fut avec bien de la peine que sa famille le décida à renoncer à ce nom étrange.

La première visite qu'il rendit à la dame de ses pensées après l'équipée de Vaucluse lui coûta bien un peu; il craignait qu'elle ne fût piquée de le voir sitôt consolé et revenu. Mais elle courut à sa rencontre et lui donna en riant deux gros baisers sur les joues. Il entra dans sa chambre et vit qu'elle avait précieusement conservé les fleurs desséchées et les papillons qu'il lui avait donnés autrefois. Elle avait mis en outre sous verre un morceau de cristal de Madagascar, un fragment de basalte de la montagne du Pouce (celle où Paul allait tous les soirs épier à l'horizon maritime la voile qui devait lui ramener Virginie le lendemain matin) et un guépier en forme de rose qui commençait à tomber en poussière. Une grosse larme coula sur la joue basanée de notre Malgache. L'amour s'y noya, l'amitié survécut calme et purifiée.

Maintenant le Malgache, réduit à l'état de momie, mais plus vert et plus actif que jamais, coule des jours purs au fond de sa pépinière. Il a été juge de paix pendant quelque temps ; mais, bientôt dégoûté, comme il dit, des grandeurs et des soucis qu'elles traînent à leur suite, il a donné sa démission et ne veut plus recevoir de lettres que celles qui sont adressées à *M.* ***, *pépiniériste*. Comme il a beaucoup travaillé dans sa retraite, il a beaucoup appris, et c'est aujourd'hui un des hommes les plus savants de France ; mais personne ne s'en doute, pas même lui. Un peu de mélancolie vient bien parfois obscurcir sa brillante gaieté, surtout lorsqu'il gèle en avril pendant que les abricotiers sont en fleur ; et puis le Malgache a une grande qualité et un grand malheur : il est ce que nos bourgeois appellent *cerveau brûlé :* cela veut dire qu'il a l'âme républicaine, qu'il ne trouve pas la société juste et généreuse, et qu'il souffre de ne pouvoir y donner de l'air, du soleil et du pain à tous ceux qui en manquent. — Il se console au milieu d'un petit nombre d'âmes sympathiques qui souffrent et prient avec lui; mais, quand il rentre dans sa solitude, il s'attriste profondément, et il m'écrit : « O mon Dieu ! serions-nous des utopistes, et faudra-t-il mourir en laissant le monde comme il est, sans espoir qu'après nous il s'améliore? N'importe, allons toujours, parlons et agissons comme si nous avions l'espérance ; n'est-ce pas, *vieux ?* »

Il prend alors sa blouse et sa bêche pour chasser le découragement, et quand il a travaillé tout le jour il est calme et humblement philosophe le soir. Il m'écrit alors avec l'encre *de la joie et du contentement*. Ce qu'il appelle ainsi, c'est le jus du raisin d'Amérique, qu'il exprime dans un coquillage et qui produit une belle teinture rouge, malheureusement sujette à pâlir comme toutes les joies possibles. Voici son dernier billet :

« J'ai remarqué sur moi-même que le meilleur traitement pour les maladies morales, c'est l'exercice du corps. Ah! que j'ai brouetté d'ennuis! mes terrasses en sont farcies. Je ne prétends pas faire de toi un terrassier, mais assortir seulement tes occupations à tes forces. — Je viens de terminer mon nouveau cabinet de travail : c'est encore une sorte d'ajoupa que j'ai construit avec des troncs d'arbres recouverts de balais. Une feuille de zinc longue de six pieds me permet d'y braver les averses. Ce charmant édifice s'élève dans une petite île où j'ai transporté mes plates-bandes de fleurs et mes carrés de légumes. Le tout est ceint par les fossés de ma pépinière, dont les arbres sont aujourd'hui d'une vigueur et d'une beauté ravissantes. Sauf quelques accès de misanthropie, c'est là que je coule des heures assez paisibles. Je regrette peu le temps passé; j'en ai mal usé; mais je crois aussi que je ne pouvais mieux faire; c'était la condition de ma nature. Je ne suis point affligé de vieillir; chaque âge a ses jouissances : je n'en désire plus que de tranquilles. Ton amitié avant tout. Bonsoir. »

Outre les sympathies qui nous unissent lui et moi, et dont la principale est cet amour à la fois immense et minutieux de la nature, qui nous rend tous deux rabâcheurs et insupportables (excepté l'un pour l'autre), nous avons une commune infirmité de caractère qui fait que nous nous trouvons souvent tête à tête au milieu de nos amis. Je ne sais comment l'appeler; c'est comme une timidité naturelle, spéciale à un certain genre d'expansion, comme une mauvaise honte qui nous fait craindre de dire tout haut ce que nous ressentons le plus vivement; c'est une impossibilité absolue de nous manifester par des paroles, là où nous voudrions et devrions savoir le faire.

C'est enfin tout le contraire de la qualité que tu possèdes éminemment, et qui constitue ta puissance sur les hommes, l'éloquence de la conviction. Lui qui étincelle d'esprit à tous autres égards, et moi qui ai la langue assez déliée, comme tu l'as vu, quand le dépit et l'indignation s'en mêlent, nous sommes tous deux bêtes à faire plaisir quand nous devrions nous élever au-dessus de nous-mêmes. Nos camarades en concluent que nous sommes usés, lui par habitude de railler, moi par celle de douter. Pour lui, je te réponds que son cœur est encore fervent, jeune et brave comme à vingt ans. C'est l'homme qui a le plus laborieusement travaillé à s'assurer un bien-être modeste, fait à sa guise ; et c'est pourtant celui qui fait le moins cas de la vie. Il me disait l'autre jour: *J'irais et j'irai!* — Je ne suis pas sensuel ; que m'importe de dormir sur une natte, sur un pavé ou dans trois planches?

Quant à moi, peut-être!... je ne sais. Tu as cru surprendre un grand secret en moi, l'autre jour, pendant que tu lisais ce récit de la mort de tes frères. J'ai été mal à l'aise tout le temps du dîner, parce que mon silence et ma pétrification, à côté de l'enthousiasme du Gaulois, me faisaient rougir devant toi. — Mais cette larme que tu as aperçue et dont tu tires un si grand indice de chaleur intérieure, sache bien que ce n'est pas autre chose qu'une amère et profonde jalousie que j'ai raison de bien cacher, et qui, dans cet instant-là, me fit véhémentement détester mon sort, mon inaction présente, mon impuissance, et ma vie passée à ne rien faire. Tu peux les aimer et pleurer de tendresse sur ces hommes-là, Éverard, tu es l'un d'eux ; moi, je suis un poëte, c'est-à-dire une femmelette. Dans une révolution, tu auras pour but la liberté du genre humain ; moi, je n'en aurai pas d'autre que de me faire tuer, afin d'en finir avec moi-même, et d'avoir, pour la première fois de ma vie, servi à quelque chose, ne fût-ce qu'à élever une barricade de la hauteur d'un cadavre.

Bah ! qu'est-ce que je dis là ? Ne crois pas que je sois triste et que je me soucie de la gloire plus que d'un de mes cheveux. Tu sais ce que je t'ai dit ; j'ai trop vécu ; je n'ai rien fait de bon. Quelqu'un veut-il de ma vie présente et future ? pourvu qu'on la mette au service d'une idée et non d'une passion, au service de la vérité et non à celui d'un homme, je consens à recevoir des lois. Mais, hélas ! je vous en avertis, je ne suis propre qu'à exécuter bravement et fidèlement un ordre. Je puis agir et non délibérer, car je ne sais rien et ne suis sûr de rien. Je ne puis obéir qu'en fermant les yeux et en me bouchant les oreilles, afin de ne rien voir et de ne rien entendre qui me dissuade ; je puis marcher avec mes amis, comme le chien qui voit son maître partir avec le navire et qui se jette à la nage pour le suivre, jusqu'à ce qu'il meure de fatigue. La mer est grande, ô mes amis ! et je suis faible. Je ne suis bon qu'à faire un soldat, et je n'ai pas cinq pieds de haut.

N'importe ! à vous le pygmée. Je suis à vous parce que je vous aime et vous estime. La vérité n'est pas chez les hommes ; le royaume de Dieu n'est pas de ce monde. Mais, autant que l'homme peut dérober à la Divinité le rayon lumineux qui, d'en haut, éclaire le monde, vous l'avez dérobé, enfants de Prométhée, amants de la sauvage Vérité et de l'inflexible Justice. Allons ! quelle que soit la nuance de votre bannière, pourvu que vos phalanges soient toujours sur la route de l'avenir républicain ; au nom de Jésus, qui n'a plus sur la terre qu'un véritable apôtre ; au nom de Washington et de Franklin, qui n'ont pu faire assez et qui nous ont laissé une tâche à accomplir ; au nom de Saint-Simon, dont les fils vont d'emblée au sublime et terrible but du partage des biens (Dieu les protége !...) ; pourvu que ce qui est bon se fasse, et que ceux qui croient le prouvent... je ne suis qu'un pauvre enfant de troupe, emmenez-moi.

26 avril.

Veux-tu bien me dire à qui tu en as, avec tes déclamations contre les artistes ? Crie contre eux tant que tu voudras, mais respecte l'art. O Vandale ! j'aime beaucoup ce farouche sectaire qui voudrait mettre une robe de bure et des sabots à Taglioni, et employer les mains de Listz à tourner une meule de pressoir, et qui pourtant se couche par terre en pleurant quand le moindre bengali gazouille, et qui fait une émeute au théâtre pour empêcher Othello de tuer la Malibran! Le citoyen austère veut supprimer les artistes, comme des superfétations sociales qui concentrent trop de sève; mais monsieur aime la musique vocale et il fera grâce aux chanteurs. Les peintres trouveront bien, j'espère, une de vos bonnes têtes qui comprendra la peinture et qui ne fera pas murer les fenêtres des ateliers. Et quant aux poëtes, ils sont vos cousins, et vous ne dédaignez pas les formes de leur langage et le mécanisme de leurs périodes quand vous voulez faire de l'effet sur les badauds. Vous irez apprendre chez eux la métaphore et la manière de s'en servir. D'ailleurs, le génie du poëte est une substance si élastique et si maniable! c'est comme une feuille de papier blanc, avec laquelle le moindre saltimbanque fait alternativement un bonnet, un coq, un bateau, une fraise, un éventail, un plat à barbe et dix-huit autres objets différents, à la grande satisfaction des spectateurs. Aucun triomphateur n'a manqué de bardes. La louange est une profession comme une autre, et quand les poëtes diront ce que vous voudrez, vous leur laisserez dire ce qu'ils voudront; car ce qu'ils veulent, c'est de chanter et de se faire entendre.

O vieux Dante! ce n'est pourtant pas ta muse au timbre d'airain que l'on eût pu décider à se parjurer!

Mais dis-moi pourquoi vous en voulez tant aux artistes. L'autre jour, tu leur imputais tout le mal social, tu les appelais *dissolvants*, tu les accusais d'attiédir les courages, de corrompre les mœurs, d'affaiblir tous les ressorts de la volonté. Ta déclamation est restée incomplète et ton accusation très-vague, parce que je n'ai pu résister à la sotte envie de disputer avec toi. J'aurais mieux fait de t'écouter : tu m'aurais donné sans doute quelque raison plus sérieuse, car c'est la seule chose avancée par toi qui ne m'ait pas fait réfléchir depuis, quelque antipathique qu'elle me pût être.

Est-ce à l'*art* lui-même que tu veux faire le procès ? Il se moque bien de toi, et de vous tous, et de tous les systèmes possibles ! Tâchez d'éteindre un rayon du soleil. Mais ce n'est pas cela. Si je te répondais, je n'aurais à te dire que des choses aussi neuves que celles-ci : Les fleurs sentent bon ; il fait chaud en été ; les oiseaux ont des plumes ; les ânes ont les oreilles beaucoup plus longues que celles des chevaux, etc., etc.

Si ce n'est pas l'art que tu veux tuer, ce ne sont pas non plus les artistes. Tant qu'on croira à Jésus sur la terre, il y aura des prêtres, et nul pouvoir humain ne pourra empêcher un homme de faire, dans son cœur, vœu d'humilité, de chasteté et de miséricorde ; de même, tant qu'il y aura des mains ferventes, on entendra résonner la lyre divine de l'art. Il paraît qu'il y a ici un mécontentement accidentel et particulier des enfants de la jeune Rome contre ceux de la vieille Babylone. Que s'est-il passé ? Moi, je ne sais rien. L'autre jour, un des vôtres, c'est-à-dire un des nôtres, un républicain, déclara presque sérieusement que je méritais la mort. Le diable m'emporte si je comprends ce que cela veut dire ! Néanmoins, j'en suis tout ravi et tout glorieux, comme je dois l'être ; et je ne manque pas depuis ce jour-là de dire à tous mes amis, en confidence, que je suis un personnage littéraire et politique fort important, donnant ombrage à ceux de mon propre parti, à cause de ma grande supériorité sociale et intellectuelle. Je vois bien que cela les étonne un peu, mais ils sont si bons qu'ils consentent à partager ma joie. Le Malgache m'a demandé ma protection, afin d'avoir l'honneur d'être pendu à ma droite, et Planet à ma gauche. Nous ne pouvons manquer d'échanger, dans cette situation, les plus charmants jeux de mots et les plus délicieuses facéties. Mais, en attendant, je ne veux pas qu'on en plaisante, et je prétends que mes amis disent de moi : — Ce garçon-là a trop d'esprit, il ne vivra pas.

Voyons pourtant, examinons l'affaire de mes confrères les artistes ; car pour moi je n'ai garde de me défendre : j'aurais trop peur d'être acquitté comme le plus innocent des hommes, et de ne pas avoir les honneurs du martyre pour mes idées. — Un instant ! tu me feras le plaisir de formuler un peu lesdites idées après mon trépas, car jusqu'ici je t'avoue en secret qu'il n'y a pas l'ombre d'une idée dans ma tête et dans mes livres. Le devoir de ton amitié est d'apprendre aux gens qui, par hasard, auraient lu les livres susdits, ce qu'ils prouvent et ce qu'ils ne prouvent pas. Il ne serait peut-être pas inutile non plus de me l'apprendre à moi-même, afin que je pusse démontrer à mes juges, par mes réponses, combien mon intelligence a de profondeur, de perversité, et combien il est urgent d'éteindre une si terrible comète, capable d'embraser la terre.

Ceci posé (et ne va pas me contredire ni t'aviser de plaider pour mon innocence ; le bon Dieu bénisse les obligeants ! je les remercie fort de leur bonne volonté, et le prie de vouloir bien me laisser être pendu en repos), parlons des autres. Qu'ont-ils fait, les pauvres diables ? Sont-ils capables de causer la mort d'une mouche ? Il n'y a que Byron et moi, sachez-le bien...

Mais je t'ennuie avec mon incorrigible et plate *facétieuseté*. Donne-moi un coup de poing, et me voilà redevenu sérieux.

Je suis prêt à te confesser que nous sommes tous de grands sophistes. Le sophisme a tout envahi, il s'es glissé jusque dans les jambes de l'Opéra, et Berlioz l'a mis en symphonie fantastique. Malheureusement pour la cause de l'antique sagesse, quand tu entendras la marche funèbre de Berlioz, il y aura un certain ébranlement nerveux dans ton cœur de lion, et tu te mettras peut-être bien à rugir, comme à la mort de Desdemona ; ce qui sera fort désagréable pour moi, ton compagnon, qui me pique de montrer une jolie cravate et un maintien grave et doux au Conservatoire. Le moins qui t'arrivera sera de confesser que cette musique-là est un peu meilleure que celle qu'on nous donnait à Sparte du temps que nous servions sous Lycurgue, et tu penseras qu'Apollon, mécontent de nous voir sacrifier exclusivement à Pallas, nous a joué le mauvais tour de donner quelques leçons à ce *Babylonien,* afin qu'il égarât nos esprits en exerçant sur nous un pouvoir magique et funeste.

Tu vas me demander si c'est là parler un langage sérieux... Je parle sérieusement. Berlioz est un grand compositeur, un homme de génie, un véritable artiste ; et puisqu'il me tombe sous la main, je ne suis pas fâché de te dire ce que c'est qu'un véritable artiste, car je vois bien que tu ne t'en doutes pas. Tu m'as nommé l'autre jour de prétendus artistes que tu accablais de ta colère, un corroyeur, un marchand de peaux de lapin, un pair de France, un apothicaire. Tu m'en as nommé d'autres, célèbres, dis-tu, et dont je n'ai jamais entendu parler. Je vois bien que tu prends des vessies pour des lanternes, des épiciers pour des artistes, et nos mansardes pour des satrapies.

Berlioz est un artiste ; il est très-pauvre, très-brave et très-fier. Peut-être bien a-t-il la scélératesse de penser en secret que tous les peuples de l'univers ne valent pas une gamme chromatique placée à propos, comme moi j'ai l'insolence de préférer une jacinthe blanche à la couronne de France. Mais sois sûr que l'on peut avoir ces folies dans le cerveau et ne pas être l'ennemi du genre humain. Tu es pour les lois somptuaires, Berlioz est pour les triples-croches, je suis pour les liliacées ; chacun son goût. Quand il faudra bâtir la cité nouvelle de l'intelligence, sois sûr que chacun y viendra selon ses forces : Berlioz avec une pioche, moi avec un cure-dent, et les autres avec leurs bras et leur volonté. Mais notre jeune Jérusalem aura ses jours de paix et de bonheur, je suppose, et il sera permis aux uns de retourner à leurs pianos, aux autres de bêcher leurs plates-bandes, à chacun de s'amuser innocemment selon son goût et ses facultés. Que fais-tu, dis-moi, quand tu contemples la grande constellation du ciel, à minuit, en divaguant avec nous et en parlant de l'inconnu et de l'infini ? Si j'allais t'interrompre au moment où tu nous dis des paroles sublimes pour t'adresser ces questions brutales : A quoi cela sert-il ? pourquoi se creuser et s'user le cerveau à des conjectures ? cela donne-t-il du pain et des souliers aux hommes ? — tu me répondrais : Cela donne des émotions saintes et un mystique enthousiasme à ceux qui travaillent à la sueur de leur front pour les hommes ; cela leur apprend à espérer, à rêver à la Divinité, à prendre courage et à s'élever au-dessus des dégoûts et des misères de la condition humaine par la pensée d'un avenir, chimérique peut-être, mais fortifiant et sublime. Qui t'a fait ce que tu es, Everard ? c'est cette fantaisie de rêver le soir. Qui t'a donné le courage de vivre jusqu'ici dans le travail et dans la douleur ? c'est l'enthousiasme. Et c'est toi, le plus candide et le plus adorablement rustique des hommes de génie, qui veux faire la guerre aux lévites de ton Dieu ? Saül, tu veux tuer David, parce qu'il joue trop bien de la harpe et que tu deviens insensé en l'écoutant.

A genoux, Sicambre, à genoux ! nous t'y mettrons bien. Hélas! je dis *nous!* je pense à mon procès, et je me persuade que je suis déjà jugé et condamné comme artiste ! — Ils t'y mettront bien, eux, les artistes véritables. Si tu savais ce que c'est que ces gens-là, quand ils observent leur évangile et qu'ils respectent la sainteté de leur apostolat! Il en est peu de ceux-là, il est vrai, et je n'en suis pas, je l'avoue à ma honte! Lancé dans une destinée fatale, n'ayant ni cupidité ni besoins extravagants, mais en butte à des revers imprévus, chargé d'existences chères et précieuses dont j'étais l'unique soutien, je n'ai pas été artiste, quoique j'aie eu toutes les fatigues, toute l'ardeur, tout le zèle et toutes les souffrances attachées à cette profession sainte ; la vraie gloire n'a pas couronné mes peines, parce que rarement j'ai pu attendre l'inspiration. Pressé, forcé de gagner de l'or, j'ai pressé mon imagination de produire, sans m'inquiéter du concours de ma raison ; j'ai violé ma muse quand elle ne voulait pas céder ; elle s'en est vengée par de froides caresses et de sombres révélations. Au lieu de venir à moi souriante et couronnée, elle y est venue pâle, amère, indignée. Elle ne m'a dicté que des pages tristes et bilieuses, et s'est plu à glacer de doute et de désespoir tous les mouvements généreux de mon âme. C'est le manque de pain qui m'a rendu malade ; c'est la douleur d'être forcé à me suicider intellectuellement qui m'a rendu âcre et sceptique. — Je t'ai raconté là-bas, dans la soirée, l'analyse d'un beau drame sur le poëte Chatterton, représenté dernièrement au Théâtre-Français. Les gens aisés, les hommes rangés, ont, pour la plupart, trouvé fort mauvais qu'un poëte fît quelque cas de sa condition et qu'il se plaignît avec amertume d'être forcé par la misère à y déroger. Pour moi, j'ai versé des larmes abondantes en assistant à cette lutte d'un esprit indépendant contre la nécessité fatale, qui me rappelait tant de tortures et de sacrifices. L'orgueil est aussi chatouilleux et irritable que le génie. En faisant de mon mieux, je n'aurais peut-être jamais rien fait de passable; mais à l'heure où l'artiste s'assied devant sa table pour travailler, il croit en lui-même, sans quoi il ne s'y mettrait pas; et alors, qu'il soit grand, médiocre ou nul, il s'efforce et il espère. Mais si les heures sont comptées, si un créancier attend à la porte, si un enfant qui s'est endormi sans souper le rappelle au sentiment de sa misère et à la nécessité d'avoir fini avant le jour, je t'assure que, si petit que soit son talent, il a un grand sacrifice à faire et une grande humiliation à subir vis-à-vis de lui-même. Il regarde les autres travailler lentement, avec réflexion, avec amour; il les voit relire attentivement leurs pages, les corriger, les polir minutieusement, y semer après coup mille pierres précieuses, en ôter le moindre grain de poussière, et les conserver afin de les revoir encore et de surpasser la perfection même. Quant à lui, malheureux, il a fait, à grands coups de bêche et de truelle, un ouvrage grossier, informe, énergique quelquefois, mais toujours incomplet, bâté et fiévreux : l'encre n'a pas séché sur le papier, qu'il faut livrer le manuscrit sans le revoir, sans y corriger une faute !

. . . . Ces misères te font sourire et te semblent puériles. Cependant si tu avoues que l'homme, même en face des plus grandes choses, n'est mû que par l'amour de soi, tu avoueras aussi qu'en face des plus petites l'homme souffre en faisant abnégation de cet amour-là. Et puis, il y a quelque chose de vraiment noble et saint dans ce dévouement de l'artiste à son art, qui consiste à *bien faire* au prix de sa fortune, de sa gloire et de sa vie. La conviction, c'est toujours une vertu, *fortitudo!* (c'est ton mot favori, je crois). L'artisan expédie sa besogne pour augmenter ses produits : l'artiste pâlit dix ans, au fond d'un grenier, sur une œuvre qui aurait fait sa fortune, mais qu'il ne livrera pas tant qu'elle ne sera pas terminée selon sa conscience. Qu'importe à M. Ingres d'être riche ou célèbre? il n'y a pour lui qu'un suffrage dans le monde, celui de Raphaël, dont l'ombre est toujours debout derrière lui. O saint homme! Et Urhan qui joue la musique de Beethoven avec des yeux baignés de larmes; et Baillot qui consent à laisser tout l'éclat de la popularité à Paganini, plutôt que d'ajouter, de son fait, un petit ornement d'invention nouvelle aux vieux thèmes sacrés de Sébastien Bach ; et Delacroix, le mélancolique et consciencieux disciple de Rubens! — Et vous autres, hommes de bruit et de puissance, quand vous a-t-on vus vous éclipser derrière un plus habile ou plus ambitieux que vous, par amour pour la sainte vérité! Quelques-uns de vous, je le sais ont, aimé l'humanité et la justice en *artistes*. C'est le plus bel éloge qu'on puisse leur donner.

Je pourrais te citer d'autres artistes vivants qui ont droit au respect de tout être intelligent; mais ce serait désigner par le silence ceux qui procèdent autrement et qui poursuivent le bruit et l'argent à tout prix, aveugles Babyloniens! Tu m'accuserais de camaraderie ou de rivalité; et en vain je te répondrais que je ne connais particulièrement presque aucun de ceux que je viens de te nommer et aucun de ceux que je ne te nomme pas. J'ai vécu toujours seul au milieu du monde, amoureux, voyageur ou serf littéraire; j'ai vu de loin rayonner ces gloires si pures, et je me suis prosterné. Je n'ai pas eu le temps d'en profiter ni d'en être jaloux, car je n'ai jamais eu le temps de regarder ma profession comme quelque chose de mieux qu'un métier. Pourtant je n'étais pas né pauvre; je ne suis pas naturellement sybarite, et j'aurais pu vivre et travailler en paix. Ceux à qui j'ai dévoué ma vie, consacré mes veilles, sacrifié ma jeunesse, et peut-être tout mon avenir, m'en sauront-ils jamais gré? — Non, sans doute, et peu importe.

29 avril.

Tu dis que je suis un imbécile; soit. Tes lettres, il est temps de te l'avouer, font sur moi un effet magique. Elles me rendent sérieux. Quel miracle est cela? J'ai beau lutter, je ne puis parler de toi légèrement, comme je fais de tous, et ils ont trouvé un moyen de me faire taire quand je les blesse par mes plaisanteries. Ils me parlent de toi, ils me répètent les paroles qu'ils t'ont entendu me dire, ils me racontent (comme si je l'avais oublié) cette dernière nuit passée à nous reconduire alternativement à nos demeures respectives jusqu'à neuf fois, cette station au pied de l'église où nous avons parlé des morts, et ce silence où nous sommes tombés au haut de l'escalier du palais, sous ce réverbère si pâle, au-dessus de cette place muette et déserte, où tu venais d'évoquer un si fantastique tableau. J'ai regretté dans ce moment-là, en te regardant, de n'être pas susceptible d'avoir peur d'un être vivant; car tu m'aurais causé une de ces vives émotions de terreur qui ne sont pas sans plaisir et qu'on a dans les rêves. Je me souviendrai longtemps de tes paroles en descendant ce grand escalier gothique au clair de la lune. « Toi, me disais-tu, je t'aime comme Jésus aima Jean, son plus jeune et son plus romanesque disciple ; et pourtant, si jamais ce pouvait être un devoir pour moi de te tuer, je t'arracherais de mes entrailles et je t'étranglerais de mes mains. » — Ma foi ! mon cher maître, je voudrais être quelque chose de mieux qu'un pauvre hanneton, afin de voir si vraiment tu aurais ce courage et cette vertu-là. Mais, bah ! tu ne l'aurais pas, charlatan que tu es ! — Qui sait, pourtant ? toi qui ne ris jamais ! peut-être. — Ce serait beau, et je te donnerais ma tête de bon cœur pour le plaisir d'avoir vu dans ma vie un seul vrai Romain.

Il y a, ma parole d'honneur ! des moments où je m'imagine que j'ai trouvé la vertu réfugiée et cachée en vous comme au temps où les hommes la forcèrent d'aller se fortifier dans des cavernes sauvages, dans des rochers inexpugnables. — Mais si vous n'étiez que des fanatiques ! — Bah ! c'est toujours cela : n'est pas fanatique qui veut, surtout par le temps qui court, et je serais un peu plus fier de moi que je n'ai sujet de l'être si j'étais seulement un peu fou à votre manière. — Nous autres, qui rions toujours, nous ressemblons parfois à ces idiots qui rient en voyant les gens sensés se conduire naturellement. L'autre jour, un paysan de mes amis (j'espère que je parle en style républicain) entra dans mon cabinet, et, me voyant très-occupé à écrire, il se mit à hausser les épaules d'un air de pitié. Il se pencha sur moi, en regardant ce que je faisais, à peu près comme s'il eût payé pour voir les tours du singe à la foire. Il prit ensuite un livre sur ma table : c'était, Dieu me pardonne ! un volume du divin Platon, et il l'ouvrit à l'envers, en tournant les feuillets d'un air attentif ; puis le replaça sur la table en me disant du ton d'un profond mépris : C'est donc à ces fadaises-là, mon petit monsieur, que vous passez le temps, fêtes et dimanches ? Il y a de drôles de gens dans la vie de ce monde!—Et il hocha la tête en éclatant de rire, si bien que j'eus besoin de toute ma philanthropie démocratique pour ne pas le pousser par les épaules à la porte.

Je me suis calmé pourtant en songeant que j'étais cent fois le jour dans le cas de ce paysan vis-à-vis de toi et des tiens, et je me suis émerveillé de la patience avec laquelle vous supportiez l'impudente et stupide raillerie de fainéants comme nous, qui ne sont bons à autre chose qu'à critiquer ce qu'ils ne comprennent pas et ce qu'ils ne sauraient faire. Mais je dirai comme Planet : — Envoyez-moi donc *promener!*—Qu'est-ce que vous faites de moi au milieu de vous, vieux chrétiens! Dieu me punisse si vous n'êtes pas des anges; car rien ne vous rebute, rien ne vous ébranle. Vous venez à nous avec tendresse, et te voilà m'appelant ton jeune frère et ton cher enfant, moi qu'il faudrait renvoyer à ma pipe et à mes romans. O prosélytisme! fasse des distinctions qui voudra; peu m'importe le nom qu'on te donne, pourvu que je voie émaner de toi des leçons de vertu et des actes de charité.

Il faut pourtant que je te conte mes peines, ô mon pauvre prophète méconnu! On essaye de mettre tes enfants en méfiance contre toi. L'esprit de parti n'a pas de scrupule. On nous dit que vous êtes des glorieux, des ambitieux, des brouillons; enfin qu'il faut te mettre aux Petites-Maisons et nous y enfermer avec toi, nous tous qui t'aimons.

Tout cela ne serait que risible, si des hommes d'esprit et de cœur ne s'en mêlaient pas aussi sur la foi d'autrui, ou ne montraient tout au moins, par leur silence devant nous, qu'ils se méfient de nous et de toi. Cela n'attriste pas ces bons champions qui sont habitués à l'orage;

mais moi qui reviens de Babylone, où j'ai dormi cinq ans dans l'ivresse, et qui tombe, en me frottant les yeux, au beau milieu de notre jeune Sion, je suis tout contristé et tout abattu de voir le rempart d'airain que l'indifférence ou l'antipathie des gentils a placé autour de nous. Sortirons-nous jamais de là, mon maître? Je vois bien que nous essayons de temps en temps de braves et vaillantes sorties ; mais les meilleurs d'entre nos frères y succombent, et quand nous rentrons sous nos tentes, les clameurs, les malédictions et les huées des vainqueurs viennent y troubler nos prières. — Ce qui me fâche le plus, moi, ce sont les huées. Je les connais, ces diables de gentils, pour avoir été en captivité chez eux. Je sais comme ils sont malins et quelles flèches acérées leur ironie décoche contre nous.—Songe bien que je ne suis pas un serviteur bien éprouvé, moi ; j'entends déjà leurs lardons m'assaillir pour la singulière figure que je fais en habit de soldat de la république ; je t'en prie, mon cher maître, laisse-moi m'en aller à Stamboul. J'ai affaire par là. Il faut que je passe par Genève, que j'achète un âne pour traverser les montagnes avec mon bagage, et que je remonte la forêt Noire pour chercher une plante que le Malgache veut que je lui rapporte. J'ai à Corfou un ami islamite qui m'a invité à prendre le sorbet dans son jardin. Duteil m'a donné commission de lui acheter une pipe à Alexandrie, et sa femme m'a prié de pousser jusqu'à Alep afin de lui rapporter un châle et un éventail. Tu vois que je ne puis tarder, que j'ai des occupations et des devoirs indispensables.— Écoute : si vous proclamez la république pendant mon absence, prenez tout ce qu'il y a chez moi, ne vous gênez pas ; j'ai des terres, donnez-les à ceux qui n'en ont pas ; j'ai un jardin, faites-y paître vos chevaux ; j'ai une maison, faites-en un hospice pour vos blessés; j'ai du vin, buvez-le; j'ai du tabac, fumez-le; j'ai mes œuvres imprimées, bourrez-en vos fusils. Il n'y a dans tout mon patrimoine que deux choses dont la perte me serait cruelle : le portrait de ma vieille grand'mère, et six pieds carrés de gazon plantés de cyprès et de rosiers. C'est là qu'elle dort avec mon père. Je mets cette tombe et ce tableau sous la protection de la république, et je demande qu'à mon retour on m'accorde une indemnité des pertes que j'aurai faites, savoir : une pipe, une plume et de l'encre; moyennant quoi je gagnerai ma vie joyeusement, et passerai le reste de mes jours à écrire que vous avez bien fait.

Si je ne reviens pas, voici mon testament. Je lègue mon fils à mes amis, ma fille à leurs femmes et à leurs sœurs; le tombeau et le tableau, héritage de mes enfants, à toi, chef de notre république aquitaine, pour en être le gardien temporaire; mes livres, minéraux, herbiers, papillons, au Malgache; toutes mes pipes, à Rollinat; mes dettes, s'il s'en trouve, à Fleury, afin de le rendre laborieux; ma bénédiction et mon dernier calembour, à ceux qui m'ont rendu malheureux, pour qu'ils s'en consolent et m'oublient.

Je te nomme mon exécuteur testamentaire; adieu donc, et je pars.

Adieu, ô mes enfants! j'ai été jusqu'ici plus enfant que vous; je m'en vais seul et loin en pèlerinage, pour tâcher de vieillir vite et de réparer le temps perdu. Adieu, mes amis, mes frères bien-aimés; parlez quelquefois autour de l'âtre de celui qui vous doit les plus beaux jours et les plus chers souvenirs de sa vie; et toi, maître, adieu! sois béni de m'avoir forcé de regarder sans rire la face d'un grand enthousiaste, et de plier le genou devant lui en m'en allant.

O verte Bohême! patrie fantastique des âmes sans ambition et sans entraves, je vais donc te revoir! J'ai erré souvent dans tes montagnes et voltigé sur la cime de tes sapins; je m'en souviens fort bien, quoique je ne fusse pas encore né parmi les hommes, et mon malheur est venu de n'avoir pu t'oublier en vivant ici.

VII

A FRANZ LISTZ.

SUR LAVATER ET SUR UNE MAISON DÉSERTE.

Ne sachant où vous êtes maintenant, mon cher Franz, ne sachant pas mieux où je vais aller, je vous fais passer de mes nouvelles par notre obligeant ami M***. Je pense qu'il saura découvrir votre retraite avant moi, qui suis confiné dans la mienne pour quelques jours encore.

Je n'ai pas besoin de vous dire le regret que j'éprouve de ne pouvoir vous aller rejoindre. Je vois partir votre mère et Puzzi avec sa famille. Je présume que vous allez fonder, dans la belle Helvétie ou dans la verte Bohême, une colonie d'artistes. Heureux amis! que l'art auquel vous vous êtes adonnés est une noble et douce vocation, et que le mien est aride et fâcheux auprès de vôtre! Il me faut travailler dans le silence et la solitude, tandis que le musicien vit d'accord, de sympathie et d'union avec ses élèves et ses exécutants. La musique s'enseigne, se révèle, se répand, se communique. L'harmonie des sons n'exige-t-elle pas celle des volontés et des sentiments? Quelle superbe république réalisent cent instrumentistes réunis par un même esprit d'ordre et d'amour pour exécuter la symphonie d'un grand maître ! Quand l'âme de Beethoven plane sur ce chœur sacré, quelle fervente prière s'élève vers Dieu !

Oui, la musique, c'est la prière, c'est la foi, c'est l'amitié, c'est l'association par excellence. Là où vous serez seulement trois réunis en mon nom, disait le Christ aux apôtres en les quittant, vous pouvez compter que j'y serai avec vous. Les apôtres, condamnés à voyager, à travailler et à souffrir, furent bientôt dispersés. Mais lorsque entre la prison et le martyre, entre les fers de Caïphe et les pierres de la synagogue, ils venaient à se rencontrer, ils s'agenouillaient ensemble sur le bord du chemin, dans quelque bois d'oliviers, ou vers le faubourg de quelque ville, dans une *chambre haute*, et ils s'entretenaient en commun du maître et de l'ami Jésus, du frère et du Dieu au culte duquel ils avaient voué leur vie ; puis, quand chacun à son tour avait parlé, le besoin d'invoquer tous à la fois les mânes du bien-aimé leur inspirait sans doute la pensée de chanter ; et sans doute aussi le Saint-Esprit, qui descendit sur eux en langues de feu et qui leur révéla les choses inconnues, leur avait fait don de cette langue sacrée qui n'appartient qu'aux organisations élues. Oh ! soyez-en sûr, s'il exista des êtres assez grands devant Dieu pour mériter d'acquérir subitement des facultés nouvelles, si leur intelligence s'ouvrit, si leur langue se délia, des chants divins durent découler de leurs lèvres, et le premier concert d'harmonie dut frapper les oreilles ravies des hommes.

C'est un fait unique dans l'histoire du genre humain, et devant lequel je ne puis m'empêcher de me prosterner, quand j'y songe, que cette retraite des douze pendant quarante jours, que cette union fervente et cette pureté sans tache de douze âmes croyantes et dévouées durant l'épreuve d'une si longue assemblée! Si je doutais des miracles qui en résultèrent, je ne voudrais pas le dire; ni vous non plus, n'est-ce pas? Si l'on me démontrait que ces hommes furent des physiciens et des chimistes fort habiles pour leur temps, je dirais que cela n'ôte rien à la réalité d'un homme divin et à l'existence d'une race de saints assez puissants pour marcher sur la mer et pour ressusciter les morts. Ce qui est incontestable pour moi, c'est le pouvoir miraculeux de la foi chez l'homme. S'il m'était donc prouvé que les apôtres eurent besoin de recourir aux prestiges de ce qu'on appelait alors la magie, je penserais qu'ils eurent des jours de doute et de souffrance où le pouvoir céleste s'affaiblissait en eux. Que l'on trouve parmi nous, répondrai-je, douze hommes supérieurs aux apôtres par la fermeté de leur foi et la sainteté de leur vie, douze hommes qui puissent passer quarante jours enfermés sous le même toit sans ergoter entre eux, sans vouloir primer les uns sur les autres, uniquement occupés à prier, à demander à Dieu la science du vrai et la force de la vertu, sans tiédeur et sans orgueil, sans céder à la fatigue de l'esprit ou aux inspirations présomptueuses de la chair, et, n'en doutez pas, ô mes amis! nous verrons arriver des miracles, des sciences nouvelles, des facultés inouïes, une religion universelle. L'homme, *redivinisé*, sortira de cette assemblée un beau matin de printemps, avec une flamme au front, avec les secrets de la vie et de la mort dans sa main, avec le pouvoir de faire sortir des larmes de charité des entrailles du roc, avec la révélation des langues que parlent les peuples encore inconnus chez nous, mais surtout avec le don de la langue divine perfectionnée, de la musique, veux-je dire, portée à son plus haut degré d'éloquence et de persuasion.

Car, lorsque le prodige de la descente du Paraclet s'accomplit sur les disciples de Jésus, le ciel s'ouvrit au-dessus de leurs têtes, et ils durent entendre et retenir confusément les chants des brûlants séraphins et les harpes d'or de ces beaux vieillards couronnés, qui apparurent de nouveau plus tard à Jean l'apocalyptique, et dont il put ouïr les divins accords parmi les vents de quelque nuit d'orage sur les grèves désertes de son île.

O vous, qui, dans le silence des nuits, surprenez les mystères sacrés; vous, mon cher Franz, à qui l'esprit de Dieu ouvre les oreilles, afin que vous entendiez de loin les célestes concerts, et que vous nous les transmettiez, à nous infirmes et abandonnés ! que vous êtes heureux de pouvoir prier durant le jour avec des cœurs qui vous comprennent ! Votre labeur ne vous condamne pas comme moi à la solitude ; votre ferveur se rallume au foyer de sympathies où chacun des vôtres apporte son tribut. Allez donc, priez dans la langue des anges, et chantez les louanges de Dieu sur vos instruments qu'un souffle céleste fait vibrer.

Pour moi, voyageur solitaire, il n'en est point ainsi. Je suis des routes désertes, et je cherche mon gîte en des murailles silencieuses. J'étais parti pour vous rejoindre le mois dernier ; mais le souffle du caprice ou de la destinée me fit dévier de ma route, et je m'arrêtai pour laisser passer les heures brûlantes du jour dans une des villes de notre vieille France, aux bords de la Loire. Pendant que je dormais, le bateau à vapeur leva l'ancre, et, quand je m'éveillai, je vis sa noire banderole de fumée fuyant rapidement sur la zone d'argent que le fleuve dessinait à l'horizon. Je pris le parti de me rendormir jusqu'au lendemain; et le lendemain, comme je sortais de ma chambre pour m'enquérir de quelque cheval ou de quelque bateau, un mien ami, que je ne m'attendais guère à trouver là (l'ayant perdu de vue depuis les années de ma vie errante), se trouva tout devant moi, dans la cour. Il m'apprit, en déjeunant avec moi, qu'il était établi et marié dans la ville, mais qu'il habitait plus souvent une campagne aux environs, à laquelle il se rendait alors. Il venait se munir à l'auberge d'un cheval de louage, les siens étant malades ou occupés, et il prétendait m'emmener en boguet pour me présenter à sa nouvelle famille. La proposition fut peu de mon goût. Il faisait une chaleur poudreuse pire que celle de la veille. Je me sentais encore de la fièvre; le boguet avait de véritables ressorts de campagne; j'aime peu les nouvelles connaissances en voyage, et me sens mal disposé à être excessivement poli quand je suis excessivement fatigué. Je refusai net, et lui dis que je voulais rester à l'auberge jusqu'à ce que je fusse délivré de mon malaise. L'excellent camarade ne me fit point subir l'obsession d'une impitoyable hospitalité. Il consentit à me laisser là; mais, au moment de monter dans son boguet, il lui vint à l'esprit de me dire : J'ai une maison dans la ville, petite, très-modeste et mal tenue, il est vrai; mais peut-être y dormirais-tu plus tranquillement qu'ici. Si, malgré l'abandon où mon séjour à la campagne l'a laissée tout ce printemps, tu pouvais t'en accommoder..... Je n'ose insister, elle est si peu présentable! Cependant tu es poëte et ami de la solitude, si tu n'as pas changé. Peut-être cela te plaira-t-il. Tiens, voici les clefs; si tu pars avant que je revienne te voir, laisse-les à l'hôtesse de cette auberge, qui me connaît. — En parlant ainsi, il me serra dans ses bras et s'éloigna.

Je trouvai cette invitation des plus agréables. Je me sentais décidément trop mal pour continuer ma route avant deux ou trois jours. Je me fis conduire à la maison de mon ami. Ce ne fut pas chose facile que d'y parvenir; il fallut monter et descendre des rues étroites, roides, brûlantes et mal pavées. Plus nous nous enfoncions dans le faubourg, plus les rues devenaient désertes et délabrées. Enfin nous arrivâmes, par une suite d'escaliers rompus, à une sorte de terrasse crevassée qui portait un pâté de maisons fort anciennes, ayant chacune leur cour ou leur jardin clos de hautes murailles sombres, festonnées de plantes pariétaires. J'eus à peine entr'ouvert la porte de celle qui m'était destinée, que je fus ravi de son aspect, et que, voulant me conserver le plaisir religieux d'y pénétrer seul, je pris la valise des mains de mon guide, je lui jetai son salaire, et j'entrai précipitamment, lui poussant la porte au nez; ce qui dut me faire passer dans son esprit pour un fou, pour un conspirateur ou pour quelque chose de pis.

Il faut croire que la nature n'a pas été faite exclusivement pour l'homme, ou bien qu'avant la domination étendue par lui sur la terre, il y eut en effet un règne de divinités champêtres ; que cette race surhumaine ne s'est point entièrement retirée aux cieux, et que ses phalanges dispersées viennent encore se réfugier aux lieux que l'homme abandonne. Sans cela, comment expliquer ce respect religieux dont chacun de nous se sent pénétré en imprimant ses pas sur un sol que n'ont point encore foulé d'autres pas humains? Pourquoi cet amour et en même temps cette terreur que nous inspire la solitude? Pourquoi saluons-nous les ruines, les plages inconnues, les neiges immaculées? Pourquoi l'écho de nos pas nous fait-il tressaillir sous les voûtes des cloîtres abandonnés ? Pourquoi les forêts vierges, pourquoi les temples déserts, pourquoi l'aspect de l'isolement émeut-il délicieusement les âmes tendres, ou péniblement les esprits faibles ? Si nous pouvions nous convaincre d'être absolument le seul être animé existant sur un coin du globe, nous n'en serions que plus heureux ou plus effrayés, suivant notre humeur ; et cependant l'homme a-t-il sujet de se réjouir quand il n'a pour société que lui-même ? a-t-il lieu de craindre l'absence de secours lorsqu'il est assuré d'une égale absence d'attaque ? Qu'y a-t-il donc dans l'aspect de ces sables sans empreintes, de ces landes sans maîtres, de ces lambris sans hôtes ? N'y sentons-nous pas partout l'existence et la présence d'êtres inconnus qui ont établi là leur empire et qui ont la bonté de nous y accueillir ou le droit de nous en chasser ?

Je faisais ces réflexions appuyé contre la porte que je venais de fermer derrière moi, et je n'osais me décider à traverser la cour ; car il fallait fouler de longues herbes qui montaient jusqu'à mes genoux, et sur lesquelles les rayons du soleil commençaient à boire la rosée du matin. Quelle nymphe avait là renversé sa corbeille et semé ces légers gramens, ces délicats saxifrages qui s'élevaient dans leur beauté virginale à l'abri de toute profanation ! Pardonne-moi, sylphide, lui disais-je, ou donne-moi ta démarche légère, afin que je franchisse cet espace sans courber sous mes pas tes plantes bien-aimées. Quiconque m'eût vu haletant et poudreux, appuyé d'un air morne contre la porte, ma valise à la main, m'eût pris pour un homme perdu de désespoir ou abîmé de remords; et cependant nul voyageur ne fut plus fier de sa découverte, nul pèlerin ne salua plus pieusement la terre sainte.

La sylphide n'avait pas dédaigné de cultiver les plantes que le maître de la maison déserte lui avait concédées. Trois tilleuls qui séparaient la cour en deux, avec une plate-bande de pieds-d'alouette le long des murs, une vigne et de grandes mauves pyramidales, avaient pris une richesse et un développement splendides. Quand j'eus atteint la partie pavée de mon petit domaine, j'eus soin de marcher sur les dalles disjointes sans écraser la verdure qui se faisait jour à travers les fentes; j'arrivai ainsi à la porte, et là ce fut un autre embarras. Les longs rameaux de la vigne s'étaient entrelacés au-devant de l'entrée; partout ils formaient des courtines de feuillage devant les fenêtres. Il fallut y porter une main impie, les entr'ouvrir et les soulever comme des rideaux pour me frayer le passage de ce seuil vénérable. Mais dès que je l'eus franchi, ces pampres retombèrent avec souplesse et s'embrassèrent étroitement, comme pour m'interdire de repasser l'enceinte sacrée. Je ne vous ai pas encore désobéi, ô flexibles et complaisants barreaux de ma chère prison! Chaque nuit je m'assieds sur la dernière marche de l'escalier, et je contemple la lune à travers vos guirlandes argentées. Chaque étoile du ciel s'encadre à son tour en passant devant le réseau diaphane que vous étendez entre elle et moi, et quelquefois le jour me surprend immobile et muet comme la pierre où je me suis assis.

Oui, Franz, je suis encore dans cette maison déserte, seul, absolument seul, n'ouvrant la porte que pour laisser passer un dîner cénobitique, et je ne me souviens pas d'avoir connu des jours plus doux et plus purs. C'est une grande consolation pour moi, je vous assure, de voir que mon âme n'a pas vieilli au point de perdre les jouissances de sa forte jeunesse. Si de vastes rêves de vertu, si d'ardentes aspirations vers le ciel ne remplissent plus mes heures de méditation, du moins j'ai encore de douces pensées et de religieuses espérances; et puis je ne suis plus dévoré, comme jadis, de l'impatience de vivre. A mesure que je penche vers le déclin de la vie, je savoure avec plus de piété et d'équité ce qu'elle a de généreux et de providentiel. Au versant de la colline, je m'arrête et je descends avec lenteur, promenant un regard d'amour et d'admiration sur les beautés du lieu que je vais quitter, et que je n'ai pas assez apprécié quand j'en pouvais jouir avec plénitude au sommet de la montagne.

Vous qui n'y êtes pas encore arrivé, enfant, ne marchez pas trop vite. Ne franchissez pas légèrement ces cimes sublimes d'où l'on descend pour n'y plus remonter. Ah! votre sort est plus beau que le mien. Jouissez-en, ne le dédaignez pas. Homme, vous avez encore dans les mains le trésor de vos belles années; artiste, vous servez une muse plus féconde et plus charmante que la mienne. Vous êtes son bien-aimé, tandis que la mienne commence à me trouver vieux, et qu'elle me condamne d'ailleurs à des songes mélancoliques et salutaires qui tueraient votre précieuse poésie. Allez, vivez! il faut le soleil aux brillantes fleurs de votre couronne; le lierre et le liseron qui composent la mienne, emblèmes de liberté sauvage dont se ceignaient les antiques Sylvains, croissent à l'ombre et parmi les ruines. Je ne me plains pas de mon destin, et je suis heureux que la Providence vous en ait donné un plus riant; vous le méritiez, et si je l'avais, Franz, je voudrais vous le céder.

Je suis donc resté à ***, d'abord par force, maintenant par amour de la lecture et de la solitude; plus tard peut-être y resterai-je par indolence et par oubli de moi-même et des heures qui s'envolent. Mais je veux vous faire part d'une bonne fortune qui m'est advenue dans cette retraite, et qui n'a pas peu contribué à me la faire aimer.

Vous qui lisez beaucoup, parce que vous n'avez pas le même respect que moi pour les livres (et vous avez raison, votre art doit vous faire dédaigner le nôtre), vous, dis-je, qui comprenez vite et qui dévorez les volumes, vous ne savez ce que c'est que l'importance d'une lecture attentive et lente pour une âme paresseuse comme la mienne. Je ne suis pourtant pas de ceux qui attribuent aux livres une influence morale et politique bien sérieuse. La philosophie me paraît surtout la plus innocente de toutes les spéculations poétiques, et je pense que les âmes d'exception, soit par leur force, soit par leur faiblesse, sont seules capables d'y puiser des résolutions et des encouragements réels. Toute intelligence qui ne cherche pas sa conviction et sa lumière dans les leçons de l'expérience et de la réalité, et qui se laisse gouverner par des fictions, est organisée exceptionnellement. Si c'est en plus, elle s'exaltera et se fortifiera par les bonnes lectures; si c'est en moins, elle y trouvera de grands sujets de consolation ou peut-être elle s'affectera misérablement de ce qu'elle croira être sa condamnation. Dans l'un et l'autre cas, la lecture aura joué un rôle très-accessoire dans ces diverses destinées. Leurs résultats se fussent produits plus ou moins vite si les individus n'avaient pas su lire. Et quant à moi, vous savez que j'ai un profond respect pour les illettrés. Je me prosterne devant les grands écrivains et devant les grands poëtes; et pourtant il est des jours où, à l'aspect de certaines âmes naïves et saintement ignorantes, je brûlerais volontiers la bibliothèque d'Alexandrie.

Cela posé, je puis bien vous dire qu'en raison de ma nonchalance et de mon inaptitude à toute espèce d'action sociale, je suis de ceux pour qui la connaissance d'un li-

vre peut devenir un véritable événement moral. Le peu
de bons ouvrages dont je me suis pénétré depuis que
j'existe a développé le peu de bonnes qualités que j'ai. Je
ne sais ce qu'auraient produit de mauvaises lectures ; je
n'en ai point fait, ayant eu le bonheur d'être bien dirigé
dès mon enfance. Il ne me reste donc à cet égard que les
plus doux et les plus chers souvenirs. Un livre a toujours été pour moi un ami, un conseil, un consolateur
éloquent et calme, dont je ne voulais pas épuiser vite les
ressources, et que je gardais pour les grandes occasions.
Oh! quel est celui de nous qui ne se rappelle avec amour
les premiers ouvrages qu'il a dévorés ou savourés ! La
couverture d'un bouquin poudreux, que vous retrouvez
sur les rayons d'une armoire oubliée, ne vous a-t-elle jamais retracé les gracieux tableaux de vos jeunes années?
N'avez-vous pas cru voir surgir devant vous la grande
prairie baignée des rouges clartés du soir, lorsque vous
le lûtes pour la première fois, le vieil ormeau et la haie
qui vous abritèrent, et le fossé dont le revers vous servit
de lit de repos et de table de travail, tandis que la grive
chantait la retraite à ses compagnes et que le pipeau du
vacher se perdait dans l'éloignement? Oh! que la nuit
tombait vite sur ces pages divines ! que le crépuscule faisait cruellement flotter les caractères sur la feuille pâlissante ! C'en est fait, les agneaux bêlent, les brebis sont
arrivées à l'étable, le grillon prend possession des chaumes de la plaine. Les formes des arbres s'effacent dans le
vague de l'air, comme tout à l'heure les caractères sur
le livre. Il faut partir; le chemin est pierreux, l'écluse
est étroite et glissante, la côte est rude ; vous êtes couvert de sueur ; mais vous aurez beau faire, vous arriverez trop tard, le souper sera commencé. C'est en vain
que le vieux domestique qui vous aime aura retardé le

coup de cloche autant que possible ; vous aurez l'humiliation d'entrer le dernier, et la grand'mère, inexorable sur l'étiquette, même au fond de ses terres, vous fera, d'une voix douce et triste, un reproche bien léger, bien tendre, qui vous sera plus sensible qu'un châtiment sévère. Mais quand elle vous demandera le soir la confession de votre journée, et que vous aurez avoué, en rougissant, que vous vous êtes oublié à lire dans un pré, et que vous aurez été sommé de montrer le livre, après quelque hésitation et une grande crainte de le voir confisqué sans l'avoir fini, vous tirerez en tremblant de votre poche, quoi ? *Estelle et Némorin* ou *Robinson Crusoé!* Oh! alors la grand'mère sourit. Rassurez-vous, votre trésor vous sera rendu ; mais il ne faudra pas désormais oublier l'heure du souper. Heureux temps! ô ma Vallée Noire! ô Corinne! ô Bernardin de Saint-Pierre! ô l'Iliade! ô Millevoye! ô Atala! ô les saules de la rivière ! ô ma jeunesse écoulée! ô mon vieux chien qui n'oubliait pas l'heure du souper, et qui répondait au son lointain de la cloche par un douloureux hurlement de regret et de gourmandise!

Mon Dieu! que vous disais-je? Je voulais vous parler de Lavater, et en effet me voici sur la voie. J'avais eu Lavater entre les mains dans mon enfance. Ursule et moi, nous en regardions les figures avec curiosité. A peine savions-nous lire. Nous nous demandions pourquoi cette collection de visages bouffons, grotesques, insignifiants, hideux, agréables? nous cherchions avec avidité, au milieu de ces phrases et de ces explications que nous ne pouvions comprendre, la désignation principale du type ; nous trouvions *ivrogne, paresseux, gourmand, irascible, politique, méthodique...* Oh! alors nous ne comprenions plus, et nous retournions aux images. Cependant nous remarquions que l'ivrogne ressemblait au cocher, la femme tracassière et criarde à la cuisinière, le pédant à notre précepteur, l'homme de génie à l'effigie de l'empereur sur les pièces de monnaie, et nous étions bien convaincus de l'infaillibilité de Lavater. Seulement cette science nous semblait mystérieuse et presque magique. Depuis, le livre fut égaré. En 1829, je rencontrai un homme très-distingué qui croyait fermement à Lavater, et qui me rendit témoin de plusieurs applications si miraculeuses de la science physiognomonique, que j'eus un vif désir de l'étudier. Je tâchai de me procurer l'ouvrage; il ne se trouva pas. Je ne sais quelle préoccupation vint à la traverse, je n'y songeai plus.

Enfin ici, le jour de mon arrivée, j'ouvre une armoire pleine de livres, et le premier qui me tombe sous la main, c'est les œuvres de Jean-Gaspard de Lavater, ministre du saint Évangile à Zurich, publiées en 1781, en trois in-folio, traduction française, avec planches gravées, eaux-fortes, etc. Jugez de ma joie, et sachez que jamais je ne fis une lecture plus agréable, plus instructive, plus salutaire. Poésie, sagesse, observation profonde, bonté, sentiment religieux, charité évangélique, morale pure, sensibilité exquise, grandeur et simplicité de style, voilà ce que j'ai trouvé dans Lavater, lorsque je n'y cherchais que des observations physiognomoniques et des conclusions peut-être erronées, tout au moins hasardées et conjecturales.

Puisque vous me demandez une longue lettre et que vous êtes avide des travaux de la pensée, je veux vous parler de Lavater. Là où je suis d'ailleurs, et avec la vie que je mène, il me serait difficile de vous donner quelque chose de plus neuf en littérature. Je désire de tout mon cœur que l'envie vous vienne de faire connaissance avec le vieux hôte, avec le vénérable ami que je viens de trouver dans la maison déserte.

Je voudrais aussi qu'à l'exemple de tous les orgueilleux novateurs de notre siècle, vous eussiez jusqu'ici méprisé la science de Lavater comme un tissu de rêveries fondées sur un faux principe, afin d'avoir le plaisir de vous faire changer d'avis. Nous considérons aujourd'hui la physiognomonie comme une science jugée, condamnée, enterrée, et sur les ruines de laquelle s'élève une autre science, non encore jugée, mais plus digne d'examen et d'attention, la phrénologie. Je hais le mépris et l'ingratitude avec lesquels notre génération renverse les idoles de ses pères et caresse les disciples après avoir crucifié les docteurs et les maîtres. Préférer Schiller à Shaskspeare, Corneille aux tragiques espagnols, Molière aux comiques grecs et latins, La Fontaine à Phèdre ou à Ésope, cela me paraît, je ne dirai pas une erreur, mais un crime. En admettant que le copiste, qui, à force de soin, de temps et d'attention, surpasse son modèle, ait plus de mérite que son maître, nous établissons une doctrine abominable d'injustice et de fausseté. Quelque parfaite que soit la traduction ou l'imitation, quelque correction importante ou nécessaire que vous y remarquiez, quelque finie, quelque embellie que soit l'œuvre engendrée de l'œuvre-mère, celle-ci n'en est pas moins supérieure, génératrice, vénérable, sacrée. Certes, le vieil Homère ne saurait jamais être égalé par ceux mêmes qui feraient beaucoup mieux que lui; car quel est celui qui aurait une idée de la poésie épique s'il n'eût lu Homère?

Eh bien! je n'en doute pas, l'homme en viendra un jour à pousser si loin l'examen de la forme humaine qu'il lira les facultés et les penchants de son semblable comme dans un livre ouvert. Gall, Spurzheim et leurs successeurs auraient-ils été les maîtres de cette science? pas plus que Vespuce ne fut le conquérant de l'Amérique; et pourtant une moitié de l'univers porte son nom, tandis qu'une petite province conserve à peine celui du grand Christophe.

Le système du docteur Gall est en honneur, ou du moins il est en vue. On l'examine, on le critique, et Lavater est oublié, il tombe en poussière dans les bibliothèques; les éditions sont épuisées et non renouvelées. Je ne sais si vous trouveriez aisément à vous procurer un exemplaire d'un des plus beaux livres qui soient sortis de l'esprit humain.

Mais Gall était un médecin, et Lavater un ecclésiastique. Notre siècle, positif et matérialiste, a dû préférer l'explication mécanique à la découverte philosophique. Il n'en est pas moins vrai que la cranioscopie entre dans la physiognomonie, et qu'elle en est, de l'aveu de Lavater, la base essentielle et fondamentale. Cette partie de la physiognomonie est d'une telle importance, dit-il, qu'elle mérite une étude à part. Il appartient à l'anatomie d'y chercher la source des altérations de l'intelligence et de tirer d'une exacte connaissance des variétés de la conformation du cerveau la révélation des facultés de l'homme. Cet observateur savant et persévérant viendra, ajoute le citoyen de Zurich; il ramènera le monde à la vérité, ou du moins au désir de la connaître. De découverte en découverte, d'observation en observation, les préventions seront détruites, et l'homme reconnaîtra que la physiognomonie est une science aussi importante, aussi difficile, aussi élevée que les autres sciences sur lesquelles se fondent et s'appuient les sociétés civilisées.

Plein d'amour, de respect et de conviction pour sa science favorite, le bon Lavater se défend modestement d'en être le premier explorateur. Il cite plusieurs de ses devanciers, Aristote, Montaigne, Salomon... Il cite les proverbes suivants, tirés du livre *de la Sagesse*.

« Les yeux hautains et le cœur enflé.

« La sagesse paraît sur le visage du sage, mais les regards du fou parcourent les bouts de la terre.

« Il y a une race de gens dont les regards sont altiers et les paupières élevées. »

Lavater cite également plusieurs passages de Herder qui viennent à l'appui de son système; en voici un remarquable, que vous avez eu sans doute le bonheur de lire en allemand, mais que je remets sous vos yeux, parce que je le trouve empreint du génie de la métaphore allemande, métaphore à la fois grandiose et recherchée :

« Quelle main pourra saisir cette substance logée dans la tête et sous le crâne de l'homme? Un organe de chair et de sang pourra-t-il atteindre cet abîme de facultés et de forces internes qui fermentent ou se reposent? La Divinité elle-même a pris soin de couvrir ce sommet sacré, séjour et atelier des opérations les plus secrètes; la Divinité, dis-je, l'a couvert d'une forêt, emblème des bois sacrés où jadis on célébrait les mystères. On est saisi d'une terreur religieuse à l'idée de ce mont ombragé qui renferme des éclairs dont un seul échappé du chaos peut éclairer, embellir, ou dévaster et détruire un monde.

« Quelle expression n'a pas même la forêt de cet Olympe, sa croissance naturelle, la manière dont la chevelure s'arrange, descend, se partage ou s'entremêle!

« Le cou, sur lequel la tête est appuyée, montre, non ce qui est dans l'intérieur de l'homme, mais ce qu'il veut exprimer. Tantôt son attitude noble et dégagée annonce la dignité de la condition; tantôt, en se courbant, il annonce la résignation du martyr, et tantôt c'est une colonne, emblème de la force d'Alcide.

« Le front est le siége de la sérénité, de la joie, du noir chagrin, de l'angoisse, de la stupidité, de l'ignorance et de la méchanceté. C'est une table d'airain où tous les sentiments se gravent en caractères de feu... A l'endroit où le front s'abaisse, l'entendement paraît se confondre avec la volonté. C'est ici où l'âme se concentre et rassemble des forces pour se préparer à la résistance.

« Au-dessous du front commence sa belle frontière, le sourcil, arc-en-ciel de paix dans sa douceur, arc tendu de discorde lorsqu'il exprime le courroux. Ainsi, dans l'un et dans l'autre cas, c'est le signe annonciateur des affections.

« En général la région où se rassemblent les rapports mutuels entre les sourcils, les yeux et le nez, est le siége de l'expression de l'âme dans notre visage, c'est-à-dire l'expression de la volonté et de la vie active.

« Le sens noble, profond et occulte de l'ouïe a été placé par la nature aux côtés de la tête, où il est caché à demi. L'homme devait ouïr pour lui-même; aussi l'oreille est-elle dénuée d'ornements. La délicatesse, le fini, la profondeur, voilà sa parure.

« Une bouche délicate et pure est peut-être une des plus belles recommandations. La beauté du portail annonce la dignité de celui qui doit y passer. Ici c'est la voix, interprète du cœur et de l'âme, expression de la vérité, de l'amitié et des plus tendres sentiments [1]. »

Lavater, après avoir laissé aux anciens la gloire d'avoir créé la physiognomonie, et aux modernes l'honneur d'en saisir le sentiment poétique, s'attache à prouver que

---

[1] Herder, *Plastique*.

les études assidues et consciencieuses de toute sa vie n'ont encore fait faire qu'un pas à cette science ardue. Il engage ses successeurs à rectifier ses erreurs, à redresser ses jugements. Nul homme, et nul savant surtout, n'est plus humble et plus doux que lui ; c'est en tout un homme évangélique. Accablé des railleries, des controverses, de l'ergotage et du pédantisme de ses contemporains, il leur répond avec un calme inaltérable. — Le professeur Lichtemberg l'attaque avec plus d'esprit et d'âcreté que les autres. Lavater prend le pamphlet, s'en émeut peut-être un en peu secret (car lui-même nous avoue qu'il est nerveux et irascible) ; mais, ramené au sentiment de la philosophie chrétienne par la conviction et la pratique de toute sa vie, il écrit sa réponse dans un esprit de sagesse et de charité. Il examine l'attaque avec cette précision et cet amour de l'ordre qui le caractérisent, en disant : « Je me figure que, placés l'un à côté de l'autre, nous allons parcourir ensemble cet écrit, et nous communiquer réciproquement, avec la franchise qui convient à des hommes et la modération qui convient à des sages, la manière dont chacun de nous envisage la nature et la vérité. »

Plus loin, frappé d'une belle déclamation du professeur Lichtemberg, il s'écrie avec naïveté : — « Ce langage est celui de mon cœur. C'est sous les yeux d'un tel homme que j'aurais voulu écrire mes Essais ! »

Vertueux prêtre ! on l'attaque pourtant dans ce que son intelligence enfante de plus précieux et caresse de plus cher, dans la moralité de sa science. La pudeur et la vertu des critiques (toujours humbles et tolérantes, comme vous savez !) s'effarouchent de voir ce novateur impie porter un regard scrutateur dans les mystères de la conscience. Qu'allez-vous faire ? lui crie-t-on avec amertume ; vous allez essayer de vous approprier ce qui

21.

n'appartient qu'à Dieu, la connaissance des secrets du cœur humain ; et quand vous aurez appris à vos semblables à se sonder et à se surprendre l'un l'autre, il en résultera une haine implacable pour les pervers, vous aurez tué la miséricorde ; un mépris superbe pour les simples, vous aurez tué la charité. Lavater s'incline. L'objection est sérieuse, dit-il, et part d'une belle âme ; mais toute science peut devenir funeste en de mauvaises mains, utile et sainte pour quiconque la dirige vers le bien. Est-ce à dire qu'il ne faut pas de science, parce qu'on en peut abuser ? Mais, ajoute-t-on, comment réparerez-vous ou comment préviendrez-vous les injustices qu'une erreur peut vous faire commettre ? ou, si tant est que vous soyez infaillible, vos disciples le seront-ils ? Tous les jours nous voyons l'honnête homme sous des traits ignobles et le scélérat sous ceux de la franchise et de la loyauté. — Lavater nie le fait. Tout novice qui veut se presser de pratiquer doit tomber dans de graves erreurs, pense-t-il ; mais quiconque confierait les secrets de la médecine à des écoliers s'exposerait à d'affreux dangers. L'homme éclairé fait plus de bien que l'ignorant ne fait de mal ; car l'ignorant n'est pas destiné à jouir d'un long crédit parmi les hommes, tandis que celui du vrai savant s'accroît de jour en jour. Toute science est un apostolat qui demande des hommes éprouvés et dignes d'en être investis. Quant à ces scélérats à faces d'ange et à ces honnêtes gens à tournure ignoble qu'on lui objecte, il déclare que ces apparences ne trompent pas le vrai physionomiste. « Souvent, dit-il, les indices d'une passion généreuse touchent de si près à ceux de la même passion dégénérée en excès et en vice, que l'œil inexpérimenté peut s'y méprendre. Il ne s'en faut que d'une demi-ligne, d'une courbe légère, d'une dimension inappréciable au premier abord. Il s'en faut de si peu ! dit-on ; mais ce *peu* est *tout*.

« Il arrive souvent que les plus heureuses dispositions se cachent sous l'extérieur le plus rebutant. Un œil vulgaire n'aperçoit que ruine et désolation ; il ne voit pas que l'éducation et les circonstances ont mis obstacle à chaque effort qui tendait à sa perfection. Le physionomiste observe, examine et suspend son jugement. Il entend mille voix qui lui crient : — Voyez quel homme ! — Mais au milieu du tumulte il distingue une autre voix, une voix divine, qui lui crie aussi : — Vois quel homme ! — Il trouve des sujets d'adoration là où d'autres blasphèment, parce qu'ils ne peuvent ni ne veulent comprendre que cette même figure, dont ils détournent la vue, offre des traces du pouvoir, de la sagesse et de la bonté du Créateur. — Il voit le scélérat sur le visage du mendiant qui se présente à sa porte, et il ne le rebute pas ; il lui parle avec cordialité. Il jette un regard profond dans son âme, et qu'y voit-il ? — Hélas ! vices, désordre, dégradation totale. — Mais est-ce là tout ce qu'il y découvre ? quoi ! rien de bon ? — Supposé que cela soit, encore il y verra l'argile qui ne doit et ne peut dire au potier : Pourquoi m'as-tu faite ainsi ! — Il voit, il adore en silence, et, détournant son visage, il dérobe une larme dont le langage est énergique, non pour les hommes, mais pour celui qui les a faits. — Sagesse sans bonté est folie. Je ne voudrais point avoir ton œil, ô Jésus, si en même temps tu ne me donnais ton cœur. Que la justice règle mes jugements et la bonté mes actions !

« Une juste idée de la liberté de l'homme et des bornes qui la restreignent est bien propre à nous rendre humbles et courageux, modestes et actifs. *Jusqu'ici et point au delà, mais jusqu'ici !* c'est la voix de Dieu et de la vérité qui vous adresse ce langage ; elle dit à tous ceux qui ont des oreilles pour entendre : Sois ce que tu es, et deviens ce que tu peux. »

Ailleurs, à propos des monstres dans l'ordre physique, le même sentiment de tendresse humanitaire et de miséricorde religieuse reparaît comme partout avec éloquence.

« Tout ce qui tient à l'humanité est pour nous une affaire de famille. Tu es homme, et tout ce qui est homme hors de toi est comme une branche du même arbre, un membre du même corps. — O homme ! réjouis-toi de l'existence de tout ce qui se réjouit d'exister, et apprends à supporter tout ce que Dieu supporte. L'existence d'un homme ne peut rendre celle d'un autre superflue, et nul homme ne peut remplacer un autre homme. »

Cette tolérance et cette douceur de jugement à l'aspect de la difformité est d'autant plus touchante que nul homme ne porte plus loin que Lavater l'amour du beau et le sentiment exquis de la forme. Il se prosterne devant la pureté grecque ; mais il proscrit avec discernement les imitations modernes de cette beauté qui n'existe plus. Nous pensons bien tous que, sur cette terre dorée où tout était dieu, l'homme l'était lui-même, et qu'il y avait dans la rectitude des lignes de sa forme quelque chose de surhumain qui n'a fait que dégénérer et s'effacer depuis. Il y a des races d'hommes qui périssent; cependant Lavater eût été moins absolu dans cette opinion, s'il eût vu beaucoup de figures orientales. Je me souviens d'avoir rencontré sur les quais de Venise des Arméniens presque aussi beaux que des dieux de l'Olympe. Nous retrouvons encore, quoique rarement, dans nos contrées européennes, des visages assez grandioses pour servir de modèles à la statuaire antique, et je ne pense pas avec Lavater que la nature ne fait point chez nous de lignes parfaitement droites et pures. Néanmoins j'approuve le physionomiste de critiquer ces *charges* de l'antiquité que les peintres médiocres de son temps prenaient pour l'idéal. Il distingue les chefs-d'œuvre de la Grèce de ces têtes de médailles qui se frappaient grossièrement, et sur lesquelles la presque absence de front, la perpendicularité roide et courte du nez, la proéminence grotesque du menton et l'écartement des yeux ne produisent qu'une caricature affreuse de la beauté. Il s'afflige de voir que l'esprit d'un minutieux examen et d'un discernement rigoureux n'ait pas assez présidé à la connaissance que les plus grands peintres eux-mêmes ont prise de l'antique. Chez Raphaël, qu'il place à la tête des artistes, il trouve un peu d'exagération dans la perfection. « Partout, dit-il, nous retrouvons dans ses œuvres le *grand* qui fait son principal caractère ; mais partout aussi nous apercevons le *défaut*. J'appelle *grand* ce qui produit un effet permanent et un plaisir toujours nouveau. J'appelle *défaut* ce qui est contraire à la nature et à la vérité. » Après un long et scientifique examen des incorrections et des sublimités des principales figures de Raphaël, après avoir démontré que telle tête d'ange ou de Vierge perd de sa divinité pour avoir voulu dépasser la nature, Lavater termine son analyse par ce noble éloge :

« Raphaël est et sera toujours un homme apostolique, c'est-à-dire qu'il est à l'égard des peintres ce que les apôtres du Christ étaient à l'égard du reste des hommes ; et autant il est supérieur par ses ouvrages à tous les artistes de sa classe, autant sa belle figure le distingue des formes ordinaires. — Où est le mortel qui lui ressemble? Quand je veux me remplir d'admiration pour la perfection des œuvres de Dieu, je n'ai qu'à me rappeler la forme de Raphaël! »

Cette passion sainte pour le beau, parce que, selon Lavater, la vraie beauté physique est inséparable de la beauté de l'âme, s'exprime en plusieurs endroits de son livre avec une véritable naïveté d'artiste. Voici ce qu'il dit à propos d'une bouche : « Cette bouche a de la douceur, de la délicatesse, de la circonspection, de la bonté et de la modestie. Une telle bouche est faite pour aimer et pour être aimée. » —Ailleurs, à propos de l'expression de la chevelure, il s'écrie : « Ne serait-ce que par amour de ta chevelure, ô Algernon Sydney, je te salue! »

Je n'entrerai pas avec vous dans le détail du système de Lavater. Je suis convaincu pour ma part que ce système est bon, et que Lavater dut être un physionomiste presque infaillible. Mais je pense qu'un livre, si excellent qu'il soit, ne peut jamais être qu'une imparfaite initiation aux mystères de la science. Il serait à souhaiter que Lavater eût formé des disciples dignes de lui, et que la physiognomonie, telle qu'il parvint à la posséder, pût être enseignée et transmise par des cours et par des leçons, comme l'a été la phrénologie. Mais probablement le trésor d'expérience que cet homme extraordinaire avait amassé est descendu dans la tombe avec lui. Il n'a pu jouir que d'une gloire éphémère et très-contestée.

Il serait donc imprudent et présomptueux de se croire physionomiste pour avoir lu livre de Lavater, même avec toute l'attention possible. Il n'est pas de bonne démonstration sans l'application et l'exemple. Ici l'exemple est une planche gravée plus ou moins exactement. Ces gravures sont généralement fort médiocres, et, fussent-elles meilleures, elles seraient loin encore de révéler à l'œil le plus clairvoyant toutes les variétés, toutes les finesses, toutes les complications du travail de la nature. Il faudrait pratiquer l'étude sur des sujets humains, comme on l'a fait pour Gall, mais la pratiquer ainsi sous la direction des maîtres ; autrement la moindre erreur du dessinateur peut entraîner l'adepte dans une suite éternelle d'erreurs graves dans l'application. Je n'oserais certainement pas établir désormais de jugement sur une physionomie tant soit peu compliquée ; j'y mettrais infiniment plus de scrupule qu'il ne m'est arrivé jusqu'ici d'en avoir en m'abandonnant à mon instinct ou à de certaines notions grossières que nous avons tous de la physiognomonie sans l'avoir étudiée, notions bien hardies et bien fausses pour la plupart, je vous assure.

Il me suffira de vous dire que Lavater distingue deux champs d'observation : les parties molles de la figure et les parties solides. Les parties solides, le front, les plans immobiles, la courbe du nez, le contour du menton, indiquent les *facultés*. Les parties molles, la peau, les chairs, les cartilages et les membranes, par leurs altérations ou leur pureté, par la couleur, par l'attitude, par les plis, par la tension, par l'excroissance ou la réduction, révèlent les *habitudes* de la vie, les vices ou les vertus, tout ce qui a été *acquis*. La conformation osseuse n'indique que ce qui a été *donné* par la nature, et c'est ainsi que la grandeur se rencontre souvent sur le haut d'un visage dont le bas décèle la sensualité passée à l'état d'abrutissement. Il ne faut pas oublier que Lavater est spiritualiste. Il pense, comme vous et moi, que l'homme est *libre*, qu'il reçoit des mains de la Providence sa part toujours équitable dans le grand héritage du bien et du mal que lui légua le premier homme, et qu'il lui est donné de la force en raison de ses appétits, tant qu'il ne foule pas aux pieds la pensée de l'entretenir par ses efforts sur lui-même. Les matérialistes admettent bien aussi, je suppose, l'influence de l'éducation et de l'expérience sur l'organisation ; et en adjugeant au hasard l'explication de toutes les destinées humaines, on reconnaît tout aussi vite les variations que les changements et les vicissitudes de la pensée et du caractère impriment à la partie matérielle de notre être. Ainsi l'attitude du corps entier, la forme et l'attitude de tous les membres, la démarche, le geste, tout révèle dans l'homme le caractère qu'il a ou celui qu'il veut se donner. Tout le talent de l'observateur consiste à distinguer la réalité de l'affectation, quelque savante et soutenue qu'elle soit. Voici ce que dit Lavater d'un homme qui s'appuie sur ses reins, les jambes écartées et les mains derrière le dos.

« Jamais l'homme modeste et sensé ne prendra une pareille attitude ; ce maintien suppose nécessairement de l'affectation et de l'ostentation, un homme qui veut s'accréditer à force de prétentions, une tête éventée, » etc.

Certes, Lavater n'eût pas appliqué cette observation à Napoléon, et d'ailleurs elle est si juste, qu'elle explique le rire méprisant qui s'empare de tout homme de bon sens en voyant sur nos théâtres un histrion présenter la charge insolente de l'homme de génie. Talma a pu seul l'imiter, parce que Talma dans sa classe était un homme de génie, lui aussi.

En général, si, après avoir lu Lavater, vous faites l'application de vos souvenirs à des hommes d'exception, vous serez frappé de la vérité de ses décisions. Ces caractères étant tranchés et hardiment dessinés par la nature, vous y verrez des exemples éclatants, appréciables au premier coup d'œil. Il n'en sera pas de même pour les sujets médiocres. Leurs petites vertus et leurs petits vices seront mollement accusés sur des visages insignifiants. Leur médiocrité résulte d'un ensemble de facultés vulgaires dont pas une n'est l'intelligence, pas une l'idiotisme. Diverses doses d'aptitudes, dont pas une n'envahit précisément les autres, donnent au visage plusieurs expressions dont pas une n'est la principale et la dominante. Comment prononcer sur de telles physionomies, à moins d'une habileté et d'une patience excessives ? Cependant le bon Lavater, qui ne dédaigne rien, et qui prend plaisir à relever et à encourager tout bon instinct, quelque peu développé qu'il soit, nous fait lire de force, sur ces visages sans attraits, la finesse, l'esprit d'ordre, le bon sens, la mémoire ; s'il n'y trouve pas ces qualités, il y trouve à estimer la candeur, la douceur, la probité. Un mendiant lui tend un jour la main : Combien vous faut-il, mon ami ? s'écrie le physionomiste frappé de l'honnêteté qu'exprime ce visage. — Je voudrais bien avoir neuf sous, répond le bonhomme. — Les voici, reprend le physionomiste ; pourquoi ne m'en demandez-vous pas davantage ? je vous donnerais tout ce que vous me demanderez. — Je vous assure, monsieur, dit le pauvre, que j'ai là tout ce qu'il me faut.

On amène devant Lavater un garçon et une jeune fille : l'une qui demande du pain pour le fruit de ses amours avec le jeune homme, l'autre qui accuse la jeune fille d'être une débauchée et une trompeuse. Celui-ci émeut tout son auditoire par une assurance extraordinaire et toutes les apparences d'une vertueuse indignation ; l'autre est troublée, elle ne sait que pleurer et demander à Dieu de faire connaître la vérité. Lavater est incertain ; il les examine attentivement et prononce en faveur de la jeune fille. Bientôt, après avoir satisfait à la loi, le jeune homme avoue ses torts. Lavater raconte cette aventure d'une manière touchante et qui rappelle les drames à sentiment de Kotzebuë.

La grande différence entre les observations de Gall et celles de Lavater, en ce qui concerne la phrénologie, c'est que l'un fait résider les facultés les plus importantes dans la partie antérieure de la tête, et se borne à penser que l'autre face du crâne *ne doit pas être indifférente* à quiconque en voudra faire l'objet d'une étude spéciale; tandis que l'autre, dédaignant l'étude de la face humaine, dessine au crayon, sur tout le crâne, le siége des facultés et des instincts. Je crains que Gall n'ait cherché l'originalité d'un système aux dépens d'une des faces de la vérité. En ne voulant pas être le disciple et le continuateur de Lavater, en voulant *créer* à tout prix une science, il est tombé dans de graves préventions. Diviser ainsi l'âme par compartiments symétriques comme les cases d'un échiquier me semble une décision trop rigoureuse pour n'être pas empreinte d'un peu de charlatanisme. Je trouve plus de noblesse, plus de grandeur et en même temps plus de vraisemblance dans ce vaste coup d'œil de Lavater, qui embrasse tout l'être et l'interroge dans ses moindres mouvements.

Je ne connais pas assez le système de Gall pour discuter davantage sur ce sujet. D'ailleurs, je vous l'ai dit, ce n'est pas par une dissertation sur la physiognomonie que je veux vous engager à lire Lavater, c'est en vous recommandant ce livre comme une œuvre édifiante, éloquente, pleine d'intérêt, d'onction et de charme. Vous y trouverez, dans les parties les plus systématiques, le même élan de bonté, le même besoin de tendresse et de sympathie; en même temps une connaissance si approfondie des mystères et des contradictions de l'homme moral, que cela seul suffirait pour constituer une œuvre de génie. Voici un fragment où vous trouverez à la fois l'esprit de système, la chaleur de l'éloquence, la haute science du cœur humain et l'enthousiasme de la bonté. Il s'agit de l'influence réciproque des physionomies les unes sur les autres :

« La conformité du système osseux suppose aussi celle des nerfs et des muscles. Il est vrai cependant que la différence de l'éducation peut affecter ceux-ci de manière qu'un œil expérimenté ne sera plus en état de trouver les points d'attraction. Mais rapprochez ces deux formes fondamentales qui se ressemblent, elles s'attireront mutuellement ; écartez ensuite les entraves qui les gênaient, et bientôt la nature triomphera. Elles se reconnaîtront comme *chair de leur chair* et comme *os de leurs os*. Bien plus : les visages même qui diffèrent par la forme fondamentale peuvent s'aimer, se communiquer, s'attirer, s'assimiler ; et s'ils sont d'un caractère tendre, sensible, susceptible, cette conformité établira entre eux, avec le temps, un rapport de physionomie qui n'en sera que plus frappant. . . . .

. . . .
L'assimilation m'a toujours paru plus frappante dans le cas où, sans aucune intervention étrangère, le hasard réunissait un génie purement communicatif et un génie purement fait pour recevoir, lesquels s'attachaient l'un à l'autre par inclination ou par besoin. Le premier avait-il épuisé tout son fonds, le second reçu tout ce qui lui était nécessaire, l'assimilation de leurs physionomies cessait aussi. Elle avait atteint pour ainsi dire *son degré de satiété*.

« Encore un mot à toi, jeune homme trop facile et

trop sensible! Sois circonspect dans tes liaisons, et ne va point aveuglément te jeter entre les bras d'un ami que tu n'as pas suffisamment éprouvé. Une fausse apparence de sympathie pourra te séduire ; garde-toi de t'y livrer. Sans doute il existe quelqu'un dont l'âme est à l'unisson de la tienne. Prends patience, il se présentera tôt ou tard ; et lorsque tu l'auras trouvé, il te soutiendra, il t'élèvera, il te donnera ce qui te manque, et il t'ôtera ce qui t'est à charge ; le feu de ses regards animera les tiens, sa voix harmonieuse adoucira la rudesse de la tienne, sa prudence réfléchie calmera ta vivacité impétueuse ; la tendresse qu'il te porte s'imprimera dans les traits de ton visage, et tous ceux qui le connaissent le reconnaîtront en toi. Tu seras ce qu'il est, et tu n'en resteras pas moins ce que tu es. Le sentiment de l'amitié te fera découvrir en lui des qualités qu'un œil indifférent apercevrait à peine. C'est cette faculté de voir et de sentir ce qu'il y a de divin dans ton ami qui assimilera ta physionomie à la sienne. »

Voici un portrait du débauché qui me semble digne d'un haut talent de prédication :

« La paresse, l'oisiveté, l'intempérance, ont défiguré ce visage. Ce n'est pas ainsi du moins que la nature avait formé ces traits. Ce regard, ces lèvres, ces rides expriment une soif impatiente et qu'il est impossible d'apaiser. Tout ce visage annonce un homme qui veut et ne peut pas, qui sent aussi vivement le besoin que l'impuissance de le satisfaire. Dans l'original, c'est surtout le regard qui doit marquer ce désir toujours contrarié et toujours renaissant, qui est en même temps la suite et l'indice de la nonchalance et de la débauche.

« Jeune homme, regarde le vice, quel qu'il soit, sous sa véritable forme ; c'en est assez pour le fuir à jamais. »

Est-il rien de plus beau et de plus attrayant que cette peinture de l'amitié? est-il rien de plus effrayant que cette peinture du vice? Lavater cite à ce propos une strophe d'un cantique de Gellert, dont la traduction ne me semble manquer ni de la force ni de la naïveté qui doivent caractériser ces sortes d'ouvrages.

> O toi dont l'aspect épouvante,
> Que ta jeunesse était brillante !
> Hélas ! où sont tes agréments ?
> De la destruction l'image
> Sillonne déjà ton visage
> Et prêche tes égarements.

Les réflexions de Lavater sur une planche gravée qui représente la figure de Voltaire dans plus de vingt attitudes différentes, ne sont pas moins remarquables par leur sagesse et leur vérité.

« Nous voyons ici un personnage plus grand, plus énergique que nous. Nous sentons notre faiblesse en sa présence, mais sans qu'il nous agrandisse ; au lieu que chaque être qui est à la fois grand et bon ne réveille pas seulement en nous le sentiment de notre faiblesse, mais, par un charme secret, nous élève au-dessus de nous-mêmes et nous communique quelque chose de sa grandeur. Non contents d'admirer, nous aimons, et, loin d'être accablés du poids de sa supériorité, notre cœur agrandi se dilate et s'ouvre à la joie. Il s'en faut bien que ces visages de Voltaire produisent un effet semblable. En les voyant, on a lieu d'attendre ou d'appréhender un trait satirique, une saillie mordante. Ils humilient l'amour-propre et terrassent la médiocrité. »

Il n'est pas un lecteur de Lavater qui n'ait cherché avidement, dans la galerie de ses portraits, une ressemblance physique avec soi-même, et, dans l'application de cette même physionomie, la clef de sa propre organisation et de sa propre destinée. Malgré soi, l'esprit s'y attache avec une inquiétude superstitieuse. Or, je vous dirai qu'une figure plus maigre, plus mâle et plus âgée que celle de votre meilleur ami, mais empreinte d'une ressemblance linéaire très-frappante, est accompagnée de cette analyse. Vous jugerez mieux que moi de la ressemblance morale. Quant à moi, je m'abstiens de prononcer, votre meilleur ami étant l'individu que j'aie pu juger avec le moins d'impartialité, soit dans la bonne, soit dans la mauvaise fortune. — Le portrait est celui d'un peintre médiocre, Henri Fuessli.

« Il nous faut caractériser cette physionomie, et nous en dirons bien des choses. La courbe que décrit le profil dans son ensemble est déjà des plus remarquables ; elle indique un caractère énergique, qui ne connaît point d'entraves. Le front, par ses contours et sa position, convient plus au poëte qu'au penseur ; j'y découvre plus de force que de douceur, le feu de l'imagination plutôt que le sang-froid de la raison. Le nez semble être le siége d'un esprit hardi. La bouche promet un esprit d'application et de précision ; et cependant il en coûte à cet artiste de mettre là dernière main à son œuvre. Sa grande vivacité l'emporte sur la mesure d'attention et d'exactitude dont le doua la nature, et qu'on reconnaît encore dans les détails de ses ouvrages. Quelquefois même on y trouve des endroits d'un fini recherché, qui contrastent singulièrement avec la négligence de l'ensemble.

« On pourra se douter aisément qu'il est sujet à des mouvements impétueux. Mais dira-t-on qu'il aime avec tendresse, avec chaleur, avec excès? — Rien n'est pourtant plus vrai, quoique d'un autre côté son amour ait toujours besoin d'être réveillé par la présence de l'objet

aimé; absent, il l'oublie et ne s'en met plus en peine.
La personne qu'il chérit pourra le mener comme un
enfant tant qu'elle restera près de lui. Si elle le quitte,
elle peut compter sur toute son indifférence. Il a besoin
d'être frappé pour être entraîné; quoique capable des
plus grandes actions, la moindre complaisance lui coûte.
Son imagination vise toujours au sublime et se plaît aux
prodiges. Le sanctuaire des grâces ne lui est pas fermé ;
mais il n'aime point à leur sacrifier. On remarque dans
les principales figures de ses tableaux une sorte de tension qui, à la vérité, n'est pas commune, mais qu'il
pousse souvent jusqu'à l'exagération, aux dépens de la
raison. Personne n'aime avec plus de tendresse, le sentiment de l'amour se peint dans son regard; mais la
forme et le système osseux de son visage caractérisent
en lui le goût des scènes terribles, des actes de puissance
et l'énergie qu'elles exigent.

« La nature le forma pour être poëte, peintre ou orateur. Mais le sort inexorable ne proportionne pas toujours
la volonté à nos forces ; il distribue quelquefois une riche
mesure de volonté à des âmes communes dont les facultés sont très-bornées, et souvent il assigne aux grandes
facultés une volonté faible et impuissante. »

Je ne sais s'il existe une biographie de Jean-Gaspard
Lavater; sa vie doit être aussi belle et aussi édifiante que
ses écrits. Si j'étais comme vous en Suisse, je voudrais
aller à Zurich, exprès pour recueillir des documents sur
la destinée de cet homme évangélique. Mais quoi! son
nom est peut-être déjà effacé de la mémoire de ses com-
patriotes; à peine reste-t-il une pierre tumulaire qui le
conserve? Si vous avez passé par là, dites-moi ce qui
en est.

Au reste, on peut dire que l'on connaît les actions de

l'homme quand on connait son âme, et je vous recommande de lire en entier son portrait fait par lui-même, à côté de la planche qui le représente. C'est en apparence une organisation très-délicate, très-fine, très-exquise. Sans vous aider de la description, vous reconnaîtrez des facultés spéciales, je dirais presque fatales ; la tranquillité de l'âme jetant une grande douceur sur un visage mobile ; la sérénité de la vertu brillant à travers le léger voile d'une complexion irritable, impressionnable, nerveuse au plus haut degré.—Voici le résumé de l'analyse détaillée qu'il nous donne de sa figure et de son caractère:

« Sans connaître l'original, je dirais avec pleine certitude que j'y aperçois beaucoup d'imagination, un sentiment vif et rapide, mais qui ne conserve pas longtemps les premières impressions ; un esprit clair, qui ne cherche qu'à s'instruire, et qui s'attache à l'analyse plutôt qu'aux recherches profondes ; plus de jugement que de raison ; un grand calme avec beaucoup d'activité, et de la facilité à proportion. Cet homme, dirais-je encore, n'est pas fait pour le métier des armes ni pour le travail du cabinet. Un rien l'oppresse : laissez-le agir librement, il n'est que trop accablé déjà. Son imagination et sa sensibilité transforment un grain de sable en une montagne; mais, grâce à son élasticité naturelle, une montagne souvent ne lui pèse pas plus qu'un grain de sable.

« Il aime, sans avoir jamais été amoureux. Pas un de ses amis ne s'est encore détaché de lui. Son caractère pensif le ramène sans cesse aux préceptes qu'il s'est tracés, et dont il s'est fait cette espèce de code :

« Sois ce que tu es ; que rien ne soit grand ni petit à tes yeux. Sois fidèle dans les moindres choses. Fixe ton attention sur ce que tu fais comme si tu n'avais que cela seul à faire. Celui qui a bien agi dans le moment actuel a fait une bonne action pour l'éternité. Simplifie les objets, soit en agissant, soit en jouissant, soit en souffrant. Donne ton cœur à celui qui gouverne les cœurs. Sois juste et exact dans les plus petits détails. Espère en l'avenir. Sache attendre, sache jouir de tout, et apprends à te passer de tout. »

Il est intéressant de lui entendre raconter de quelle sorte il devint passionné pour la physiognomonie. « Jusqu'à l'âge de vingt-cinq ans, dit-il, je ne m'étais pas encore imaginé de faire des remarques sur les physionomies. Quelquefois cependant, à la première vue de certains visages, j'éprouvais une sorte de tressaillement qui durait encore quelques instants après le départ de la personne, sans que j'en susse la cause, ou même sans que je songeasse à la physionomie qui l'avait produit. »

Pour moi, j'ai toujours pensé que certaines organisations sont si exquises qu'elles possèdent des facultés presque divinatoires. En elles l'enveloppe terrestre est si éthérée, si diaphane, si impressionnable, que l'esprit qui les anime semble voir et pénétrer à travers la matière qui enveloppe ou compose le monde extérieur. Leur fibre est si tendre et si déliée que tout ce qui échappe aux sens grossier des autres hommes la fait vibrer, comme la moindre brise émeut et fait frémir les cordes d'une harpe éolique. Vous devez être une de ces organisations perfectionnées et quasi-angéliques, mon cher Franz. Votre physionomie, votre complexion, votre imagination, votre génie, décèlent ces facultés dont le ciel dote ses *vases d'élection*. Moi, je suis de ceux qui dorment la nuit, qui marchent et mangent durant le jour. J'ai une de ces organisations actives, robustes, insouciantes, rompues à la fatigue, sur lesquelles s'émoussent toutes les délicatesses de la perception et toutes les révélations du sens magnétique. J'ai trop vécu en paysan, en bohémien, en soldat. J'ai épaissi mon écorce, j'ai durci la peau de mes pieds sur les pierres de tous les chemins, et je me rappelle avec étonnement ces jours de ma jeunesse où la moindre inquiétude, où la moindre espérance me crispaient comme une sensitive. Pourquoi suis-je devenu un rocher?

Ainsi l'a voulu ma destinée ; mais, en devenant rude et sauvage, je n'en suis pas moins resté dévot jusqu'à la superstition envers les organisations supérieures. Plus je me sens retourner à la condition du travailleur vulgaire, plus j'ai de crainte et de respect pour ces êtres frêles et nerveux qui vivent d'électricité, et qui semblent lire dans les mystères du monde surnaturel. J'ai une frayeur affreuse des fatalistes, des sorciers, des somnambules, des inspirés, des devins et des pythonisses. Si on frappe mon imagination par une apparence de sorcellerie ou de divinité, j'ai un tel goût pour le prodigieux que je suis capable de me livrer à l'étrange et inexplicable attrait de la peur.

Le pouvoir de Lavater sur moi eût été immense si je l'eusse connu, puisque du fond de la tombe sa puissance intellectuelle, jointe à tant de vertus et à une si profonde sagesse, fait sur mon cœur une impression si vive et si absolue. Depuis que je suis confiné dans cette retraite, le souvenir de tout ce qui m'est cher ne se présente plus à moi qu'à travers le miroir magique qu'il a mis devant mes yeux. Je salue à l'aspect de vos spectres chéris, ô mes amis! ô mes maîtres! les trésors de grandeur ou de bonté qui sont en vous, et que le doigt de Dieu a révélés en caratères sacrés sur vos nobles fronts! La voûte immense du crâne chauve d'Everard, si belle et si vaste, si parfaite et si complète dans ses contours qu'on ne sait quelle magnifique faculté domine en lui toutes les autres;

ce nez, ce menton et ce sourcil dont l'énergie ferait trembler si la délicatesse exquise de l'intelligence ne résidait dans la narine, la bonté surhumaine dans le regard, et la sagesse indulgente dans les lèvres ; cette tête, qui est à la fois celle d'un héros et celle d'un saint, m'apparaît dans mes rêves à côté de la face austère et terrible du grand La Mennais. Ici le front est un mur roide et uni, une table d'airain, siége d'une vigueur indomptable et *sillonnée, comme celle d'Everard, entre les sourcils, de ces incisions perpendiculaires qui appartiennent exclusivement*, dit Lavater, *à des gens d'une haute capacité qui pensent sainement et noblement*. La chute rigide du profil et l'étroitesse anguleuse de la face conviennent sans aucun doute à la probité inflexible, à l'austérité cénobitique, au travail incessant d'une pensée ardente et vaste comme le ciel. Mais le sourire qui vient tout d'un coup humaniser ce visage change ma terreur en confiance, mon respect en adoration. Les voyez-vous se donner la main, ces deux hommes d'une constitution si frêle, qui ont paru cependant comme des géants devant les Parisiens étonnés, lorsque la défense d'une sainte cause les tira dernièrement de leur retraite, et les éleva sur la montagne de Jérusalem pour prier et pour menacer, pour bénir le peuple, et pour faire trembler les pharisiens et les docteurs de la loi jusque dans leur synagogue ?

Moi, je les vois sans cesse quand j'erre, le soir, dans les vastes chambres obscures de ma maison déserte. Je vois derrière eux Lavater avec son regard clair et limpide, son nez pointu, indice de finesse et de pénétration, sa ressemblance ennoblie avec Erasme, son geste paternel et sa parole miséricordieuse et fervente. Je l'entends me dire : « Va, suis-les, tâche de leur ressembler, voilà tes maîtres, voilà tes guides ; recueille leurs conseils, observe leurs préceptes, répète les formules saintes de leurs prières. Ils connaissent Dieu, ils t'enseigneront ses voies. Va, mon fils, que tes plaies se guérissent, que tes blessures se ferment, que ton âme soit purifiée, qu'elle revête une robe nouvelle, que le Seigneur te bénisse et te remette au nombre de ses ouailles. »

Et puis, je vois passer aussi des fantômes moins imposants, mais pleins de grâce ou de charme. Ce sont mes compagnons, ce sont mes frères. C'est vous surtout, mon cher Franz, que je place dans un tableau inondé de lumière, apparition magique qui surgit dans les ténèbres de mes soirées méditatives. A la lueur des bougies, à travers l'auréole d'admiration qui vous couronne et vous enveloppe, j'aime, tandis que vos doigts sèment de merveilles nouvelles les merveilles de Weber, à rencontrer votre regard affectueux qui redescend vers moi et semble me dire : « Frère, me comprends-tu? c'est à ton âme que je parle. » — Oui, jeune ami, oui, artiste inspiré, je comprends cette langue divine et ne puis la parler. Que ne suis-je peintre du moins, pour fixer sur votre image ces éclairs célestes qui l'embrasent et l'illuminent, lorsque le dieu descend sur vous, lorsqu'une flamme bleuâtre court dans vos cheveux, et que la plus chaste des muses se penche vers vous en souriant!

Mais si je faisais ce tableau, je n'y voudrais pas oublier ce charmant personnage de Puzzi, votre élève bien-aimé. Raphaël et Tebaldeo, son jeune ami, ne parurent jamais avec plus de grâce devant Dieu et devant les hommes que vous deux, mes chers enfants, lorsque je vous vis un soir, à travers l'orchestre aux cent voix, quand tout se taisait pour écouter votre improvisation, et que l'enfant, debout derrière vous, pâle, ému, immobile comme un marbre, et cependant tremblant comme une fleur près de s'effeuiller, semblait aspirer l'harmonie par tous ses pores et entr'ouvrir ses lèvres pures pour boire le miel que vous lui versiez. On dit que les arts ont perdu leur poésie; je ne m'en aperçois guère, en vérité. Eh quoi! n'avons-nous pas passé de belles matinées et de beaux soirs dans ma mansarde aux rideaux bleus, atelier modeste, un peu près des neiges du toit en hiver, un peu réchauffé à la manière des plombs de Venise en été? Mais qu'importe? quelques gravures d'après Raphaël, une natte de jonc d'Espagne pour s'étendre, de bonnes pipes, le spirituel petit chat Trozzi, des fleurs, quelques livres choisis, des vers surtout (ô langue des dieux que j'entends aussi et ne puis parler non plus!), n'est-ce pas assez pour un grenier d'artiste? Lisez-moi des vers, improvisez-moi sur le piano ces délicieuses pastorales qui font pleurer le vieux Everard et moi, parce qu'elles nous rappellent nos jeunes ans, nos collines et les chèvres que nous paissions. Laissez-moi savourer pendant ce temps l'ivresse du latakia, ou tomber en extase dans un coin derrière une pile de carreaux. N'avons-nous pas vu de beaux jours? n'avons-nous pas été de bons enfants du Dieu qui bénit les cœurs simples? n'avons-nous pas vu fuir les heures, sans désirer d'en hâter le cours, comme font tous les hommes du siècle, pour arriver à je ne sais quel but misérable d'ambition ou de vanité? Vous souvenez-vous de Puzzi assis aux pieds du saint de la Bretagne, qui lui disait de si belles choses avec une bonté et une simplicité d'apôtre? vous souvenez-vous d'Everard plongé dans un triste ravissement pendant que vous faisiez de la musique, et se levant tout à coup pour vous dire de sa voix profonde : « Jeune homme, vous êtes grand! » et de mon frère Emmanuel qui me cachait dans une des vastes poches de sa redingote pour entrer à la chambre des pairs, et qui, en rentrant chez moi, me posait sur le piano, en vous disant : « Une autre fois, vous mettrez mon cher frère dans un cornet de papier, afin qu'il ne dérange pas sa chevelure. » Vous souvenez-vous de cette blonde péri à la robe d'azur, aimable et noble créature, qui descendit, un soir, du ciel dans le grenier du poëte, et s'assit entre nous deux, comme les merveilleuses princesses qui apparaissent aux pauvres artistes dans les joyeux contes d'Hoffmann? Vous souvenez-vous de cette autre visite moins fantastique, mais grotesque en revanche, où nous nous conduisîmes en écoliers effrontés, au point que j'en ris encore, seul dans les ténèbres de la nuit.... Chut! les échos de la maison déserte, peu habitués à une pareille inconvenance, s'éveillent et me répondent d'un ton irrité. Les dieux Lares se regardent avec étonnement et délibèrent de me chasser. — Pardon et soumission devant vous, hôtes mystérieux qui souffrez ici ma présence! vous savez que je vous respecte et vous crains ; vous savez que je n'ai pas ouvert les persiennes aux rayons du soleil depuis que j'habite parmi vous ; vous savez que je n'ai pas relevé les rideaux pour faire pénétrer les regards profanes des voisins dans vos retraites sacrées. Je n'ai pas cueilli les fleurs du préau. Je n'ai pas brisé les rameaux de la vigne qui tapisse les murs. J'ai lu le beau livre de Lavater avec précaution et sans en essuyer la vénérable poussière. Je n'ai dérangé aucun meuble. Je n'ai brisé aucune plante. J'ai marché sur la pointe du pied durant les nuits, pour ne point troubler la solennité de vos mystères. Ne me bannissez pas, ô dieux amis de l'homme pieux! n'envoyez point les larves et les lamies me tourmenter dans mon sommeil; et si vous m'apparaissez, que ce soit sous la forme des ombres de mes pères, avec leurs paroles de conseil et d'encouragement sur les lèvres.

Il est remarquable qu'étant excessivement poltron j'aime autant la vie d'anachorète. C'est que j'aime ma peur elle-même ; elle me détache du monde réel, et les émotions qu'elle me procure me font sentir vivement combien je suis spiritualiste dans mes croyances et dans mes superstitions. La nuit, quand la lune se couche derrière les flèches d'architecture *flamboyante* de la cathédrale, il passe, dans les pampres qui couronnent le seuil, des brises soudaines qui ressemblent aux frissons convulsifs de la souffrance. Je songe alors aux âmes du purgatoire, et je prie Dieu d'abréger leurs maux et leur attente. D'autres fois, lorsque je suis assis sous le tympan fleuronné de cette jolie porte gothique encadrée de feuillage qui me rappelle les amours de Faust et de Marguerite, il arrive tout à coup à côté de moi, sans que je l'aie entendu venir, un gros chat noir, qui miaule d'une voix lamentable en me présentant son dos hérissé, d'où s'échappent des étincelles électriques dès que j'y porte la main. C'est le chat du voisin qui vient par les toits et qui me rend le service gratuit de me délivrer des rats insolents. Eh bien ! malgré ses bons offices, ce matou a une figure diabolique ; ses yeux luisent dans la nuit comme des charbons ardents, et ses contorsions ont quelque chose d'infernal. Je n'oserais refuser de lui gratter l'oreille et de lui lisser le dos, car je craindrais qu'il ne prît tout d'un coup sa véritable forme et qu'il ne s'envolât par les airs avec un grand éclat de rire. Quand même il n'y a ni chat ni brise dans le préau, il s'y fait des bruits étranges que j'ai été longtemps à m'expliquer. C'est un écroulement continuel de sable, qui, des tuiles du toit tombant dans les pampres, éveille mille autres bruits dans leurs feuilles émues ; c'est à croire qu'une nuée de sorcières et de manches à balai prennent leurs ébats sur les combles ; mais c'est tout simplement la maison qui tombe en poussière, en attendant qu'elle tombe en ruine ; elle se lézarde, s'écaille, et à chaque instant sème du gravier dans mes cheveux. Eh quoi ! chère maison déserte, tu veux déjà t'écrouler ! tu dureras donc si peu de temps ? Asile sacré où j'ai médité seul et dans le silence une si douce page de ma vie, seuil hospitalier que je veux baiser en partant, murailles sonores où j'ai dormi si paisiblement sous l'aile de mon ange gardien ; asile étroit et simple, beau de propreté et d'ordre au dedans, délicieux d'abandon et de désordre au dehors, n'étais-tu pas déjà mon refuge et mon abri ! ne m'appartenais-tu pas en quelque sorte, et ne te préférais-je pas aux palais que les hommes recherchent? Ah ! tu aurais suffi aux besoins et aux désirs de ma vie entière. J'aurais lu les Pères de l'Eglise et les traités des saints sur la vie solitaire dans ta monastique enceinte! J'aurais fait ici de beaux rêves de perfection, si faciles à exécuter loin des bruits du monde et des vains discours des hommes ! je m'y serais purifié des souillures de la vie ; je m'y serais enseveli comme dans un cercueil de marbre sans tache ; j'aurais mis tes vieux murs et tes rideaux de vigne en fleur entre le siècle pervers et mon âme timorée. Je n'en serais sorti que pour essayer de bonnes œuvres ; j'y serais rentré dès que ma tâche eût été accomplie, afin de ne pas en commettre de mauvaises : et tu veux déjà retourner à la terre, des entrailles de laquelle tes matériaux sont sortis ? Fatiguée d'obéir aux volontés de l'homme, tu veux te briser et t'abattre pour te reposer, matière que la pensée humaine avait animée ! Et quand je repasserai ici, je ne trouverai peut-être plus que des ruines à cette place où j'ai salué des lambris hospitaliers ! — Mais de quoi m'occupé-je, ô insensé ! Insecte à peine éclos ce matin, je m'inquiète de la destruction de la pierre et de la courte durée du ciment séculaire, quand ce soir je ne serai déjà plus ; je plains ces murs qui se fendent, et les rides qui s'amassent à mon front, je ne les compte pas ! Avant que ces herbes soient flétries, mes cheveux peut-être auront quitté mon crâne ; avant que la gelée du prochain hiver ait partagé ces dalles, mon cœur se sera à jamais glacé dans la tombe. Qu'est-ce que la vie de l'homme dont il compte tous les instants, sachant que le dernier s'approche et qu'il n'y échappera pas? Ces murs, ces festons de lierre, ces tilleuls que le houblon embrasse, ces grands pignons qui semblent vouloir déchirer le ciel et que ronge l'humidité de la lune, tout cela songe-t-il à la destruction ? toutes ces choses entendent-elles le balancier de l'horloge? est-ce pour elles que le timbre impitoyable mesure et compte le temps? Il n'y a que toi ici, homme mélancolique, créature éphémère et craintive, qui saches quelle heure il est ; toi seul comprends cette voix lugubre qui part du clocher et qui coupe ta vie par petites portions égales, sans jamais s'arrêter ou se ralentir. Va, prends ton bâton et voyage ; tu pourras revenir et trouver la maison debout. Telle qu'elle est, elle durera plus que toi ; il faudra encore des années pour l'anéantir, un coup de vent te balayera peut-être demain !

. . . .

La nuit dernière un grand vacarme a troublé mon sommeil ; on a sonné à rompre la cloche, on a frappé à enfoncer la porte. Enfin, à travers le guichet, on m'a crié, comme dans les comédies : —Ouvrez, de par le roi. — Cette fois je n'ai pas eu peur ; que peut-on craindre des hommes quand on a un passe-port en règle dans sa poche? La gendarmerie a trouvé le mien orthodoxe, et pourtant les rayons de lumière qu'on aperçoit parfois le soir aux fenêtres de cette maison inhabitée, le dîner pythagorique qui passe tous les jours par le guichet, ont été pour quelques voisins un grand sujet de crainte et de scandale. D'abord la lumière m'avait fait passer pour un esprit; mais le dîner, en révélant mon existence matérielle, m'a donné l'air d'un conspirateur. Il a fallu aller ce matin rendre compte de ma conduite aux magistrats. Mon innocence a été bientôt reconnue; mais j'ai appris, chemin faisant, que, pendant ma retraite, la face de la France avait été changée. L'explosion d'une *machine infernale*, dont les résultats ont été bien assez funestes par eux-mêmes, a donné au despotisme de prétendus droits sur les plus purs ou sur les plus paisibles d'entre nos frères. On s'attend à des actes féroces de ce pouvoir insolent qui s'intitule l'ordre et la justice. Allons, soit! Franz; la vie est la vie; il y aura à souffrir, il y aura à travailler tant qu'il y aura à vivre. Un désastre de plus ou de moins nous renversera-t-il? L'homme est libre par la volonté de Dieu. On peut enchaîner et faire périr le corps; on ne peut asservir l'homme moral. On dit qu'il y aura contre nos amis des sentences de mort et d'ostracisme; nous ne sommes rien en politique, nous autres, mais nous sommes les enfants de ceux qu'on veut frapper. Je sais qui vous suivrez sur l'échafaud ou dans l'exil; vous savez pour qui j'en ferai autant. Ainsi nous nous reverrons peut-être, Franz, non plus comme d'heureux voyageurs, non plus comme de gais artistes dans les riantes vallées de la Suisse, ou dans les salles de concert, ou dans l'heureuse mansarde de Paris; mais bien sur l'autre rive de l'Océan, ou dans les prisons, ou au pied d'un échafaud ; car il est facile de partager le sort de ceux qu'on aime quand on est bien décidé à le faire. Si faible et si obscur qu'on soit, on peut obtenir de la miséricorde d'un ennemi qu'il vous tue ou qu'il vous enchaîne. Ils veulent faire des martyrs, dit-on : Dieu soit loué ! notre cause est gagnée. Bonjour, mon frère Franz ; soyons gais ; ce ne sont plus des temps de désolation que ceux où l'on peut se dévouer pour quelqu'un et mourir pour quelque chose. Que peut-on nous ôter, à nous qui n'avons jamais rien demandé au monde? Avons-nous quelque ambition folle dont il faudra guérir, quelque soif avide dont il faudra mourir ? Malheureux sont ceux qui possèdent ; ils ne pourront jamais rien sur ceux qui s'abstiennent. Nous ôtera-t-on les uns aux autres ? pourra-t-on nous empêcher de vivre pour nos frères et de mourir avec eux ?...

Pendant que j'étais dehors, mon ami et mon hôte de la maison déserte est revenu de la campagne. Il a fait faucher l'herbe de la cour, il a fait tailler la vigne ; les fenêtres sont ouvertes, le jour et les mouches entrent dans les chambres ; la maison est rangée selon lui ; selon moi, elle est ravagée. Ces mutilations, ce vandalisme, sont-ils un présage de ce qui va se passer en France? Allons-y voir ; je pars. Où irai-je? je ne sais ; là où quelqu'un des nôtres aura besoin de celui qui n'a besoin de personne, si ce n'est de Dieu ! Je reçois de vos nouvelles par une lettre de Puzzi : vous avez un piano en nacre de perle ; vous en jouez auprès de la fenêtre, vis-à-vis le lac, vis-à-vis les neiges sublimes du Mont-Blanc. Franz, cela est beau et bien ; c'est une vie noble et pure que la vôtre ; mais si nos saints sont persécutés, vous quitterez le lac, et le glacier, et le piano de nacre, comme je quitte Lavater, les pampres verts et la maison déserte, et vous prendrez le bâton du voyageur et le sac du pèlerin, comme je le fais maintenant en vous embrassant, en vous disant : Adieu, frère, et *à revoir*.

VIII

LE PRINCE.

Car, enfin, à quoi servons-nous? s'écria-t-il en se laissant tomber sur un banc de pierre en face du château. Quel noble emploi faisons-nous de nos facultés? qui profitera de notre passage sur la terre?

— Nous servons, lui répondis-je en m'asseyant auprès de lui, à ne point nuire. Les oiseaux des champs ne font point de projets les uns pour les autres. Chacun d'eux veille à sa couvée. La main de Dieu les protége et les nourrit.

— Tais-toi, poëte, reprit-il, je suis triste, et non mélancolique; je ne saurais jouer avec ma douleur, et les pleurs que je verse tombent sur un sable aride. Ne comprends-tu pas ce que c'est que la vertu? Est-ce une mare stagnante où pourrissent les roseaux, ou bien est-ce un fleuve impétueux qui se hâte et se gonfle dans son cours pour arroser et vivifier sans cesse de nouveaux rivages? Est-ce un diamant dont l'éclat doit s'enfouir dans un caillou aux entrailles de la terre, ou bien une lumière qui doit jaillir comme un volcan et promener ses clartés magnifiques sur le monde?

— La vertu n'est peut-être rien de tout cela, lui dis-je: ni le diamant enseveli, ni l'eau dormante; mais encore moins le fleuve qui déborde ou la lave qui dévore. J'ai vu le Rhône précipiter son onde impétueuse au pied des Alpes. Ses rives étaient sans cesse déchirées par son impatience, les herbes n'avaient pas le temps d'y croître et d'y fleurir. Les arbres étaient emportés avant d'avoir acquis assez de force pour résister au choc ; les hommes et les troupeaux fuyaient sur la montagne. Toute cette contrée n'était qu'un long désert de sable, de pierres et de pâles buissons d'osier, où la grue, plantée sur une de ses jambes ligneuses, craignait de s'endormir toute une nuit. Mais j'ai vu, non loin de là, de minces ruisseaux s'échapper sans bruit du sein d'une grotte ignorée, et courir paisiblement sur l'herbe des prés qui s'abreuvait de leur eau limpide. Des plantes embaumées croissaient au sein même du flot paisible ; et la bergeronnette penchait son nid sur ce cristal, où les petits, en se mirant, croyaient voir arriver leur mère et battaient des ailes. La vertu, prends-y garde, ce n'est pas le génie, c'est la bonté.

— Tu te trompes, s'écria-t-il, c'est l'un et l'autre ; qu'est-ce que la bonté sans l'enthousiasme ? qu'est-ce que l'intelligence sans la sensibilité ? Toi, tu es bon, et moi je suis enthousiaste ; crois-moi, nous ne sommes vertueux ni l'un ni l'autre.

— Eh bien ! contentons-nous, lui dis-je avec un soupir, de n'être pas dangereux. Regarde ce palais, songe à ceux qui l'habitent, et dis-moi si tu n'es pas réconcilié avec toi-même ?

— Hideuse consolation, répondit-il d'un ton qui m'émut profondément. Eh quoi ! parce qu'il y a des serpents et des chacals, il faut se glorifier d'être une tortue ! Non, mon Dieu ! vous ne m'avez pas créé pour l'inertie ; et plus le vice rampe et glapit autour de moi, plus je me sens le besoin d'étendre mes ailes et de frapper ces vils animaux du bec de l'aigle. Que veux-tu dire avec tes ruisseaux paisibles et tes grottes ignorées ? Penses-tu que la vertu soit comme ces poisons qui deviennent salutaires en se divisant ? crois-tu que douze hommes de bien, voués à l'obscurité et renfermés dans les voies étroites de la vie intérieure, soient plus utiles qu'un seul homme pieux qui voyage et qui exhorte ? Le temps des patriarches n'est plus. Que les apôtres se lèvent, et qu'ils se fassent voir et entendre !

— Patience ! patience ! lui dis-je ; les apôtres sont en route ; ils vont par divers chemins et par petites troupes. Ils s'appellent de différents noms et se vêtissent de diverses couleurs. Les plus fervents peut-être, parce qu'ils ont été les plus éprouvés, entonnent maintenant sur les grèves de la mer Rouge, comme dans les noires cavernes de la montagne du Dauphiné, leurs simples et sublimes cantiques :

> Dieu ! Dieu ! vos enfants vous aiment,
> Ils seront forts et patients !

Qu'importent leurs divisions, leurs erreurs, leurs revers et leurs fautes ? Ils répondent avec calme : « Nous périrons, nous sommes des hommes ; mais les idées ne meurent pas, et celle que nous avons jetée dans le monde nous survivra. Le monde nous traite de fous, l'ironie nous combat, et les huées du peuple nous poursuivent ; les pierres et les injures pleuvent sur nous, les plus hideuses calomnies ont attristé nos cœurs : la moitié de nos frères a fui épouvantée ; la misère nous ronge. Chaque jour notre faible troupeau diminue, et peut-être pas un de nous ne restera-t-il debout pour saluer de loin les horizons de la terre promise. Mais nous avons semé dans l'univers intelligent une parole de vérité qui germera. Nous mourrons calmes et satisfaits sur le sable du désert, comme ce peuple de Dieu qui couvrit de ses ossements les plaines sans fin de l'Arabie, et dont la nouvelle génération arriva toute jeune aux vertes collines de Chanaan. » Sont-ce là des paroles de fou ? Et ce prêtre qui, tout seul, un matin, croisa les bras sur sa poitrine, et debout, au milieu de sa prière, le front et les yeux levés vers le ciel, s'écria d'une voix forte : « Christ ! chaste amour ! saint orgueil ! patience ! courage ! liberté ! vertu ! » étaient-ce là des paroles de prêtre ? Les murs de sa cellule en frémirent, et les anges émus dans le ciel s'écrièrent : « Dieu puissant ! une flamme brillante vient de jaillir là-bas de ce monde épuisé. Nous l'avons vue, et voici que l'éclair traverse l'immensité et vient mourir à tes pieds. N'abandonne pas encore ce monde-là, ô Dieu bon ! car il en sort parfois un rayon qui peut rallumer le soleil dans son atmosphère obscurcie ; de faibles cris, des sons épars, des plaintes, des aspirations, percent de temps en temps la nuée sombre qui l'enveloppe, et ces voix lointaines qui montent jusqu'ici attestent que la vertu n'est pas étouffée encore dans le cœur des hommes infortunés. » Ainsi parlent les anges, et sois sûr, ô mon ami ! qu'aucune de nos bonnes intentions n'est perdue. Dieu les voit, il entend la prière la plus humble, et, à cette heure où nous parlons, ces étoiles qui nous regardent et nous écoutent lui répètent les paroles de ta souffrance et lui racontent les vertueuses angoisses de ton âme.

— O mon ami ! s'écria-t-il en se jetant dans mes bras, pourquoi n'es-tu pas tous les jours ainsi ? pourquoi tant de jours d'apathie ou d'aigreur ? Pourquoi tant d'heures d'ironie ou de dédain ?

— Parce que je suis un homme d'une pauvre santé et d'une pauvre tête, lui dis-je, sujet à la migraine et aux spasmes. Dieu me pardonne bien d'être injuste et ingrat à ces heures-là. Les reproches que j'adresse au ciel et la haine que je ressens pour les hommes retombent sur mon cœur comme un flot de bile corrosive, la pureté des étoiles n'en est pas ternie, et la Providence ne s'en émeut pas. La fatigue opère en moi le retour de la résignation, et il arrive, une ou deux fois par mois peut-être, qu'entre la colère et l'imbécillité je me sens dans une disposition bonne et calme, où je peux accepter et prier.

— Eh bien! quand ton âme arrive à ces heures de calme et de soulagement, s'écria mon ami, cours t'enfermer dans ton grenier, prends une plume, écris! Écris avec les larmes de tes yeux, avec le sang de ton cœur, et tais-toi le reste du temps. Quand tu souffres, viens avec nous; ne va pas te promener seul là-bas, le long des grottes humides, au clair de la lune; n'allume pas la lampe à minuit, et ne reste pas les coudes appuyés sur ta table et le visage caché dans tes mains jusqu'au jour naissant. Ne nous dis plus qu'il y a des époques dans l'histoire où l'homme de bien doit se lier les pieds et les mains pour ne point agir. Ne nous dis pas que Siméon Stylite était un saint, et conviens que c'était un fou. Ne nous dis pas que la vertu est comme la chasteté des vestales et qu'il faut l'enterrer vivante pour la purifier. N'affecte pas cette tranquille indifférence et cette inertie volontaire qui cachent mal tes déchirements énergiques. Ou, si tu dis tout cela, ne le dis qu'à nous, qui essayerons de te combattre; ne le dis qu'à moi, qui pleurerai avec toi et souffrirai moins en ne souffrant pas seul.

Je serrai la main de mon ami, et lui répondis après un moment d'émotion: — Ne crois pourtant pas que ma seule indolence me fasse conseiller le repos à mes ardents amis. Quand on peut empêcher un forfait, c'est une lâcheté de s'en laver les mains comme Pilate; mais quand on est, comme nous, perdu dans la masse vulgaire, la raison, et peut-être la conscience, commandent d'y rester. Que celui qui se sent investi d'une mission divine sorte des rangs; Dieu l'appelle, Dieu le soutiendra. Il guidera sa marche difficile au milieu des écueils; il l'éclairera, dans les ténèbres, du flambeau de la sagesse. Mais, dis-moi, combien crois-tu qu'il naisse de Christs dans un siècle? N'es-tu point effrayé et indigné comme moi de ce nombre exorbitant de rédempteurs et de législateurs qui prétendent au trône du monde moral? Au lieu de chercher un guide et d'écouter avidement ceux dont la parole est inspirée, l'espèce humaine tout entière se rue vers la chaire ou la tribune. Tous veulent enseigner; tous se flattent de parler mieux et de mieux savoir que ceux qui ont précédé. Ce misérable murmure qui plane sur notre âge n'est qu'un écho de paroles vides et de déclamations sonores, où le cœur et l'esprit cherchent en vain un rayon de chaleur et de lumière. La vérité, méconnue et découragée, s'engourdit ou se cache dans les âmes dignes de la recevoir. Il n'est plus de prophètes, il n'est plus de disciples. Le peuple égaré est plus orateur que les envoyés de Dieu. Tous les éléments de force et d'activité marchent en désordre et s'arrêtent paralysés dans le choc universel. Nous arriverons, dis-tu; mais dans combien de temps? Eh bien! résignons-nous, attendons! Pour se faire jour avec les bras et le flambeau dans cette multitude aveugle et impotente, il faudrait massacrer et incendier autour de soi. Ne sais-tu pas cela? Par combien de désastres certains ne faudrait-il pas établir un succès douteux! combien de crimes faut-il commettre envers la société pour lui faire accepter un bienfait! Cela ne convient point à des paysans comme nous, ô mon ami! et quand je vois un homme supérieur ouvrir la bouche pour parler ou avancer le bras pour agir, je tremble encore et je l'interroge d'un regard méfiant et sévère qui voudrait fouiller aux profondeurs de sa conscience. O Dieu! par quelles austères réflexions, par quelles épreuves sanctifiantes ne faudrait-il pas se préparer à jouer un rôle sur la scène du monde! Que ne faudrait-il pas avoir étudié, que ne faudrait-il pas avoir senti! Tiens, plantons dans notre jardin vingt-sept variétés de dahlias, et tâchons d'approfondir les mœurs du cloporte. N'aventurons pas notre intelligence au delà de ces choses, car la conscience n'est peut-être pas assez forte en nous pour commander à l'imagination. Contentons-nous d'être probes dans cette existence bornée où la probité nous est facile. Soyons purs, puisque tout nous y convie au sein de nos familles et sous nos toits rustiques. N'allons pas risquer notre petit bagage de vertu sur cette mer houleuse où tant d'innocences ont péri, où tant de principes ont échoué. N'es-tu pas saisi d'un invincible dégoût et d'une secrète horreur pour la vie active, en face de ce château où tant d'immondes projets et d'étroites scélératesses germent et éclosent incessamment dans le silence de la nuit? Ne sais-tu pas que l'homme qui demeure là joue depuis soixante ans les peuples et les couronnes sur l'échiquier de l'univers? Qui sait si, la première fois que cet homme s'est assis à une table pour travailler, il n'y avait pas dans son cerveau une honnête résolution, dans son cœur un noble sentiment?

— Jamais! s'écria mon ami; ne profane pas l'honnêteté par une telle pensée; cette lèvre convexe et serrée comme celle d'un chat, unie à une lèvre large et tombante comme celle d'un satyre, mélange de dissimulation et de lasciveté; ces linéaments mous et arrondis, indices de la souplesse du caractère; ce pli dédaigneux sur un front prononcé, ce nez arrogant avec ce regard de reptile, tant de contrastes sur une physionomie humaine révèlent un homme né pour les grands vices et pour les petites actions. Jamais ce cœur n'a senti la chaleur d'une généreuse émotion, jamais une idée de loyauté n'a traversé cette tête laborieuse; cet homme est une exception dans la nature, une monstruosité si rare, que le genre humain, tout en le méprisant, l'a contemplé avec une imbécile admiration. Je te défie bien de t'abaisser au plus merveilleux de ses talents! Invoquons le Dieu des bonnes gens, le Dieu qui bénit les cœurs simples!

Ici mon ami s'arrêta d'un air ironiquement joyeux, et après quelques instants de silence il reprit : — Quand je pense aux idées qui viennent de nous occuper en ce lieu, presque sous les fenêtres du plus grand fourbe de l'univers, nous, pauvres enfants de la solitude, dont tous les rêves, tous les soucis tendent à rendre notre honnêteté contagieuse, il me prend envie de me moquer de nous; car nous voici pleurant de tendresse pour l'humanité qui nous ignore, et qui nous repousserait si nous allions l'endoctriner, tandis qu'elle s'incline et se courbe sous la puissance intellectuelle de ceux qui la détestent et la méprisent. Vois un peu la face immobile et pâle de ce vieux palais! écoute, et regarde : tout est morne et silencieux; on se croirait dans un cimetière. Cinquante personnes au moins habitent ce corps de logis. Quelques fenêtres sont à peine éclairées; aucun bruit ne trahit le séjour du maître, de sa société ou de sa suite. Quel ordre, quel respect, quelle tristesse dans son petit empire! Les portes s'ouvrent et se ferment sans bruit, les valets circulent sans que leurs pas éveillent un écho sous ces voûtes mystérieuses, leur service semble se faire par enchantement. Regarde cette croisée plus brillante à travers laquelle se dessine le spectre incertain d'une blanche statue ; c'est le salon. Là sont réunis des chasseurs, des artistes, des femmes éblouissantes, des hommes à la mode, ce que la France peut-être a de plus exquis en élégance et en grâce. Entend-on sortir de cette réunion un chant, un rire, un seul éclat de voix attestant la présence de l'homme? Je gage qu'ils évitent même de se regarder entre eux, dans la crainte de laisser percer une pensée sous ces lambris où tout est silence, mystère, épouvante secrète.

Il n'est pas un valet qui ose éternuer, pas un chien qui sache aboyer. Ne te semble-t-il pas que l'air autour de ces tourelles mauresques est plus sonore qu'en tout autre lieu de la terre? Le châtelain aurait-il imposé silence au vent du soir et au murmure des eaux? Peut-être a-t-il des oreilles ouvertes dans tous les murs de sa demeure, comme le vieux Denys dans ses Latomies, pour surprendre au passage l'ombre d'une opinion et faire servir cette découverte à ses puérils et ténébreux projets. Voici, je crois, le roulement d'une voiture sur le sable fin de la cour. C'est le maître qui rentre; onze heures viennent de sonner à l'horloge du château. Il n'est point de vie plus régulière, de régime plus strictement observé, d'existence plus avarement choyée que celle de ce renard octogénaire. Va lui demander s'il se croit nécessaire à la conservation du genre humain pour veiller à la sienne si ardemment! Va lui raconter que vingt fois le jour il te prend envie de te brûler la cervelle, parce que tu crains d'être ou de rester inutile, parce que tu t'effrayes de vivre sans vertu ; et tu le verras sourire avec plus de mépris qu'une prostituée à qui une vierge pieuse irait se confesser de quelque tiédeur ou de quelque bâillement durant les offices divins. Demande par quel dévouement, par quelles bonnes actions sa journée est occupée ; ses gens te diront qu'il se lève à onze heures, et qu'il passe quatre heures à sa toilette (temps perdu à essayer sans doute de rendre quelque apparence de vie à cette face de marbre, que la dissimulation et l'absence d'âme ont pétrifiée bien plus encore que la vieillesse). A trois heures, te dira-t-on, le prince monte en voiture seul avec son médecin, et va se promener dans les allées solitaires de sa garenne immense. A cinq heures, on lui sert le plus succulent et le plus savant dîner qui se fasse en France. Son cuisinier est dans sa sphère un personnage aussi rare, aussi profond, aussi admiré que lui. Après ce festin, dont chaque service est solennellement annoncé par les fanfares de ses chasseurs, le prince accorde quelques instants à sa famille, à sa petite cour. Chaque mot exquis, miséricordieusement émané de ses lèvres, va frapper des fronts prosternés. Un saint canonisé n'inspirerait pas plus de vénération à une communauté de dévotes. A l'entrée de la nuit, le prince remonte en voiture avec son médecin et fait une seconde promenade. Le voici qui rentre, et sa fenêtre s'illumine là-bas, dans cet appartement reculé, gardé par ses laquais, en son absence, avec une affectation de mystère si solennelle et si ridicule. Maintenant il va travailler jusqu'à cinq heures du matin. Travailler !... O lune, ne te lève pas encore ! cache ton rayon timide derrière les noirs horizons de la forêt ! Rivière, suspends ton cours déjà si lent et si pauvre. Feuilles, ne tremblez pas au front des arbres ; grillons de la prairie, lézards des murailles, couleuvres des buissons, n'agitez pas l'herbe, ne soulevez pas les rameaux du lierre et de la scolopendre, ne faites pas crier les feuilles sèches et les tiges cassantes de l'ortie et du coquelicot. Nature entière, fais-toi muette et immobile comme la pierre du sépulcre : le génie de l'homme s'éveille, sa puissance doit t'effrayer et te frapper de respect ; le plus habile et le plus important des princes de la terre va se courber sur une table, à la lueur d'une lampe, et du fond de son cabinet, comme Jupiter du haut de l'Olympe, il va remuer le monde avec le froncement de son sourcil.

Misères, vanités humaines! superbes puérilités, orgueilleuses niaiseries ! qu'a donc produit cet homme étonnant depuis soixante années de veilles assidues et de travaux sans relâche? Que sont venus faire dans son cabinet les représentants de toutes les puissances de la terre? Quels importants services ont donc reçus de lui tous les souverains qui ont possédé et perdu la couronne de France depuis un demi-siècle? Pourquoi le doucereux regard de cet homme a-t-il toujours inspiré une inconcevable terreur? Pourquoi tous les obstacles se sont-ils aplanis sous ses pas? Quelles révolutions a-t-il opérées ou paralysées? quelles guerres sanglantes, quelles calamités publiques, quelles scandaleuses exactions a-t-il empêchées? Il était donc bien nécessaire, ce voluptueux hypocrite, pour que tous nos rois, depuis l'orgueilleux conquérant jusqu'au dévot borné, nous aient imposé le scandale et la honte de son élévation? Napoléon, dans son mépris, le qualifiait par une métaphore soldatesque et d'un cynisme énergique; et Charles X, dans ses jours d'orthodoxie, disait bien en parlant de lui : *C'est pourtant un prêtre marié!* Les a-t-il arrêtés dans leurs chutes terribles, ces maîtres tour à tour par lui adulés et trahis? Où sont ses bienfaits? où sont ses œuvres? Nul ne sait, nul ne peut, ne doit ou ne veut déclarer quels titres l'homme d'État inévitable possède à la puissance et à la gloire; ses actes les plus brillants sont enveloppés de nuages impénétrables, son génie est tout entier dans le silence et la feinte. Quelles turpitudes honteuses couvre donc le manteau pompeux de la diplomatie ? Conçois-tu rien à cette manière de gouverner les peuples sans leur permettre de s'occuper de la gestion de leurs intérêts et d'entrevoir seulement l'avenir qu'on leur prépare ? Voici les intendants et les régisseurs qu'on nous donne et à qui l'on confie sans nous consulter nos fortunes et nos vies ! Il ne nous est pas permis de reviser leurs actes et d'interroger leurs intentions. De graves mystères s'agitent sur nos têtes, mais si loin et si haut que nos regards ne peuvent y atteindre. Nous servons d'enjeu à des paris inconnus dans les mains de joueurs invisibles : spectres silencieux qui sourient majestueusement en inscrivant nos destinées dans un carnet.

— Et que dis-tu, m'écriai-je, de l'imbécillité d'une nation qui supporte cet infâme tripotage et qui laisse signer de son nom, de son honneur et de son sang d'infâmes contrats qu'elle ne connaîtra seulement pas ? N'as-tu pas envie de monter à ton tour sur le théâtre politique ?

— Plus mes semblables sont avilis, répondit-il, plus je voudrais les relever. Je ne suis pas découragé pour eux. Laisse-moi m'indigner à mon aise contre cet homme impénétrable qui nous a fait marcher comme des pions sur son damier, et qui n'a pas voulu dévouer sa puissance à notre progrès. Laisse-moi maudire cet ennemi du genre humain qui n'a possédé le monde que pour larroner une fortune, satisfaire ses vices et imposer à ses dupes dépouillées l'avilissante estime de ses talents iniques. Les bienfaiteurs de l'humanité meurent dans l'exil ou sur la croix ; et toi, tu mourras lentement et à regret dans ton nid, vieux vautour chauve et repu ! Comme la mort couronne tous les hommes célèbres d'une auréole complaisante, tes vices et tes bassesses seront vite oubliés ; on se souviendra seulement de tes talents et de tes séductions. Homme prestigieux, fléau que le maître du monde repoussa du pied et jeta sur la terre comme Vulcain le boiteux, pour y forger sans relâche une arme inconnue au fond des cavernes inaccessibles, tu n'auras rien à dire au grand jour du jugement. Tu ne seras pas même interrogé. Le Créateur, qui t'a refusé une âme, ne te demandera pas compte de tes sentiments et de tes passions.

— Quant à moi, je le pense, interrompis-je, je suis convaincu que chez certains hommes le cœur est si chétif, si lent et si stérile, que nulle affection n'y saurait germer. Ils semblent éprouver des attachements plus durables que les autres, et leurs relations sont en effet solidement établies. L'égoïsme, l'intérêt personnel, les a formées, l'habitude et la nécessité les maintiennent. N'estimant rien, de tels hommes ne rencontrent jamais les déceptions qui nous abreuvent, nous, pauvres rêveurs, qui ne pouvons aimer sans revêtir l'objet de notre affection d'une grandeur idéale. Nous nous trompons souvent, souvent il nous arrive d'écraser avec colère ce que nous avons caressé. Mais l'honneur, mais la foi aux serments, mais les scrupules de la probité, ne sont aux yeux du diplomate que des ressorts propres à imprimer certains mouvements à quelque rouage connu de lui seul ; il sait les presser à propos et les faire servir, à leur insu, à l'accomplissement de l'œuvre d'iniquité dont lui seul possède le secret. Cela s'appelle *voir de haut* en politique. Si l'homme pur s'éclaire de l'immortalité du diplomate, s'il s'assouplit en se corrompant, il est chaque jour plus apprécié de son maître ; car, en diplomatie, ce qui est le plus utile est le plus estimable. Les mots ont un autre sens, les principes ont un autre aspect, les sentiments une autre forme dans ce monde-là que dans le nôtre. Au reste, il n'est pas si difficile qu'on le pense d'atteindre aux sublimités de cette science immonde ; il ne s'agit que de mettre sa conscience sous ses pieds et de prendre exactement à rebours tous les principes de la morale universelle. Cela, il est vrai, serait impossible à plusieurs dans la pratique ; mais si nous voulions tous deux jouer une scène de comédie pour divertir nos amis, je gage qu'avec un peu de hardiesse et un certain choix de mots adroitement expressifs, prudemment intelligibles, de ces mots de moyenne portée, comme la langue française peut en offrir beaucoup, nous saurions habiller très-décemment d'impudents sophismes, et nous donner sur un théâtre des airs d'hommes d'État sans beaucoup d'étude et sans la moindre invention. Nos amis nous comprendraient et riraient ; mais si quelque niais bien ignorant venait à nous écouter, sois sûr qu'il nous prendrait pour de très-grands hommes, et qu'il s'en retournerait chez lui ébranlé, surpris, plein de doutes, avec la conscience malade et déjà à demi paralysée, avec le mauvais instinct déjà éveillé, frémissant d'espoir à l'idée de quelque larcin permis, de quelque injustice excusable, et surtout avec la tête farcie de nos jolies phrases de cour, les répétant à ses amis, les apprenant par cœur à ses enfants, sans s'apercevoir que le vol, le rapt et l'assassinat sont au bout de ces maximes élégantes. Ou bien, pour peu que ce niais fût éclairé, on le verrait se frotter les mains, affecter un sourire sardonique, un regard mystérieux, décocher, dans la conversation intime, quelqu'un de nos gracieux préceptes d'infamie, et recueillir autant de mystérieux regards d'appro-

bation, autant de sardoniques sourires de sympathie
qu'il y aurait de ses pareils autour de lui. Je ne me révolte guère contre l'existence inévitable de ces scélérats
d'élite à qui la Providence, dans ses secrets desseins, laisse
accomplir leur mission sur la terre. La fatalité agit directement sur les hommes remarquables, soit dans le bien, soit
dans le mal. Il n'est pas besoin qu'elle s'occupe du vulgaire. Le vulgaire obéit à l'impulsion de ces leviers qu'une
main invisible met en mouvement. C'est contre cette
classe impotente et stupide, contre cette vase dormante
qui se laisse remuer et creuser, produisant tout ce qu'on
y plante, sans savoir pourquoi, sans demander quelle
racine vénéneuse ou salutaire on enfonce dans ses flancs
gras et inertes, c'est contre ces forêts de têtes de chardon que le vent penche et relève à son gré, que je m'indigne, moi qui veux rester dans la foule et qui ne peux
supporter son poids, son murmure et son ineptie. C'est
contre ces moutons à deux pieds qui contemplent les
hommes d'État dans une lourde stupéfaction, et, s'étonnant de se voir tondre si lestement, se regardent et se
disent : « Voilà de fiers hommes ! et que nous voilà bien
tondus !» O butors ! vos pourceaux crient et ne s'amusent
pas à admirer les ciseaux qui les châtrent.

On ouvrit une fenêtre : c'était celle du prince.—Depuis
quand les cadavres ont-ils chaud? dit mon ami en baissant la voix; depuis quand les marbres ont-ils besoin de
respirer l'air du soir? Quelles sont ces deux têtes blanches qui s'avancent et se penchent comme pour regarder
la lune? Ces deux vieillards, c'est le prince et son...
comment dirai-je? car je ne profanerai pas le nom d'*ami*
dont se targue M. de M... devant les serviteurs et les
subalternes. C'est un titre d'ailleurs qu'il ne se permettrait pas sans doute de prendre en présence du maître :

car celui-ci doit sourire à tous les mots qui représentent des sentiments. Pour me servir d'un terme de leur métier, je dirai que M. de M... est l'*attaché* du prince, quoique ses fonctions auprès de lui se bornent à admirer et à écrire sur un album tous les mots qui sortent depuis quarante ans de cette bouche incomparable. En voici un que je t'offre pour exemple, et qu'il faudra commenter dans le rôle que nous jouerons, si tu veux, au carnaval prochain, entre deux paravents, avec une toilette convenable, un maintien grave, des bâtons dans nos manches et des planches dans le dos, pour empêcher tout mouvement inconsidéré du corps ou des bras ; nous aurons des masques de plâtre, et la scène commencera par ces mémorables paroles historiques : — *Méfions-nous de notre premier mouvement, et n'y cédons jamais sans examen, car il est presque toujours bon.* Qui croirait que la scélératesse érigée en doctrine de bonne compagnie, chose neuve par elle-même, et d'un effet piquant, eût aussi son pédantisme et ses lieux communs? Mais écoute ce cri rauque ; lequel des deux philosophes patibulaires vient donc de rendre l'esprit? Je me trompe, c'est le cri de la chouette qui part des grands bois. Bien ! chante plus fort, oiseau de malheur, crieuse de funérailles!... Ah! monseigneur, voilà une voix que vous ne sauriez faire rentrer dans la gorge de l'insolent. Entendez-vous ce refrain brutal des cimetières qui ne respecte rien, et qui ose dire à un homme comme vous que tous les hommes meurent, sans y ajouter le *presque* du prédicateur de la cour ?

— Ton indignation est acerbe, lui dis-je, et ta colère est cruelle. Si cet homme pouvait nous entendre, voici comment je lui parlerais : Que Dieu prolonge tes jours, ô vieillard infortuné ! météore prêt à rentrer dans la nuit éternelle ! lumière que le destin promena sur le monde, non pour conduire les hommes vers le bien, mais pour les égarer dans le labyrinthe sans fin de l'intrigue et de l'ambition ! Dans ses desseins impénétrables, le ciel t'avait refusé ce rayon mystérieux que les hommes appellent une âme, reflet pâle, mais pur, de la Divinité, éclair qui luit parfois dans nos yeux et nous laisse entrevoir l'immortelle espérance, chaleur douce et suave qui ranime de temps en temps nos esprits abattus, amour vague et sublime, émotion sainte qui nous fait désirer le bien avec des larmes délicieuses, religieuse terreur qui nous fait haïr le mal avec des palpitations énergiques. Être sans nom, tu fus pourvu d'un cerveau immense, de sens avides et délicats ; l'absence de ce quelque chose d'inconnu et de divin qui nous fait hommes te fit plus grand que le premier d'entre nous, plus petit que le dernier de tous. Infirme, tu marchas sur les hommes sains et robustes ; la plus vigoureuse vertu, la plus belle organisation n'était devant toi qu'un roseau fragile ; tu dominais des êtres plus nobles que toi ; ce qui te manquait de leur grandeur fit la tienne ; et te voilà sur le bord d'une tombe qui sera pour toi creuse et froide comme ton sein pétrifié. Derrière cette fosse entr'ouverte, il n'y a rien pour toi, pas d'espoir peut-être, pas même de désir d'une autre vie. Infortuné ! l'horreur de ce moment sera telle qu'elle expiera peut-être tous les maux que tu as faits. Ton approche était funeste, dit-on ; ton regard fascinait comme celui de la vipère. Ton souffle était comme la brise des matinées d'avril, qui dessèche les bourgeons et les fleurs, et les sème au pied des arbres attristés. Ta parole flétrissait l'espérance et la candeur au front des hommes qui t'approchaient. Combien as-tu effeuillé de frais boutons ? combien as-tu foulé aux pieds de saintes croyances et de douces chimères, problème vivant, énigme à face humaine? Combien de lâches as-tu faits? combien de consciences as-tu faussées ou anéanties? Eh bien! si les joies de ta vieillesse se bornent aux satisfactions de la vanité encensée, aux rares jouissances de la gourmandise blasée, mange, vieillard, mange, et respire l'odeur de l'encens mêlée à celle des mets. Qui pourrait t'envier ton sort et t'en souhaiter un pire? Pour nous, qui te plaignons autant d'avoir vécu que d'avoir à mourir, nous prierons pour qu'à ton lit de mort les adieux de ta famille, les larmes de quelque serviteur ingénu, n'éveillent pas en toi un mouvement de sensibilité ou d'affection inconnue; pour qu'il ne jaillisse pas une étincelle du caillou qui te servait de cœur. Nous prierons afin que tu t'éteignes sans avoir jamais pris feu au rayon du soleil qui fait aimer, afin que ton œil sec ne s'humecte point, que ton pouls ne batte pas, que tu ne sentes pas ce tressaillement que l'amour, l'espoir, le regret ou la douleur éveillent en nous; afin que tu ailles habiter les flancs humides de la terre sans avoir senti à sa surface la chaleur de la végétation et le mouvement de la vie; afin qu'au moment de rentrer dans l'éternel néant tu ne sentes pas la torture du désespoir, en voyant planer au-dessus de toi ces âmes que tu niais avec mépris, essences immortelles que tu te vantais d'avoir écrasées sous tes pieds superbes, et qui monteront vers les cieux quand la tienne s'évanouira comme un vain souffle; nous prierons alors afin que ton dernier mot ne soit pas un reproche à Dieu, auquel tu ne croyais pas!

Une forme blanche et légère traversa l'angle du tapis vert, et nous la vîmes monter l'escalier extérieur de la tourelle à l'autre extrémité du château. — Est-ce, dit mon ami, l'ombre de quelque juste évoquée par toi, qui vient danser et s'ébattre au clair de la lune pour désespérer l'impie? — Non, cette âme, si c'en est une, habite un beau corps. — Ah! j'entends, reprit-il, c'est la duchesse! On dit que... — Ne répète pas cela, lui dis-je en l'interrompant; épargne à mon imagination ces tableaux hideux et ses soupçons horribles. Ce vieillard a pu concevoir la pensée d'une telle profanation; mais cette femme est trop belle, c'est impossible. Si la débauche rampante ou la sordide avarice habitent des êtres si séduisants et se cachent sous des formes aussi pures, laisse-moi l'ignorer, laisse-moi le nier. Nous sommes des hommes sans fiel, de bons villageois. Ami, ne laissons pas flétrir si aisément ce que nous possédons encore d'émotions douces et de sourires dans l'âme. Ne disons pas à notre cœur ce que notre raison soupçonne, laissons nos yeux éblouis lui commander la sympathie. Vous êtes trop charmante, madame la duchesse, pour n'être pas honnête et bonne. — Eh bien! soit : vous êtes bonne autant que belle, madame la duchesse, s'écria mon ami en souriant; c'est ce que je me persuadais volontiers ce matin en vous voyant passer. J'étais couché sur l'herbe du parc, à l'ombre des arbres resplendissants du soleil; à travers ce feuillage transparent de l'automne, vous sembliez darder des rayons dorés dans la brise chaude et moite du midi. Vêtue de blanc comme une jeune fille, comme une nymphe de Diane, vous voliez, emportée par un beau cheval, dans un tilbury souple et léger. Vos cheveux voltigeaient autour de votre front candide; et de vos grands yeux noirs (les plus beaux yeux de France, dit-on), jaillissaient des éclairs magiques; je ne savais pas encore que vous étiez duchesse; je ne voyais qu'une femme ravissante. J'avais envie de courir le long de l'allée que vous suiviez pour vous voir plus longtemps. Mais depuis, je suis entré dans votre chambre, et ce portrait placé dans les rideaux de votre lit... —Cela seul, repris-je, m'empêcherait de mal interpréter le sentiment ingénu d'une reconnaissance presque filiale pour des bienfaits et une protection légitimes. Non, non, on n'est pas corrompu avec un regard si brillant et si doux, avec une si merveilleuse jeunesse de beauté, avec cette démarche fière et franche, avec ce son de voix harmonieux et ces manières affables. Je l'ai vue s'occuper d'un enfant malade; la beauté, la bonté chez une femme s'appellent et se soutiennent! Le Dieu des bonnes gens, que tu invoquais tout à l'heure, je l'invoque aussi pour qu'il me préserve d'apprendre ce que je ne veux pas croire, le vice sous des dehors si touchants, un insecte immonde dans le calice d'une fleur embaumée! Non, Paul, retournons au village avec cette jolie apparition de duchesse dans la mémoire; et si nous écrivons jamais quelque roman de chevalerie, souvenons-nous bien de sa taille, de ses cheveux, de ses belles dents, de son beau regard et du soleil du parc à midi.

Nous quittâmes le banc de pierre, et mon ami, revenant à sa première idée, me dit : — D'où vient donc que les hommes (et moi tout le premier, en dépit de moi-même) sont si jaloux des dons de l'intelligence? Pourquoi ceux-là seuls obtiennent-ils des couronnes immortelles sans le secours d'aucune vertu, tandis que la plus pure honnêteté, la bonté la plus tendre, demeurent ensevelies dans l'oubli, si le génie ou le talent ne les accompagne? Sais-tu que cela est triste et prouverait à des âmes chancelantes que la vertu est peine perdue ici-bas? — Si tu la considères comme une peine, lui répondis-je, c'est en effet une peine perdue. Mais n'est-ce pas une nécessité douce, une condition de l'existence, dans les cœurs qui l'ont comprise de bonne heure et de bonne foi? Les hommes la payent d'ingratitude, parce que les hommes sont bornés, crédules, oisifs, parce que l'attrait de la curiosité l'emporte chez eux sur le sentiment de la reconnaissance et sur l'amour de la vérité; mais en servant l'humanité, n'est-ce pas de Dieu seul qu'il faut espérer sa récompense? Travailler pour les hommes dans le seul but d'être porté en triomphe, c'est agir en vue de sa propre vanité, et cette sorte d'émulation doit s'éteindre et se perdre dès les premiers mécomptes qu'elle rencontre. N'attendons jamais rien pour nous-mêmes quand nous entrons dans cette route aride du dévouement. Tâchons d'avoir assez de sensibilité pour pleurer et pour jouir seuls de nos revers et de nos succès. Que notre propre cœur nous suffise, que Dieu le renouvelle et le fortifie quand il commence à s'épuiser!

— Pourtant, je t'avoue, me dit mon ami suivant en lui-même le fil de sa rêverie, que je ne puis pas me défendre d'aimer ce Bonaparte, ce fléau de premier ordre devant l'ombre duquel tous les fléaux secondaires, mis en cendre par lui, paraissent désormais si petits et si peu méchants. C'était un grand tueur d'hommes, mais un grand charpentier, un hardi bâtisseur de sociétés; un conquérant, hélas! oui, mais un législateur! Cela ne répare-t-il point les maux de la destruction? Faire des lois, n'est-ce pas un plus grand bien que tuer des hommes n'est un grand mal? Il me semble voir un grand agriculteur, une divinité bienfaisante (Bacchus arrivant dans l'Inde, ou Cérès abordant en Sicile), armé du fer et du feu, aplanissant le sol, perçant les montagnes, renversant les hautes bruyères, brûlant les forêts, et semant sur tout cela, sur les débris et sur la cendre, des plantes nouvelles destinées à des hommes nouveaux, la vigne et le blé, des bienfaits inépuisables pour d'inépuisables générations.

— Il n'est pas prouvé, lui répondis-je, que ces lois soient durables ; mais, en admettant cela, je ne saurais aimer l'homme dont Dieu s'est servi comme d'une massue pour nous donner une nouvelle forme. J'ai été fasciné dans mon enfance, comme les autres, par la force et l'activité de cette machine à bouleversements qu'on gratifie du titre de grand homme, ni plus ni moins que Jésus ou Moïse. Puisque la langue humaine ne sait pas distinguer les bienfaiteurs de l'humanité de ses fléaux, puisque l'épithète de *bon* est presque un terme de mépris et que la même appellation de *grand* s'applique à un peintre, à un législateur, à un chef de soldats, à un musicien, à un dieu et à un comédien, à un diplomate et à un poëte, à un empereur et à un moine, il est fort simple que les enfants, les femmes et le peuple ignorant s'y méprennent et se soient mis à crier : Vive Napoléon ! en 1810, avec autant d'enthousiasme qu'on en met aujourd'hui à Venise à crier : Vive le patriarche ! L'un faisait des veuves et des orphelins ; c'était un puissant monarque. L'autre nourrit la veuve et l'orphelin ; c'est un prêtre modeste. N'importe, tous deux sont de grands hommes.

— En effet, répondit mon ami, cet enthousiasme aveugle qui couronne sans distinction le génie, la charité, le courage, le talent, ressemble plutôt à une excitation maladive qu'à un sentiment raisonné. Mais sais-tu qu'il y aurait bien peu de grands hommes dans le monde si l'on n'accordait ce titre qu'aux hommes de bien ?

— Je le sais ; mais qu'on les appelle comme on voudra, ce sont les seuls hommes que j'estime, pour lesquels je puisse me passionner, et que je veuille inscrire dans les fastes de la grandeur humaine. J'y ferai entrer les plus humbles, les plus ignorés, jusqu'à l'abbé de Saint-Pierre avec son système de paix universelle, jusqu'au dieu Enfantin, malgré son habit ridicule et ses fantasques utopies ; tous ceux qui à quelques lumières auront uni de consciencieuses études, de patientes réflexions, des sacrifices ou des travaux destinés à rendre l'homme meilleur et moins malheureux. Je serai indulgent pour leurs erreurs, pour les misères de la condition humaine plus ou moins saillantes en eux ; je leur remettrai beaucoup de fautes, comme il fut fait à Madeleine, s'il m'est prouvé qu'ils ont beaucoup aimé. Mais ceux dont l'intention est froide et superbe, ces hommes altiers qui bâtissent pour leur gloire et non pour notre bonheur, ces législateurs qui ensanglantent le monde et oppriment les peuples pour avoir un terrain plus vaste et y construire d'immenses édifices ; qui ne s'inquiètent ni des larmes des femmes, ni de la faim des vieillards, ni de l'ignorance funeste où s'élèvent les enfants ; ces hommes qui ne cherchent que leur grandeur personnelle, et qui croient avoir fait une nation grande parce qu'ils l'ont faite active, ambitieuse et vaine comme eux : je les nie, je les raie de mon tableau : j'inscris notre curé à la place de Napoléon.

— Comme tu voudras, » répondit mon ami qui ne m'écoutait plus. La nuit était si belle que son recueillement me gagna. Des éclairs de chaleur blanchissaient de temps en temps l'horizon et semaient de lueurs pâles les flancs noirs des forêts étendues sur les collines. L'air était frais et pénétrant sans être froid. Ce lieu est un des plus beaux de la terre, et aucun roi ne possède un parc plus pittoresque, des arbres d'une végétation plus haute, des gazons d'un plus beau vert et ondulés sur des mouvements de terrain plus gracieux. Ce vallon frais et touffu est une oasis au milieu des tristes plaines qui l'environnent et qui n'en laissent pas soupçonner l'approche. On tombe tout à coup dans un ravin hérissé de rochers et de forêts, dans des jardins royaux du milieu desquels s'élève un palais espagnol élégant et poétique, qui se mire du haut des rochers dans les eaux d'une rivière bleue. Il semble qu'on soit arrivé en rêve dans quelque pays enchanté, qui doit s'évanouir au réveil et qui s'évanouit en effet au bout d'un quart d'heure lorsqu'on traverse seulement le vallon et qu'on suit la route du midi. Les plaines sans fin, les bruyères jaunes, les horizons plats et nus reparaissent. Ce qu'on vient de voir semble imaginaire.

Nous suivions le sentier qui mène aux grottes. Les peupliers de la rivière prolongeaient jusque sur nous leurs ombres grêles et démesurées. Les biches fuyaient à notre approche. Nous arrivâmes à ces carrières abandonnées qui s'encadrent dans la plus riche verdure, et dont les profondeurs offrent une décoration vraiment théâtrale. — Entre sous cette voûte sonore, me dit mon ami, et chante-moi ton *Gloria*. J'irai m'asseoir là-bas pour entendre l'écho.

Je fis ce qu'il demandait, et quand j'eus fini, il revint à moi en répétant les paroles naïves du cantique :

Gloire à Dieu dans les cieux et paix sur la terre aux hommes de bonne intention !

— Tu vois bien, lui dis-je, le cantique ne dit point : Gloire sur la terre aux hommes de savoir ou d'intelligence ! Le repos est le plus précieux bienfait que Dieu ait à nous accorder; Dieu seul peut porter dignement le fardeau de la gloire, et les hommes simples qui veulent le bien sont plus grands devant lui que les grands hommes qui font le mal.

IX

AU MALGACHE.

15 mai 1836.

J'arrive au pays, et je ne t'y trouve plus; une lettre de toi, datée de Marseille, m'arrive presque en même temps. Où vas-tu?

> D'où nous venons, on n'en sait rien;
> Où nous allons, le sait-on bien?

Je t'écris par la *Revue des Deux-Mondes;* tu l'ouvriras certainement à Alger.

Ce procès d'où dépend mon avenir, mon honneur, mon repos, l'avenir et le repos de mes enfants, je le croyais loyalement terminé. Tu m'as quitté comme j'étais à la veille de rentrer dans la maison paternelle. On m'en chasse de nouveau, on rompt les conventions jurées. Il faut combattre sur nouveaux frais, disputer pied à pied un coin de terre.... coin précieux, terre sacrée, où les os de mes parents reposent sous les fleurs que ma main sema et que mes pleurs arrosèrent. Soit! que la volonté de Dieu s'accomplisse en moi. Ce n'est pas sans un sentiment de dégoût qui va jusqu'à l'horreur que je prends encore une fois corps à corps l'existence matérielle; mais je me résigne et j'observe religieusement un calme stoïque. Le rôle de plaideur est déplorable. C'est un rôle tout passif et qui n'a pas d'autre résultat que d'exercer à la patience. *Agir* est aisé, *attendre* est ce qu'il y a de plus difficile au monde...

Minuit.

. . . .

O souffle céleste, esprit de l'homme ! ô savante, profonde et complète opération de la Divinité, rends gloire à l'ouvrier inconnu qui t'a créé ! Étincelle échappée au creuset immense de la vie, atome sublime, tu es une image de Dieu ; car tous ses attributs, tous ses éléments sont en toi. Tu es l'infini émané de l'infini. Tu es aussi grand que l'univers, et tes plus chères délices sont d'habiter et de parcourir l'inconnu. . . . .

De quoi se plaint cette rachitique et hargneuse créature ? Que veut-elle ? à qui en a-t-elle ? Pourquoi se déroule-t-elle à terre en mordant la fange de la vie ? Pourquoi, s'assimilant sans cesse à la brute, demande-t-elle les jouissances de la brute, et pourquoi tant de rugissements haineux, tant de plaintes stupides, quand ses besoins grossiers ne sont pas satisfaits ? Pourquoi s'est-elle fait une existence toute matérielle, où la partie sublime d'elle-même est éteinte ?

Ah ! de là est venu tout le mal qui la dévore. Cybèle, la bienfaisante nourrice, a vu ses mamelles se dessécher sous des lèvres ardentes. Ses enfants, saisis de fièvre et de vertige, se sont disputé le sein maternel avec une monstrueuse jalousie. Il y en a eu qui se sont dits les aînés de la famille, les princes de la terre ; et des races nouvelles sont écloses au sein de l'humanité, races d'exception qui se sont prétendues d'origine céleste et de droit divin, tandis qu'au contraire Dieu les renie, Dieu qui les a vues éclore dans le limon de la débauche et dans l'ordure de la cupidité.

Et la terre a été partagée comme une propriété, elle qui s'était vue adorée comme une déesse. Elle est devenue une vile marchandise; ses ennemis l'ont conquise et dépecée... Ses vrais enfants, les hommes simples qui savaient vivre selon les voies naturelles, ont été peu à peu resserrés dans d'étroites enceintes, et persécutés jusqu'à ce que la pauvreté fût devenue un crime et une honte, jusqu'à ce que la nécessité eût fait des opprimés les ennemis de leurs ennemis, et qu'on eût donné à la juste défense de la vie le nom de vol et de brigandage; à la douceur, le nom de faiblesse; à la candeur, celui d'ignorance; à l'usurpation, ceux de gloire, de puissance et de richesse. Alors le mensonge est entré dans le cœur de l'homme, et son entendement s'est obscurci au point qu'il a oublié qu'il y avait en lui deux natures. La nature périssable a trouvé les conditions de son existence si difficiles au sein des sociétés, elle a goûté à tant de sources d'erreurs, elle s'est créé des besoins si contraires à sa destination, elle s'est tant laissé troubler et transformer, qu'il n'y a plus eu dans la vie humaine le temps nécessaire pour la vie intellectuelle. Tout s'est réduit, dans les desseins, dans les nécessités et dans les désirs de l'homme, à satisfaire les appétits du corps, c'est-à-dire à être riche.

Et voilà, hélas! où nous en sommes. Les hommes qui sont moins sensibles aux douceurs de la table, à l'éclat des vêtements et aux amusements de la civilisation qu'à la contemplation et à la prière, sont aujourd'hui si rares qu'on les compte. On les méprise comme des fous, on les bannit de la vie sociale, on les appelle poëtes.

O race infortunée, de plus en plus clair-semée sur la face du monde! vestige de la primitive humanité, que n'as-tu pas à souffrir de la part de la grande race active, puissante, habile et cruelle, qui a remplacé ici-bas la créature de Dieu! Le règne des enfants de Japet est passé; les hommes d'à présent sont littéralement les enfants des hommes. Quand ils retrouvent, sur le front d'un de ceux qui naissent de leur sein, quelque signe de la céleste origine, ils le haïssent et le maltraitent, ou tout au moins ils s'en amusent comme d'un phénomène, et n'en tirent aucun profit, aucun enseignement; c'est tout au plus s'ils lui permettent de chanter les merveilles de la création visible. Cherche-t-il à ressaisir dans les ténèbres du monde intellectuel quelque fil du labyrinthe; essaye-t-il de secouer la cendre des siècles d'abus et de préjugés pour fouiller sous cette croûte épaisse de l'habitude, pour tirer quelque étincelle du volcan éteint, quelque pâle lueur de la vérité divine, dès lors il devient dangereux; on s'en méfie, on l'entrave, on le décourage, on insulte à sa conscience, on empoisonne ses voies, on l'appelle corrupteur et sacrilége, on flétrit sa vie, on éteint le flambeau dans ses mains tremblantes; heureux si on ne le charge pas de fers comme aliéné!

. . . .

. . . . Oui, le poëte est malheureux, profondément malheureux dans la vie sociale. Ce n'est pas qu'il veuille qu'elle se reconstruise exprès pour lui et selon ses goûts, comme la raillerie le prétend; c'est qu'il voudrait qu'elle se réformât pour elle-même et selon les desseins de Dieu. Le poëte aime le bien; il a un sens particulier, c'est le sens du beau. Quand ce développement de la faculté de voir, de comprendre et d'admirer ne s'applique qu'aux objets extérieurs, ou n'est qu'un artiste ; quand l'intelligence va au delà du sens pittoresque, quand l'âme a des yeux comme le corps, quand elle sonde les profondeurs du monde idéal, la réunion de ces deux facultés fait le poëte ; pour être vraiment poëte, il faut donc être à la fois artiste et philosophe.

C'est là une magnifique combinaison organique pour atteindre à un bonheur contemplatif et solitaire; c'est une condition certaine et inévitable d'un malheur sans fin dans la société.

La société est composée, comme l'homme, de deux éléments : l'élément divin et l'élément terrestre; l'élément divin, plus ou moins pur, plus ou moins altéré, se trouve dans les lois. Ces lois, quelque imparfaites, quelque mal formulées qu'elles soient, sont toujours meilleures que la génération qu'elles régissent. Elles sont l'ouvrage des hommes les plus éminents en sagesse et en intelligence [1]. L'élément humain se trouve dans les abus, dans les préjugés, dans les vices de chaque génération, et depuis les temps peut-être fabuleux de cet âge d'or que le poëte revendique comme la tige de sa généalogie, toute génération a subi beaucoup plus la puissance du mal que celle du bien. Les codes non écrits de la coutume ont eu plus de force que le code écrit du devoir. Les châtiments n'ont rien empêché là où la coutume s'est mise en révolte contre la loi. C'est pourquoi les sociétés, cherchant sans cesse le bien dans leurs institutions, ont toujours été envahies par le mal. Le législateur enseigne et dicte la loi que l'humanité accepte

---

[1] On peut bien penser qu'il s'agit ici des lois durables qui ont rapport à la morale publique, et non de celles qui se font et se défont tous les jours dans les chambres, à propos des petits intérêts matériels de la société.

et n'observe pas. Chaque homme l'invoque dans ses intérêts; chaque homme l'oublie dans ses plaisirs.

Cet être à la fois disgracié et privilégié qu'on appelle poëte marche donc au milieu des hommes avec un profond sentiment de tristesse. Dès que ses yeux s'ouvrent à la lumière du soleil, il cherche des sujets d'admiration; il voit la nature éternellement jeune et belle, il est saisi d'extase divine et de ravissements inconnus; mais bientôt la création inerte ne lui suffit plus. Le vrai poëte aime passionnément Dieu et les œuvres de Dieu; c'est dans lui-même, c'est dans son semblable qu'il voit rayonner plus distinctement et plus complétement la lumière éternelle. Il voudrait l'y trouver pure et adorer Dieu dans l'homme comme un feu sacré sur un autel sans tache. Son âme aspire, ses bras s'entr'ouvrent; dans son besoin d'amour, il fendrait volontiers sa poitrine pour y faire entrer tous les objets de son immense désir, de ses chastes sympathies; mais la laideur humaine, l'ouvrage des siècles de corruption, ne peut échapper à son œil limpide, à son regard profond. Il pénètre à travers l'enveloppe, il voit des âmes contrefaites dans des corps splendides, des cœurs d'argile dans des statues d'or et de marbre. Alors il souffre, il s'indigne, il murmure, il gourmande. Le ciel, qui lui a fait une vue si perçante, lui a donné pour la plainte et pour la bénédiction, pour la prière et pour la menace, une voix abondante et sonore qui trahit imprudemment toutes ses angoisses. Les abus du monde lui arrachent des cris de détresse; le spectacle de l'hypocrisie brûle ses yeux d'un fer rouge; les souffrances de l'opprimé allument son courage; des sympathies audacieuses bouillonnent dans son sein. Le poëte élève la voix et dit aux hommes des vérités qui les irritent.

Alors toute cette race immonde, qui se met à l'abri d'un faux respect des lois pour satisfaire ses vices dans l'ombre, ramasse les pierres du chemin pour lapider l'homme de vérité. Les scribes et les pharisiens (race éternellement puissante) préparent les fouets, la couronne d'épines et le roseau, sceptre dérisoire que la main sanglante du Christ a légué à toutes les victimes de la persécution. La plèbe aveugle et stupide immole les martyrs pour le seul plaisir de contempler la souffrance. Jésus sur la croix n'est pour elle autre chose que le spectacle énergique d'un homme aux prises avec une terrible agonie.

Il est vrai que du sein de cet abîme de turpitudes sortent quelques justes qui osent approcher du gibet et laver les plaies du patient avec leurs larmes. Il est aussi des hommes faibles et sincères, souvent terrassés par la corruption du siècle, mais souvent relevés par une foi pieuse, qui viennent répandre sur ses pieds brisés le parfum expiatoire. Ceux-ci apportent des consolations à la victime ; les premiers préparent la récompense. La nuée s'entr'ouvre, l'ange de la mort touche de son doigt de feu le front incliné de l'homme qui va s'éveiller ange à son tour. Déjà les harpes célestes épandent sur lui leurs vagues harmonies. La colombe aux pieds d'or semble voltiger sous la coupole ardente des cieux... Rêves de spiritualiste, avenir du croyant, idéal de Socrate, promesses du fils de Marie ! vous êtes le beau côté de la destinée du poëte ; vous êtes l'encens et la myrrhe qu'il faut à ses blessures ; vous êtes la couronne de son long martyre. C'est pourquoi le poëte doit vous avoir sans cesse devant les yeux lorsqu'il s'expose à la persécution; c'est pourquoi il doit vivre et travailler seul, sans jamais entrer de fait ou d'intention dans le tumulte du monde...

Six heures du matin.

J'ai quitté ma chambre au jour naissant pour fuir la fatigue qui commençait à alourdir mes paupières. Depuis deux nuits j'ai, contre ma coutume, un sommeil pénible. Des rêves affreux me réveillent en sursaut. Mon système est de ne jamais rien combattre, et d'échapper à tout; c'est la force des faibles. J'ai donc pris le parti de ne pas dormir tant que les fantômes guetteront mon chevet. J'ai passé mon panier à mon bras; j'y ai mis mon portefeuille, mon encrier, un morceau de pain et des cigarettes, et j'ai pris le chemin des *Couperies*. Me voici sur la hauteur culminante. La matinée est délicieuse, l'air est rempli du parfum des jeunes pommiers. Les prairies, rapidement inclinées sous mes pieds, se déroulent là-bas avec mollesse; elles étendent dans le vallon leurs tapis que blanchit encore la rosée glacée du matin. Les arbres, qui pressent les rives de l'Indre, dessinent sur les prés des méandres d'un vert éclatant que le soleil commence à dorer au faîte. Je me suis assis sur la dernière pierre de la colline, et j'ai salué en face de moi, au revers du ravin, ta blanche maisonnette, ta pépinière et le toit moussu de ton ajoupa. Pourquoi as-tu quitté cet heureux nid, et tes petits enfants, et ta vieille mère, et cette vallée charmante, et ton ami *le Bohémien*? Hirondelle voyageuse, tu as été chercher en Afrique le printemps, qui n'arrivait pas assez vite à ton gré? Ingrat! ne fait-il pas toujours assez beau aux lieux où l'on est aimé? Que fais-tu à cette heure? Tu es levé sans doute; tu es seul, sans un ami, sans un chien. Les arbres qui t'abritent n'ont pas été plantés par toi; le sol que tu foules ne te doit pas les fleurs qui le parent. Peut-être supportes-tu les feux d'un soleil ardent, tandis que le froid d'un matin humide engourdit encore la main qui t'écrit. Sans doute tu ne devines pas que je suis là, veilant sur ta pépinière, sur tes terrasses, sur les trésors que tu délaisses ! Peut-être endormi au seuil d'une mosquée, crois-tu voir en songe les quatre petits murs blancs où tu as tant travaillé, tant étudié, tant rêvé, tant vieilli... Peut-être es-tu au sommet de l'Atlas... Ah! ce mot seul efface toute la beauté du paysage que j'ai sous les yeux. Les jolis myosotis sur lesquels je suis assis, la haie d'aubépine qui s'accroche à mes cheveux, la rivière qui murmure à mes pieds sous son voile de vapeurs matinales, qu'est-ce que tout cela auprès de l'Atlas ? Je regarde l'horizon, cette patrie des âmes inquiètes, tant de fois interrogée et si vainement possédée ! je ne vois plus que l'espace infranchissable !... O heureux homme ! tu parcours ces monts sauvages, cette chaîne robuste, échine formidable du vieil univers! Quelles neiges, quels éclatants soleils, quels cèdres bibliques, quels sommets pythoniciens, quels palmiers, quelles fleurs inconnues tu possèdes! Ah! que je te les envie! Et moi qui te reprochais tout à l'heure d'avoir pu quitter la *Rochaille!* — Hélas! tu es peut-être dans une de ces dispositions de tristesse et de fatigue où rien de ce qu'on possède ne console de ce qu'on voudrait avoir possédé. Poëtes, poëtes! race ingrate, capricieuse et chagrine! Que veux-tu donc? Où aspires-tu? Qui donc t'a donné toute cette puissance et toute cette pauvreté? Que fais-tu de tes vastes désirs quand tu possèdes? Où trouves-tu tes ressources surhumaines quand tu es malheureux ? Je suis là, moi, abîmé dans les délices des champs, oubliant que toute ma vie est dans le plateau d'une balance dont l'équilibre varie à chaque instant; acceptant, sans y songer, des amertumes qui m'eussent déterminé au suicide, si je les eusse prévues il y a deux ans, lorsque je t'écrivais: « Tout est fini pour moi. »

. . . .

On vient d'ouvrir l'écluse de la rivière. Un bruit de cascade, qui me rappelle la continuelle harmonie des Alpes, s'élève dans le silence. Mille voix d'oiseaux s'éveillent à leur tour. Voici la cadence voluptueuse du rossignol; là, dans le buisson, le trille moqueur de la fauvette; là-haut, dans les airs, l'hymne de l'alouette ravie qui monte avec le soleil. L'astre magnifique boit les vapeurs de la vallée et plonge son rayon dans la rivière, dont il écarte le voile brumeux. Le voilà qui s'empare de moi, de ma tête humide, de mon papier... Il me semble que j'écris sur une tablette de métal ardent... tout s'embrase, tout chante. Les coqs s'éveillent mutuellement et s'appellent d'une chaumière à l'autre; la cloche de la ville sonne l'*Angelus*; un paysan, qui recèpe sa vigne au-dessus de moi, pose ses outils et fait le signe de la croix... A genoux, Malgache! où que tu sois, à genoux! Prie pour ton frère qui prie pour toi.

. . . .

Il doit être huit heures; le soleil est chaud, mais à l'ombre l'air est encore froid. Me voici au revers du rocher dans le plus profond du ravin. Je suis caché et abrité du vent comme dans une niche. Le soleil réchauffe mes pieds mouillés dans l'herbe. Je les ai posés nus sur la pierre tiède et saine, tandis que je déjeune pythagoriquement avec mon pain et l'eau du joli ruisseau qui chante sous les joncs à côté de moi.

Le sentier là-haut est maintenant couvert de villageois qui vont à la messe. J'attendrai, pour traverser les longues herbes du fond de la vallée, que le bon soleil les ait aspirées. Dans une heure j'y passerai à pied sec. La rivière s'est endormie hors de son lit. Le sentier est noyé sous une nappe d'argent. Nymphes, éveillez-vous, les faunes vont vous surprendre et s'enamourer.

. . . .

Ah Dieu ! à cette heure, mes ennemis s'éveillent aussi ! ils s'éveillent pour me haïr. Ils vont se lever pour me nuire. Ils font une prière du matin, peut-être la seule qu'ils aient faite de leur vie, et c'est pour demander ma perte. Ne les écoute pas, ô Dieu bon, ami des poëtes ! Je suis sans ambition ici-bas, sans cupidité, sans mauvais désirs, tu le sais, toi qui me regardes en face par cet œil brûlant des cieux. Tu lis au fond de ma pensée, comme l'astre au fond du miroir ardent, lorsqu'il le perce de son rayon avide, et qu'il en ressort sans y avoir trouvé d'autre feu que celui dont il vient de le remplir. Bonté de là-haut, appui du faible, tu n'écoutes pas la prière de l'impie ; car tout homme est impie qui demande à Dieu la ruine et le désespoir de son semblable. Tu sais que je ne te demande les larmes de personne, et que je ne veux pas triompher pour être tyran, mais pour être libre. Ah ! termine ce combat impie, ô mon Dieu ! mais ne permets pas que la haine et la violence triomphent de l'innocent. — Qu'ai-je fait, disait le poëte exilé, pour être détesté, banni de ma patrie, chassé du toit de mes pères, calomnié, insulté, traduit devant des juges comme un criminel, menacé de châtiments honteux ? O pharisiens, vous régnez toujours, et ce que Jésus écrivit du doigt sur la poussière du parvis est effacé de la mémoire des hommes !...

«..... C'est bien fait! pourquoi étant poëte, pourquoi étant marqué au front pour n'appartenir à rien et à personne, pour mener une vie errante; pourquoi, étant destiné à la tristesse et à la liberté, me suis-je lié à la société? Pourquoi ai-je fait alliance avec la famille humaine? Ce n'était pas là mon lot. Dieu m'avait donné un orgueil silencieux et indomptable, une haine profonde pour l'injustice, un dévouement invincible pour les opprimés. J'étais un oiseau des champs, et je me suis laissé mettre en cage; une liane voyageuse des grandes mers, et on m'a mis sous une cloche de jardin. Mes sens ne me provoquaient pas à l'amour, mon cœur ne savait ce que c'était. Mon esprit n'avait besoin que de contemplation, d'air natal, de lectures et de mélodies. Pourquoi des chaînes indissolubles à moi?... O mon Dieu! qu'elles eussent été douces si un cœur semblable au mien les eût acceptées! Oh! non, je n'étais pas fait pour être poëte; j'étais fait pour aimer! C'est le malheur de ma destinée, c'est la haine d'autrui qui m'ont fait voyageur et artiste. Moi, je voulais vivre de la vie humaine; j'avais un cœur, on me l'a arraché violemment de la poitrine. On ne m'a laissé qu'une tête, une tête pleine de bruit et de douleur, d'affreux souvenirs, d'images de deuil, de scènes d'outrages... Et parce qu'en écrivant des contes pour gagner le pain qu'on me refusait je me suis souvenu d'avoir été malheureux, parce que j'ai osé dire qu'il y avait des êtres misérables dans le mariage, à cause de la faiblesse qu'on ordonne à la femme, à cause de la brutalité qu'on permet au mari, à cause des turpitudes que la société couvre d'un voile et protége du manteau de l'abus, on m'a déclaré immoral, on m'a traité comme si j'étais l'ennemi du genre humain!

..... Peut-être est-ce folie et témérité de demander justice en cette vie. Les hommes peuvent-ils réparer le mal que les hommes ont fait ? Non ! toi seul, ô Dieu ! peux laver ces taches sanglantes que l'oppression brutale fait chaque jour à la robe expiatoire de ton Fils et de ceux qui souffrent en invoquant son nom !... Du moins toi, tu le peux et tu le veux ; car tu permets que je sois heureux, malgré tout, à cette heure, sans autre richesse que mon encrier, sans autre abri que le ciel, sans autre désir que celui de rendre un jour le bien pour le mal, sans autre plaisir terrestre que celui de sécher mes pieds sur cette pierre chauffée du soleil. O mes ennemis ! vous ne connaissez pas Dieu ; vous ne savez pas qu'il n'exauce point les vœux de la haine ! Vous aurez beau faire, vous ne m'ôterez pas cette matinée de printemps.

Le soleil est en plein sur ma tête ; je me suis oublié au bord de la rivière sur l'arbre renversé qui sert de pont. L'eau courait si limpide sur son lit de cailloux bleus changeants ; il y avait autour des rochers de la rive tant et de si brillantes petites nageoires de poissons espiègles ; les demoiselles s'envolaient par myriades si transparentes et si diaprées que j'ai laissé courir mon esprit avec les insectes, avec l'onde et ses habitants. — Que cette petite gorge est jolie avec sa bordure étroite d'herbe et de buissons, son torrent rapide et joyeux, avec sa profondeur mystérieuse et son horizon borné par les lignes douces des guérets aplanis ! comme la traîne est coquette et sinueuse ! comme le merle propre et lustré y court silencieusement devant moi à mesure que j'avance ! Je fais ma dernière station à la Roche-Éverard. Nous avons baptisé ainsi ce roc noir dans l'angle aigu duquel les *pastours* allument leur feu d'ajoncs en hiver. C'est là qu'il s'est assis l'autre jour en disant qu'il ne demandait pas autre chose à Dieu pour sa vieillesse que cette roche et la liberté. « *Le beau est petit*, dit-il ; ce paysage resserré et ce chétif abri sont encore trop vastes pour la vie physique d'un homme ; le ciel est au-dessus, et la contemplation des mondes infinis qui l'habitent suffit bien, j'espère, à la vie intellectuelle. »

Ainsi parlait le vieux Éverard en arrachant des touffes de genêts fleuris aux flancs bruns du rocher. Ainsi tu parlais, il y a cinq ans, lorsqu'à deux pas de cette roche tu plantas ton ajoupa et tes peupliers. — D'où vient que tu es en Afrique ? — Rien ne suffit à l'homme en cette vie ; c'est là sa grandeur et sa misère. . . . . .
. . . .

Dans ma chambre.

Je suis entré dans ton jardin ; tes peupliers se portent bien, ta rivière est très-haute. Mais cette maison déserte, ces contrevents fermés, ces allées dépeuplées d'enfants, cette brouette qui t'a sauvé de tant d'accès de spleen et qui est brisée dans un coin, tout cela est bien triste. J'ai été voir la chèvre ; elle n'a voulu manger aucune des herbes que je lui offrais ; elle bêlait tristement ; j'ai pensé un instant qu'elle me demandait ce qu'était devenu son maître.

En remontant la *Rochaille*, j'ai pris par habitude le chemin de Nohant. Un instant j'ai oublié où j'allais ; je voyais devant moi cette route qui monte en terrasse, et au sommet les tourelles blanches et la garenne de notre chevaleresque voisin, de notre loyal ami le châtelain d'Ars. Derrière cette colline, je ne voyais pas, mais je pressentais mon toit, les murs amis de mon enfance, les noyers de mon jardin, les cyprès des morts chéris. Je marchais vite et d'un pied léger ; j'allais comme dans un rêve, m'étonnant de ma longue absence, me hâtant d'arriver. Tout d'un coup je me suis aperçu de ma distraction ; je me suis rappelé que la haine avait fait de la maison de mes pères une forteresse dont il me fallait faire le siége en règle avant d'y pénétrer. O Marie ! ô mon aïeule aux cheveux blancs ! quand j'ai dit adieu au seuil sacré, j'ai emporté une branche de l'arbre qui abrite ton éternel sommeil. Est-ce là tout ce qui doit à jamais me rester de toi ? Tu dors auprès de ton fils bien-aimé ; mais à ta gauche n'y a-t-il pas une place vide qui m'est réservée ? Mourrai-je sous un ciel étranger ? Irai-je traîner une vieillesse misérable loin de l'héritage que tu me conservais avec tant d'amour, et où j'ai fermé tes yeux, comme je souhaite que mes enfants ferment les miens ? O grand'mère ! lève-toi et viens me chercher ! Déroule ce linceul où j'ai enseveli ton corps brisé par son dernier sommeil ; que tes vieux os se redressent et que ton cœur desséché palpite à cette chaleur bienfaisante de midi. Viens me secourir ou me consoler. Si je dois être à jamais banni de chez toi, suis-moi au loin. Comme les sauvages du Meschacébé, je porterai ta dépouille sur mes épaules, et elle me servira d'oreiller dans le désert. Viens avec moi, ne protége pas ceux qui ne te connaissent pas et que tes mains n'ont pas bénis... Mais non, grand'mère, reste auprès de ton fils ; mes enfants iront encore saluer ta tombe ; ceux-là te connaissent sans t'avoir jamais vue. Mon fils ressemble à ce Maurice tant aimé de toi, auquel je ressemble tant moi-même ; ma fille est blanche, grave et déjà majestueuse comme

toi. C'est là ton sang, Marie ; que ton âme aussi soit en eux ; si je leur suis arraché, que ton souffle veille sur eux et les anime, que ta cendre soit leur palladium éternel, que dans la nuit ta voix douce ou sévère les console ou les gourmande..... Ah ! si tu vivais, tout ce mal ne me serait pas arrivé ; j'aurais trouvé dans ton sein un refuge sacré, et ta main paralytique se fût ranimée pour se placer, comme celle du destin, entre mes ennemis et moi. — Je meurs trop tôt pour toi, m'as-tu dit la veille du dernier jour. Pourquoi m'as-tu quitté, ô toi qui m'aimais, toi qui n'as jamais été remplacée, toi qui chérissais en moi jusqu'à mes défauts, toi qui maniais comme la cire mes volontés de fer, et qui faisais courber d'un regard cette tête rebelle ! toi qui m'as appris, pour mon éternel regret, pour mon éternelle solitude, ce que c'est qu'un amour inépuisable, absolu, indestructible..... Grand Dieu ! vous savez qu'elle me l'a enseigné, cet amour passionné de la progéniture ; ne permettez pas qu'on m'arrache à mes enfants ; ils sont trop jeunes pour supporter ce que j'ai souffert en la perdant. . . . .
. . . .

Malgache, ta mère est vieille ; ne reste pas longtemps éloigné d'ici. Quand tu ne l'auras plus, tu regretteras amèrement les jours passés loin d'elle, et tu voudras en vain les faire revivre.

>Il tempo passa e non ritorna a noi
>E non vale il pentirsene di poi.

X

A HERBERT.

Mon vieux ami, je t'ai promis de t'écrire une sorte de journal de mon voyage, si voyage il y a, de la vallée Noire à la vallée de Chamounix. Je te l'adresse et te prie de pardonner à la futilité de cette relation. A un homme triste et austère comme toi, il ne faudrait écrire que des choses sérieuses ; mais, quoique plus vieux que toi de plusieurs années, je suis un enfant, et par mon éducation manquée et par ma fragile organisation. A ce titre j'ai droit à l'indulgence, et rien ne me siérait plus mal qu'une forme grave. Vous m'avez traité en enfant gâté, vous tous que j'aime, et toi surtout, rêveur sombre, qui n'as de sourire et de jeunesse qu'en me voyant cabrioler sur les sables mouvants et sur les nuages fantastiques de la vie.

Hélas ! gaieté perfide, qui m'as si souvent manqué de parole ! rayon de soleil entre des nuées orageuses ! tu m'as fait souvent bien du mal ! tu m'as emporté dans les régions féeriques de l'oubli, et tu as laissé des spectres lugubres entrer dans les salles de ma joie et s'asseoir en silence à mon festin. Tu les as laissés monter en croupe sur mon cheval ailé et lutter corps à corps avec moi jusqu'à ce qu'ils m'eussent précipité sur la terre des réalités et des souvenirs. N'importe ! sois béni, esprit de folie qui es à la fois le bon et le mauvais ange, souvent ironique et amer, le plus souvent sympathique et généreux ! prends tes voiles bariolées, ô ma chère fantaisie! déploie tes ailes aux mille couleurs; emporte-moi sur ces chemins battus de tous, que ma faiblesse m'empêche de quitter, mais où mes pieds n'enfoncent pas dans le sol, grâce à toi! garde-moi dans l'humble sentiment de mon néant, dans la philosophique acceptation de ce néant si doux et si commode, qui s'ennoblit quelquefois par la victoire remportée sur de vaines aspirations... O gaieté! toi qui ne peux être vraie sans le repos de la conscience, et durable sans l'habitude de la force, toi qui ne fus point l'apanage de mes belles années et qui m'abandonnas dans celles de ma virilité, viens comme un vent d'automne te jouer sur mes cheveux blanchissants, et sécher sur ma joue les dernières larmes de ma jeunesse.

Et toi, cher vieux ami, prête-toi aux caprices de mon babil et à l'absurdité de mes observations. Tu sais que je ne vais pas étudier les merveilles de la nature, car je n'ai pas le bonheur de les comprendre assez bien pour les regarder autrement qu'en cachette. Le désir de revoir des amis précieux et le besoin de *locomotion* m'entraînèrent seuls cette fois vers la patrie que tu as abandonnée. Il te sera peut-être plus doux d'en entendre parler, si peu et si mal que ce soit. Il est des lieux dont le nom seul rappelle des scènes enchantées, des souvenirs inénarrables. Puissé-je, en te les faisant traverser avec moi, éclaircir un instant ton front et soulever le fardeau des nobles ennuis qui le pâlissent!

Autun, 2 septembre.

A Dieu ne plaise que je médise du vin! Généreux sang de la grappe, frère de celui qui coule dans les veines de l'homme! que de nobles inspirations tu as ranimées dans les esprits défaillants ! que de brûlants éclairs de jeunesse tu as rallumés dans les cœurs éteints ! Noble sue de la terre, inépuisable et patient comme elle, ouvrant comme elle les sources fécondes d'une séve toujours jeune et toujours chaude, au faible comme au puissant, au sage comme à l'insensé ! — Mais il est ton ennemi, comme il est l'ennemi de la Providence, celui-là qui cherche en toi un stimulant à d'impurs égarements, une excuse à des délires grossiers ! Il est le profanateur des dons célestes, celui qui veut épuiser tes ressources bienfaisantes, abdiquer et rejeter avec mépris dans la main de Dieu même le trésor de sa raison.

L'origine céleste de la vigne est consacrée dans toutes les religions. Chez tous les peuples la Divinité intervient pour gratifier l'humanité d'un don si précieux. Selon notre Bible, le sang du vieux Noé fut agréable à Dieu, qui le sauva ainsi que la séve de la vigne, comme deux ruisseaux de vie à jamais bénis sur la terre.

J'ai vu, aux premiers jours du printemps, sous les berceaux de pampres qui s'enlacent aux figuiers de l'Adriatique, des matrones, drapées presque à la manière de l'ancienne Grèce, qui recueillaient avec soin dans des fioles ce qu'elles appelaient poétiquement les *larmes de la vigne*. La rosée limpide s'échappait goutte à goutte des nœuds de la branche, et coulait durant la nuit dans les vases destinés à la recevoir. J'aimais le soin religieux avec lequel ces femmes allaient enlever le précieux collyre aux premières clartés du matin ; j'aimais les parfums exquis de la treille en fleur, les brises de l'Archipel expirant sur les grèves de l'Italie, et le signe de croix qui accompagnait chaque nouvelle section du rameau sacré. C'était une sorte de cérémonie païenne conservée et rajeunie par le christianisme. Le culte du jeune Bacchus semblait mêlé à celui de l'enfant Dieu, et je ne suis pas sûr que l'antique *Ohé, Evohé!* ne vînt pas mourir sur les lèvres de ces vieilles à côté de l'*amen* catholique.

Le culte des divinités champêtres m'a toujours semblé la plus charmante et la plus poétique expression de la reconnaissance de l'homme envers la création. Je n'admets point de faux dieux, je les tiens tous pour des idées vraies, salutaires et grandes. Et quant à l'infaillibilité des religions, je sais que la plus excellente de toutes peut et doit être souillée, comme tout ce qui tombe d'en haut dans le domaine de l'homme. Mais je crois à la sagesse des nations, à leur grandeur, à leur force, aux influences des contrées qu'elles habitent; et conséquemment j'ai foi en la prééminence de certaines idées, en fait de croyance et de culte. L'éternelle vérité, à jamais voilée pour les hommes, s'est montrée un peu moins vague à ceux qui l'ont cherchée à travers une atmosphère plus pure et des cieux plus splendides. La nôtre est la plus belle, parce qu'elle est la plus simple. Elle se marie bien avec la nature austère qui l'a conçue, avec les grandes scènes pittoresques et l'ardent climat qui ont révélé à l'homme l'unité de Dieu. Celle du polythéisme est enivrante comme le doux pays qui l'a enfantée; mais j'y vois toutes les conditions d'excès et d'inconstance qui caractérisent pour l'homme une situation trop fortunée.

J'aime la fable de Bacchus, embryon engourdi dans la cuisse du dieu, survivant, comme Noé, à un cataclysme; sauvé, comme lui, par une miraculeuse protection, et, comme lui, apportant aux hommes les bienfaits d'un nouvel arbre de vie. Mais, sur les trop fertiles coteaux de la Grèce, je vois la vigne croître et multiplier avec une abondance dont les hommes abusent bientôt, et, de la cuve où Evohé consacra de pures libations à son père, sort la troupe effrénée des hideux Satyres et des obscènes Thyades. Alors les peuples cherchent des jouissances forcenées dans un sage remède envoyé à leurs faiblesses et à leurs ennuis. La débauche insensée pollue les marches des temples; le bouc, infect holocauste offert aux divinités rustiques, associe des idées de puanteur et de brutalité au culte du plaisir. Les chants de fête deviennent des hurlements ; les danses, des luttes sanglantes où périt le divin Orphée ; le dieu du vin s'est fait le dieu de l'intempérance, et le sombre christianisme est forcé de venir, avec ses macérations et ses jeûnes, ouvrir une route nouvelle à l'humanité ivre et chancelante pour la sauver de ses propres excès.

Si je cherche l'histoire du cultivateur postdiluvien dans la version plus simple et plus naïve du vieux Noé, je vois sa lignée user plus sobrement et plus religieusement du fruit divin. Première victime de son imprudence, il apprend à ses dépens que le sang de la grappe est plus chaud et plus vigoureux que le sien propre; il tombe vaincu, et ses pieux enfants apprennent à s'abstenir, le même jour où ils ont connu une jouissance nouvelle. Sur les versants brûlants de la Judée, la vigne multiplie sobrement ses richesses, et l'homme, conservant une sorte de respect pour les divins effets de la plante précieuse, inscrit cette loi touchante dans son livre de la Sagesse :

« Laissez le vin à ceux qui sont accablés par le travail, et la cervoise à ceux qui sont dans l'amertume du cœur ; les princes ne boiront pas le vin et la cervoise, ils les laisseront à ceux qui souffrent et à ceux qui travaillent dans l'amertume du cœur. »

Honneur aux âges primitifs! amour aux antiques pasteurs! regret à la jeunesse du monde! Temps agréables au Seigneur, où l'homme cherchait la science sans qu'il fût possible de savoir le funeste usage qui serait fait de la science; où la sagesse n'était pas un vain mot et correspondait, dans les codes des patriarches, aux besoins vrais et nobles de l'humanité! vous paraissez grands et presque impossibles quand on vous compare aux sociétés modernes. Dieu, grand Dieu! toi qui parlais sur la montagne pour dire aux hommes : « Faites ceci, » et qui voyais ta loi accomplie ; toi dont la parole descendait dans les tabernacles d'Israël, instruisait et dirigeait tes législateurs prosternés, que sens-tu pour nous désormais dans ton sein paternel en voyant la terre asservie aux volontés impies et aux besoins insensés d'une poignée d'hommes pervers, le mot sacré de *loi* traduit par celui d'*intérêt personnel*, le labeur remplacé par la cupidité, les cérémonies augustes et saintes par des coutumes ineptes ou des mystères incompris, tes lévites par des pontifes ennemis du peuple, la crainte de ton courroux ou de ton déplaisir par des hordes de soldats mercenaires, seul frein que les princes sachent employer et que les peuples veuillent reconnaître?

Que penser d'un siècle où l'éducation morale est entièrement abandonnée au hasard, où la jeunesse n'apprend ni à régler ses besoins intellectuels ni à gouverner ses appétits physiques, où on lui présente les livres des diverses religions, qu'on lui explique en souriant et en lui recommandant bien de ne croire à aucune; où, pour tout précepte, on lui conseille de ne point se mettre mal avec la police aux premières orgies qu'elle se permettra, et de ne point professer trop haut la théorie des vices dont on lui abandonne la pratique? Que lui apprend-on de l'amour, de cette passion qui s'éveille la première, et qui, dans le cœur de l'adolescent, est susceptible d'un développement si noble? Rien, sinon qu'il faut faire pour les femmes le moins de sottises possible, jouer au plus fin ayec les coquettes, s'abstenir de l'enthousiasme, se consoler avec les prostituées des défaites de la ruse; en toute occasion sacrifier à l'intérêt personnel, au plaisir ou à la fortune, le plus beau sentiment qui puisse germer dans les âmes neuves!

Que lui apprend-on de l'ambition, de cette soif de gloire et d'action qui étouffe bientôt les velléités d'affection exclusive, et qui souvent ne les laisse pas même éclore? Lui dit-on qu'il faut gouverner cette ardeur généreuse, mettre au service de l'humanité les talents acquis et les forces employées? Elle a lu pendant les années d'enfance quelque chose de semblable dans les écrits des antiques philosophes, et on lui apprend à les juger au point de vue littéraire; puis la société lui ouvre ses bras avides et son sein glacé. Donne-moi tes lumières, lui dit-elle; donne-moi le fruit de tes sueurs et de tes veilles, et je te donnerai en retour des richesses pour satisfaire tous tes vices; car tu as des vices, je le sais, je les aime, je les protége, je les couvre de mon manteau, je les abrite mystérieusement de ma complaisance. Sers-moi, enrichis-moi, donne-moi tes talents et ton travail, fais-les servir à augmenter mes jouissances, à maintenir mon règne, à sanctionner mes turpitudes: et je t'ouvrirai les sanctuaires d'iniquité que je réserve à mes élus!

Ainsi, loin de développer et de diriger les deux sources de grandeur qui sont dans la jeunesse, la gloire et la volupté; loin d'exalter ce qu'elles mêlent de divin à l'ardeur et à la jouissance de la vie, la société présente s'en sert pour abrutir l'homme et pour le rattacher à un matérialisme mortellement grossier. Elle se plaît à développer les instincts animaux; elle crée et protége des antres de corruption, des moyens de toute espèce pour entretenir, ranimer ou satisfaire les besoins les plus ignobles, et même les plus immondes fantaisies. Comment les jouissances naturelles, n'étant plus asservies à aucun frein moral, à aucune règle de législation, ne dégénéreraient-elles pas en excès? Comment l'amour de la gloire ne deviendrait-il pas la soif de l'or? Comment l'amour et le vin n'amèneraient-ils pas la débauche?

Tout cela à propos d'une orgie de patriciens dont je viens d'être témoin dans une auberge!

J'ai bien voyagé dans ma vie; je me suis reposé dans bien des cabarets de village; j'ai dormi dans de bien sales tavernes, entre des bancs rompus et des débris de brocs rougis d'un vin âcre et brutal; j'ai failli avoir la tête fracassée par des rouliers qui se battaient autour de moi; j'ai entendu les métaphores obscènes et les chansons graveleuses des villageois endimanchés. J'ai vu des soldats ivres, des matelots en fureur; j'ai vu des mendiants affamés acheter de l'eau-de-vie avec l'unique denier de leur journée. J'ai vu des femmes jeunes et belles se rouler échevelées dans la fange, et de beaux-esprits de diligence échanger des quolibets malpropres avec des servantes d'auberge. Qui n'a vu et entendu tout cela, pour peu qu'il ait voyagé avec peu d'argent?

Or, je ne suis pas d'humeur intolérante, et, quoique fort souvent ennuyé, fatigué et contrarié de semblables rencontres, je les ai toujours supportées avec un calme philosophique. De quel droit mépriserais-je la rudesse et le mauvais goût de l'homme privé d'éducation? De quel front reprocherais-je à l'indigent d'abdiquer l'orgueil de l'intelligence humaine, quand moi et mes égaux sur l'échelle sociale nous lui refusons l'exercice de cette intelligence et nous en rejetons l'emploi? Pourquoi, ô toi que nous avons réduit à l'état de bête de somme, ne chercherais-tu pas à rendre ton sort moins odieux en détruisant ta mémoire et ta raison, *en buvant*, comme dit Obermann en sa pitié sublime, *l'oubli de tes douleurs?*

Eh quoi! ta souffrance de tous les jours ne nous semble pas insupportable; notre oreille n'est pas blessée de tes plaintes; nos yeux voient sans dégoût tes sueurs sans relâche et sans terme; notre cœur est insensible à ta misère; et les courtes heures de ta joie nous révoltent! C'est bien assez, ô infortuné! que ta peine soit méprisée. Que ton plaisir du moins passe en liberté! Laissez courir l'orgie en haillons, laissez-la hurler à la porte de ces riches demeures; elle ne les franchira jamais. Laissez-la dormir sur les marches de ces palais dont elle va du moins rêver les délices pendant toute une nuit... Mais non! il y a pour le peuple des règlements de police. Les lupanars des grands sont ouverts à toute heure, les cabarets du pauvre se ferment la nuit, et le guet mène en prison celui qui n'a ni laquais ni voiture pour le transporter chez lui!

Écoutez ce que disent les riches pour autoriser ces injustices : « La gaieté des gens comme il faut n'est ni bruyante ni incommode; celle du peuple est pire que cela, elle est dangereuse. Le peuple n'a pas le frein de l'éducation. » Et à ce propos les grands de ce siècle vous font de très-nobles théories sur les distinctions nécessaires, sur les supériorités incontestables. Ils avouent qu'aujourd'hui la naissance est un préjugé, que l'or ne donne de mérite à personne. Ils déclarent que l'*éducation* seule établit une hiérarchie légitime et sainte. « Faites le peuple semblable à nous, disent-ils, et nous l'admettrons à l'égalité sociale. »

Ces hommes n'oublient qu'un point, c'est que, le peuple n'ayant pu encore se faire semblable à eux, ils se sont faits en attendant, quant aux vices et à la grossièreté, semblables au peuple.

Si j'ai bonne mémoire, je n'avais vu d'orgie de patriciens que sur la scène, aux théâtres de l'Odéon et de la Porte-Saint-Martin. J'avoue que cela m'avait semblé très-froid et très-ennuyeux. Du reste, cela se passait très-convenablement. Deux ou trois personnages parlants, très-occupés de leurs affaires, se consultaient dans des *a parte* sur toute autre chose que l'orgie, et le long de la table une douzaine de comparses, très-bien costumés, soulevant en mesure des coupes de bois doré, les choquaient les unes contre les autres avec un bruit sourd, et

. . . . d'un ton mélancolique,
Entonnaient tristement une chanson bachique.

Je fus donc très-peu effrayé d'un dîner de jeunes gens qui se consommait à l'autre bout du jardin de l'auberge. La maison était pleine en raison de la foire. Point de chambre où l'on pût manger, point de salle commune qui ne fût encombrée de commis voyageurs...

J'en demande pardon à un mien camarade d'enfance qui me vend d'excellent vin, et pour qui je vendrais, au besoin, ma dernière paire de bottes; j'en demande pardon à plusieurs commis voyageurs qui m'ont écrit des injures à cause de je ne sais quelle mauvaise plaisanterie imprimée de mon fait je ne sais où. — J'en demande pardon, et sérieusement, je le jure, à la mémoire d'un seul dont le nom demeure enseveli dans des cœurs navrés. — Mais enfin, je le confesse à la face du ciel et de la terre, je ne peux pas souffrir les commis voyageurs... ou du moins je n'ai pas pu les souffrir jusqu'à ce jour, qui va peut-être me réconcilier à jamais avec eux.

Tant il y a que, craignant les conversations littéraires, j'acceptai l'offre d'une infernale hôtesse, empoisonneuse et maléficière au delà de ce qui a jamais été raconté par Gil Blas sur le compte des aubergistes de toutes les Espagnes. Je laissai dresser dans un coin du jardin, derrière un espalier, une modeste table pour mes enfants, pour leur bonne et pour moi. J'avais l'air d'un curé de campagne escorté de sa gouvernante et de ses neveux.

Il y avait, à l'autre bout de ce jardin, une grande table et des convives de bonne humeur. Ce sont des gens comme il faut, m'avait dit l'hôtesse, la fleur des gentilshommes du pays ; c'est monsieur le comte, c'est monsieur le marquis, et puis monsieur de..... Grâce à Dieu, je n'ai pas la mémoire des noms, celle des prénoms encore moins ; mais ma senora Leonarde en avait plein la bouche, et j'espérais voir une orgie aussi méthodiste que celles de l'Odéon et de la Porte-Saint-Martin. N'en déplaise à la noblesse, je l'ai fort peu fréquentée dans ma vie. Je sais qu'elle porte des gants, qu'elle a toujours le menton bien rasé ou la barbe bien parfumée ; je sais qu'elle est agréable à voir : je ne me serais jamais douté qu'elle pût être aussi désagréable à entendre.

Tu attends peut-être que je te raconte l'orgie... Ma foi ! tu te trompes bien. D'abord je n'ai assisté qu'à la partie musicale, à l'introduction, pour ainsi dire ; ensuite j'étais masqué par les espaliers, et, grâce à Dieu, je ne voyais absolument rien. Enfin mon dîner et celui de ma famille fut terminé en dix minutes, et je me retirai plus satisfait qu'en sortant de l'Odéon ou de la Porte-Saint-Martin, car du moins là je n'avais rien payé en entrant. En ce moment je me sens presque réconcilié avec le procédé de Lucrèce Borgia, en voyant combien des seigneurs ivres peuvent se rendre insupportables au spectateur.

Je montai dans la diligence immédiatement après la *représentation ;* j'entendis le garçon d'écurie adresser au facteur de la diligence cette réflexion philosophique, en entendant le refrain d'une chanson par-dessus le mur : « Si c'était *nous*, on dirait : V'là la canaille qui s'échauffe ! Mais comme c'est *eux*, on dit : V'là le beau monde qui s'amuse ! » La réponse philosophique de l'autre prolétaire fut aussi énergique que la circonstance le comportait ; n'était le sot usage qui ne permet plus, comme au temps de Dante et de Montaigne, d'écrire certains mots de la langue, je te le rapporterais, car l'obscénité du peuple est presque toujours empreinte de génie : c'est un appel sauvage et terrible à la justice de Dieu. Celle des grands n'est qu'un blasphème stupide ; rien ne le motive, et par conséquent rien ne l'excuse...

O vous que j'ai méconnus, et vers qui je m'incline en ce jour ! ô commis voyageurs ! je proteste que vous êtes fort ennuyeux, et que le bel-esprit déborde en vous d'une manière désespérante. Mais je jure par Bacchus et par Noé, je jure par tous les vins bons et mauvais, que vous débitez, que vous avez bien plus d'aménité, de politesse et de savoir-vivre que les *jeunes seigneurs* de province. Je dépose, et je signerais de mon sang, que vous vous conduisez cent fois mieux dans les auberges, que vos manières sont excellentes au prix des leurs, et qu'il vaut mieux mille fois tomber en votre compagnie et supporter vos récits de table d'hôte, que de se trouver seulement à cinquante toises de la table des gens *comme il faut*. — Que la paix soit faite entre nous, et ne m'écrivez plus d'injures, ou tout au moins affranchissez vos lettres, s'il vous plait.

Et toi, vieux ami des poëtes ! généreux sang de la grappe ! toi que le naïf Homère et le sombre Byron lui-même chantèrent dans leurs plus beaux vers, toi qui ranimas longtemps le génie dans le corps débile du maladif Hoffmann ! toi qui prolongeas la puissante vieillesse de Goëthe, et qui rendis souvent une force surhumaine à la verve épuisée des plus grands artistes! pardonne si j'ai parlé des dangers de ton amour ! Plante sacrée, tu croîs au pied de l'Hymète, et tu communiques tes feux divins au poëte fatigué, lorsqu'après s'être oublié dans la plaine, et voulant remonter vers les cimes augustes, il ne retrouve plus son ancienne vigueur. Alors tu coules dans ses veines et tu lui donnes une jeunesse magique ; tu ramènes sur ses paupières brûlantes un sommeil pur, et tu fais descendre tout l'Olympe à sa rencontre dans des rêves célestes. Que les sots te méprisent, que les fakirs du bon ton te proscrivent, que les femmes des patriciens détournent les yeux avec horreur en te voyant mouiller les lèvres de la divine Malibran. Elles ont raison de défendre à leurs amants de boire devant elles ; les imaginations de ces hommes-là sont trop souillées, leurs mémoires sont trop remplies d'ordures, pour qu'il soit prudent de mettre à nu le fond de leur pensée. Mais viens, ô ruisseau de vie! couler à flots abondants dans la coupe de mes amis! Disciples du divin Platon, adorateurs du beau, ils détestent la vue comme la pensée de ce qui est ignoble; ils veulent que tout soit pur dans la joie; que la femme chaste ne cesse point de l'être à table; que l'adolescent ne souille pas ses lèvres d'un rire cynique; que l'artiste puisse dire toute son ambition, et qu'elle ne fasse sourire personne. Ils veulent enfin, ils *peuvent*, ils *osent* livrer tout le trésor de leur âme, et n'avoir rien à reprendre les uns aux autres quand le jour bleuâtre nous surprend à table dans la mansarde, et glisse, tendre et timide, un reflet d'azur sur la dorure rougissante des flambeaux expirants; ou bien, quand à la campagne, assis en plein air, autour des flacons et des fruits, l'aube nous trouve au jardin, en face de la pleine lune, et nous voit rire de sa face pâle qui ressemble à une femme peureuse ou distraite, essayant, mais trop tard, de se retirer décemment chez elle avant l'éclat du soleil. O belles nuits de l'été brûlant qui vient de s'écouler et qui ne nous sera peut-être pas rendu avant bien d'autres années! aurores sans rosée, veillées d'Italie! doux repos sur les gazons! chants de la fauvette si mélodieux et si passionnés au lever de Vénus! étoiles si belles à l'heure du combat entre le jour et la nuit! parfums du crépuscule! extases et silences suivis de douces paroles et de joyeux rires! venez encore charmer nos jours sans ambition et nos nuits sans rancunes, et que le madère régénérateur, que le champagne facétieux, viennent d'heure en heure chasser le sommeil et dégourdir le cerveau quand mes amis sont ensemble et quand je suis avec eux!

De Châlons à Lyon.

Étendu sur le plancher du tillac et roulé dans mon manteau, j'ai dormi d'un profond sommeil sur le bateau à vapeur, en attendant que le jour vînt éclairer les rives plates et, quoi qu'en disent les indigènes, fort peu riantes de la Saône. Quelle est cette figure honnête et douce qui semble protéger mon sommeil insouciant, et empêcher les pieds des mariniers de me traiter comme un ballot? C'était bien la peine d'étudier Lavater et Spurzheim, pour juger si mal un visage! Le fait est qu'hier je me suis trompé complétement, et que, prenant ce bon jeune homme pour un des débauchés de l'auberge, j'ai refusé avec sauvagerie l'offre amicale de sa voiture. Il est vrai que sur le plancher du paquebot nous voici tous égaux, et que, s'il prend envie au patricien de railler ma figure de séminariste et mes manières de paysan, la politesse et la gratitude n'enchaînent pas ma langue, je pourrai lui dire son fait et celui de ses amis... Mais il ne me semble ni malveillant, ni hautain. Attendons.

Rencontre d'un ancien ami, vraie bonne fortune en voyage. Facétieux et mordant, il m'aide à oublier que je suis rompu de fatigue. Il burine chaque passager, des pieds à la tête, par un seul mot pittoresque. Mon cœur s'était serré en l'apercevant, car sa présence me rappelle des siècles entiers, des rêves étranges, une vie terrible, dont il fut jadis le spectateur calme et compatissant. Mais il semble deviner la place du cœur où je suis écorché vif, et il n'y touche point. Il rit, il raille, il parle comme Callot dessine. Prendre la vie du côté bouffon quand on a bu jusqu'à la lie tout ce qu'elle a de sérieux, c'est le fait d'une haute philosophie ; chez moi, je l'avoue, ce n'est l'effet que d'une grande faiblesse. Qu'importe? Je ris, je suis heureux pendant une heure ; il me semble que je suis né d'ier.

Paul a l'œil éminemment artiste, et je vois tous les objets que la rive emporte derrière nous à travers sa fantaisie moqueuse. Le clocher de Mâcon me fait rire aux éclats ; je n'aurais jamais cru qu'un clocher pût tant me divertir. Et cependant Paul ne rit jamais ; sa gaieté grave, celle des enfants, expansive et bruyante, l'excellente figure et l'obligeance délicate du *légitimiste*, la consternation d'Ursule qui se croit en pleine mer, mon sans-gêne bohémien, c'en est assez pour nous trouver tous camarades et faire société commune à l'auberge de Lyon.

—Comment s'appelle notre ami? dit Paul à demi-voix en me montrant le légitimiste.

—Le diable m'emporte si je le sais!

— Demandons-lui ses papiers, reprend Paul avec dignité.

Inspection faite de son passe-port, il est patricien ; il faut bien le lui pardonner. Il est riche ; cela nous est fort indifférent, preuve qu'il est inutile de connaître le nom et la position des gens. Il est aimable, modeste et bien élevé. Qu'avons-nous besoin d'en savoir davantage?

— Il va à Genève ; nous irons tous ensemble ; mais non. Paul nous quitte et descend le Rhône. Son destin ou sa fantaisie l'emporte par là. L'ami improvisé, moi et ma famille, nous prenons la poste à frais communs, et nous verrons ce soir le lac de Nantua.

Nantua.

Montagnes sans grandeur, lac sans étendue, végétation pauvre, paysage sans caractère pour quiconque a vu les Alpes. Et cependant, çà et là, un aspect singulier, une masse de roches tendres étrangement découpées, des bastions et des piliers que l'on croirait construits et sculptés par la main de l'homme, des angles de montagnes s'ouvrant sur de fraîches vallées, des sites sans noblesse, mais pleins de variété, et se succédant avec profusion sous les yeux, non ravis, mais occupés; voilà comme le Bugey m'est apparu cette fois. Jadis je l'ai trouvé hideux. — Ne lis jamais mes lettres avec l'intention d'y apprendre la moindre chose certaine sur les objets extérieurs; je vois tout au travers des impressions personnelles. Un voyage n'est pour moi qu'un cours de psychologie et de physiologie dont je suis le *sujet*, soumis à toutes les épreuves et à toutes les expériences qui me tentent, condamné à subir toute l'adulation et toute la pitié que chacun de nous est forcé de se prodiguer alternativement à soi-même, s'il veut obéir naïvement à la disposition du moment, à l'enthousiasme ou au dégoût de la vie, au caprice du califourchon, à l'influence du sommeil, à la qualité du café dans les auberges, etc., etc.

Nous nous sommes mis en tête de trouver ici des beautés; car on nous a déclaré sur l'honneur que ce pays a des beautés de premier ordre, et nous en croyons l'auteur du renseignement. — Nous prenons un char suisse, et nous nous faisons conduire à Mériat par une pluie battante, accompagnée de coups de tonnerre brusques, imprévus, et d'un son bizarre comme la forme des rochers qui les répercutent. Le guide se trompe de route et gravit la montagne au lieu de descendre dans le ravin. La pluie redouble; aucune espérance de déjeuner sur l'herbe. Nous déjeunons philosophiquement dans le char. On casse le goulot d'une bouteille, et nous trinquons avec un flegme britannique, quand tout à coup nous nous voyons à trois lignes du précipice. L'automédon mouillé, et de très-méchante humeur, s'est aperçu de sa méprise. Il a voulu retourner sur ses pas, le chemin est trop étroit. Le cheval refuse de se casser le cou; c'est donc au char de subir toutes les conséquences de sa conformation incommode et de l'ankylose de ses ressorts. La difficulté de l'entreprise décourage le guide. Il nous laisse une roue dans l'abîme, et le verre à la main, fort empêchés de descendre, encore plus empêchés de demeurer.

Heureusement nous rions aux éclats, et jamais on ne se tue en riant. Nous trouvons moyen de sortir de la boîte de cuir, nous soulevons le véhicule, nous portons le cheval, nous rossons le cocher, et j'en suis quitte pour un verre de vin répandu tout entier dans la poche de ma blouse.

Enfin, nous rentrons dans le ravin, non pas perpendiculairement, comme nous en étions menacés, mais par un joli chemin couvert de fleurs sauvages, toutes brillantes de pluie, et bordé d'un ruisseau qui devient torrent et grossit de minute en minute. La pluie fouette les sapins échevelés; des nuages courent sur les flancs de la gorge; le brouillard enveloppe les cimes; et par mille angles du sentier qui serpente au sein des noires forêts, nous pénétrons dans une région vraiment sublime de tristesse.

Pas une figure humaine, pas un toit de chalet. Deux

remparts à pic, couverts d'arbres vivaces qui semblent croître sur la tête les uns des autres, nous pressent, nous étreignent, et semblent, par leurs détours multipliés, nous pousser et nous enfermer dans d'inextricables solitudes.

J'ai vu beaucoup de sites plus grandioses, je n'en ai guère vu de plus austères. Les plus belles veines des Alpes, des Pyrénées et des Apennins ne produisent pas une végétation plus robuste et plus imposante; nulle part je n'ai vu d'aussi belles forêts de sapins gigantesques, élancés, fiers, touffus, et par leur nombre et par leur situation escarpée, semblant braver la destruction et renaître sous les coups de la foudre et de la cognée.

A Mériat, les restes de la Chartreuse consistent en quelques belles arcades chargées de plantes pariétaires et à demi ensevelies dans les éboulements de la montagne que le gazon a recouverts; le portail est encore debout et conserve son air monastique. Le torrent se précipite avec fracas derrière la Chartreuse, roule à côté et se laisse tomber sur l'angle d'un bâtiment détaché qu'il achève de dégrader, et qu'il semble prêt à emporter tout à fait dans un jour d'orage. Quel était l'emploi de ce bâtiment au temps des moines? Je me suis imaginé que c'était le lieu pénitentiaire, et que la cataracte devait rouler sur la voûte d'un cachot humide et plein de terreur. A moi permis : il n'y a là pour cicerone que deux géants silencieux et farouches, le garde-forestier et sa fille, participant l'un et l'autre de la nature des sapins du pays, fiers comme des hidalgos ruinés, déclarant qu'ils ne sont ni aubergistes ni cabaretiers, et nonobstant vendant aux rares curieux qui vont les visiter tout ce qu'on peut trouver dans un cabaret pour de l'argent.

Ce site m'a paru, au milieu de la pluie, mélancolique, froid, et admirablement choisi pour une vie éternellement uniforme et pour des hommes voués au culte de l'idée unique et absolue. Point de perspectives, point de contrastes ; des pentes de gazon d'un vert égal et magnifique, des profondeurs de forêts sans issue, sans la moindre échappée pour le regard et la pensée ; partout des sapins, des prairies étroites et des forêts coupées par l'invincible rempart de la montagne, par les éternels brouillards..... Je dis éternels, quoique je n'aie passé là qu'une heure. S'ils ne le sont pas, s'il y a jamais un beau soleil sur la Chartreuse de Mériat, si le torrent roule quelquefois limpide et calme, si la tristesse y soulève un instant ses sombres voiles, et si un pareil site s'avise de vouloir sourire, je le déclare *poncif*, comme on dit dans les ateliers de peinture, c'est-à-dire pleutre, manqué, à côté du beau. Je le déshérite de ma sympathie, je lui retire mon souvenir, et je tiens pour épiciers et malappris tous les voyageurs qui s'y rendront par un beau temps.

Je me suis mouillé jusqu'aux os, ce qui m'a parfaitement guéri homœopathiquement d'un rhume obstiné ; c'est-à-dire que j'ai échangé une toux supportable contre une grossière fièvre qui m'a forcé de passer la nuit dans une auberge de village, presque à la porte de Genève.

Mais j'ai salué le Mont-Blanc de ma fenêtre à mon réveil, et j'ai vu sous mes pieds tout ce beau pays de Gex, étendu comme un immense tapis bigarré au pied de la Savoie, forteresse neigeuse élevée à l'horizon.

Genève.

—Messieurs, où descendez-vous?
C'est le postillon qui parle. — Réponse :
— Chez M. Listz.
— Où loge-t-il, ce monsieur-là?
—*J'allais précisément vous adresser la même question.*
— Qu'est-ce qu'il fait? Quel est son état?
— Artiste.
— Vétérinaire?
— Est-ce que tu es malade, animal?
— C'est un marchand de violons, dit un passant, je vais vous conduire chez lui.

On nous fait gravir une rue à pic, et l'hôtesse de la maison indiquée nous déclare que Listz est en Angleterre.

— Voilà une femme qui radote, dit un autre passant. M. Listz est un musicien du théâtre; il faut aller le demander au régisseur.

— Pourquoi non? dit le légitimiste. Et il va trouver le régisseur. Celui-ci déclare que Listz est à Paris. — Sans doute, lui fais-je avec colère, il est allé s'engager comme flageolet dans l'orchestre Musard, n'est-ce pas?

— Pourquoi non? dit le régisseur.

— Voici la porte du casino, dit je ne sais qui. Toutes les demoiselles qui prennent des leçons de musique connaissent M. Listz.

— J'ai envie d'aller parler à celle qui sort maintenant avec un cahier sous le bras, dit mon compagnon.

— Et pourquoi non? d'autant plus qu'elle est jolie.
Le légitimiste fait trois saluts à la française, et de-

mande l'adresse de Listz dans les termes les plus convenables. La jeune personne rougit, baisse les yeux, et avec un soupir étouffé répond que M. Listz est en Italie.

— Qu'il soit au diable! Je vais dormir dans la première auberge venue; qu'il me cherche à son tour.

A l'auberge, on m'apporte bientôt une lettre de sa sœur.

« Nous t'avons attendu, tu n'es pas exact, tu nous ennuies. Cherche-nous! nous sommes partis.

« ARABELLA.

« *P. S.* Vois le major, et viens avec lui nous trouver. »

— Qu'est-ce que le major?
— Que vous importe? dit mon ami le légitimiste.
— Au fait! Garçon, allez chercher le major.

Le major arrive. Il a la figure de Méphistophélès et la capote d'un douanier. Il me regarde des pieds à la tête et me demande qui je suis.

— Un voyageur mal mis, comme vous voyez, qui se recommande d'Arabella.

— Ah! ah! je cours chercher un passe-port.
— Cet homme est-il fou?
— Non pas; demain nous partons pour le Mont-Blanc.

Nous voici à Chamounix; la pluie tombe, et la nuit s'épaissit. Je descends au hasard à l'*Union*, que les gens du pays prononcent *Oignon*, et cette fois je me garde bien de demander l'artiste européen par son nom. Je me conforme aux notions du peuple éclairé que j'ai l'honneur de visiter, et je fais une description sommaire du personnage : Blouse étriquée, chevelure longue et désordonnée, chapeau d'écorce défoncé, cravate roulée en corde, momentanément boiteux, et fredonnant habituellement le *Dies iræ* d'un air agréable.

— Certainement, monsieur, répond l'aubergiste, ils viennent d'arriver ; la dame est bien fatiguée, et la jeune fille est de bonne humeur. Montez l'escalier, ils sont au n° 13.

— Ce n'est pas cela, pensai-je ; mais n'importe. Je me précipite dans le n° 13, déterminé à me jeter au cou du premier Anglais spleenétique qui me tombera sous la main. J'étais crotté de manière à ce que ce fût là une charmante plaisanterie de commis voyageur.

Le premier objet qui s'embarrasse dans mes jambes, c'est ce que l'aubergiste appelle la *jeune fille*. C'est Puzzi à califourchon sur le sac de nuit, et si changé, si grandi, la tête chargée de si longs cheveux bruns, la taille prise dans une blouse si féminine, que, ma foi! je m'y perds ; et, ne reconnaissant plus le petit Hermann, je lui ôte mon chapeau en lui disant : Beau page, enseigne-moi où est Lara?

Du fond d'une capote anglaise sort, à ce mot, la tête blonde d'Arabella ; tandis que je m'élance vers elle, Franz me saute au cou, Puzzi fait un cri de surprise ; nous formons un groupe inextricable d'embrassements, tandis que la fille d'auberge, stupéfaite de voir un garçon si crotté, et que jusque-là elle avait pris pour un jockey, embrasser une aussi belle dame qu'Arabella, laisse tomber sa chandelle, et va répandre dans la maison que le n° 13 est envahi par une troupe de gens mystérieux, indéfinissables, chevelus comme des sauvages, et où il n'est pas possible de reconnaître les hommes d'avec les femmes, les valets d'avec les maîtres. —

Histrions! dit gravement le chef de cuisine d'un air de mépris, et nous voilà stigmatisés, montrés au doigt, pris en horreur. Les dames anglaises que nous rencontrons dans les corridors rabattent leurs voiles sur leurs visages pudiques, et leurs majestueux époux se concertent pour nous demander pendant le souper une petite représentation de notre savoir-faire, moyennant une collecte raisonnable. C'est ici le lieu de te communiquer la remarque la plus scientifique que j'aie faite dans ma vie.

Les insulaires d'Albion apportent avec eux un fluide particulier que j'appellerai le fluide britannique, et au milieu duquel ils voyagent, aussi peu accessibles à l'atmosphère des régions qu'ils traversent que la souris au centre de la machine pneumatique. Ce n'est pas seulement grâce aux mille précautions dont ils s'environnent qu'ils sont redevables de leur éternelle impassibilité. Ce n'est pas parce qu'ils ont trois paires de *breeches* les unes sur les autres qu'ils arrivent parfaitement secs et propres malgré la pluie et la fange; ce n'est pas non plus parce qu'ils ont des perruques de laine que leur frisure roide et métallique brave l'humidité; ce n'est pas parce qu'ils marchent chargés chacun d'autant de pommades, de brosses et de savon qu'il en faudrait pour adoniser tout un régiment de conscrits bas-bretons, qu'ils ont toujours la barbe fraîche et les ongles irréprochables. C'est parce que l'air extérieur n'a pas de prise sur eux; c'est parce qu'ils marchent, boivent, dorment et mangent dans leur fluide, comme dans une cloche de cristal épaisse de vingt pieds, et au travers de laquelle ils regardent en pitié les cavaliers que le vent défrise et les piétons dont la neige endommage la chaussure. Je me suis demandé, en regardant attentivement le crâne, la physionomie et l'attitude des cinquante Anglais des deux sexes qui chaque soir se renouvelaient autour de chaque table d'hôte de la Suisse, quel pouvait être le but de tant de pèlerinages lointains, périlleux et difficiles, et je crois avoir fini par le découvrir, grâce au major, que j'ai consulté assidûment sur cette matière. Voici: pour une Anglaise, le vrai but de la vie est de réussir à traverser les régions les plus élevées et les plus orageuses sans avoir un cheveu dérangé à son chignon.— Pour un Anglais, c'est de rentrer dans sa patrie après avoir fait le tour du monde sans avoir sali ses gants ni troué ses bottes. C'est pour cela qu'en se rencontrant le soir dans les auberges après leurs pénibles excursions, hommes et femmes se mettent sous les armes et se montrent, d'un air noble et satisfait, dans toute l'imperméabilité majestueuse de leur tenue de touriste. Ce n'est pas leur personne, c'est leur garde-robe qui voyage, et l'homme n'est que l'occasion du porte-manteau, le véhicule de l'habillement. Je ne serais pas étonné de voir paraître à Londres des relations de voyage ainsi intitulées : Promenades d'un chapeau dans les marais Pontins. — Souvenirs de l'Helvétie, par un collet d'habit. — Expédition autour du monde, par un manteau de caoutchouc. — Les Italiens tombent dans le défaut contraire. Habitués à un climat égal et suave, ils méprisent les plus simples précautions, et les variations de la température les saisissent si vivement dans nos climats, qu'ils y sont aussitôt pris de nostalgie ; ils les parcourent avec un dédain superbe, et, portant le regret de leur belle patrie avec eux, la comparent sans cesse et tout haut à tout ce qu'ils voient. Ils ont l'air de vouloir mettre en loterie l'Italie comme une propriété, et de chercher des actionnaires pour leurs billets. Si quelque chose pouvait ôter l'envie de passer les Alpes, ce serait l'espèce de criée qu'il faut subir à propos de toutes les villes et de tous les villages dont les noms seuls font battre le cœur et enfler la voix d'un Italien aussitôt qu'il les prononce.

Les meilleurs voyageurs, et ceux qui font le moins de bruit, ce sont les Allemands, excellents piétons, fumeurs intrépides et tous un peu musiciens ou botanistes. Ils voient lentement, sagement, et se consolent de tous les ennuis de l'auberge avec le cigare, le flageolet ou l'herbier. Graves comme les Anglais, ils ont de moins l'ostentation de la fortune et ne se montrent pas plus qu'ils ne parlent. Ils passent inaperçus et sans faire de victimes de leurs plaisirs ou de leur oisiveté.

Quant à nous autres Français, il faut bien avouer que nous savons voyager moins qu'aucun peuple de l'Europe. L'impatience nous dévore, l'admiration nous transporte; nos facultés sont vives et saisissantes; mais le dégoût nous abat au moindre échec. Quoique notre *home* soit généralement peu confortable, il exerce sur nous une puissance qui nous poursuit jusqu'aux extrémités de la terre, nous rend revêches et malhabiles à supporter les privations et les fatigues, et nous inspire les plus puérils et les plus inutiles regrets. Imprévoyants comme les Italiens, nous n'avons pas leur force physique pour supporter les inconvénients de notre maladresse. Nous sommes en voyage ce que nous sommes à la guerre, ardents au début, démoralisés à la débandade. Quiconque voit le départ d'une caravane française dans les chemins escarpés de la Suisse peut bien rire de cette joie impétueuse, de ces courses folles sur les ravins, de cette hâte facétieuse, de toute cette peine perdue, de toute cette force prodiguée à l'avance sur les marges de la route, et de cette vaine attention donnée avec enthousiasme aux premiers objets venus. Celui-là peut être bien certain qu'au bout d'une heure la caravane aura épuisé tous les moyens possibles de se lasser au physique et au moral, et que vers le soir elle arrivera dispersée, triste, harassée, se traînant avec peine jusqu'au gîte, et n'ayant donné aux véritables sujets d'admiration qu'un coup d'œil distrait et fatigué.

Or, tout ceci n'est peut-être pas aussi inutile à noter qu'il te semble. Un voyage, on l'a dit souvent, est un abrégé de la vie de l'homme. La manière de voyager est donc le criterium auquel on peut connaître les nations et les individus; l'art de voyager, c'est presque la science de la vie.

Moi, je me pique de cette science des voyages; mais combien à mes dépens je l'ai acquise! Je ne souhaite à personne d'y arriver au même prix, et j'en puis dire autant de tout ce qui constitue ma somme d'idées faites et d'habitudes volontaires.

Si je sais voyager sans ennui et sans dégoût, je ne me pique pas de marcher sans fatigue et de recevoir la pluie sans être mouillé. Il n'est au pouvoir d'aucun Français de se procurer la quantité nécessaire de fluide britannique pour échapper entièrement à toutes les intempéries de l'air. Mes amis sont dans le même cas, de sorte que tout le long du chemin notre toilette a été un sujet de scandale et de mépris pour les touristes pneumatiques. Mais quel dédommagement on trouve à se jeter à terre pour se reposer sur la première mousse venue, à s'enfumer dans le chalet, à traverser sans le secours du mulet et du guide les chemins difficiles, à poursuivre dans les prairies spongieuses l'Apollon aux ailes blanches ocellées de pourpre, à courir le long des buissons après la fantaisie, plus rapide et plus belle que tous les papillons de la terre ! le tout sauf à paraître le soir devant les Anglais hâlé, crépu, poudreux, fangeux ou déchiré, sauf à être pris pour un saltimbanque !

Au reste, nous fûmes un peu réhabilités à Chamounix par l'apparition du major fédéral en uniforme, et par l'arrivée du légitimiste. Leurs excellentes manières et la dignité gracieuse d'Arabella rétablirent le silence, sinon la sécurité, autour de nous. Je crois bien nonobstant que les couverts d'argent furent comptés trois fois ce soir-là; et, pour ma part, j'entendis mistress *** et milady ***, mes voisines, deux jeunes douairières de cinquante à soixante ans, barricader leur porte comme si elles eussent craint une invasion de Cosaques.

— Ne pensez-vous pas, dit le major, qu'un pays tout entier converti en hôtellerie pour toutes les nations ne peut garder aucun caractère de nationalité ?

— Mais ne peut-on adresser le même reproche à votre Suisse ? lui dis-je.

— Hélas ! qui vous en empêche ? reprit-il.

— Cette Suisse qui feint de prendre une attitude fière, dit Franz, et qui, tandis que plusieurs milliers d'Anglais y étalent leur oisiveté, chasse les réfugiés de son territoire ! cette république qui s'unit aux monarchies pour traquer comme des bêtes fauves les martyrs de la cause républicaine !...

Un roulement de tambour nous interrompit.

— Quel est ce bruit belliqueux ? dit Arabella.

— C'est la gelée qui commence, et le tambour qui l'annonce aux habitants de la vallée, afin qu'ils allument des feux auprès des pommes de terre.

La pomme de terre est l'unique richesse de cette partie de la Savoie. Les paysans pensent qu'en établissant une couche de fumée sur la région moyenne des montagnes ils interceptent l'air des régions supérieures et préservent de son atteinte le fond des gorges. J'ignore s'ils font bien. Si je voyageais aux frais d'un gouvernement, d'une société savante ou seulement d'un journal, j'apprendrais cela, et bien d'autres choses encore, que je risque fort de ne savoir jamais mieux que la plupart de ceux qui en parlent et en décident. Ce que je sais, c'est que cette ligne de feux, établis comme des signaux tout le long du ravin, m'offrit, au milieu de la nuit, un spectacle magnifique. Ils perçaient de taches rouges et de colonnes de fumée noire le rideau de vapeur d'argent où la vallée était entièrement plongée et perdue. Au-dessus des feux, au-dessus de la fumée et de la brume, la chaîne du Mont-Blanc montrait une de ses dernières ceintures granitiques, noire comme l'encre et couronnée de neige. Ces plans fantastiques du tableau semblaient nager dans le vide. Sur quelques cimes que le vent avait balayées, apparaissaient dans un firmament pur et froid de larges étoiles. Ces pics de montagnes, élevant dans l'éther un horizon noir et resserré, faisaient paraître les astres étincelants. L'œil sanglant du Taureau, le farouche Aldébaran, s'élevait au-dessus d'une sombre aiguille de granit, qui semblait le soupirail du volcan d'où cette infernale étincelle venait de jaillir. Plus loin, Fomalhaut, étoile bleuâtre, pure et mélancolique, s'abaissait sur une cime blanche, et semblait une larme de compassion et de miséricorde tombée du ciel sur la pauvre vallée, mais prête à être saisie en chemin par l'esprit perfide des glaciers.

Ayant trouvé ces deux métaphores, dans un grand contentement de moi-même, je fermai ma fenêtre. Mais en cherchant mon lit, dont j'avais perdu la position dans les ténèbres, je me fis une bosse à la tête contre l'angle du mur. C'est ce qui me dégoûta de faire des métaphores tous les jours subséquents. Mes amis eurent l'obligeance de s'en déclarer singulièrement privés.

Ce que j'ai vu de plus beau à Chamounix, c'est ma fille. Tu ne peux te figurer l'aplomb et la fierté de cette beauté de huit ans, en liberté dans les montagnes. Diane enfant devait être ainsi, lorsque, inhabile encore à poursuivre le sanglier dans l'horrible Erymanthe, elle jouait avec de jeunes faons sur les croupes *amènes* de l'Hybla. La fraîcheur de Solange brave le hâle et le soleil. Sa chemise entr'ouverte laisse à nu sa forte poitrine, dont rien ne peut ternir la blancheur immaculée. Sa longue chevelure blonde flotte en boucles légères jusqu'à ses reins vigoureux et souples que rien ne fatigue, ni le pas sec et forcé des mules, ni la course *au clocher* sur les pentes rapides et glissantes, ni les gradins de rochers qu'il faut escalader durant des heures entières. Toujours grave et intrépide, sa joue se colore d'orgueil et de dépit quand on cherche à aider sa marche. Robuste comme un cèdre des montagnes et fraîche comme une fleur des vallées, elle semble deviner, quoiqu'elle ne sache pas encore le prix de l'intelligence, que le doigt de Dieu l'a touchée au front, et qu'elle est destinée à dominer un jour, par la force morale, ceux dont la force physique la protége maintenant. Au glacier des Bossons, elle m'a dit : « Sois tranquille, mon George ; quand je serai reine, je te donnerai tout le Mont-Blanc. »

Son frère, quoique plus âgé de cinq ans, est moins vigoureux et moins téméraire. Tendre et doux, il reconnaît et révère instinctivement la supériorité de sa sœur ; mais il sait bien aussi que la bonté est un trésor. « *Elle* te rendra fier, me dit-il souvent, moi je te rendrai heureux. »

Éternel souci, éternelle joie de la vie, adulateurs despotiques, âpres aux moindres jouissances, habiles à se les procurer, soit par l'obsession, soit par l'opiniâtreté; égoïstes avec candeur, instinctivement pénétrés de leur trop légitime indépendance, les enfants sont nos maîtres, quelque fermeté que nous feignions vis-à-vis d'eux. Entre les plus fougueux et les plus incommodes les miens se distinguent, malgré leur bonté naturelle ; et j'avoue que je ne sais aucune manière de les plier à la forme sociale avant que la société leur fasse sentir ses angles de marbre et ses herses de fer. J'ai beau chercher quelle bonne raison on peut donner à un esprit sortant de la main de Dieu et jouissant de sa libre droiture pour l'astreindre à tant d'inutiles et folles servitudes. A moins d'habitudes que je n'ai pas et d'un charlatanisme que je ne peux ni ne veux avoir, je ne comprends pas comment j'oserais exiger que mes enfants reconnussent la prétendue nécessité de nos ridicules entraves. Je n'ai donc qu'un moyen d'autorité et je l'emploie quand il faut, c'est-à-dire fort rarement; c'est une volonté absolue, sans explication et sans appel. C'est ce que je ne conseille à personne d'essayer s'il n'a les moyens de se faire aimer autant que craindre.

J'aime beaucoup les systèmes, le cas d'application excepté. J'aime la foi saint-simonienne, j'estime fort le système de Fourier; je révère ceux qui, dans ce siècle maudit, n'ont subi aucun entraînement vicieux, et qui se retirent dans une vie de méditation et de recherche pour rêver le salut de l'humanité. Mais je crois qu'avec la moindre vertu mise en action, et soutenue par une certaine énergie, on en ferait plus qu'avec toute la sagesse des nations délayée dans les livres. Cela me vient, non à propos de l'éducation de mes enfants, mais à propos de celle du genre humain, sur laquelle Franz discourait, du haut de sa mule, en traversant les précipices de la Tête-Noire. Et moi, à pied, tirant par la bride le mulet de ma fille, pour lui faire descendre des gradins de rochers fort difficiles, je babillais à tort et à travers. On me faisait la guerre parce que je n'avais pas voulu mordre à la philosophie durant notre séjour à Chamounix. Le major est savant, Franz est curieux de science, Arabella pénètre tout d'un coup d'œil rapide et clair. Moi, je suis paresseux, nonchalant, et orgueilleux de mon ignorance comme un sauvage. Ils avaient beau jeu contre moi, eux trois qui savaient sur le bout de leur doigt tout l'argot de la métaphysique allemande. Je me défendis comme un diable, et je crois que nous ne nous entendîmes ni les uns ni les autres. D'abord je suspectais le major de vouloir me sonder pour me juger du haut de son savoir, et prononcer judicieusement sur la pauvreté de ma cervelle. Je n'étais pas bien pressé, comme tu peux croire, de lui laisser palper toutes les bosses et tous les creux phrénologiques dont m'a doué la nature. Je n'aime à parler de moi qu'avec ceux que j'aime, et, quoique je trouvasse le major infiniment spirituel (peut-être même à cause de cela précisément), je me sentais une secrète méfiance contre lui.

J'avais grand tort, assurément. Dans la suite du voyage, j'ai vu qu'il était bon autant qu'intelligent; et son cerveau, que je croyais si froid et si bouffi, est plus poétique que le mien : je m'en suis aperçu à ma grande honte et à mon grand plaisir.

Tant il y a, que, le jugeant un peu pédant, je fis le grossier et le railleur avec lui pendant toute cette journée. J'attaquai, par esprit de contradiction, toutes les belles choses qu'il savait, et je fis une guerre de Vandale à sa métaphysique. Il me crut plus bête que je n'étais, et j'eus lieu de m'en réjouir ; car il commença de ce moment à me prendre en amitié et à ne plus fouiller dans mon cerveau, avec son microscope, pour y trouver ces sataniques merveilles qu'il y supposait. Il vit que j'étais un assez bon garçon, pas du tout *fort*, et plus rapproché de la nature du hanneton que de celle du diable.

Au fond, s'il avait raison contre moi à beaucoup d'égards, je soutiens que je n'avais pas tort dans ce que je voulais prouver. Mon erreur ne consistait qu'à vouloir combattre en lui des systèmes que je lui supposais fort gratuitement ; et, pour repousser un étalage de fausse et froide science que je lui attribuais injustement, je faisais le procès à toute science, à toute méthode, à toute théorie. Je crois, Dieu me le pardonne ! que j'aurais médit de mon Jean-Jacques lui-même s'il eût pris son parti. Mais il me fit le plaisir de n'y point songer, et moi, m'enfonçant jusqu'au cou dans la sauvagerie de mon maître bien-aimé, je déclamai (un peu moins éloquemment que lui) contre l'abus de la science et les absurdités de la philosophie creuse. Voilà où j'avais raison : je hais cette science profonde, ardue, inextricable, barbare, où l'esprit se noie, où le cœur se dessèche ; cette métaphysique glacée des Allemands, qui analyse l'âme humaine, qui dissèque les mystères de la Divinité en nous, sans songer à éveiller dans nos cœurs une pensée généreuse, sans y faire germer un sentiment vraiment religieux, vraiment humain. Je me révoltai donc contre tous ces docteurs éclectiques dont je croyais le major infatué. Je me cramponnai au fait, à la logique claire, à la pratique ardente, aux principes républicains, à la générosité du sang français, à la France, en un mot, que ce Genevois avait l'air de mépriser, son Allemagne métaphysique à la main. Pour exprimer tout cela, je débitai mille sottises : le rusé major m'y poussait en me traitant de jacobin ; et moi, bouillant enfant de Paris que je suis, je ne voulus point renier mes pères, les fils de notre aïeul Rousseau. La dispute était trop animée pour que songeasse à faire mes réserves. Il me semblait que c'eût été lâcheté que de faire la part de nos égarements, de notre ignorance et de nos excès de 93, en présence d'un adversaire qui feignait d'en imputer la faute à notre France philosophique du dix-huitième siècle ; et, de parole en parole, je m'échauffai si bien que j'eusse été capable d'envoyer à la guillotine le major, Puzzi, la poupée que ma fille portait en croupe, et jusqu'au mulet qu'elles chevauchaient de compagnie.

Mais tout à coup je m'aperçus que le major, ennuyé ou révolté de ma mauvaise foi, ne m'écoutait plus. Il avait la tête penchée sur son livre, et, au milieu des plus belles scènes de la nature, il n'avait d'yeux et de pensée que pour un traité de philosophie qu'il venait de tirer de sa poche. Je me permis de l'en railler.

— Taisez-vous, me dit-il ; vous traversez la vie en regardant comment les objets sont colorés, découpés et arrangés en apparence ; vous ne savez et vous ne désirez savoir la cause de rien. Vous avez bien regardé les montagnes depuis Chamounix jusqu'ici, n'est-ce pas ? Vous avez compté les sapins, et vous pourriez tracer dans votre cerveau une ligne exacte des déchiquetures de la chaîne, comme un dessinateur géographe trace de mémoire les sinuosités de la Saône sur un morceau de papier. Pendant ce temps-là, j'ai cherché le principe de l'univers.

— Et vous l'avez trouvé, major? Faites-nous-en part.

— Vous êtes un impertinent, dit-il. Je n'ai rien trouvé du tout; mais j'ai pensé au principe de l'univers, et c'est un sujet de réflexion qui vaut bien l'action de regarder en l'air sans penser à rien.

Et, donnant du talon à sa mule, il nous laissa en arrière, toujours clignotant sur son livre, et répétant entre ses dents une phrase qu'il venait de lire, et qui, apparemment, ne lui semblait pas claire : « *L'absolu est identique à lui-même.* »

— Quand nous arriverons à Martigny, osai-je dire, sur les onze heures du soir, il aura peut-être découvert vingt-trois mille manières d'interpréter ces quatre mots. Je comprends qu'on ne peut être de bonne humeur quand on a de pareilles contentions d'esprit.

— Vous avez tort réciproquement de vous insulter, dit la sage Arabella. Tout homme est sage qui s'abandonne à ses impressions sans s'occuper du *qu'en pensera-t-on?* Il y a quelque chose de plus stupide que l'indifférence du vulgaire en présence des beautés naturelles; c'est l'extase obligée, c'est l'infatigable exclamation. Si le major n'est point dans une disposition artistique ce matin, il montre beaucoup plus de sens et d'esprit en se jetant dans une préoccupation absolue que s'il faisait de tristes efforts pour ranimer son enthousiasme refroidi.

— D'ailleurs, je ne sais pas de quel droit, reprit Franz, nous mépriserions son indifférence pour le paysage; car nous n'avons encore fait que nous disputer depuis le départ. Quant au docteur Puzzi, il attrape gravement des criquets le long des buissons, et ce n'est pas beaucoup plus poétique.

Vers le déclin du jour, nous nous trouvâmes au plus haut du col des montagnes, et nous fûmes assaillis par un vent glacé qui nous soufflait le grésil au visage. Courbés sur nos mules, nous nous cachions le nez dans nos manteaux. Le major était impassible et songeait à son absolu. Dix minutes plus tard et un quart de lieue plus bas, nous rentrâmes dans une région tempérée, et les profondeurs du Valais s'ouvrirent sous nos pieds couronnées de cimes violettes et traversées par le Rhône comme par une bande d'argent mat. La nuit vint avant que nous eussions traversé, au pas de course, la zone de prairies qui conduit à Martigny, par de beaux gazons coupés de mille ruisseaux. Un trou notable à mon soulier me força de monter sur la mule du major, en croupe derrière lui et son absolu. Il ne me fit pas grâce de la leçon.

— Les systèmes ne sont pas tout à fait aussi méprisables, dit-il, que veulent bien le faire croire les gens incapables de suivre pendant un quart d'heure le plus simple raisonnement, et de comprendre les plus claires théories. Ce sont d'excellentes habitudes d'esprit que celles qui amènent à embrasser d'un coup d'œil toutes les combinaisons de la pensée; et quand on est arrivé à saisir sans effort, et à comparer sans trouble et sans vertige, toutes les données morales et philosophiques qui circulent dans le monde intelligent, je crois qu'on est au moins aussi capable de juger son siècle que lorsqu'on se croise les bras en disant : Tout ce qui est obscur est inintelligible, tout ce qui est difficile est irréalisable.

— Bravo! major; à bas l'obscurantiste! s'écrièrent en chœur les assistants.

Je n'étais pas content, d'autant plus que la mule avait le trot dur, et que l'infernal major accompagnait chaque phrase d'un coup d'éperon qui m'imprimait de plus violentes secousses. J'avais grande envie de le pousser dans le premier fossé venu et de continuer la route sans lui; mais je craignis qu'il ne se vengeât par quelque malice plus raffinée; et comme j'ai le malheur d'être fort lourd dans la plaisanterie, je me soumis à mon sort en attendant une meilleure occasion. La bonne Arabella, me voyant mortifié, prit généreusement ma défense.

— Si vous n'aviez pas trouvé dans la science autre chose que l'avantage et le plaisir de juger votre siècle, dit-elle au major, ce ne serait pas d'un grand profit pour nous autres. Ce n'est pas seulement d'intelligence que les hommes ont besoin, mais d'amour et d'activité. Voilà sans doute ce que Piffoël veut prouver depuis trois heures qu'il déraisonne; et voilà ce que le major fait semblant de ne pas comprendre, bien qu'il en soit pénétré tout autant que nous.

— Non! non! m'écriai-je avec humeur; il n'est pénétré que du contraire. Si le major est savant, que lui importent les souffrances et l'abjection du simple et de l'ignorant? Que le major sympathise avec des esprits d'une haute trempe, cela est heureux et agréable pour lui et pour eux; mais le monde n'en ressent aucune chaleur, et le vulgaire n'en reçoit aucun soulagement. Eh! trouvez donc un moyen d'appuyer votre science sur un texte limpide et laconique! et quand vous aurez fait un peuple avec cela, vous lui ferez des codes en trente volumes si vous voulez. Jusque-là vous n'êtes que des brahmanes, vous cachez la vérité dans des puits, et vos plus anciens adeptes peuvent à peine expliquer vos mystères, tant ils sont compliqués, tant le principe y est enveloppé d'hiéroglyphes ! Faute de vouloir trancher dans le vif et de présenter courageusement tout le péril et toute la souffrance d'une grande crise expiatoire, vous faites rire avec vos énigmes, et vous méritez à plusieurs égards les reproches d'hypocrisie qu'on vous adresse. Voilà pourquoi tout votre bagage scientifique n'enrichit personne ; voilà pourquoi nous ne savons rien, ou, quand nous nous mêlons d'étudier et d'interpréter, nous tombons dans une déplorable confusion.

— Et cependant n'en doutez pas, reprit Franz, l'avenir du monde est dans tout. Les divers éléments de rénovation se constitueront un jour et formeront une noble unité. Oh ! non, tant de belles œuvres éparses ne retomberont pas dans la nuit ; tant de nobles aspirations, tant de généreux soupirs ne seront pas étouffés par l'implacable indifférence du destin. Qu'importent les erreurs, les faiblesses et les dissensions des champions de la vérité? Ils combattent aujourd'hui épars, et malades, malgré eux, du désordre et de l'intolérante vanité du siècle. Ils ne peuvent s'élever au-dessus de cette atmosphère empoisonnée. Perdus dans une affreuse mêlée, ils se méconnaissent, se fuient et se blessent les uns les autres, au lieu de se presser sous la même bannière et de plier le genou devant les plus robustes et les plus purs d'entre eux. Ils prodiguent leur force à des engagements partiels, à de frivoles escarmouches. Il faut que cette génération haletante passe et s'efface comme un torrent d'hiver. Il faut qu'elle emporte nos lamentations prophétiques, nos protestations et nos pleurs. Après elle, de nouveaux combattants mieux disciplinés, instruits par nos revers, ramasseront nos armes éparses sur le champ de bataille, et découvriront la vertu magique des flèches d'Hercule.

— Embrassons-nous, mon pauvre Franz, et que Dieu t'entende! m'écriai-je en sautant à bas du mulet; tu ne parles et tu ne penses pas mal pour un musicien.

Le major sourit dans sa barbe en nous regardant d'un œil paternel. Son cœur sympathisait avec notre élan vers l'avenir, et il commençait à me sembler moins infernal qu'il ne m'avait passé par la tête de le supposer.

Une servante de mauvaise humeur ouvrait en cet instant la porte de l'hôtel de la Grand'Maison à Martigny.

— Ce n'est pas une raison pour faire la grimace, lui dit à brûle-pourpoint Franz, qui était tout émoustillé et tout guerroyant.

Elle faillit lui jeter son flambeau à la tête. Ursule se prit à pleurer. — Qu'as-tu? lui dis-je. — Hélas! dit-elle, je savais bien que vous me mèneriez au bout du monde; nous voici à la Martinique. Il faudra passer la mer pour retourner chez nous; on me l'avait bien dit que vous ne vous arrêteriez pas en Suisse! — Ma chère, lui dis-je, rassure-toi et enorgueillis-toi. D'abord, tu es à Martigny, en Suisse, et non à la Martinique. Ensuite, tu sais la géographie absolument comme Shakspeare.

Cette dernière explication parut la flatter. Franz donna l'ordre aux domestiques de réveiller la caravane à six heures du matin. Nous nous jetâmes dans nos lits, exténués de fatigue. J'avais fait à pied presque tout le chemin, c'est-à-dire huit lieues. Le major l'avait fort bien remarqué, et il me gardait un plat de son métier. Il s'enferma avec son traité de l'absolu et Puzzi, qu'il rossa pour l'empêcher de ronfler, et il chercha toute la nuit le véritable sens de cette terrible phrase : — « L'absolu est identique à lui-même. »

N'en ayant point trouvé qui le satisfît pleinement, son humeur satanique s'exaspéra, et à quatre heures du matin il vint faire un vacarme épouvantable à ma porte. Je m'éveille, je m'habille en toute hâte, je refais mes paquets et je parcours toute la maison, affairé, me frottant les yeux, luttant contre la fatigue et craignant d'être en retard. Un profond silence régnait partout : j'en étais à croire que la caravane était partie sans moi, quand le major, en bonnet de nuit, apparaît en bâillant sur le seuil de sa chambre.

— Quelle mouche vous pique? dit-il avec un sourire féroce, et d'où vient que vous êtes si matinal? Votre humeur est vraiment fâcheuse en voyage. Tenez-vous en repos, nous avons encore une heure à dormir.

— *Damné* major !... m'écriai-je avec fureur.

Le nom lui en est resté, et il est bien plus expressif qu'il n'est permis à ma plume de le tracer. C'est le synonyme d'oint ; et, comme la langue est éminemment logique, c'est une épithète de sublimité quand on la place après le substantif.

Fribourg.

Nous entrâmes dans l'église de Saint-Nicolas pour entendre le plus bel orgue qui ait été fait jusqu'ici. Arabella, habituée aux sublimes réalisations, âme immense, insatiable, impérieuse envers Dieu et les hommes, s'assit fièrement sur le bord de la balustrade, et, promenant sur la nef inférieure son regard mélancoliquement contempteur, attendit, et attendit en vain, ces voix célestes qui vibrent dans son sein, mais que

nulle voix humaine, nul instrument sorti de nos mains mortelles ne peut faire résonner à son oreille. Ses grands cheveux blonds, déroulés par la pluie, tombaient sur sa main blanche ; et son œil, où l'azur des cieux réfléchit sa plus belle nuance, interrogeait la puissance de la créature dans chaque son émané du vaste instrument. « Ce n'est pas ce que j'attendais, » me dit-elle d'un air simple et sans songer à l'ambition de sa parole.
— Exigeante ! lui dis-je, tu n'as pas trouvé le glacier assez blanc l'autre jour sur la montagne ! Ses grandes crêtes qui semblaient taillées dans les flancs de Paros, ses dents aiguës au pied desquelles nous étions comme des nains, ne t'ont pas semblé dignes de ton regard superbe. La voix des torrents est, selon toi, sourde et monotone, la hauteur des sapins ne t'étonne pas plus que celle des joncs du rivage. Tu mesures le ciel et la terre. Tu demandes les palmiers de l'Arabie-Heureuse sur la croupe du Mont-Blanc, et les crocodiles du Nil dans l'écume du Reichenbach. Tu voudrais voir voguer les flottes de Cléopâtre sur les ondes immobiles de la Mer de glace. De quelle étoile nous es-tu donc venue, toi qui méprises le monde que nous habitons ? Tu veux maintenant que ce vieillard refrogné qui te regarde avec stupeur ait trouvé sous sa perruque un peu plus que la puissance de Dieu pour te satisfaire !

En effet, Mooser, le vieux luthier, le créateur du grand instrument, aussi mystérieux, aussi triste, aussi maussade que l'homme au chien noir et aux macarons d'Hoffmann, était debout à l'autre extrémité de la galerie et nous regardait tour à tour d'un air sombre et méfiant. Homme spécial s'il en fut, Helvétien inébranlable, il semblait ne pas goûter le moins du monde le chant simple et sublime que notre grand artiste essayait sur l'orgue. A vrai dire, celui-ci ne tirait pas tout le parti possible de la machine. Il cherchait platement les sons les plus purs et ne nous régalait pas du plus petit coup de tonnerre. Aussi l'organiste de la cathédrale, gros jeune homme à la joue vermeille, confrère familier et quasi-protecteur de notre ami, le poussait doucement à chaque instant, et, prenant sans façon sa place, essayait, à force de bras, de nous faire comprendre la puissance vraiment grande, je le confesse, du charlatanisme musical. Il fit tant des pieds et des mains, et du coude, et du poignet, et, je crois, des genoux (le tout de l'air le plus flegmatique et le plus bénévole), que nous eûmes un orage complet, pluie, vent, grêle, cris lointains, chiens en détresse, prière du voyageur, désastre dans le chalet, piaulement d'enfants épouvantés, clochettes de vaches perdues, fracas de la foudre, craquement des sapins, *finale*, dévastation des pommes de terre.

Quant à moi, naïf paysan, artiste ou plutôt artisan grossier, enthousiasmé de ce vacarme harmonieux, et retrouvant dans cette peinture à gros effets les scènes rustiques de ma vie, je m'approchai du maëstro fribourgeois, et je m'écriai avec effusion :

— Monsieur, cela est magnifique : je vous supplie de me faire encore entendre ce coup de tonnerre; mais je crois qu'en vous asseyant brusquement sur le clavier vous produiriez un effet plus complet encore.

Le maëstro me regarda avec étonnement; il n'entendait pas un mot de français, et, à mon grand déplaisir, mes amis ne voulurent jamais lui traduire ma requête en allemand, sous prétexte qu'elle était inconvenante. Il me fallut donc renoncer une fois de plus dans ma vie à compléter mon émotion.

Cependant le vieux Mooser était resté impassible pendant l'orage. Planté dans son coin comme une statue roide et anguleuse du moyen âge, c'est à peine si, au plus fort de la tempête, un imperceptible sourire de satisfaction avait effleuré ses lèvres. Il est vrai que, à l'exception de moi, toute la famille avait été brutalement insensible à la pluie, au tonnerre, à la clochette, aux vaches perdues, etc. Je croyais même que cette inappréciation de la force pulmonaire de son instrument l'avait profondément blessé; mais le syndic vint nous apprendre la cause de sa préoccupation. Mooser n'est pas content de son œuvre, et il a grand tort, je le jure; car, s'il n'a pas encore atteint la perfection, il a fait du moins ce qui existe de plus parfait en son genre. Mais, comme toutes les grandes spécialités, le brave homme a son grain de folie. L'orage est, à ce qu'il paraît, son idéal. Dada sublime et digne du cerveau d'Ossian! mais difficile à dompter, et s'échappant toujours par quelque endroit au moment où le patient artiste croit l'avoir bridé. Voyez un peu! les bruits de l'air sous toutes leurs formes auditives sont entrés dans les jeux d'orgue, comme Éole et sa nombreuse lignée dans les outres d'Ulysse; mais l'éclair seul, l'éclair rebelle, l'éclair irréalisable, l'éclair qui n'est ni un son ni un bruit, et que Mooser veut pourtant exprimer par un son ou par un bruit quelconque, manque à l'orage de Mooser. Voilà donc un homme qui mourra sans avoir triomphé de l'impossible, et qui ne jouira point de sa gloire, faute d'un éclair en musique. Il me semble, Arabella, que vous eussiez dû le plaindre au lieu de vous en moquer; la folie de ce bonhomme a bien quelque rapport avec la maladie sacrée qui vous ronge.

Après nous avoir exprimé le rêve de Mooser très-gravement et sans aucune espèce de doute sur sa réalisation (car il essaya lui-même de nous faire entendre par une espèce de sifflement le bruit de *la lumière*), le syndic nous promena dans les flancs de l'immense machine. Toutes ces voix humaines, tous ces ouragans, tout cet orchestre de musiciens imaginaires enfermés dans des étuis de fer-blanc, nous rappelèrent les génies des contes arabes, condamnés par des puissances supérieures à gronder et à gémir dans des coffrets de métal scellés.

On nous avait dit que Mooser était appelé à Paris pour faire l'orgue de la Madeleine ; mais le syndic nous apprit qu'il n'en était plus question. Sans doute le gouvernement français, moins magnifique qu'un canton de la Suisse, aura reculé devant la nécessité de payer honorablement un travail de premier ordre. Il est cependant certain que Mooser est seul capable de remplir des grandes clameurs de la prière en musique le large vaisseau de la Madeleine, et que là seulement il pourrait déployer toutes les ressources de sa science. Ainsi le monument et l'ouvrier s'appellent l'un l'autre.

Ce fut seulement lorsque Franz posa librement ses mains sur le clavier, et nous fit entendre un fragment du *Dies iræ* de Mozart, que nous comprîmes la supériorité de l'orgue de Fribourg sur tout ce que nous connaissions en ce genre. La veille, déjà, nous avions entendu celui de la petite ville de Bulle, qui est aussi un ouvrage de Mooser, et nous avions été charmés de la qualité des sons ; mais le perfectionnement est remarquable dans celui de Fribourg, surtout les jeux de la voix humaine, qui, perçant à travers la basse, produisirent sur nos enfants une illusion complète. Il y aurait eu de beaux contes à leur faire sur ce chœur de vierges invisibles; mais nous étions tous absorbés par les notes austères du *Dies iræ*. Jamais le profil florentin de Franz ne s'était dessiné plus pâle et plus pur, dans une nuée plus sombre de terreurs mystiques et de religieuses tristesses. Il y avait une combinaison harmonique qui revenait sans cesse sous sa main, et dont chaque note se traduisait à mon imagination par les rudes paroles de l'hymne funèbre :

> Quantus tremor est futurus
> Quando judex est venturus, etc.

Je ne sais si ces paroles correspondaient, dans le génie du maître, aux notes que je leur attribuais, mais nulle puissance humaine n'eût ôté de mon oreille ces syllabes terribles, *quantus tremor...*

Tout à coup, au lieu de m'abattre, cette menace de jugement m'apparut comme une promesse, et accéléra d'une joie inconnue les battements de mon cœur. Une confiance, une sérénité infinie me disait que la justice éternelle ne me briserait pas; qu'avec le flot des opprimés je passerais oublié, pardonné peut-être, sous la grande herse du jugement dernier; que les puissants du siècle et les grands de la terre y seraient seuls broyés aux yeux des victimes innombrables de leur prétendu droit. La loi du talion, réservée à Dieu seul par les apôtres de la miséricorde chrétienne, et célébrée par un chant si grave et si large, ne me sembla pas un trop frivole exercice de la puissance céleste quand je me souvins qu'il s'agissait de châtier des crimes tels que l'avilissement et la servitude de la race humaine. Oh! oui, me disais-je, tandis que l'ire divine grondait sur ma tête en notes foudroyantes, il y aura de la crainte pour ceux qui n'auront pas craint Dieu et qui l'auront outragé dans le plus noble ouvrage de ses mains! pour ceux qui auront violé le sanctuaire des consciences, pour ceux qui auront chargé de fers les mains de leurs frères, pour ceux qui auront épaissi sur leurs yeux les ténèbres de l'ignorance! pour ceux qui auront proclamé que l'esclavage des peuples est d'institution divine, et qu'un ange apporta du ciel le poison qui frappe de démence ou d'ineptie le front des monarques ; pour ceux qui trafiquent du peuple et qui vendent sa chair au dragon de l'Apocalypse ; pour tous ceux-là il y aura de la crainte, il y aura de l'épouvante!

J'étais dans un de ces accès de vie que nous communique une belle musique ou un vin généreux, dans une de ces excitations intérieures où l'âme longtemps engourdie semble gronder comme un torrent qui va rompre les glaces de l'hiver, lorsqu'en me retournant vers Arabella je vis sur sa figure une expression céleste d'attendrissement et de piété; sans doute elle avait été remuée par des notes plus sympathiques à sa nature. Chaque combinaison des sons, des lignes, de la couleur, dans les ouvrages de l'art, fait vibrer en nous des cordes secrètes et révèle les mystérieux rapports de chaque individu avec le monde extérieur. Là où j'avais rêvé la vengeance du Dieu des armées, elle avait baissé doucement la tête, sentant bien que l'ange de la colère passerait sur elle sans la frapper, et elle s'était passionnée pour une phrase plus suave et plus touchante, peut-être pour quelque chose comme le

Recordare, Jesu pie. . . . .

Pendant ce temps, des nuées passaient et la pluie fouettait les vitraux ; puis le soleil reparaissait pâle et oblique pour être éteint peu de minutes après par une nouvelle averse. Grâce à ces effets inattendus de la lumière, la blanche et proprette cathédrale de Fribourg paraissait encore plus riante que de coutume, et la figure du roi David, peinte en costume de théâtre du temps de Pradon, avec une perruque noire et des brodequins de maroquin rouge, semblait sourire et s'apprêter à danser encore une fois devant l'arche. Et cependant l'instrument tonnait comme la voix du Dieu fort, et l'inspiration du musicien faisait planer tout l'enfer et tout le purgatoire de Dante sous ces voûtes étroites à nervures peintes en rose et en gris de perle.

Les enfants couchés à terre comme de jeunes chiens s'endormaient dans des rêves de fées sur les marches de la tribune ; Mooser faisait la moue, et le syndic s'informait de nos noms et qualités auprès du major fédéral. À chaque réponse ambiguë du malicieux cicerone, le bon et curieux magistrat nous regardait alternativement avec doute et surprise.

— Ouais ! disait-il en flairant de loin le beau front révélateur d'Arabella, c'est une dame de Paris ? et quoi encore ?...

— Quoi encore ? reprenait le major en me désignant ; ce garçon en blouse mouillée et en guêtres crottées, avec deux marmots dans ses jambes ? Eh bien ! c'est... ce sont trois élèves du pianiste.

— Oui-dà ! il les fait voyager avec lui ?

— Il a la manie de traîner son école à sa suite. Il professe gravement la théorie de son art le long des abîmes, et monté sur un mulet.

— En effet, reprit judicieusement le premier magistrat de la ville de Fribourg, ils ont tous de longs cheveux tombant sur les épaules comme lui ; mais, ajouta-t-il en arrêtant son regard investigateur sur le personnage problématique de Puzzi, qu'est-ce que cela?

— Une célèbre cantatrice italienne qui le suit sous un déguisement.

— Oh! oh!... s'écria le bonhomme avec un sourire tout à fait malin, j'avais bien deviné que celui-là était une femme!...

Tout à coup l'air manqua aux poumons de l'orgue, sa voix expira, et il rendit le dernier soupir entre les mains de Franz. Le premier coup de vêpres venait de sonner, et l'âme de Mozart eût en vain apparu pour engager le souffleur à retarder d'une minute la psalmodie nasillarde de l'office. J'eus envie d'aller lui donner des coups de poing, et je pensai à toi, aimable Théodore, facétieux Kreyssler, Hoffmann! poëte amer et charmant, ironique et tendre, enfant gâté de toutes les muses, romancier, peintre et musicien, botaniste, entomologiste, mécanicien, chimiste et quelque peu sorcier! c'est au milieu des scènes fugitives de ta vie d'artiste, en proie aux luttes cruelles et burlesques où l'amour du beau et le sentiment d'un idéal sublime t'entraînèrent, aux prises avec l'insensibilité ou le mauvais goût de la vie bourgeoise, c'est en jurant contre ceux-ci et en te prosternant devant ceux-là que tu sentis la vie, tantôt délirante de joies et tantôt dévorée d'ennuis, le plus souvent bouffonne, grâce à ton courage, à ta philosophie, et, faut-il le dire, à ton intempérance.

Mais adieu, mon vieil ami ; c'est assez divaguer pour une quinzaine. Je vous quitte et pars pour Genève.

Amitiés tendres, terribles poignées de mains à nos amis de Paris.

XI

A GIACOMO MEYERBEER.

Genève, septembre 1836.

Carissimo maestro,

Vous m'avez permis de vous écrire de Genève, et j'ose user de la permission, sachant bien qu'on ne vous accusera jamais de *camaraderie* avec un pauvre poëte de mon espèce. C'est pourquoi, contre tous les usages reçus, je vous dirai toute mon admiration sans crainte de blesser votre modestie. Je ne suis pas un dispensateur de renommée; je suis, en fait d'art, un écolier sans conséquence, et les maîtres peuvent agréer mon enthousiasme en souriant.

Je vous raconterai donc une journée de mon voyage, journée commencée dans une église où je ne pensai qu'à vous, et finie dans un théâtre où je ne parlai que de vous. Pour ne pas vous ennuyer de ma personne, je vous ferai le résumé de ma rêverie et celui de mon entretien.

J'entrai dans le temple protestant et j'écoutai les cantiques, nobles chants, purs et braves hymnes, demi-guerriers, demi-religieux, vestiges sacrés des temps héroïques d'une foi déjà aussi vieille et aussi mourante que la nôtre!

Si je jugeais de la religion protestante par le sermon que j'entendis, et du caractère protestant par les figures effacées qui remplissaient à peine un coin du temple.

j'aurais une belle occasion d'accabler de mon mépris superbe et l'idée religieuse, et la forme, et les adeptes du culte; mais c'est la mode aujourd'hui de le faire, et je m'en garderai, car tout ce qui est de mode, et de mode littéraire surtout, m'inspire une grande méfiance. Notre pauvre génération a la vue si courte que, par la pensée, elle vit comme par la chair, tout entière dans le temps présent; elle juge de l'homme de tous les temps par l'homme malade d'aujourd'hui; elle tranche sur tout, et décide que l'esclavage est la condition naturelle de l'humanité, l'indifférence son éternelle disposition, la faiblesse et l'égoïsme son inévitable organisation, son infirmité nécessaire. Elle ne croit plus ni aux grands hommes ni aux grandes choses, et la raison en est simple.

Pour ceux qui ont arrangé leur vie de manière à rester en dehors des graves puérilités et des pédantesques tracasseries dont se nourrissent aujourd'hui les intelligences, il y a encore bien de l'admiration pour le passé, et à cause de cela bien de l'indulgence pour le présent : car, en voyant ce qui fut hier, on sait ce qui pourrait être demain; et l'heure qui passe, le siècle où l'on vit, ne prouvent aucune vérité absolue sur le progrès ou la dégénérescence de l'homme.

Les hommes d'*actualité* (comme on dit maintenant), voyant les temples calvinistes aussi dépeuplés que les temples catholiques, et les protestants faire de leur croyance aussi bon marché que nous de la nôtre, en ont inféré que la réforme avait été, dès sa naissance, la plus plate idée du monde, et la forme religieuse de cette idée la plus pauvre et la plus aride de toutes les formes. Par une réaction fort étrange et que le caprice de la mode peut seul expliquer (car du temps de Benjamin Constant, temps qui n'est pas très-reculé, il y avait de toutes parts éloges et sympathies pour la réforme, aversion et déchaînement contre le catholicisme), toute la génération *écrivante* et *déclamante* se rejette dans le sein d'une orthodoxie de fraîche date, singulièrement amalgamée à un incurable athéisme et à de magnifiques dédains pour le christianisme pratique. Des hommes littéraires fort doux, et pénétrés d'horreur pour les sauvages expiations de 93, en sont venus, à ce qu'on m'a dit, jusqu'à rédiger négligemment, entre l'opéra bouffe et le glacier Tortoni, des formules bénignes de la forme de celle-ci : « Le massacre de la Saint-Barthélemy fut *tout simplement* une grande et sage mesure de *haute politique*, sans laquelle le trône et l'autel eussent été la proie des factieux. » Pour peu qu'on voie les choses *de haut*, il n'y a dans le massacre des huguenots ni bourreaux ni victimes, mais une guerre de légitime défense, provoquée par des complots dangereux à la sûreté de l'État, etc., etc.

Les mots *factieux* et *sûreté de l'État* ont été admirablement exploités depuis qu'il existe des oppresseurs et des opprimés. Chaque fois qu'une idée de salut a osé germer dans l'âme des uns, les autres se sont constitués les défenseurs de leurs propres avantages et priviléges, dissimulés sous le nom pompeux d'inviolabilité gouvernementale et de sûreté publique. Quand un pouvoir est menacé, il évoque les boutiquiers dont l'émeute a brisé les vitres, et il envoie à l'échafaud les libérateurs de l'intelligence humaine, sous prétexte qu'ils troubleraient le sommeil des vénérables bourgeois de la cité.

Notre génération, qui s'est montrée forte et fière un matin pour chasser les jésuites dans la personne de Charles X, a bien mauvaise grâce, il me semble, à conspuer les courageuses tentatives de la réforme et à insulter dans sa postérité religieuse le grand nom de Luther. Lequel de nous n'a pas été un *factieux* en 1830 ? La famille de Charles X ne représentait-elle pas aussi la *sûreté de l'État ?* N'a-t-il pas fallu, pour opérer jusqu'à un certain point et dans un certain sens la réhabilitation de tout un peuple, pour secouer le joug des plus révoltants priviléges et faire faire un pas imperceptible au règne lent, mais inévitable de la justice populaire ; n'a-t-il pas fallu, dis-je, briser beaucoup de vitres et contrarier beaucoup de dormeurs ? J'espère, au reste, que tous ces mots à l'usage du charlatanisme monarchique ont perdu toute espèce de sens dans les consciences, et que ceux qui s'en servent ne se rencontrent pas sans rire.

J'accorderais beaucoup de raison et de sagesse à nos catholiques nouveau-nés, si, en déclarant, comme ils font, qu'ils proscrivent les méchants prêtres, les moines dissolus, et qu'ils leur attribuent tout le discrédit où est tombée la chère orthodoxie, ils ne réservaient pas des anathèmes encore plus âpres et des mépris encore plus acharnés pour les épurateurs de l'Évangile. Mais leur logique est en défaut quand ils s'attaquent si violemment à la réforme de Luther, eux qui se posent en réformateurs nouveaux, en chrétiens perfectionnés.

Si on rétablissait les couvents et les bénéfices, ils jetteraient des cris affreux et recommenceraient Luther et Calvin, sans daigner s'apercevoir que l'idée n'est pas neuve, et que la route vers une juste réforme a été frayée par des pas plus nobles et plus assurés que les leurs. Je voudrais bien savoir si ces beaux confesseurs de la foi catholique blâment les mesures prises dans l'Assemblée nationale relativement aux biens du clergé ;

m'est avis, au contraire, qu'ils s'en trouvent fort bien, et qu'ils ne seraient pas très-contents de voir relever les abbayes et les monastères aux dépens des métairies que leurs parents installèrent, il y a quarante ans, sur les ruines de ces propriétés, si agréablement acquises, si lucrativement exploitées, si bonnes à prendre, en un mot, et si bonnes à garder. S'ils méprisent Luther et Calvin pour avoir fait la guerre aux richesses ecclésiastiques en vue de la perfection chrétienne, et non au profit d'un clergé nouveau, je leur conseille de ne s'en point vanter et de garder leurs biens nationaux, sans insulter la mémoire de ceux qui, les premiers, osant prêcher aux apôtres de Jésus la pauvreté, l'austérité et l'humilité de leur divin maître, preparèrent au clergé catholique ce qui lui est arrivé en France et ce qui lui arrive aujourd'hui en Espagne. L'apparente hypocrisie de ceux qui les attaquent ferait horreur, si leur puérilité, leur engouement pour le premier paradoxe venu, leur nature *singeuse* et leur absence totale de raisonnement ne faisaient sourire.

M'étant posé ces questions fondamentales, j'entrai sans crainte dans le temple genevois, et j'écoutai avec beaucoup de douceur le prêche d'un monsieur qui avait une bien excellente figure, et dont, à cause de cela, je me réjouis sincèrement d'avoir oublié le nom. Il nous apprit que si l'industrie avait fait des progrès en Suisse, c'est que Genève était protestante (libre à nous de croire que si l'industrie est florissante en France, c'est que nous sommes catholiques). Il nous dit encore que Dieu envoyait toujours des richesses aux hommes pieux, ce qui ne me parut ni très-certain, ni très-conforme à l'esprit de l'Évangile; puis encore que si l'auditoire manquait de ferveur, le prix des denrées pourrait bien baisser, le commerce aller à la diable, et les bourgeois être forcés de boire du mauvais vin et de fumer du tabac avarié. Je crois même qu'il ajouta que ces belles montagnes et ce beau lac, dont la Providence avait gratifié les protestants de Genève, pourraient bien être supprimés par un décret céleste, si l'on n'était pas plus assidu au service divin. L'auditoire se retira satisfait après avoir chanté des cantiques, et je restai seul dans le temple.

Quand la nef fut vide de ces figures impassibles, sur le front desquelles Lavater n'eût pu écrire que ce seul mot : *exactitude ;* quand ce pasteur nasillard eut cessé d'y faire entendre ses remontrances paternellement prosaïques, la réforme, cette forte idée sans emblèmes, sans voiles et sans mystérieux ornements, m'apparut dans sa grandeur et dans sa nudité. Cette église sans tabernacle ni sanctuaire, ces vitraux blancs éclairés d'un brillant soleil, ces bancs de bois où trône l'égalité (du moins à l'heure de la prière), ces murs froids et lisses, tout cet aspect d'ordre qui semble établi d'hier dans une église catholique dévastée, théâtre refroidi d'une installation toute militaire, me frappèrent de respect et de tristesse. Çà et là, quelques figures de pélicans et de chimères, vestiges de l'ancien culte, se roulaient comme plaintives et enchaînées autour des chapiteaux de colonnes. Les grandes voûtes n'étaient ni papistes ni huguenotes. Élevées et profondes, elles semblaient faites pour recevoir sous toutes les formes l'aspiration vers le ciel, pour répondre sur tous les rhythmes à la prière et à l'invocation religieuse. De ces dalles, que n'échauffent jamais les genoux du protestant, semblaient sortir des voix graves, des accents d'un triomphe calme et serein, puis des soupirs de mourant et les murmures d'une agonie tranquille, résignée, confiante, sans râle et sans un gémissement. C'était la voix du martyre calviniste, martyre sans extase et sans délire, supplice dont la souffrance est étouffée sous l'orgueil austère et la certitude auguste.

Naturellement, ces chants imaginaires prirent dans mon cerveau la forme du beau cantique de l'opéra des *Huguenots;* et tandis que je croyais entendre au dehors les cris furieux et la fusillade serrée des catholiques, une grande figure passa devant mes yeux, une des plus grandes figures dramatiques, une des plus belles personnifications de l'idée religieuse qui aient été produites par les arts dans ce temps-ci, le Marcel de Meyerbeer.

Et je vis debout cette statue d'airain, couverte de buffle, animée par le feu divin que le compositeur a fait descendre en elle. Je la vis, ô maître! pardonnez à ma présomption, telle qu'elle dut vous apparaître à vous-même quand vous vîntes la chercher à l'heure hardie et vaillante de midi, sous les arcades resplendissantes de quelque temple protestant, vaste et clair comme celui-ci. O musicien plus poëte qu'aucun de nous, dans quel repli inconnu de votre âme, dans quel trésor caché de votre intelligence avez-vous trouvé ces traits si nets et si purs, cette conception simple comme l'antique, vraie comme l'histoire, lucide comme la conscience, forte comme la foi? Vous qui naguère étiez à genoux dans les profondeurs voluptueuses de Saint-Marc, bâtissant sur des proportions plus vastes votre église sicilienne, vous imprégnant de l'encens catholique à l'heure sombre où les flambeaux s'allument et font étinceler les parois d'or et de marbre, vous laissant saisir et ployer par les émotions tendres et terribles du saint lieu; comment donc, en entrant dans le temple de Luther; avez-vous su évoquer ses austères poésies et de ressusciter ses morts héroïques? — Nous pensions que votre âme était inquiète et timide à la façon de Dante, lorsque, entraîné dans les enfers et dans les cieux par son génie, il s'épouvante ou s'attendrit à chaque pas. Vous aviez surpris les secrets des chœurs invisibles, lorsqu'à l'élévation de l'hostie les anges de mosaïque du Titien agitent leurs grandes ailes noires sur les fonds d'or de la voûte byzantine et planent sur le peuple prosterné. Vous aviez percé le silence impénétrable des tombeaux, et, sous les pavés frémissants des cathédrales, vous aviez entendu la plainte amère des damnés et les menaces des anges de ténèbres. Toutes ces noires et bizarres allégories, vous les aviez saisies dans leur sens profond et dans leur sublime tristesse. Entre l'ange et le démon, entre le ciel et l'enfer fantastiques du moyen âge, vous aviez vu l'homme divisé contre lui-même, partagé entre la chair et l'esprit, entraîné vers les ténèbres de l'abrutissement, mais protégé par l'intelligence vivifiante et sauvé par l'espoir divin. Vous aviez peint ces luttes, ces effrois et ces souffrances, ces promesses et ces enthousiasmes en traits sérieux et touchants, tout en les laissant enveloppés de leurs poétiques symboles. Vous aviez su nous émouvoir et nous troubler avec des personnages chimériques et des situations impossibles. C'est que le cœur de l'homme bat dans l'artiste et porte brûlantes toutes les empreintes de la vie réelle; c'est que l'art véritable ne fait rien d'insignifiant, et que la plus saine philosophie et les plus douces sympathies humaines président toujours aux plus brillants caprices du génie.

Mais n'était-il pas permis de croire, après cette grande œuvre catholique de *Robert*, que toute votre puissance et toute votre inspiration s'étaient allumées dans votre intelligence allemande (c'est-à-dire consciencieuse et savante), sous le ciel de Naples ou de Palerme? N'êtes-vous pas un homme brave et profond du Nord fait homme passionné par le climat méridional? Dans votre abord d'une modestie si touchante, dans votre langage si plein de grâce et de vivacité timide, dans cette espèce de combat que votre enthousiasme d'artiste semble livrer à je ne sais quelle fierté craintive d'homme du monde, je retrouvai tout le charme de votre œuvre, tout le piquant de votre manière. Mais la sublimité du grand *moi* intérieur voilée par l'usage et la réserve légitime des paroles, je me demandais si vous mèneriez longtemps de front la science et la poésie, l'Allemagne et l'Italie, la pompe du catholicisme et la gravité du protestantisme ; car il y avait déjà du protestantisme dans Bertram, dans cet esprit sombre et révolté qui interrompt parfois ses cris de douleur et de colère, pour railler et mépriser la foi crédule et les vaines cérémonies qui l'entourent. Ce beau contraste du doute audacieux, du courage désespéré, au milieu de ces soupirs mystiques et de ces élans enthousiastes vers les saints et les anges, acusait déjà une réunion de puissances diverses, une vive intelligence de transformation de la pensée et du caractère religieux dans l'homme. On a dit à propos des *Huguenots* qu'il n'y a pas de musique protestante, non plus que de musique catholique : ce qui équivaut à dire que les cantiques de Luther qu'on chante en Allemagne n'ont pas un caractère différent du chant grégorien de la chapelle Sixtine ; comme si la musique n'était qu'un habile arrangement de sons plus ou moins bien combinés pour flatter l'oreille, et que le rhythme seul approprié à la situation dramatique suffit pour exprimer les sentiments et les passions d'un drame lyrique! J'avoue que je ne comprends pas, et je me demande si la principale beauté de *Guillaume Tell* ne consiste pas dans le caractère pastoral helvétique, si admirablement senti et si noblement idéalisé.

Mais il a été émis sur votre compte bien d'autres paradoxes pour l'intelligence desquels je me creuserais vainement la tête. Jusqu'à ce que la lumière se fasse, je reste convaincu qu'il est au pouvoir du plus beau de tous les arts de peindre toutes les nuances du sentiment et toutes les phases de la passion. Sauf la dissertation métaphysique (et pour ma part je n'y ai pas regret), la musique peut tout exprimer. La description des scènes de la nature trouve en elle des couleurs et des lignes idéales, qui ne sont ni exactes ni minutieuses, mais qui n'en sont que plus vaguement et plus délicieusement poétiques. Plus exquise et plus vaste que les plus beaux paysages en peinture, la symphonie pastorale de Beethoven n'ouvre-t-elle pas à l'imagination des perspectives enchantées, toute une vallée de l'Engaddine ou de la Misnie, tout un paradis terrestre où l'âme s'envole, laissant derrière elle et voyant cesse s'ouvrir à son approche des horizons sans limites, des tableaux où l'orage gronde, où l'oiseau chante, où la tempête naît, éclate et s'apaise, où le soleil boit la pluie sur les feuilles, où l'alouette secoue ses ailes humides, où le cœur froissé se répand, où la poitrine oppressée se dilate, où l'esprit et le corps se raniment et, s'identifiant avec la nature, retombent dans un repos délicieux?

Quand les bruits désordonnés du *Pré aux Clercs* s'effacent dans le lointain, et que le *couvre-feu* fait entendre sa phrase mélancolique, traînante comme l'heure, mourante comme la clarté du jour, est-il besoin de la toile peinte en rouge de l'Opéra et de l'escamotage adroit de six quinquets pour que l'esprit se représente l'horizon embrasé qui pâlit peu à peu, les bruits de la ville qui expirent, le sommeil qui déploie ses ailes grises dans le crépuscule, le murmure de la Seine qui reprend son empire à mesure que les chants et les cris humains s'éloignent et se perdent? — A ce moment de la représentation, j'aime à fermer les yeux, à mettre ma tête dans mes mains, et à voir un ciel beaucoup plus chaud, une cité colorée de teintes beaucoup plus vraies, n'en déplaise à M. Duponchel, que sa belle décoration et le jeu habile de sa lumière décroissante. Que de fois j'ai juré contre le lever du soleil qui accompagne le dernier chœur du second acte de *Guillaume Tell!* O toile! ô carton! ô oripeaux! ô machines! qu'avez-vous de commun avec cette magnifique prière où tous les rayons du soleil s'étalent majestueusement, grandissent, flamboient ; où le roi du jour apparaît lui-même dans sa splendeur et semble faire éclater les cimes neigeuses pour sortir de l'horizon à la dernière note du chant sacré? Mais la musique a sous ce rapport une puissance bien plus grande encore. Il n'est pas besoin d'une mélodie complète ; il ne faut que des modulations pour faire passer des nuées sombres sur la face d'Hélios et pour balayer l'azur du ciel, pour soulever le volcan et faire rugir les cyclopes au sein de la terre, pour ramener la brise humide et la faire courir sur les arbres flétris d'épouvante. Alice paraît, le temps est serein, la nature chante ses harmonies sauvages et primitives. Tout à coup les sorcières roulent sous ses pas les anneaux de leur danse effrénée. Le sol s'ébranle, les gazons se dessèchent, le feu souterrain émane de tous les pores de la terre gémissante, l'air s'obscurcit, et des lueurs sinistres éclairent les rochers. — Mais la ronde du sabbat s'enfonce dans les cavernes inaccessibles, la nature se ranime, le ciel s'épure, l'air fraîchit, le ruisseau reprend son cours suspendu par la terreur ; Alice s'agenouille et prie.

A ce propos, et malgré la longueur de cette digression, il faut, maître, que je vous raconte un fait puéril qui m'est tout personnel, mais dont je me suis toujours promis de vous témoigner ma reconnaissance. Il y a deux ans, j'allai, au milieu de l'hiver, passer à la campagne deux des plus tristes mois de ma vie. J'avais le spleen, et dans mes accès je n'étais pas très-loin de la folie. Il y avait alors dans mon cœur toutes les furies, tous les démons, tous les serpents, toutes les chaînes brisées et traînantes de votre sabbat. Quand ces crises, suivant la marche connue de toutes les maladies, commençaient à s'éclaircir, j'avais un moyen infaillible de hâter la transition et d'arriver au calme en peu d'instants. C'était de faire asseoir au piano mon neveu, beau jeune homme tout rose, tout frisé, tout sérieux, plein d'une tendre majesté monacale, doué d'un front impassible et d'une santé inaltérable. A un signe qu'il comprenait, il jouait ma chère modulation d'Alice au pied de la croix, image si parfaite et si charmante de la situation de mon âme, de la fin de mon orage et du retour de mon espérance. Que de consolations poétiques et religieuses sont tombées comme une sainte rosée de ces notes suaves et pénétrantes ! Le pinson de mon lilas blanc oubliait aussi le froid de l'hiver, et, rêvant de printemps et d'amour, se mettait à chanter comme au mois de mai. L'hémérocale s'entr'ouvrait sur la cheminée, et, dépliant ses pétales de soie, laissait échapper sur ma tête, au dernier accord, son parfum virginal. Alors la pastille d'aloès s'enflammait dans ma pipe turque, l'âtre envoyait une grande lueur blanche, et mon neveu, patient comme une machine à vapeur, dévoué comme un fils, recommençait vingt fois de suite cette phrase adorable, jusqu'à ce qu'il eût vu son cher oncle jeter par terre les douze aunes de molleton qui l'enveloppaient et hasarder les pas les plus gracieux au milieu de la chambre en faisant sauter son bonnet au plafond et en éternuant pendant vingt minutes. Comment ne vous bénirais-je pas, mon cher maître, qui m'avez guéri tant de fois mieux qu'un médecin, car ce fut sans me faire souffrir et sans me demander d'argent! et comment croirais-je que la musique est un art de pur agrément et de simple spéculation, quand je me souviens d'avoir été plus touché de ses effets et plus convaincu par son éloquence que par tous mes livres de philosophie?

Pour en revenir à l'apparition des *Huguenots*, je vous confesse que je n'attendais pas une œuvre si intelligente et si forte et que je me fusse contenté de moins. Je ne pressentais pas tout le parti que vous pouviez et que vous deviez tirer du sujet, c'est-à-dire de l'idée du sujet, car quel sujet vous eût embarrassé après le poëme apocalyptique de *Robert?* Néanmoins j'avais tant aimé *Robert* que je ne me flattais pas d'aimer davantage votre nouvelle œuvre. J'allai donc voir *les Huguenots* avec une sorte de tristesse et d'inquiétude, non pour vous, mais pour moi; je savais que, quels que fussent le poëme et le sujet, vous trouveriez dans votre science d'instrumentation et dans votre habileté des ressources ingénieuses et les moyens de gouverner le public, de mater les récalcitrants et d'endormir les cerbères de la critique en leur jetant tous vos gâteaux dorés, tous vos grands effets d'orchestre, toutes les richesses

d'harmonie dont vous possédez les mines inépuisables.
Je n'étais pas en peine de votre succès ; je savais que
les hommes comme vous imposent tout ce qu'ils veulent, et que, quand l'inspiration leur échappe, la
science y supplée. Mais pour les poëtes, pour ces êtres
incomplets et maladifs, qui ne savent rien, qui étudient
bien peu de chose, mais qui pressentent et devinent
presque tout, il est difficile de les tromper, et de l'autel
où le feu sacré n'est pas descendu nulle chaleur n'émane. Quelle fut ma joie quand je me sentis ému et
touché par cette histoire palpitante, par ces caractères
vrais et sans allégories, autant que j'avais été troublé
et agité par les luttes symboliques de *Robert!* — Je
n'eus ni le loisir ni le sang-froid d'examiner le poëme.
J'ai un peu ri du style en le lisant plus tard ; mais je
comprends la difficulté d'écrire pour le chant, et d'ailleurs je sais le meilleur gré du monde à M. Scribe (si
toutefois ce n'est pas vous qui lui avez fourni le sujet
et les principales situations) de vous avoir jeté brusquement dans une arène nouvelle, dans d'autres temps,
dans un autre pays, dans une autre religion surtout.
Vous aviez donné la preuve d'une haute puissance pour
le développement du sentiment religieux ; ce fut une
excellente idée à lui (je suppose toujours que vous ne la
lui avez pas donnée) de vous fournir une forme religieuse
qui ne fût pas la même, et qui ne vous contraignît pas
à faire abus de vos ressources.

Mais dites-nous comment, avec une trentaine de versiculets insignifiants, vous savez dessiner de telles individualités, et créer des personnages de premier ordre
là où l'auteur du libretto n'a mis que des accessoires ?
Ce vieux serviteur rude, intolérant, fidèle à l'amitié
comme à Dieu, cruel à la guerre, méfiant, inquiet, fa-

natique de sang-froid, puis sublime de calme et de joie
à l'heure du martyre, n'est-ce pas le type luthérien
dans toute l'étendue du sens poétique, dans toute l'acception du vrai idéal, du réel artistique, c'est-à-dire
de la perfection *possible?* Cette grande belle fille brune,
courageuse, entreprenante, exaltée, méprisant le soin
de son honneur comme celui de sa vie, et passant
du fanatisme catholique à la sérénité du martyre protestant, n'est-ce pas aussi une figure généreuse et forte,
digne de prendre place à côté de Marcel! Nevers, ce
beau jeune homme en satin blanc, qui a, je crois, quatre
paroles à dire dans le libretto, vous avez su lui donner
une physionomie gracieuse, élégante, chevaleresque,
une nature qu'on chérit malgré son impertinence, et
qui parle avec une mélancolie adorable des nombreux désespoirs des dames de la cour à propos de son
mariage.

Excepté dans les deux derniers actes, le rôle de
Raoul, malgré votre habileté, ne peut soulever la niaiserie étourdie dont l'a accablé M. Scribe. La vive sensibilité et l'intelligence rare de Nourrit luttent en vain
contre cette conduite de hanneton sentimental, véritable
victime à situations, comme nous disons en style de
romancier. Mais comme il se relève au troisième acte!
comme il tire parti d'une scène que des puritanismes
d'ailleurs estimables ont incriminée un peu légèrement,
et que, pour moi qui n'entends malice ni à l'évanouissement ni au sofa de théâtre, je trouve très-pathétique,
très-lugubre, très-effrayante, et nullement anacréontique! Quel duo! quel dialogue! maître! comme vous savez pleurer, prier, frémir et vaincre à la place de
M. Scribe! O maître! vous êtes un grand poëte dramatique et un grand faiseur de romans. J'abandonne

votre petit page à la critique, il ne peut triompher de l'ingratitude de sa position ; mais je défends envers et contre tous le dernier trio, scène inimitable, qui est coupée et brisée, parce que la situation l'exige, parce que la vérité dramatique vous cause quelque souci, à vous ; parce que vous n'admettez pas qu'il y ait de la *musique de musicien* et de la *musique de littérateur*, mais bien une musique de passion vraie et d'action vraisemblable, où le charme de la mélodie ne doit pas lutter contre la situation et faire chanter la cavatine en règle avec *coda* consacrée et *trait* inévitable au héros qui tombe percé de coups sur l'arène.

Il serait bien temps, je pense, d'assujettir l'art au joug du sens commun, et de ne pas faire dire au spectateur naïf : — Comment ces gens-là peuvent-ils chanter dans une position si affreuse ? — Il faudrait que le chant fût alors un véritable *pianto*, et qu'on daignât s'affranchir de la forme rebattue, au point de séduire l'esprit le plus simple et de faire naître en lui autre chose que des attendrissements de convention. Vous avez prouvé qu'on le pouvait, bon maître ; et quand Rossini l'a voulu, il l'a prouvé aussi.

Permettez-moi cependant ici de vous exprimer un vœu. C'est beaucoup d'insolence de ma part, et je hais l'insolence sous toutes ses formes et dans toutes ses prétentions. N'imaginez donc pas, je vous en supplie, que je songe à vous donner un conseil. Mais quelquefois, vous savez, un ignorant a une bonne idée dont l'artiste fait son profit, de même qu'il tire ses conceptions les plus hardies des impressions les plus naïves et les moins prévues, la splendeur des temples de la sauvage attitude des forêts, les mélodies pleines et savantes de quelques sons champêtres, de quelque brise entrecoupée, de quelque murmure des eaux. Voici donc ce qui me tourmente. Pourquoi cette forme consacrée, pourquoi cette *coda*, espèce de cadre uniforme et lourd? pourquoi ce *trait*, équivalent de la pirouette périlleuse du danseur? pourquoi cette habitude de faire passer la voix, vers la fin de tous les morceaux de chant, par les notes les plus élevées ou les plus basses du gosier? pourquoi toutes ces formes rebattues et monotones qui détruisent l'effet des plus belles phrases? Ne viendra-t-il pas un temps où le public s'en lassera, et reconnaîtra que l'action morale (qui est, quoi qu'on en dise, inséparable du mouvement lyrique) est interrompue à chaque instant par cette ritournelle inévitable; que toute grâce, toute naïveté, toute fraîcheur est souillée ou effacée par cette baguette rigide, par cette formule inintelligente et triviale, dont on n'ose pas la dégager? Listz compare cette formule au « *J'ai l'honneur d'être votre très-humble et très-obéissant serviteur,* » qu'on place au bas de toutes les lettres de cérémonie, dans l'acception la plus fausse et la plus absurde, comme dans la plus juste et la mieux sentie. Il paraît que le vulgaire chérit encore ce vieil usage, et ne croit pas qu'il y ait scène terminée là où il n'y a pas quatre ou huit mesures banales de psalmodie grossière, qui ne sont ni mélodie, ni harmonie, ni chant, ni récitatif. Dans cette situation ridicule, l'intérêt demeure suspendu; les acteurs, forcés à une attitude de plus en plus théâtrale, s'égosillent et deviennent forcenés en répétant les paroles de leur froid transport que ne soutient plus la mélodie. L'effet souverain de la passion ou de l'émotion, commandé par tout ce qui précède, se perd et s'anéantit sous cette formule, comme si, au milieu d'une scène tragique, les personnages, tout animés par leur situation, se mettaient à saluer profondément le public à plusieurs reprises.

Vous ne vous êtes pas encore tout à fait affranchi à cet égard de l'ignorance d'un public grossier et des exigences des chanteurs inintelligents. Vous ne le pouviez pas, je pense. Peut-être même n'avez-vous fait accepter vos plus belles idées qu'à la faveur du remplissage obligé des formules. Mais à présent ne pouvez-vous pas former votre auditoire, lui imposer vos volontés, le contraindre à se passer de lisières, et lui révéler une pureté de goût qu'il ignore, et que nul n'a encore pu proclamer franchement? Ces immenses succès, ces bruyantes victoires remportées sur lui, vous donnent des droits; elles vous imposent peut-être aussi des devoirs, car au dessus de la faveur populaire et de la gloire humaine, il y a le culte de l'art et la foi de l'artiste. Vous êtes l'homme du présent, maître, soyez aussi l'homme de l'avenir... Et si mon idée est folle, ma demande inconvenante, prenez que je n'ai rien dit.

Maintenant que je suis en train de rêver, je rêve pour vous un poëme qui vous transporterait en plein paganisme : les Euménides, cet effrayant opéra, tout fait, d'Eschyle; ou la mort d'Orphée, si terrible et si naïve à faire quand on est associé à un homme comme vous, qui n'a besoin que d'un canevas de gaze pour broder un voile d'or et de pierreries. Si je savais coudre deux rimes l'une à l'autre, mon maître, j'irais vous prier de me dicter toutes les scènes, et je serais fier de vous voir aborder des mélodies grecques plus pleines, plus complètes, plus simples d'accompagnement peut-être que vos précédents sujets ne l'ont exigé. Je vous verrais faire ce dont on semble vous défier, et répondre, comme font les grands artistes, à des menaces par des victoires. Mais tant de bonheur ne me sera pas donné : je ne sais pas la prose, comment saurais-je les vers? — Quant à mon sujet grec, vous savez mieux que moi ce qu'il vous convient de faire; mais quelque jour il vous tentera, je gage.

Maître, je ne suis pas un savant, j'ai la voix fausse et ne sais jouer d'aucun instrument. Pardonnez-moi si je ne parle pas la langue technique des aristarques. Quand même je serais *dilettante* éclairé, je n'éplucherais pas vos chefs-d'œuvre pour tâcher d'y découvrir quelque tache légère qui me donnât occasion de montrer les puérilités de ma science; je ne saurais chercher si votre inspiration vient de la tête ou du cœur, étrange distinction qui ne signifie absolument rien, éternel reproche que la critique adresse aux artistes; comme si le même sang ne battait pas sous le sein et dans la tempe; comme si, en supposant qu'il y a deux régions distinctes dans l'homme pour recevoir le feu sacré, la chaleur qui monte des entrailles au cerveau et celle qui descend du cerveau aux entrailles ne produisaient pas dans l'art et dans la poésie absolument les mêmes effets! Si l'on disait que vous êtes *bilioso-nerveux*, et que votre travail s'opère lentement, avec moins de rapidité peut-être, mais aussi avec plus de perfection que chez les sanguins et les pléthoriques, je comprendrais à peu près ce qu'on veut dire, et je trouverais fort simple que vous n'eussiez pas tous les tempéraments à la fois; mais que m'importe qu'il y ait sur votre clavecin une carafe d'eau pure et cristalline, au lieu d'un brûlant flacon de vin de Chypre, et réciproquement, si l'un vous inspire ce que l'autre n'inspire pas à autrui? Quelle fureur pédagogique tourmente ces pauvres appréciateurs littéraires, occupés sans cesse à se méfier de leurs sympathies, et à se demander si par hasard la Vénus de Milo n'aurait pas été faite de la main gauche, au lieu de l'être de la main droite? A voir tout le mal que des hommes de talent se donnent pour percer le mystère des ateliers et pénétrer dans le secret des veilles et des rêveries de l'artiste, on est saisi de chagrin, et on regrette de voir cette famille d'intelligences, fécondes sans doute, s'appauvrir et se stériliser de tout son pouvoir, afin d'arriver à ce qu'elle appelle la *clairvoyance* et l'*impartialité*.

Sans doute il est bon et nécessaire que des hommes de goût impriment au vulgaire une bonne direction et fassent son éducation. Mais on sait comme le plus noble métier endurcit rapidement celui qui l'exerce exclusivement; comme le chirurgien s'habitue à jouer avec la souffrance, avec la vie et la mort; comme le juge se *systématise* aisément, et, partant d'inductions sages, arrive à prendre trop de confiance dans sa méfiance, et à ne plus voir la vérité que sous des faces arbitraires. Ainsi procède le critique : consciencieux d'abord, il en vient peu à peu à un casuisme méticuleux, et il finit par ne plus rien sentir à force de tout raisonner. Quand on ne sent plus, le raisonnement devient spécieux, et l'appréciation un travail de plus en plus ingrat, pénible, dirai-je impossible? A la fin d'un repas où l'on a fait excès de tout, les meilleurs mets perdent leur saveur, et le palais blasé ne distingue plus la fraîcheur des fruits du feu des épices. L'homme qui veut goûter et approfondir toutes les jouissances de la vie en vient un jour à ne plus dormir sur l'édredon et à s'imaginer que son premier lit de fougère fut plus chaud et plus moelleux. Erreur déplorable en fait d'art, mais inévitable condition de la nature humaine ! On vit les premiers essais d'un jeune talent, on les traita peut-être avec plus d'indulgence et d'affection qu'ils ne méritaient. On était jeune soi-même. Mais on vieillit plus vite à juger ceux qui produisent qu'à produire. Quand on regarde la vie comme un éternel spectacle auquel on dédaigne ou craint de prendre part, on s'ennuie bien vite de l'acteur, parce qu'on s'ennuie de soi. On suit les progrès de l'artiste; mais, à mesure qu'il acquiert, on perd par l'inaction, à son propre insu, le feu sacré qu'il dérobe au dieu du labeur; et le jour où il présente son chef-d'œuvre, on ne le goûte plus; on se reporte avec regret au premier jour d'émotion qu'il vous donna; jour perdu et enfoui à jamais dans les richesses du passé, émotion chère et précieuse qu'on pleure et qu'on ne retrouvera pas. L'artiste est devenu Prométhée; mais l'homme d'argile s'est pétrifié et reste inerte sous le souffle divin. On prononce que l'artiste est dégénéré, et on croit ne pas mentir!

Ceci est l'histoire du public en fait d'art et des générations en fait d'action politique; mais cette histoire est résumée d'une manière effrayante dans la courte existence morale de l'infortuné qui s'adonne à la critique. Il vit son siècle dans l'espace de quelques années; sa barbe est à peine poussée, et déjà son front est dévasté par l'ennui, la fatigue et le dégoût. Il eût pu prendre une place honorable ou brillante au milieu des artistes féconds; il n'en a plus la force, il ne croit plus à rien, et à lui-même moins qu'à toute autre chose.

Quand on jette les yeux, dans un jour de courage et de curiosité, sur les trente ou quarante jugements littéraires qui s'impriment le lendemain de l'apparition d'une bluette quelconque, on s'étonne de tant d'esprit, de tant de doctes raisonnements, de tant d'ingénieux parallèles, de tant de dissertations subtiles, écrits pour la plupart d'un style riche, orné, éblouissant ; et on s'afflige de voir ces trésors qui, en d'autres temps, eussent défrayé toute une année, répandus pêle-mêle aux pieds d'un public insouciant qui les regarde à peine, et qui fait bien ; car, à supposer qu'il découvrît la vérité à travers ce kaléidoscope d'idées et de sentiments contradictoires, cette vérité serait si futile, si rebattue, si facile à exprimer en trois lignes, qu'il aurait perdu sa journée à tailler un chêne pour avoir une allumette. L'homme de bon sens examine donc lui-même l'objet de la discussion, le juge selon son impulsion naturelle, et s'inquiète fort peu de savoir si la critique accorde à l'auteur un millimètre ou un mètre de gloire.

Et ce n'est pas que je méprise la critique par elle-même ; je l'estime et la respecte si bien dans son but et dans ses effets possibles et désirables, que je m'afflige de la voir sortie de sa route et devenue plus nuisible qu'utile aux artistes, plus amusante qu'instructive pour un public oisif, indifférent et moqueur. Je veux croire les hommes qui l'exercent pleins de loyauté et possédés d'une seule passion, l'amour du beau et du vrai. Eh bien ! je déplore que l'organisation de ce corps utile et respectable soit si mauvaise que son action devienne impossible, pour ne pas dire funeste, et que sa considération tombe chaque jour sous les lazzis et les soupçons de la foule ignorante. Voici quelle serait mon utopie si j'avais à chercher un remède à tant d'abus et de confusion.

D'abord je voudrais que le nombre des gens qui font

de la critique fût beaucoup plus étendu, en même temps que le nombre des articles de critique qui paraîtraient serait fort restreint. Je voudrais qu'on ne fît pas de la critique un métier, et qu'il n'y eût pas de la critique tous les jours et à propos de tout. Puisque le public veut des journaux, que les colonnes des journaux sont les chaires d'éloquence assignées à certains professeurs d'esthétique, je voudrais que chaque journal eût son jury, où des hommes compétents seraient choisis selon les opinions et l'esprit du journal, et appelés à prononcer sur les œuvres de quelque importance ; je voudrais qu'une foule d'enfants sans savoir, sans goût et sans expérience, ne fût pas admise à juger les doyens de l'art, à faire ou à empêcher de naissantes réputations, sur la seule recommandation d'un style aisé, d'une rédaction abondante et facile, d'un esprit ingénieux et plaisant. Je voudrais que nul n'osât exercer la critique comme une profession, mais que tout homme de talent et de savoir en remplît le sérieux et noble exercice comme un devoir, et par amour des lettres, sauf à en tirer un honnête bénéfice dans l'occasion, puisqu'il est permis même au prêtre de vivre de l'autel.

Je ne suis pas de ceux qui pensent que les artistes seuls doivent juger les artistes. Je crois au contraire que généralement c'est une assez mauvaise épreuve, et que les journaux deviendraient bien vite, entre les mains de rivaux de même profession, le théâtre de combats sans dignité, sans retenue, où, la passion s'exprimant toujours, on approcherait moins que jamais de la vérité. Le rôle du critique demanderait, certes, des connaissances spéciales, de plus un coup d'œil calme et désintéressé, et il est bien difficile que ce calme et ce désintéressement soient l'apanage de quiconque sent sa destinée dans les mains du public. Sans exclure donc certains artistes dont l'expérience, la position faite ou le caractère exceptionnel donneraient des garanties suffisantes, j'accorderais peu de moyens de gouverner l'opinion à ceux qui ont personnellement et exclusivement besoin de l'opinion.

Et si cette foule de jeunes beaux-esprits qui vit du feuilleton se plaignait de n'avoir plus de moyens de publicité ou d'occasion de développement, je lui dirais : « Rendez grâces à des mesures qui vous forcent à travailler et à produire ; vous faisiez un métier d'eunuques et d'esclaves ; vous étiez condamnés à baigner, à déshabiller et à rhabiller sans cesse, à promener dans les rues les enfants des riches ; soyez pères à votre tour. Que vos enfants soient beaux ou difformes, forts ou malingres, vous les aimerez, car ils seront à vous. Votre vie de haine et de pitié se changera en une vie d'amour et d'espérance. Vous ne serez peut-être pas tous de grands hommes, mais du moins vous serez hommes, et vous ne l'êtes pas. »

Et si, pour être plus réfléchis et plus judicieux, les arrêts de la critique devenaient plus rares (ce qui serait inévitable), si les entrepreneurs de journaux se plaignaient du vide de leurs colonnes, le public de l'absence de feuilleton, pourquoi n'offrirait-on pas précisément ces pages blanches, hélas ! si désirées et si difficiles à aborder, à tous ces talents inconnus et modestes qui répugnent à faire de la critique sans expérience, et qui cherchent vainement les moyens de percer l'obscurité où ils s'éteignent, faute d'un éditeur qui les devine et qui leur prête son papier et ses caractères *gratis?* Pourquoi tous ces jeunes feuilletonnistes, que l'on force à se tenir, comme des pompiers ou des exempts de police, à toutes les représentations nouvelles, et à écrire gravement toute la nuit sur les plus ignobles pasquinades des petits théâtres (sauf à citer le déluge à propos d'un chapon), ne seraient-ils pas appelés à publier quotidiennement ces poëmes et ces romans qui dorment dans le portefeuille ou qui sommeillent dans le cerveau, étouffés par les nécessités d'un métier abrutissant? Pauvres enfants! jeunes lévites de l'art, flétris dans la fleur de votre talent par les exigences scandaleuses de la presse, vous qui eussiez été avec joie, avec douceur, avec amour, et avec profit surtout, les disciples des grands maîtres, ne craignez pas que je vous condamne sans pitié, et que je méconnaisse ce qu'il y eut, ce qu'il y a peut-être encore de grand et de pur en vous! Je sais vos secrets, je connais vos déboires, j'ai soulevé la coupe de vos douleurs! Je sais que plus d'un parmi vous, assis la nuit dans sa mansarde froide et misérable, forcé d'avoir le lendemain (ce qui équivaut aujourd'hui au pain des artistes d'autrefois) un habit propre et des gants neufs, a laissé tomber son visage baigné de larmes sur les pages de quelque beau livre nouveau que la haine ou l'envie lui avait prescrit d'injurier, et que ses profondes sympathies le forçaient de jeter loin de lui afin de pouvoir condamner l'artiste sans l'entendre. Pitié à vous qui avez été forcés de rougir de vous-mêmes! Honte et malheur à vous qui vous êtes habitués à ne plus rougir!

Mais pourquoi, maître, vous ai-je entretenu si longtemps de la critique française? Vous êtes placé trop haut pour vous occuper d'elle à ce point, et peut-être ignorez-vous seulement qu'elle ait tâché de disputer au public européen les palmes qu'il vous tend de toutes parts? Loin de moi la pensée grossière de vous consoler de quelques injustices que vous avez dû accepter avec l'humilité souriante d'un conquérant, pour peu qu'elles aient frappé votre oreille. Je ne sais pas si les hommes comme vous sont aussi modestes que leur gracieux accueil et leur exquise politesse le donnent à penser; mais je sais que la conscience de leur force leur inspire une haute sagesse. Ils vivent avec le dieu, et non avec les hommes; ils sont bons, parce qu'ils sont grands.

Vous souvenez-vous, maître, qu'un soir j'eus l'honneur de vous rencontrer à un concert de Berlioz? Nous étions fort mal placés, car Berlioz n'est rien moins que galant dans l'envoi de ses billets; mais ce fut une vraie fortune pour moi que d'être jeté là par la foule et le hasard. On joua la *Marche du Supplice*. Je n'oublierai jamais votre serrement de main sympathique et l'effusion de sensibilité avec laquelle cette main chargée de couronnes applaudit le grand artiste méconnu qui lutte avec héroïsme contre son public ingrat et son âpre destinée; vous eussiez voulu partager avec lui vos trophées, et je m'en allai les yeux tout baignés de larmes, sans trop savoir pourquoi, car quelle merveille que vous soyez ainsi?

XII

A M. NISARD.

Monsieur,

Il y a bien peu de critiques qui vaillent la peine qu'on accepte ce qu'elles ont de louangeur ou qu'on rétorque ce qu'elles ont d'erroné. Si je reçois avec reconnaissance ce que la vôtre a de bienveillant, et si j'essaye de combattre ce qu'elle a de sévère, c'est que j'y trouve, en même temps que le talent et la lumière, un grand fonds de tolérance et de bonne foi.

S'il ne s'agissait pour moi que de vanité satisfaite, je n'aurais que des remercîments à vous offrir ; car vous accordez à la partie imaginative de mes contes beaucoup plus d'éloges qu'elle n'en mérite. Mais, plus je suis touché de votre suffrage, plus il m'est impossible d'accepter votre blâme à certains égards, et c'est pour m'en disculper que je commets (bien malgré moi, et contrairement à mes habitudes) l'impertinence de parler de moi à quelqu'un dont je n'ai pas l'honneur d'être connu.

Vous dites, monsieur, que la haine du mariage est le but de tous mes livres. Permettez-moi d'en excepter quatre ou cinq, entre autres *Lélia*, que vous mettez au nombre de mes plaidoyers contre l'institution sociale, et où je ne sache pas qu'il en soit dit un mot. *Lélia* pourrait aussi répondre, entre tous mes essais, au reproche que vous m'adressez de vouloir réhabiliter *l'égoïsme des sens*, et de faire la *métaphysique de la matière*. *Indiana* ne m'a pas semblé non plus, lorsque je l'écrivais, pouvoir être une apologie de l'adultère. Je crois que dans ce roman (où il n'y a pas d'adultère commis, s'il m'en souvient bien), *l'amant* (*ce roi de mes livres*, comme vous l'appelez spirituellement) a un pire rôle que le mari. *Le Secrétaire intime* a pour sujet (si je ne me trompe pas absolument sur mes intentions) les douceurs de la fidélité conjugale. *André* n'est ni *contre* le mariage, ni *pour* l'amour adultère. *Simon* se termine par l'hyménée, ni plus ni moins qu'un conte de Perrault ou de madame d'Aulnoy ; et enfin dans *Valentine*, dont le dénoûment n'est ni neuf ni habile, j'en conviens, la vieille fatalité intervient pour empêcher la femme adultère de jouir, par un second mariage, d'un bonheur qu'elle n'a pas su attendre. Dans *Leoni*, la question du mariage n'est pas plus en jeu que dans *Manon Lescaut*, dont j'ai essayé, dans un but tout artistique, de faire une sorte de pendant, et où certes l'amour effréné pour un indigne objet, la servitude qu'un être corrompu dans sa force impose à un être aveugle dans sa faiblesse, n'est pas présenté dans ses résultats sous des couleurs plus engageantes que dans le roman inimitable de l'abbé Prévost. Reste donc *Jacques*, le seul qui ait été assez heureux, je crois, pour obtenir de vous quelque attention, et c'est à coup sûr plus qu'aucune production de moi ne mérite encore de la part d'un homme grave.

Il est bien possible qu'en effet *Jacques* prouve tout ce que vous y avez trouvé d'hostile à l'ordre domestique. Il est vrai qu'on y a trouvé tout le contraire aussi, et que l'on a pu avoir également raison. Quand un livre, si futile qu'il soit, ne prouve pas clairement, uniquement, sans contestation et sans réplique, ce qu'il veut prouver, c'est la faute du livre, mais non pas toujours celle de l'auteur. Comme artiste, il a péché grossièrement, sa main sans expérience et sans mesure a trompé sa pensée ; mais comme homme, il n'a pas eu l'intention de mystifier le public ou d'altérer les principes de l'éternelle vérité.

On raconte à Florence et à Milan beaucoup d'anecdotes vraies ou fausses sur l'immortel Benvenuto Cellini. On m'a dit qu'il lui arrivait souvent d'entreprendre un vase et d'en dessiner la forme et les proportions avec soin ; mais quand il en était à l'exécution, il lui arrivait de se passionner si singulièrement pour certaine figure ou pour certain feston, qu'il se laissait entraîner à grandir l'une pour la poétiser, et à déplacer l'autre pour lui donner une courbe plus gracieuse. Alors, emporté par l'amour du détail, il oubliait l'œuvre pour l'ornement, et, s'apercevant trop tard de l'impossibilité de revenir à son premier dessein, au lieu d'une coupe qu'il avait commencée, il produisait un trépied ; au lieu d'une aiguière, une lampe ; au lieu d'un Christ, une poignée d'épée. Ainsi, en se contentant lui-même, il mécontentait ceux à qui son travail était destiné.

Tant que Cellini fut dans la force de son génie, cet emportement fut une qualité de plus, chaque œuvre de sa main fut complète et irréprochable dans son genre ; mais quand la persécution, le désordre de sa vie, le cachot, les voyages et la misère l'eurent éprouvé, sa main moins ferme et son inspiration moins prompte produisirent des ouvrages d'un fini merveilleux dans les détails et d'une maladresse inconcevable dans l'ensemble. La coupe, le trépied, l'aiguière et la poignée d'épée se rencontrèrent dans son cerveau, se firent la guerre, se réunirent, et enfin trouvèrent place tous ensemble dans des compositions sans forme et sans usage, comme sans logique et sans unité. Ce que l'on attribue au grand Benvenuto, dans la décrépitude de son génie, arrive tous les jours au talent incomplet qui n'a pas encore atteint sa virilité, et qui peut-être, hélas ! ne sortira jamais de son enfance. C'est ce qui m'est arrivé en écrivant *Jacques;* et, sans doute, tous mes autres récits se ressentent de cette hâte d'ouvrier ardent et malhabile, qui se complaît à la fantaisie du moment, et qui manque le but à force de s'amuser aux moyens.

Ce n'est donc pas au lecteur, qui m'a si favorablement et si durement jugé, que j'en appelle de ses propres arrêts; c'est à l'artiste dont le talent a eu sans doute aussi ses jours de jeunesse et ses heures de tentation. Celui-là devrait être très-retenu en fait de conclusions, et savoir que ce qu'il y a de plus difficile au monde, ce que l'on peut appeler le triomphe et le couronnement de la volonté, c'est de dire ce qu'on veut dire et de faire ce qu'on veut faire.

C'était donc bien plus à la *main-d'œuvre* qu'à l'intention que vous eussiez dû vous en prendre de ce qui blesse la raison dans mes livres. Il ne fallait peut-être pas m'attribuer aussi résolûment un but antisocial; il ne fallait certainement pas non plus me croire aussi ingénieux, aussi savant et aussi ferme dans mon procédé de fabrication. En un mot, le talent est peut-être beaucoup au-dessous et la conscience beaucoup au-dessus de ce que vous avez imaginé de moi. La vie des trois quarts des artistes se consume à produire les parties incomplètes d'un tout qui reste et meurt à jamais enfoui dans le sanctuaire de leur pensée.

Ce que j'accepte pour complétement vrai dans votre jugement, le voici :

« La ruine des maris, ou tout au moins leur impopularité, tel a été le but des ouvrages de George Sand. »

Oui, monsieur, la ruine des *maris*, tel eût été l'objet de mon ambition, si je me fusse senti la force d'être un *réformateur;* mais si j'ai mal réussi à me faire comprendre, c'est que je n'ai pas eu cette force, et qu'il y a en moi plus de la nature du poëte que de celle du législateur. Vous voudrez bien faire droit, j'espère, à cette humble réclamation.

Je m'imaginais toutefois que le roman est, comme la comédie, une école de mœurs, où les *abus*, les *ri-*

dicules, les *préjugés* et les *vices* du temps sont le domaine d'une censure susceptible de prendre toutes les formes. Il m'est arrivé souvent d'écrire *lois sociales* à la place des mots italiques ci-dessus, et je n'ai pas songé un seul instant qu'il y eût du danger à le faire. Qui pouvait me supposer l'intention de refaire les lois du pays ? En vérité, j'ai été bien étonné lorsque quelques saint-simoniens, philanthropes consciencieux, chercheurs estimables et sincères de la vérité, m'ont demandé ce que je mettrais à la place des *maris*. Je leur ai répondu naïvement que c'était le *mariage*, de même qu'à la place des prêtres, qui ont tant compromis la religion, je crois que c'est la religion qu'il faut mettre.

Il est vrai que j'ai peut-être fait une grande faute contre le langage lorsque, parlant des *abus*, des *ridicules*, des *préjugés* et des *vices* de la société, je me suis exprimé collectivement et que j'ai dit la *société*. J'ai eu tort aussi de dire souvent le *mariage* au lieu des *personnes mariées*. Tous ceux qui me connaissent peu ou prou ne s'y sont pas mépris, parce qu'ils savent que je n'ai jamais songé à refaire la Charte constitutionnelle. Je pensais que le public s'occuperait si peu de mon individu qu'il ne viendrait à l'esprit de personne d'incriminer l'emploi des mots et d'exercer sur la vie d'un pauvre poëte, jusqu'au fond de sa mansarde, une sorte d'inquisition pour le forcer à justifier ses actions, ses pensées et ses croyances, à décliner le sens exact d'expressions plus ou moins vagues, mais toujours placées peut-être de manière à s'expliquer de soi-même. Il est possible que le public n'ait pas eu en cela un rôle bien grave, et que la partie virile, soi-disant outragée, se soit livrée à un peu de commérage puéril sur un sujet peu digne d'un si triste honneur. Mais ce qu'il y a de certain, c'est que j'ai eu tort de n'être pas parfaitement clair, précis, logique et correct. Hélas! monsieur, je me reproche tous les jours un tort bien grave, c'est de n'être ni Bossuet ni Montesquieu ; mais je n'ai pas trop l'espoir de m'en corriger, je vous le confesse.

Un autre reproche sérieux que vous m'adressez est celui-ci : « Il serait peut-être plus héroïque, à qui n'a pas eu le bon lot, de ne pas scandaliser le monde avec son malheur en faisant d'un cas privé une question sociale, » etc.

Tout ce paragraphe est noblement pensé et noblement écrit. Ce n'est pas le sentiment exprimé là qui me trouvera rebelle. Je mets la patience et l'abnégation au-dessus de tout, et je ne réponds rien à ce qui peut me concerner personnellement dans ce reproche. Si j'écrivais à un prêtre, peut-être le récit d'une confession générale entraînerait-il victorieusement l'absolution en même temps que la réprimande et la pénitence. Mais il n'y a encore eu que Jean-Jacques qui ait eu le droit de se confesser en public. Je répondrai donc d'une manière générale.

Il me semble qu'il y a beaucoup de prétention à la patience et à l'abnégation dans le monde. Il me semble (je ne sais si je me trompe) que nous ne vivons pas dans un siècle d'indépendance et d'orgueil illimité; je ne vois pas que les hommes aient dans ce temps-ci un bien vif sentiment de leur dignité, et qu'il faille les engager à plier les deux genoux un peu plus bas qu'ils ne le font devant des considérations et des intérêts qui ne sont ni la religion, ni la morale, ni l'ordre, ni la vertu.

— Par la même raison, je ne vois pas que les femmes

de ces hommes-là se rapprochent trop du courage des mères spartiates ou de la fierté patriotique des dames romaines.

Je ne sais enfin si j'ai la vue trouble, mais je crois voir qu'on a fait un grand abus du *silence*, au moyen duquel on *échappe aux crises violentes* du mariage, aux *désordres* (il faudrait plutôt dire aux *calamités*) de la *séparation*. Dans les siècles de foi, dans le temps où l'on adorait le Christ, l'abnégation et la patience étaient les vertus qu'il fallait recommander par-dessus tout à des femmes récemment sorties des autels druidiques, du bivouac sanglant et du conseil de guerre où leurs époux les avaient peut-être un peu trop laissées s'immiscer ; mais aujourd'hui que nos mœurs n'ont plus guère de rapport, que je sache, avec les forêts de la Germanie, surtout depuis que la régence et le directoire ont enseigné aux femmes le secret de vivre en très-bonne intelligence avec leurs époux, j'ai pu penser que, si une sorte de moralité était nécessaire à des contes frivoles, on pourrait bien adopter celle-ci : « Le désordre des femmes est *très-souvent* provoqué par la férocité ou l'infamie des hommes ; » ou celle-ci : « Le mensonge n'est pas la vertu ; la lâcheté n'est pas l'abnégation ; » ou bien encore celle-ci : « Un mari qui méprise ses devoirs de gaieté de cœur, en jurant, riant et buvant, *est quelquefois* moins excusable que la femme qui trahit les siens en pleurant, en souffrant et en expiant. »

Pour en finir avec l'adhésion complète que je donne à vos décisions, je vous dirai qu'en effet cet amour que j'*édifie* et que je couronne sur les ruines de l'*infâme* est mon utopie, mon rêve, ma poésie. Cet amour est grand, noble, beau, volontaire, éternel ; mais cet amour, c'est le mariage tel que l'a fait Jésus, tel que l'a expliqué saint Paul, tel encore, si vous voulez, que le chapitre VI du titre V du Code civil en exprime les devoirs réciproques. Celui-là, je le demande à la société comme une innovation ou comme une institution perdue dans la nuit des temps, qu'il serait bien opportun de faire revivre, de tirer de la poussière des siècles et de la fange des habitudes, si l'on veut voir succéder la véritable fidélité conjugale, le véritable repos et la véritable sainteté de la famille à l'espèce de contrat honteux et de despotisme stupide qu'a engendrés l'infâme décrépitude du monde.

Mais vous, monsieur, qui jugez de si haut cette question sociale, vous, philosophe indulgent, moraliste sensible et fort, qui ne croyez point au danger des livres réputés *immoraux*, pourquoi en écrivant, à propos de moi, ces trois ou quatre belles pages sur la morale publique, avez-vous perdu une si bonne occasion de gourmander l'esprit de cupidité, les habitudes de débauche et de violence qui de la part de l'homme autorisent ou provoquent les crimes de la femme dans un si grand nombre d'unions? N'eussiez-vous pas rempli d'une manière plus complète le devoir que vous vous êtes imposé envers la société, si vous vous fussiez prononcé avec force en faveur de cette antique morale chrétienne qui prescrit la douceur et la chasteté au chef de la famille? Il n'est pas question ici de cas d'exception, d'*unions mal assorties*. Toutes les unions possibles seront intolérables tant qu'il y aura dans la coutume une indulgence illimitée pour les erreurs d'un sexe, tandis que l'austère et salutaire rigueur du passé subsistera uniquement pour réprimer et condamner celles de l'autre. Je sais bien qu'il y a un certain courage à oser dire en face à toute une génération qu'elle est injuste et corrompue. Je sais bien qu'à écrire tout ce qu'on pense on se fait beaucoup d'ennemis parmi ceux qui se trouvent bien des vices du temps, et qu'on doit s'attendre, quand on a eu cette franchise, à subir pendant le reste de ses jours une persécution qui ne s'arrêtera pas devant le seuil de la vie privée ; mais je sais aussi que lorsque certaines femmes ont eu ce courage, il ne serait pas indigne d'un homme, et surtout d'un homme de conscience et de talent, de faire grâce à ce qu'il y a de manqué dans leurs efforts, de donner assistance et protection à ce qui peut s'y rencontrer de brave et de sincère.

Si vous eussiez vécu au temps où *Tartufe* fut persécuté comme une œuvre d'impiété, vous eussiez été de ceux qui, bien loin de se constituer les champions de l'hypocrisie, résistèrent, de toute la puissance de leur conviction et de toute la pureté de leur cœur, aux sournoises interprétations de la critique ; vous eussiez écrit et signé de votre propre sang, alors comme aujourd'hui, que la pensée qui produisit le *Tartufe* fut une pensée éminemment pieuse et honnête, que Dieu n'est pas attaqué dans la personne d'un cagot, que la paix et la dignité des familles ne sont pas compromises quand on en chasse d'infâmes intrigants. Il est vrai que *Tartufe* est un chef-d'œuvre, et qu'il mérite toutes les sympathies des âmes élevées, et comme sujet et comme exécution.

Mais si la plume de tels écrivains est à jamais brisée, si les vigoureuses couleurs des grands siècles sont perdues, si au lieu d'Aristophane, de Térence et de Molière, il ne nous reste plus que George Sand et compagnie, l'éternelle infirmité humaine n'en est pas moins encore, sous les yeux du philosophe critique, saignante, lépreuse, digne d'horreur et de compassion. L'éternel rêve des cœurs simples, la *justice*, n'en est pas moins debout (au loin, il est vrai), mais radieux, mais nécessaire, mais appelant à soi tous les efforts et tous les désirs. Réduits à juger de pâles compositions, ne serait-ce pas, messieurs, une raison de plus pour vous autres de vous en prendre au fond des choses, et d'épargner l'apôtre pour encourager le principe? C'est ainsi que vous suppléeriez à l'insuffisance de nos moyens, et que vous restitueriez au siècle ce qui lui manque en force et en génie.

Il me reste à vous remercier, monsieur, pour les bons conseils que vous m'avez donnés. Je m'accuse, je le répète ; car si vous ne m'avez pas toujours bien compris, c'est ma faute et non la vôtre. L'homme qui contemple une bataille du haut de la montagne juge mieux des fautes et des pertes des armées que celui qui marche dans la poussière et dans l'enivrement du combat. Ainsi le critique sans passion en sait plus long sur l'artiste bouillant et sur son travail que l'artiste lui-même. Socrate avait souvent occasion de dire à ses disciples : « Vous alliez me définir la science, et vous m'avez défini la musique et la danse; ce n'est pas là ce que je vous demandais, et ce n'est pas là ce que vous vouliez me répondre. »

FIN.

OUVRAGES EN VENTE CHEZ GARNIER FRÈRES

A 3 FR. 50 C. LE VOLUME.

La divine Épopée, par A. Soumet, 1 vol....	5 50
Lettres sur la Hollande, par X. Marmier, 1 v.	5 50
Lettres sur l'Islande, par X. Marmier, 1 v.	5 50
Lettres sur la Russie, par X. Marmier, 2 v. à	5 50
Ossian, trad. par Lacaussade, 1 vol......	5 50
Le Livre des affligés, par Bargemont, 2 v. à	5 50
Œuvres de Ballanche, 4 vol.	5 50
Poésies de Emile et Antoni Deschamps, 1 v.	5 50
Œuvres d'Adam Mickiewitz, 1 vol........	5 50
Histoire générale des Voyages, 5 vol. à...	5 50
Manuel d'Histoire ancienne, par Ott, 1 vol..	5 50
Manuel d'Histoire moderne, par Ott, 1 vol..	5 50
Discours sur la philosophie naturelle, 1 v.	5 50
Histoire de la Tour d'Auvergne, 1 vol.....	5 50
Histoire de la Musique, par Stafford. 1 vol.	5 50
Georges Cuvier. Exposition de ses trav. 1 v.	5 50
Pascal. Pensées. 1 vol...............	5 50
Bossuet. Discours sur l'Hist. univers., 1 v.	5 50
La Fontaine. Fables, 1 vol...........	5 50
Caractères de La Bruyère, 1 vol......	5 50
Vies des Dames galantes, par Brantôme, 1 v.	5 50
Correspondance de Jacquemont, 2 vol. à..	5 50
Voyages de Gulliver, 1 vol...........	5 50
Mémoires et Corresp. de Diderot, 2 vol. à..	5 50
Manuel de Politique, par Guichard, 1 vol.	5 50
Livre des Proverbes, par L. de Lincy, 2 vol.	5 50
Chefs-d'œuvre des Dames françaises, 1 vol.	5 50
Manuel de Philosophie moderne, 1 vol...	5 50
Napoléon apocryphe, 1 vol............	5 50
Musée d'Italie, par Viardot, 1 vol......	5 50
Musées d'Espagne, Angleterre, Belgique, 1 v.	5 50
Chansons et Poésies de Desaugiers, 1 vol..	5 50
Education progressive, par Mme Necker, 2 v. à	5 50
Satyriques latins. Œuvres complètes d'Horace Juvénal et Perse, trad. par Nisard, 1 vol..	5 50
Voyage en Bulgarie, par Blanqui, 1 vol...	5 50
Des Eléments de l'Etat, par Segretain, 2 v. à	5 50
Lettres de Mme de Sévigné, 6 vol. à......	5 50
Fables de Viennet, vol................	5 50
Mémoires de Casanova de Seingalt, 4 vol. à	5 50
Histoire de Florence, par Mme Allart, 1 v.	5 50
Mœurs, Instinct des animaux, 1 vol....	5 50
Mémoires du cardinal de Retz, 2 vol. à....	5 50
Caroline de Lichtfield, 1 vol..........	5 50
Œuvres de Hoffmann, 2e série à.......	5 50
Hygiène des Femmes nerveuses, 1 vol....	5 50
Les Constitutions des Jésuites, 1 vol.....	5 50
Physiologie et Hygiène du magnétisme, 1 v.	5 50

Œuvres de George Sand.

Indiana, 1 v. — Jacques, 1 v. — Valentine, 1 v. — Le Secrétaire intime, Léone Léoni, 1 v. — André, la Marquise, Métella, Lavinia, Mattea, 1 vol. — Lélia, Spiridon, 1 v. — La dernière Aldini, les Maîtres mosaïstes, 1 v. — Lettres d'un Voyageur, 1 v. — Simon, l'Uscoque, 1 v. — Mauprat, 1 v. — Le Compagnon du Tour de France, 1 v. — Pauline, les Mississorcain, 1 v. — Les sept Cordes de la Lyre, Gabriel, 1 v. — Mélanges, 1 v.

Œuvres de Paul de Kock.

M. Dupont, 1 v. — André le Savoyard, 1 v. — Mon voisin Raymond, 1 v. — Georgette, 1 vol. — Frère Jacques, 1 v. — Sœur Anne, 1 v. — Le Barbier de Paris, 1 v. — Jean, 1 v. — Un homme, Mari et l'Amant, 1 v. — Le Cocu, 1 vol. — La Laitière, 1 v. — La Maison blanche, 1 v. — Gustave 1 v. — Madeleine, 1 v. — L'Enfant de ma Femme 1 vol. — La Pucelle de Belleville, 1 v. — Le Bon Enfant, 1 v. — L'Homme de la Nature, 1 v. — Zizine, 1 v. — Ni jamais, ni toujours, 1 v. — Tourlourou, 1 v. — Moustache, 1 v. — Un Jeune homme charmant, 1 v. — Un Homme à marier, 1 v. Un Mari perdu, 1 v. — Les Enfants de Marie, 1 v.

Œuvres de Pigault-Lebrun.

M. Botte, 1 v. — Les Barons de Felsheim, 1 v. — Angélique et Jeanneton, 1 v. — Mon oncle Thomas, 1 v. — L'Enfant du Carnaval, 1 v. — L'Homme à projets, 1 v.

Auteurs grecs traduits en français.

L'Iliade, d'Homère, 1 vol............	3 50
L'Odyssée, d'Homère, 1 vol...........	3 50
Lyriques grecs, 4 vol...............	3 50
Petits poèmes grecs, 1 vol...........	3 50
Sophocle. Tragédies, tr. par M. Artaud, 1 v.	3 50
Aristophane, trad. par M. Artaud, 1 vol....	3 50
Moralistes anciens, 1 vol...........	3 50
Lucien. Dialogues, Petits traités, 1 vol....	3 50
Hérodote, trad. par le Roher, 2 vol. à....	3 50
Thucydide, trad. par Lévesque, 1 vol.....	3 50
Diogène Laërce, trad. par Chauffepié, 1 vol.	3 50
Romans grecs, 1 vol...............	3 50
Platon. l'Etat ou la République, 1 vol....	3 50
Lois de Platon, trad. de Grou, 1 vol.....	3 50
Xénophon, 2 vol. à................	3 50
Euripide, trad. d'Artaud, 2 vol. à.......	3 50
Orateurs grecs, 1 vol...............	3 50
Dialogues de Platon, 2 vol. à.........	3 50
Chefs-d'œuvre de Démosthènes et d'Eschine.	
Aristote. Politique, Economie. 1 vol....	3 50
Œuvres morales de Plutarque, 6 v. à.....	3 50

A 1 FR. 75 C. LE VOLUME.

Mémoires de St.-Simon, 40 v., 58 portraits, à.	1 75
Souvenirs de la marquise de Créqui, 10 v. à.	1 75
Historiettes de Tallemant des Réaux, 10 v. à	1 75
Mémorial de Sainte-Hélène, 9 v., 9 grav., à.	1 75
Œuvres politiques de Napoléon, 1 vol.....	1 75
Congrès de Vérone, 2 vol. à..........	1 75
L'Homme au Masque de fer, 1 vol......	1 75
Lettres sur le Nord, par X. Marmier, 2 v. à.	1 75
L'Ame exilée, par Anna-Marie, 1 vol.....	1 75
Œuvres de Gilbert, notice par Nodier, 1 v.	1 75
Œuvres de Ronsard, 1 vol...........	1 75
Macbeth, de Shakspeare, 1 vol........	1 75
Fables littéraires, par D. T. de Iriate, 1 vol.	1 75
L'Ane mort et la Femme guillotinée. 1 vol.	1 75
Edith de Falsen, par E. Legouvé, 2 vol. à	1 75
Le Chevalier de Saint-Georges, 4 vol. à	1 75
Fragoletta, par H. de Latouche, 2 vol	1 75
Sous les Tilleuls, par A. Karr, 2 vol. à	1 75
Le Maçon, par Michel Raymond, 2 v. à	1 75
Fortunio, par Théophile Gautier, 1 v.	1 75
Le Moine, par G. Lewis, 2 vol. à	1 75
Lettres d'Héloïse et d'Abeilard, 1 vol.....	1 75
Le Gladiateur, le Chêne du roi, 1 vol.....	1 75

www.ingramcontent.com/pod-product-compliance
Lightning Source LLC
Chambersburg PA
CBHW071905230426
43671CB00010B/1476